新世纪工商管理精品教材
Elaborate Textbooks
on Business Administration in the New Century

Principles of Management

管理学原理

（第四版）

宋晶　郭凤侠　主编

东北财经大学出版社
Dongbei University of Finance & Economics Press
·大连·

图书在版编目（CIP）数据

管理学原理 / 宋晶，郭凤侠主编．—4 版．—大连：东北财经大学出版社，2014.8（2015.7 重印）
（新世纪工商管理精品教材）
ISBN 978-7-5654-1619-4

Ⅰ．管… Ⅱ．①宋… ②郭… Ⅲ．管理学-高等学校-教材
Ⅳ．C93

中国版本图书馆 CIP 数据核字（2014）第 168918 号

东北财经大学出版社出版
（大连市黑石礁尖山街 217 号 邮政编码 116025）
教学支持：（0411）84710309
营 销 部：（0411）84710711
总 编 室：（0411）84710523
网 址：http://www.dufep.cn
读者信箱：dufep@dufe.edu.cn

大连图腾彩色印刷有限公司印刷 东北财经大学出版社发行

幅面尺寸：170mm×240mm 字数：495 千字 印张：22 1/2 插页：1
2014 年 8 月第 4 版 2015 年 7 月第 12 次印刷

责任编辑：朱 艳 王芃南 责任校对：那 欣
封面设计：沈 冰 版式设计：钟福建

ISBN 978-7-5654-1619-4
定价：35.00 元

第四版前言

1911 年，弗雷德里克·温斯洛·泰罗（Frederick W. Taylor，1856—1915）的《科学管理原理》出版，这标志着作为一门科学的管理学由此正式诞生，管理理论研究也由此开启了一个新的时代。100 多年来，管理理论研究一直在不断向前推进，管理学作为一门独立学科也逐步走向成熟。

管理是人类的基本活动，在人类历史发展的长河中，可以说一切社会现象都与管理活动密切相关，它同人类一样古老；同时，管理又广泛地存在于现实社会生活之中，大到国家，小到企业、医院、家庭，凡是由两个人以上构成的、有一定目的的组织或集体都离不开管理。近百年世界的发展变化也充分证明，有效的管理是一个组织走向成功的基础。正如美国著名管理学家彼得·德鲁克在《德鲁克管理思想精要》一书中所说："在人类发展的历史长河中，管理出现的速度之快和影响范围之大是其他体制所无法比拟的。在不到 150 年的时间里，管理就已经改变了世界上发达国家的社会与经济的组织形式。它创造了一种全球性的经济模式，并为各个国家平等参与这种经济制定了新规则。同时，管理自身也在不断发生变化。而管理者中却很少有人意识到管理所具有的巨大影响力。"① 因此，研究、探寻管理活动的基本规律、有效方法，进而提高管理水平，对于各类组织来说，具有至关重要的意义。

管理学是研究管理活动基本规律、发展趋势及一般方法的科学。管理活动久已有之，但以管理活动为研究对象的管理学的出现只是 100 年前的事。然而就是在这 100 年的时间里，管理学伴随丰富的管理实践取得了快速发展，不仅管理学的理论体系日趋完善，对管理活动基本规律的认识日趋深入，而且管理理论流派更呈"百花齐放、百舸争流"之势，新理论、新观点不断推出，学科研究日趋繁荣，研究视角不断拓展，与其他学科不断交融的趋势日益明显，以至管理理论的"丛林"愈发茂密。管理学向人们展示出了其勃勃生机和巨大魅力。

正如管理理论的"百花齐放、百舸争流"之势一样，多视角、多方法地阐释管理学的基本理论、基本内容及方法的管理学方面的论文、专著、教材及案例分析等也是种类繁多，可谓汗牛充栋。仅就管理学教材来说，国外及本土学者撰写的就不胜枚举。这些教材风格各异、各有千秋，有的偏重理论系统阐述，有的偏重实务操作；有的内容庞杂，有的简明实用。本书的着眼点是为读者提供一本简明、通俗易懂的原理性教材，力图围绕一般或共性的管理活动，从基本原理角度阐述管理的内涵、基本职能及一般方法，并力图把管理学的前沿及最新进展吸收到本书中来，帮助读者构建管理学的基础平台。

---

① 德鲁克．德鲁克管理思想精要［M］．李维安，王世权，刘金岩，译．北京：机械工业出版社，2007：3.

本书的体系及结构是以管理职能为线索来设计的，即围绕管理的计划、组织、领导、控制职能展开各章内容，应该说这种体系及结构特点符合国内外管理学教科书的主流。本书在写作过程中，博采国内外众多管理学教科书之所长，借鉴、参考、吸收了众多的研究成果和文献，在此谨向这些研究成果和文献的作者表示衷心感谢。

本书第一版出版于2004年，2007年进行了第一次修订（第二版），2011年进行了第二次修订（第三版）。本书第四版是在2011年第三版的基础上修订而成的。此次修订，我们采纳了前三版使用者关于本书使用和修改的意见和建议，同时吸收了管理学研究的最新理论成果，进一步精炼了观点及内容的表述，并更换了部分章后案例，使本书的内容进一步完善。

本书由宋晶、郭凤侠担任主编。具体编写分工如下：宋晶编写第一、三、八、十三章，并负责全书的总纂；郭凤侠编写第二、四、五、六、七、九、十一、十二章；王晓莉编写第十、十四、十五章。本书的出版，得到了东北财经大学出版社、工商管理学院、网络教育学院的领导及许多朋友的支持、指导和帮助，在此表示衷心感谢。

由于编者水平有限，加之编写时间仓促，本书难免存在不少疏漏，敬请广大读者不吝指正。

编　者

2014年5月

目录

第一章 管理与管理学

本章要点与学习目标

本章主要介绍和阐述管理的概念与作用、管理的性质和特征、管理的职能等内容；介绍管理学的研究对象及研究范围、研究方法等。通过本章的学习，要了解作为一种活动和过程的管理的基本界定，掌握作为管理者的基本职能、基本类型及管理者应扮演的角色，准确理解处于不同层次的管理者所需要具备的管理技能及其不同，并理解一切社会现象都与管理活动密切相关及管理是科学性与艺术性的有机统一。

第一节 管理的概念与作用

一、管理的起源与发展

纵观人类历史，可以说一切社会现象都与管理活动密切相关。近一二百年世界经济与社会发展变化的过程更是表明，任何组织都需要管理活动的支持，有效的管理是一个组织甚至一个国家走向成功的基础。

一般认为，最早的管理活动或管理现象出现在人类社会的早期，即原始社会。应该说人类的活动多种多样，但管理是人类最基本的活动，广泛地存在于人类的社会生活之中，凡是由两个人以上组成的、有一定活动目的的集体或组织都离不开管理。

那么管理究竟起源于何时呢？一般认为管理起源于原始社会人类需要协作劳动或公共生活时期，即由于生产力水平的低下，单个人靠个人力量无法维持生存，或者说要维持生存需要通过结成两个人以上的“集体”，而“集体”就必然产生分工与协作问题。不论原始社会中人的“集体生活”是原始人群，还是血缘家族、氏族公社时期，人类都需要通过集体的力量，通过简单或复杂的分工协作来进行生产或维持人类的生存，这时也就产生了简单的管理现象，出现了管理活动。美国管理学家丹尼尔·雷恩（Daniel A. Wren）曾经从发生学的意义上探讨了管理的形成机制和产生过程，他认为，当人类告别动物界时，所面临的最大课题就是生存及发展。为了生存，早期的人类不得不成群结队地居住在一起，进行共同性的劳动（如采集和打猎）。长期的共同劳动和群居生活，使得他们逐渐结成了家庭、民族、部落这样一些人类社会最早形式的组织，而这类组织的形成，就为管理活动的出现创造了条件。[①] 美国著名人类学家路易斯·亨·摩尔根（Louis H. Moore）详尽地考察了原始人的社会组织、血缘关系、风俗及其发展。根据他的研究成果，原始社会中最早的群体组织——氏族在人类的蒙昧时期就已经形成并得到初步发展，而它的充分发展则是在野蛮时代的低级阶段。正是由于氏族的形成和发展，人类最早的管理活动才具备了可能。氏族的产生，也就必然伴之以一系列公共事务的形成。摩尔根以易洛魁人的氏族为标本，揭示了氏族的九种职能或权力，尤其揭示了氏族会议是管理工具和氏族、部落以及部落联盟的最高权力机构。根据摩尔根的研究，我们可以得知，在原始社会中，氏族是社会制度和管理制度的基本单位。现在人们已经达成共识：管理的历史同人类历史一样久远，当人类还处于原始社会时，便已产生了管理活动。

当人类跨入文明时代后，管理活动更是得到了空前的发展。在工业化之前的奴隶制社会、封建制社会，家庭、部落、城邦、村庄、教会、军队、国家等组织是人类进行生产和生活的基本形式，这些组织的存在和发展一刻也离不开管理活动，而且管理变得越来越重要。大到国家、军队，小到家庭，都需要管理。中国的长城和埃及的金字塔被公认为是古典管理活动的典范。

现代意义上的管理产生于18世纪下半叶的产业革命之后。随着生产力的进一步

---

① 韩岫岚．MBA管理学：方法与艺术（上册）［M］．北京：中共中央党校出版社，1999：4-5.

发展和社会的繁荣进步，人类的活动更趋复杂，特别是随着工厂、公司等组织的出现，对管理活动的需要较以往更为迫切，这同时进一步推动了管理活动的发展，使管理不断向现代意义上的管理演进。有学者说工厂制度的发展孕育了现代意义上的管理。英国著名经济学家阿尔弗雷德·马歇尔（A. Marshall）在19世纪末就把管理（组织）看做是与土地、劳动、资本并列的第四大生产要素，从而丰富了法国经济学家萨伊的三要素学说。在现代社会，随着社会的进步和科学技术的进一步发展，各种经济和社会组织的数量越来越多，规模越来越大，活动也越来越复杂，因此管理变得比以往更为重要。

总之，人类自诞生之日起，自从人们开始形成群体去实现个人无法达到的目标以来，管理就成为协调个人努力必不可少的因素了。正如马克思所说："一切规模较大的直接的社会劳动或共同劳动，都或多或少地需要指挥，以协调个人的活动，并执行生产总体的运动——不同于这一总体的独立器官的运动——所产生的一般职能。一个单独的提琴手是自己指挥自己，一个乐队就需要一个乐队指挥。"① 就在与自然界的斗争过程中，人类进行着管理社会、管理组织、管理自身的努力。管理存在于人类的所有活动过程中，并且日益成为一种专门的职业。

二、管理的概念

从字面上来说，管理（management）有管辖、处理、理事等意思。尽管管理活动自古有之，但对于管理一词，人们各有各的理解，它的定义更是众说纷纭。参阅各类文献，对管理的定义有代表性的可列出以下几种：

美国著名管理学家哈罗德·孔茨（Harold Koontz）认为："管理就是设计和保持一种环境，使人在群体里高效率地完成既定目标。"

法国著名管理学家亨利·法约尔（Henri Fayol）认为："管理就是计划、组织、指挥、协调和控制。"

美国管理学家、决策学派的代表人物、诺贝尔经济学奖得主赫伯特·西蒙（H. Simon）认为："管理就是决策。"

美国管理学者斯蒂芬·罗宾斯（S. P. Robbins）、戴维·德森左（D. A. Decenzo）、玛丽·库尔特（Mary Coulter）认为："管理是指通过与其他人共同努力，既有效率又有效果地把事情做好的过程。"②

美国著名管理学家、哈佛大学管理学教授彼得·德鲁克（P. F. Drucker）认为："管理是一种以绩效责任为基础的专业职能。"他还从更深层次上论述了管理的本质，他认为："管理从根本上来说，意味着用智慧代替鲁莽，用知识代替习惯与传统、用合作代替强制。""管理是一种实践，其本质不在于'知'而在于'行'；其验证不在于逻辑，而在于成果；其唯一权威就是成就。"

国内曾有学者把德鲁克的全部管理思想整合在一个简明的管理框架内，即"德鲁克的1358"。"1"就是德鲁克关于管理的一个定义——管理就是界定企业的使命，

---

① 中共中央编译局．马克思恩格斯全集：第23卷［M］．北京：人民出版社，1972：367.
② 罗宾斯，德森左，库尔特．管理学：原理与实践［M］．毛蕴诗，译．北京：机械工业出版社，2013：6.

并激励和组织人力资源去实现这个使命。界定使命是企业的任务，而激励与组织人力资源是领导力的范畴，两者的结合就是管理。“3”就是管理的三大任务——完成组织的特定目的和使命；使工作富有成效，员工具有成就感；处理对社会的影响与承担社会责任。“5”就是管理者的五项工作——设定目标、组织、激励与沟通、评估绩效、培养人才（包括自己）。“8”就是应当设立企业目标的八大领域——营销、物力资源、创新、生产力、人力资源、社会责任、财力资源、利润需要。①

我国管理学者周三多等认为：“管理即是整合组织的各种要素。这种整合既包括各类要素内部各要素个体间关系的整合，也包括要素类别之间关系的整合。要素类别之间关系的整合包括：制定有吸引力的目标以聚集组织成员；选择能够最有效地实现共同目标的活动方案；协调不同成员在目标活动中的努力；根据活动的要求和特点组织筹措物质条件；选择最有效的方式加工和利用这些物质条件；根据环境的特点和变化决定或调整组织的目标性质与活动内容等。”②

我国学者杨文士、张雁认为：“管理是一定组织中的管理者，通过实施计划、组织、人员配备、指导与领导、控制等职能来协调他人的活动，使别人同自己一起实现既定目标的活动过程。”

我国学者芮明杰认为：“管理是对组织的资源进行有效整合以达成组织既定目标与责任的动态创造性活动。计划、组织、指挥、协调和控制等行为活动是有效整合资源所必需的活动，故而它们可以归入管理的范畴之内，但它们又仅仅是帮助有效整合资源的部分手段或方式，因而它们本身并不等于管理，管理的核心在于对现实资源的有效整合。”

以上定义都是从一个侧面揭示了管理的内涵，之所以内容各异，主要缘于人们所处的角度或分属的流派，以及研究方法或所运用的研究工具的不同。综合各家的观点，本书认为，管理就是管理者在特定的内外部环境下，对一个组织所拥有的资源进行计划、组织、领导和控制，以实现组织目标的过程或活动。

这一定义至少包括以下几方面内容：

第一，管理是在组织中进行的，是一切组织的最基本活动。所谓组织就是由两个或两个以上的个人为实现共同目标而组成的有机整体，或“就是将一些人系统地安排在一起，以达到某些特定目标”③。人类为了生存和发展，需要有组织，而组织是有共同目标的人群的集合体，它能通过分工与协作，使单个人做不到的变得做得到，并能超越个人的生命而持续不断地发展。既然有组织就需要管理。

所有组织都必须具备 3 个特征：①有特定的目的，即要完成一个目标或一组目标；②由人构成，即组织的目标或目的需要由人来完成；③组织结构，即所有组织都需要构建一个系统化的结构来规范和限制其成员的行为，其中组织的规则及规章制度是其核心。

第二，管理是由管理者完成的。一般地，组织中的成员可分为两类：一类是管理者（managers），一类是操作者（operatives）。操作者直接从事某项工作或任务，不具

① 那国毅. 德鲁克的1358——之管理的定义［J］. IT 经理世界，2005（15）：104-105.
② 周三多，陈传明等. 管理学原理［M］. 南京：南京大学出版社，2009：6.
③ 罗宾斯，德森左，库尔特. 管理学：原理与实践［M］. 毛蕴诗，译. 北京：机械工业出版社，2013：4.

有监督他人工作的职责；而管理者是指挥别人活动的人，他们处于操作者之上的组织层次中，一般可分为3个层次，即基层管理者、中层管理者和高层管理者。组织中的管理工作主要是由管理者承担并完成的。

第三，管理的对象是组织内的各种资源。组织内的资源主要包括人力资源、物质资源及信息资源，管理工作就是对这些资源进行计划、组织、协调和控制，以整合这些资源，实现组织的目标。但需要明确，管理工作的中心是人，因为组织中最活跃、最重要的资源是人，任何资源的分配都是以人为中心的。

第四，管理是为了实现预期目标。任何管理都是为了实现一定的目标或达到一定的目的，即不存在无目标的管理。根据美国管理学者斯蒂芬·罗宾斯的观点，这个目标主要是指活动的效果（effectiveness），当然达到效果要借助于效率（efficiency）。效率涉及的是活动的方式，即“正确地做事”，而效果涉及的是活动的结果，即“做正确的事”。管理既要追求效果，也要追求效率，两者不可偏废，也就是管理必须是“正确地做正确的事”。

第五，管理的职能是计划、组织、领导和控制。管理概念的实质在于管理的职能，即管理的内容是干什么或做什么工作，这涉及管理得以实现的手段。同时，管理的职能也就是管理的过程。

第六，管理是在一定的环境下进行的。根据系统论的观点，任何组织都是一个系统，且这个系统本身又从属于某个大系统，从而构成大系统中的子系统。如果用这种科学的观点来审视管理问题，我们就可以说管理必须置于一定的环境之下，这种环境可分为组织内部环境及影响组织的外部环境。管理既是在一定的内部环境下进行的，同时又要受环境的影响和制约，即所谓管理的方法、技术及内容是环境的函数，即管理的方法、技术及内容 = F（环境）。同时，管理是在一定的环境下进行的性质，又引出了环境分析和环境管理问题。

三、管理的作用

关于管理的作用及重要性目前人们已经达成了广泛的共识。事实上，管理的起源及发展过程已经充分证明了管理对于组织有效地实现目标的重要作用，而且管理伴随着组织规模的扩大和作业活动的复杂化更加明显，也就是说组织规模越大，组织活动越复杂，管理的重要性就越突出。在当今，先进的管理和先进的技术一起构成了推动现代经济社会发展的“两个轮子”。如果没有先进的科学技术，现代化的作业活动乃至管理活动就无法有效地展开，但如果没有高水平的管理活动相配合，任何先进的科学技术都难以充分地发挥作用。所以，有人将科学技术和管理称为推动社会经济发展的两大主要因素，有的国家（如美国）甚至提出“三分技术，七分管理”的理念，即管理的作用比技术更大。美国著名管理学家彼得·德鲁克在《德鲁克管理思想精要》一书中指出：“在人类发展的历史长河中，管理出现的速度之快和影响范围之大是其他体制所无法比拟的。在不到150年的时间里，管理已经改变了世界上发达国家的社会与经济的组织形式。它创造了一种全球性的经济模式，并为各个国家平等参与这种经济模式制定了新规则。同时，管理自身也在不断发生变化。而管理者中却很少有人意识到管理所具有的巨大影响力。”① 彼得·德鲁克在总结发展中国家与发达国家的差距时也曾指出：“发展中国家并不是发展上落后，而是管理上落后。”这些论断都充分揭示了管理对于一个组织所具有的重要作用。

管理的作用可以概括为 3 个方面。

（一）管理也是生产力

生产力是财富创造的源泉，生产力水平的高低直接决定经济社会发展的速度和程度，因此，发展生产力并提高生产力水平是人类进步所努力追求的目标。从经济社会发展的进程来看，包括劳动者、劳动手段、劳动对象等在内的生产要素是生产力的重要内容，但如果离开了管理，这些生产要素只能是潜在的生产力。从这个意义上讲，管理不仅本身就是一种生产力，而且还会促进其他生产力的发展。英国著名经济学家阿尔弗雷德·马歇尔（A. Marshall）在高度概括管理的重要性时把管理（组织）作为与土地、劳动、资本并列的第四大生产要素，这其实就隐含了管理也是生产力的思想。美国管理学者斯蒂芬·罗宾斯和玛丽·库尔特在谈到管理的重要性时说：“组织对管理需要到什么程度？我们可以说，对于所有的组织，管理都是绝对必要的。无论组织规模大小，无论在组织的哪一个层次上，无论组织的工作领域是什么，无论这个组织位于哪一个国家，这种性质称为管理的普遍性。”② 现在人们都把管理放在资源的战略地位上来强调，其实都旨在强调管理的创造生产力的作用。

（二）管理是促进人类文明与进步的重要因素

从管理的起源与发展过程看，正因为有了管理，才使组织变得更协调、更富有效率。其实管理更是促进人类文明与进步的重要因素。彼得·德鲁克曾指出：“在人类历史上，还很少有什么事比管理的出现和发展更为迅猛，对人类具有更为重大和更为激烈的影响。”翻开人类的文明与进步史，我们可以清楚地看到管理在其中所起的作用。民族、国家、军队、工厂及企业，这些组织无不依靠管理来提高效率，同时正是通过这些组织的发展才不断推动生产力的发展进而推动着人类不断走向文明和进步。单从企业组织这一层面就可以充分地表明管理发展生产力的作用，及管理在推动人类文明与进步方面的作用。因此，可以说管理是推动人类不断走向文明与进步的“发动机”。

（三）管理是实现组织目标、提高组织效率的重要手段

所谓组织是指完成特定使命的人们为了实现共同的目标而组合成的有机整体。组织不但是人的集合体，而且所有参加组织的人必须按一定的方式相互合作、共同努力，形成一个有机的整体，才能够实现他们的共同目标。如果组织中的成员没有配合与合作，那么该组织就只会是“一盘散沙”，而不能成为具有整体力量的组织。换言之，组织正是通过管理不断地协调、整合组织内的人力、物力、信息等各种资源，才使组织成为一个有机的整体，从而高效率地实现组织的目标。因此，管理是保证组织有效实现目标的重要手段。

---

① 德鲁克．德鲁克管理思想精要［M］．李维安，王世权，刘金岩，译．北京：机械工业出版社，2007：3.

② 罗宾斯，库尔特．管理学（英文版）［M］．9 版．北京：清华大学出版社，2009：19.

第二节 管理的性质与特征

一、管理的性质

（一）管理的二重性

事物的二重性是马克思主义的基本观点。马克思在《资本论》中指出："凡是直接生产过程具有社会结合过程的形态，而不是表现为独立生产者的孤立劳动的地方，都必然会产生监督劳动和指挥劳动。"[①] 这句经典论述意味着管理具有二重性，即管理具有自然属性和社会属性。

管理的自然属性是指管理一方面是由许多人进行协作劳动而产生的，是由生产社会化引起的，是有效组织共同劳动所必需的，因此它具有同生产力、社会化大生产相联系的自然属性。管理的自然属性通过"指挥劳动"体现出来，它不因社会制度和社会文化不同而变化，主要受生产力发展水平的制约，反映生产力发展对管理的一般要求。如根据生产经营需要适当配备人员，有计划地对员工进行培训等。管理的社会属性是指，管理是在一定的生产关系下进行的，必然体现出生产资料占有者指挥劳动、监督劳动的意志，因此它具有同生产关系、社会制度相联系的社会属性。管理的社会属性通过"监督劳动"体现出来。也就是说，无论何时何地，人们总是生活在一定的生产关系和社会文化之中，管理活动涉及人与人的关系，必然反映相关生产关系和文化要求。不同的生产关系和社会文化使管理思想、管理目标和管理方式呈现不同的特色，使管理带有特殊的个性。

需要明确的是，马克思所揭示的管理的二重性，主要是在当时的社会和时代背景下通过对资本主义社会制度下企业管理的研究得出的结论。诚然，资本主义制度下的管理无疑体现着生产力和生产关系两方面的属性，那时的管理一方面体现着社会化大生产的要求，更主要的是体现着生产关系的要求，正如列宁所说"资本家所关心的是怎样借掠夺来管理，怎样借管理来掠夺"。[②] 应该说马克思及列宁关于管理二重性的论述是正确的，但是在当今的市场经济体制下，我们对管理的二重性不能做绝对的、机械的理解，比如在存在委托-代理关系的"两权"分离的企业体制下，对企业管理的性质我们就应正确理解了，也就是说对管理的社会属性不应再绝对地理解为剥削关系，在这里，管理的科学性、艺术性等性质恐怕就是更重要的了。

（二）管理的科学性

所谓管理的科学性，是指在管理活动中存在着一系列基本规律，有其固有的基本理论和科学方法。在长期的管理实践中，人们经过无数次的失败，通过对丰富的管理实践的归纳、总结、提炼，从中总结出一系列反映管理活动过程中客观规律的管理理论和一般方法，使管理成为一门科学。同时人们又利用这些理论和方法来指导自己的管理实践，并通过实践来检验和衡量这些管理理论和管理方法的有效性和科学性，从

---

① 中共中央编译局．马克思恩格斯全集：第25卷［M］．北京：人民出版社，1974：431.
② 中共中央编译局．列宁选集：第2卷［M］．北京：人民出版社，1972：395.

而使管理的科学理论和方法在实践中得到不断的验证和丰富。美国著名的管理学先驱——泰罗（F. W. Taylor）在1911年发表的《科学管理原理》中提出泰罗制，这使管理由经验变成科学。在创建管理学以后，管理更不再是一种纯凭经验的管理，管理活动有一系列的科学理论和方法作为指导，有一套分析问题、解决问题的科学的方法论。

（三）管理的艺术性

管理有鲜明的科学性，但同时管理也有鲜明的艺术性。管理的艺术性主要强调的是管理的实践性，也就是说，尽管管理有其自身的理论、原理、方法、原则、制度，但仅凭停留在书本上的管理理论，或背诵原理和公式来进行管理活动是不能保证其成功的。管理人员必须在管理实践中发挥积极性、主动性和创造性，因地和因时制宜地将管理知识与具体管理活动结合，针对不同的管理对象及对象的不同特点实施符合实际情况的管理，包括采用有效的管理方法、确定有效的管理内容等。从管理的发展进程来看，尽管管理学在20世纪初正式成为了一门科学，并在20世纪60年代建立了大体统一的框架，但管理学并没有也绝不可能解决管理中的一切问题，管理的实践性与艺术性越发明显地表现了出来。因此，美国管理学者斯蒂芬·罗宾斯指出，尽管管理学很重要，我们要学习管理学，但你不能指望通过学习管理学成为优秀的管理者。

应该明确的是，管理的艺术性正是管理的魅力所在。管理同时具有科学性和艺术性这两种属性，管理的科学性与艺术性并不是矛盾的，而是有机的统一。管理的科学性是艺术性的基础，它能使管理者把握管理的本质，从而具有源源不断的创造力；而管理的艺术性则进一步体现了管理的科学性，它使管理科学完成由理论到实践、由抽象到具体的转变，在各种场合得到灵活运用，充满生机和活力。

（四）管理的技术性

所谓管理的技术性，是指管理本身具有一系列技术工具和技术方法，可以解决实践中的技术问题。现代意义上的管理，一开始是作为一种技术手段、技术现象出现的。当组织面临着处理人与资源的关系、人与工具的关系、配置劳动力、缩减工作时间或提高组织效率、降低成本等一系列复杂问题时，管理科学中的技术工具、技术方法（如决策中的决策树法、计划制订中的滚动计划法、环境分析中的SWOT分析法等）常常就可以解决这些问题。管理的技术性要求管理人员必须掌握管理的技术工具和技术方法，这样才能科学有效地发挥管理的作用。

在谈到管理的性质时，有一点还必须明确，即管理活动不同于作业活动。也就是说，从内容上看，组织中所有的活动可分两类，一类是作业活动，一类是管理活动。所谓作业活动即具体的生产、加工或制造等活动，而管理活动是为作业活动有效进行提供服务的活动。在一般情况下，管理活动主要由管理人员承担，而作业活动主要由操作人员承担，管理是管理人员的“分内工作”，管理者一般不亲自从事具体的作业工作，而是把其委托操作人员去干，自己花大量的时间和精力进行计划安排、组织落实、指导激励和检查控制等工作，但对于兼有管理人员和操作人员双重身份的“双肩挑”人员来说，管理活动和作业活动（如教师为学生上课）都要从事，但应把主要精力和时间放在管理活动上。

二、管理的特征

（一）管理的普遍性

管理的普遍性主要表现在：只要有组织的地方，管理无所不在，无时不有。也就是说，任何组织，小到家庭、企事业单位，大到军队、国家，只有人们为一定的目标结成组织，就存在管理。正如孔茨和韦里克在其《管理学》中所说："管理工作适用于各种大小组织——营利的和非营利的企事业、制造业以及服务业。"① 有学者认为，管理之所以具有普遍性，主要由两方面原因决定：一是单个个人能力的有限性，即单个个人能力有限需要结成群体，从而使管理成为群体中协调关系不可缺少的手段；二是资源的稀缺性，即有限的资源需要通过管理进行有效的配置。②

（二）管理的目的性

管理的目的性主要表现为一切管理都为了实现一定的目标。正如人们通常所说，没有无目标的管理，也没有无管理的目标，任何管理活动都是为了实现一定的目标，如协调人与人之间的关系、把人员配备到适当的职位上、降低成本、提高效率等。管理的目的性是由管理活动产生和发展的内在要求决定的，如果管理没有一定的目标，为管理而管理，或管理不能解决组织存在和发展所需解决的问题，那么这种管理也就没有存在的必要了。管理的目的性要求管理人员时刻明确管理的目标是什么，围绕目标实施有效的管理。

（三）管理的动态性

管理的动态性主要表现为管理的内容、手段、方式方法等要适应组织内外部环境的变化不断地进行调整，没有一成不变的管理模式。管理的动态性是由管理的目的性所决定的，同时鲜明地体现着管理的艺术性。如果组织运行的内外部环境已经发生变化，或管理对象已经发生变化，管理者仍然固守原来的管理模式，那么肯定会造成管理模式与新的环境的不适应性，此时的管理肯定会是无效或低效的管理，无法完成既定的管理目标。管理的动态性要求管理者时刻研究和关注组织内外部环境的变化，保持管理模式与环境的动态适应性，适时调整管理的内容、手段、方式方法。应该说，正是因为管理的动态性特征，才使得管理理论不断地得到丰富和发展，新的管理理论、管理流派、管理模式不断涌现。

（四）管理的创新性

管理的创新性主要表现为管理理念、管理思想以及管理内容、手段、方式方法的不断更新，以适应不断变化的客观环境对管理活动的需要。管理的创新性与管理的动态性是一脉相承的，由于组织内外部环境及管理对象的不断变化，客观上决定了管理也要不断地推陈出新，不断地更新管理理论、管理思想以及管理内容、管理手段、管理方式方法，也就是说，管理的创新性是客观环境发展变化对管理活动发展变化的内在要求。管理的创新性已经被管理学几十年来的快速发展所充分证明，在当今社会，各种管理理论、管理思想、管理学流派以及管理技术、管理内容、管理方法已经发展

---

① 孔茨，韦里克．管理学［M］．郝国华，金慰祖，等，译．9 版．北京：经济科学出版社，1993：3.
② 孙永正，等．管理学［M］．北京：清华大学出版社，2003：3.

成为越来越茂密的“管理丛林”。

（五）管理的人本性

管理的人本性主要表现为两个方面：一是管理的中心是协调人际关系和管理人，人是管理的中心，在管理中要注意研究并根据人的行为规律去激发、调动人的积极性，调动人的积极因素，并使人们相互沟通和理解，为完成共同的目标而努力；二是在管理中要尊重人、关心人，注意满足人的需要，做到以人为本。就第一方面而言，管理的人本性主要缘于在所有的管理对象中，人是最主要、最活跃的要素，组织中所有的关系都可归结为人与人之间的关系，因此，人自然就应成为管理的中心；就第二方面而言，管理的人本性主要源于人的尊严和人性的满足，管理学中的行为科学思想之所以受到人们的广泛重视和应用正是充分体现了这一点。管理的人本性要求管理者在管理活动中要注意抓住管理的中心和重点，并把满足人的各种生理、心理需要作为管理工作的基本出发点。

第三节　管理的职能与管理者

一、管理的职能

通过以上关于管理的概念、性质和特征的介绍我们可以得知，管理是一种活动和过程，而这种活动或过程是由几种具体职能来实现和衔接的，这种使管理得以实现的职能就是管理职能。

管理职能（management functions）是管理学研究的重要问题，它所解决的是管理究竟干什么的问题。所谓管理职能，概括地说就是管理的功能与职责，即管理者在进行管理时所应该从事的活动或内容。人类的管理活动具有哪些最基本的职能？这一问题经过了许多人近一百年来的研究，至今仍是众说纷纭。最早对管理职能进行概括的是法国管理学家亨利·法约尔，他在1916出版的《工业管理与一般管理》一书中指出，管理具有计划、组织、指挥、协调和控制五大职能，法约尔也因此被称为管理过程学派或管理职能学派的创始人。在此之后，许多管理学者又从不同的角度对管理职能进行不同的界定，并形成了不同的流派。20世纪50年代中期，美国著名管理学家、加利福尼亚大学洛杉矶分校的哈罗德·孔茨教授和其同事西里尔·奥唐奈把管理的职能界定为计划、组织、人事、领导和控制，并把这种职能划分作为他们编写的管理学教科书的框架。在此后的20年里乃至今日，最普及的管理学教科书仍按管理职能来组织内容，并在对管理职能的认识上逐渐趋于统一，尽管在理论界仍有“五职能说”或其他不同说法（如我国学者周三多等认为，管理的职能有5个，即计划、组织、领导、控制和创新；孔茨和奥唐奈等管理学家认为管理职能有5个，即计划、组织、人事、领导和控制等），目前人们都习惯于把管理职能划分为4个，即计划、组织、领导、控制，并且这种职能划分方法居于管理学的主流地位，是一种主流思想。

（一）计划

计划职能排在管理职能之首，是管理的首要职能。所谓计划（planning），就是对组织未来活动进行预先筹划，包括分析组织活动的环境和条件，明确组织目标，进行决策，制订行动方案等一系列工作。因为任何有组织的集体活动，都需要在一定的计划指引下进行。管理者通过计划职能，可以帮助组织成员认清所处的环境和形势，指明组织活动的目标及实现目标的途径。一般来说，计划职能主要包括以下内容：

（1）分析和研究组织活动的环境和条件。对组织所面临的内外部环境和经营条件进行分析，明确组织的优势和劣势。

（2）制定决策。在内外部环境和经营条件分析与研究的基础上，根据组织资源及组织的优势和劣势，明确组织在未来某个时期内的总体目标和方案。

（3）编制行动计划。在目标和行动方案制订后，详尽制订实现这些目标的具体行动计划，以便将目标落到实处。行动计划通常包括“5W1H”，即做什么（what to do）、为什么做（why to do）、何时做（when to do）、在哪做（where to do）、由谁来做（who to do）以及如何做（how to do）。

（二）组织

为保证组织目标及行动计划的实现，需要对组织机构及人员安排进行统筹规划，这就是组织职能（organizing）。组织职能通常包括设计组织结构、配备人员、组织变革与发展等。

（1）设计组织结构。组织结构设计通常是在任务目标分解的基础上将各部分需要分工开展的工作落实到具体的承担者，形成不同的部门，规定不同部门的分工协作关系。这项工作通常被称做部门化。

（2）配备人员。配备人员就是根据各个岗位活动的要求以及组织成员的素质和技能特点，选拔适当的人员并安置在适当的岗位上。具体涉及人员招聘、选拔、安置、培训、考核、定级、晋升及薪酬策划等。配备人员工作实际就是孔茨所说的“人事职能”。

（3）组织变革与发展。组织变革与发展就是根据组织活动及组织内外部环境的变化，对组织结构及机构作必要的调整。

（三）领导

领导（leading）职能是指管理者利用组织所赋予的职权和自身权力对组织成员施加影响，引导、指挥、激励组织成员为实现组织目标而努力工作。领导职能具体包括以下内容：

（1）引导或指导。管理者对下属的指点和引导，使他们明确工作方向和任务。

（2）激励。管理者把实现组织目标与满足个人需要有机结合起来，通过各种激励手段来激发组织成员的工作积极性。

（3）沟通。管理者与同事或下属交流思想、互通信息、协调关系，在相互理解的基础上求同存异，以消除隔阂、化解冲突和矛盾，增强组织的凝聚力。

（四）控制

控制（controlling）职能是指管理根据既定计划要求，检查各部门、各环节的工作情况，发现偏差，查明产生偏差的原因，并采取措施进行纠正，或根据新情况对原计划进行必要调整，保证计划与实际运行相适应。

控制之所以成为管理的一项基本职能，主要缘于计划的制订与执行在时空上相对分离，组织的内外部环境变化非常迅速，只有依靠控制，才能发现和纠正偏差，把计划落到实处，因此，控制职能有时表现为新计划的制订过程。

关于管理职能，还需要明确以下几点：

第一，计划、组织、领导、控制职能之间存在某种逻辑上的先后顺序关系，即一般是先计划、继而组织、然后领导、最后控制，如果从某一时段来看，管理活动大体上是按照这样的先后顺序依次发生的。但要明确，管理职能的这种逻辑上的先后顺序并不等于管理工作必须按这样的先后顺序机械地进行，事实上，在具体的管理活动或管理工作过程中，这些职能通常是有机地融为一体的，形成各职能活动相互交叉、周而复始地不断反馈和循环的过程，比如有时一项管理活动同时包含了计划、组织、领导或控制等一项或几项职能。

第二，管理职能理论的提出具有十分重要的理论意义。通过对管理职能的划分，为研究管理问题提供了一个理论框架，有关管理的概念、理论、原则、方法或程序都可以按照不同的管理职能加以分类归纳并予以系统阐述，从而为研究和学习管理学提供了便利的工具，所以管理职能方法得以广泛沿用。对于管理活动来说，管理职能确切地描述了管理者实际的所作所为，同时管理职能的划分，也是描述“管理者做什么”的重要观点或视角之一，即职能的观点（其他还有角色的观点，技能、能力的观点）。①

第三，不同组织层次的管理者在管理职能的侧重点上存在差别。一般来说，不同的管理层次花在管理工作上的时间比重不一样，高层管理人员花在组织工作和控制工作这两项职能上的时间要比基层人员相对多些，而基层管理人员花在领导工作上的时间则要比高层管理人员多一些。即使就同一职能来说，不同层次管理者所从事的具体管理工作的内涵也并不完全相同。如就计划工作而言，高层管理人员关心的是组织整体的长期战略规划，而基层管理人员更侧重于短期、局部性的作业计划。按照孔茨的观点，管理者层次与管理职能的时间分配大体如图 1-1 所示。

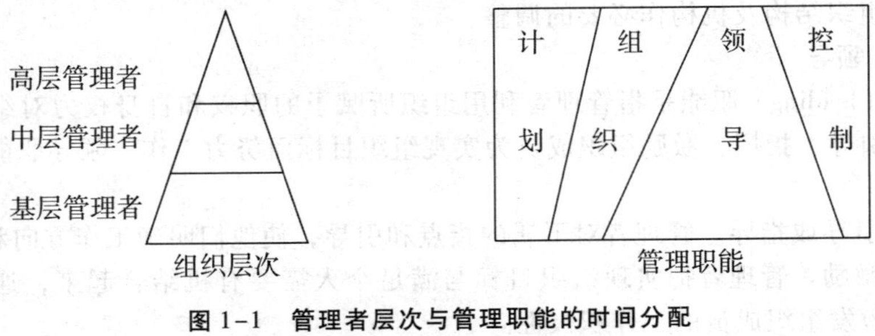

图 1-1 管理者层次与管理职能的时间分配

第四，不同的业务领域在管理职能内容上是有区别的。组织中不同的业务部门尽管都存在相同的管理职能，如营销部门、财务部门、人事部门都有计划工作，即都存在计划职能，但是这些部门的计划工作的内容是有区别的，营销部门的计划工作主要侧重于产品定价、推销方式及销售渠道的计划安排等，财务部门的计划工作主要是资

① 罗宾斯，德森左，库尔特．管理学：原理与实践［M］．毛蕴诗，译．北京：机械工业出版社，2013：8.

金的筹措与使用，而人事部门的计划工作主要是人员的招聘、考核、晋升、培训等计划安排。

第五，管理学界对管理职能的认识是不断深化与发展的。计划、组织、领导、控制这四个基本职能早在法约尔时期就提出过，至今虽然为多数人所接受，但在这期间，管理学者及管理实践者都从不同的角度提出了不同的观点，如在20世纪五六十年代，由于决策工作的重要性，美国著名学者西蒙等提出了决策职能，西蒙甚至认为管理就是决策；在60年代由于创新的重要性，人们又提出把创新作为一项管理职能，我国南京大学的管理学者周三多等不但认为创新是管理的一项职能，甚至认为创新是5个管理职能的核心；有人认为，协调是管理的一个单独职能，但也有人认为，与其说协调是管理的一个单独职能，不如说协调是管理的核心更确切些，并认为管理的中心是协调，通过协调可以收到“1+1>2”的协调效应。总之，管理职能上的这些发展变化，反映了人们对管理职能认识的不断深化。

第六，从不同管理者关于管理职能的讨论中我们还可以看到：①管理职能应随着组织的不同而不同。管理职能总是与组织环境、管理主体、管理客体相联系的，实际上并没有所谓的管理职能，任何优秀的管理职能和技巧总是相对于特定的组织环境、管理主体、管理客体而言的，有什么样的组织要素，就应有相应的管理职能，当这些组织要素发生变化时，管理职能就应相应地作出改变。②管理职能的划分随各学派对管理过程的认识不同而不同。管理学家对管理职能的划分认识不一，并不仅是因为有关管理学者因所处的时代、环境等条件不同而导致对管理职能的划分界定不同，而是因为已划分的各管理职能由于彼此之间并无严格的次序和界限，往往互相关联或交叉表达，不同的关联或交叉产生了不同的职能划分。③管理职能并不能描述管理过程。在具体的管理过程中，各项职能往往很难划分得十分清楚，所划分的这些职能只是描述了管理活动的一般过程，对于具体领域中具体的管理活动并不一定完全与该描述相一致，在管理中实施的职能可能多一项，也可能少一项，尤其对特殊性质的管理问题而言，更是如此。①

第七，关于管理职能和管理过程的关系。所谓管理过程，按一般的理解，就是“一组进行中的决策和工作活动，在这个过程中管理者从事计划、组织、领导和控制。它的含义在于，当管理者进行管理时，他们的工作常以连续的方式也就是以过程的方式体现出来”②。也就是说，管理过程是由一连串的管理职能构成的，管理者进行计划、组织、领导和控制的过程，也就是管理过程。

关于管理职能，斯蒂芬·罗宾斯和玛丽·库尔特在《管理学》（第九版）中为我们作了概要描述③，如图1-2所示。

① 许激．管理职能和管理行为的区别和联系［EB/OL］．［2004-02-16］．www.manage9.com.

② 罗宾斯，库尔特．管理学［M］．孙健敏，黄卫伟，王凤彬，等，译．7版．北京：中国人民大学出版社，2004：9.

③ 罗宾斯，库尔特．管理学［M］．英文9版．北京：清华大学出版社，2009：8-9.

计划 ⇒	组织 ⇒	领导 ⇒	控制 ⇒	完成
定义目标，制定战略，开发分计划，以协调活动	决定需要做什么、怎样做、谁去做	指导和激励所有的群体和个人，解决冲突	监控活动，以确保他们按计划完成	实现组织宣布的目标

图 1-2　管理职能

二、管理者

（一）管理者的概念

组织中的管理工作是由管理者承担的，而作业工作是由操作者承担的，因此管理者与操作者是组织中分属两个不同团体的两类人。但究竟何谓管理者，人们的认识不尽相同。管理学界关于管理者概念的观点，大体上可分为两类，一类是传统观点，另一类是现代观点。

传统观点认为，管理者是有正式职位和职权，或者说在一个组织主要从事领导、指挥或控制别人工作的人。从内涵可以看出，管理者的传统观点强调以下两点：①凡管理者都有正式的职位和职权。职位就是管理者所享有的在组织中处于不同层次的领导地位；职权就是“一种基于掌握职权的人在组织中所居职位的合法的权力”，且“职权与职务相伴随”[①]。职位和职权一般都是组织通过制度或行政命令赋予的，如果没有职位和职权就不是管理者。②管理者都有下属。管理者的主要工作是引导、指挥或控制这些下属，同时管理者要对这些下属的工作负责。根据这两点，那些在组织没有正式的职位和职权，但对组织的运行与发展却有重要影响的人（如总会计师、总经济师等）就不是管理者，因为他们一般都没有下属，且没有正式的职位和职权。但在当今的组织中，总会计师、总经济师这些人在组织中的地位却异常重要，已经毫无争议地成为管理者（而且是高层管理者）队伍中的一员。显然，管理者的传统定义与现代管理的实践相比，存在明显的缺陷。

与传统观点相对应的是有关管理者的现代观点。这一观点是由美国著名管理学家德鲁克提出来的，而且主要是针对传统观点定义过窄、不符合现代管理实践的缺陷提出来的。德鲁克的现代观点认为，在一个组织中，谁是负有管理责任的人，首要的标志并不是谁有权命令别人，管理人员的责任在于有贡献、有职能，而不是权力。管理人员之所以是管理人员，在于其对所经营的组织成果负责，而不是对他人的工作负责，管理人员的责任在于对其本身的工作负责，一位管理人员有其自身的工作——管理工作。

从关于管理者的现代观点的内涵来看，其主要强调的是责任，即对组织的运行成果负有责任，而不是是否拥有正式的职位和职权。根据这一内涵，那些在传统上不被列入管理者范畴的如总经济师等专业人员就被列入了管理者范畴。当然，德鲁克也指

① 罗宾斯．管理学［M］．黄卫伟，等，译．4 版．北京：中国人民大学出版社，1997：233.

出这些专业人员是指作出决策能够影响组织的成果的少数人员，并非所有的专业人员都是管理者。显然，关于管理者的现代观点，比较符合现代管理的实际。

综上所述，所谓管理者是泛指执行管理职能，并对组织目标的实现负有责任的人。在组织中，只要一个人利用他的职位和知识，以个人的能力对组织作出贡献，并对该组织负责，那他就是一位管理者，而不论他是否有正式的职位和职权。不过应该明确，在组织中多数管理者通常都有正式的职位和职权。

此外，在掌握管理者的概念时，还必须明确管理者与领导者的联系与区别。一般来说，领导者可分为两类：一类是居于领导职位的人，另一类是并不处于正式的领导职位但对他人有影响力的人。前者一般就是组织中的管理者，而后者可以是一般工作人员，但这类人通常具有某一方面的业务专长或较强的个人人格魅力，能对他人的活动产生实质性的影响。可见，管理者与领导者的关系是：有些领导者是管理者，但有些领导者不是管理者，而管理者一般都是某一方面的领导者。

（二）管理者的分类

管理者的分类一般可按两个标准：一是按层次分类；二是按领域分类。

1. 管理者的层次分类

按照管理者在组织中所处的层次，可以把他们分为三类，即高层管理者、中层管理者和基层管理者，如图 1-3 所示。

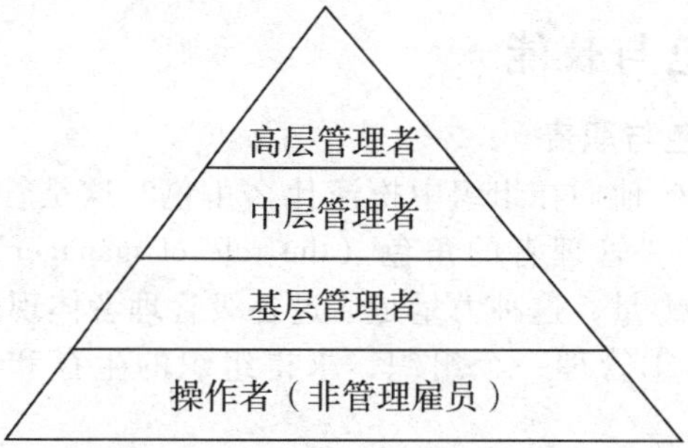

图 1-3　组织的层次及管理者的层次分类

高层管理者（top managers）通常是指对整个组织的管理负有全面责任的人，他们的主要职责是制定组织的总目标、总战略，掌握组织的大政方针并评价整个组织的绩效，如董事长、总经理、总裁及他们的副职等。西方国家公司中的 CEO（首席执行官）、COO（首席运营官）、CFO（首席财务负责人）等都是高层管理者。高层管理者对外往往代表组织，并以“官方”的身份出现。一般地，对高层管理者的素质及能力要求较高。

中层管理者（middle managers）通常是指处于高层管理者和基层管理者之间的一个或若干个中间层次的管理者，如部门经理、高校中的系主任或学院院长等。他们的主要职责是贯彻执行高层管理者所制定的重大决策，监督和协调基层管理者的工作。与高层管理者相比，中层管理者更注重日常的管理事务，所以对素质和能力要求比高层管理者也要低些。

基层管理者（first-line managers）亦称第一线管理者或第一线监工（first-line

supervisors)，也就是处于组织中最低层次的管理者，他们所管辖的仅仅是作业人员和监督现场作业活动。他们的主要职责是给下属作业人员分派具体工作任务，直接指挥和监督现场作业活动，保证各项任务的完成。相对于高层管理者和中层管理者，对基层管理者的素质和能力要求最低，但对其技术操作能力要求较高。

2. 管理者的领域分类

管理者的领域分类主要是按其所从事管理工作的领域宽窄及专业性质不同，一般可划分为两类：一类是综合管理者，另一类是专业管理者。

综合管理者是指负责管理整个组织或组织中某个事业部全部活动的管理者。除了高层管理者中的主要领导人外，中层管理者甚至基层管理者中的直线主管一般都是综合管理者。综合管理者由于工作范围较宽，因此一般要求其要全面熟悉业务，有较强的整体意识，善于听取各方面意见，有较强的综合协调能力。

专业管理者一般是仅仅负责管理组织中某一类活动或职能的管理者。根据这些管理者所管理的专业领域性质的不同，可以具体划分为生产管理者、营销管理者、财务管理者、人力资源管理者、其他专业管理者（如研究开发管理者、公共关系或客户关系管理者、行政管理者等）。

此外，目前也有学者按管理者所承担的职责和任务对管理者进行划分，如决策指挥者、职能管理者、决策参谋人员等，这种分类法也有其合理性。

三、管理者的角色与技能

（一）管理者的角色与职责

管理者究竟干什么？他们在组织中扮演什么角色？这是管理学关注的问题之一。1955 年，德鲁克提出了“管理者的角色（the role of manager）”的概念。德鲁克认为，管理是一种无形的力量，这种力量是通过各级管理者体现出来的。他认为，管理者扮演的角色有 3 类：①管理一个组织，求得组织的生存和发展；②管理管理者；③管理工人和工作。

20 世纪 60 年代末期，加拿大麦吉尔大学的管理学教授亨利·明茨伯格（Henry Mintzberg）通过对 5 位总经理的工作进行长期的仔细研究，提出了与人们对管理者的长期认识所不同的观点，从而成为管理角色理论的著名人物。他认为，管理者并不是深思熟虑的思考者，他们在作决策之前，并不总是仔细研究和系统地处理信息，相反，管理者经常陷入大量变化的、无一定模式的和短期的活动中，他们几乎没有时间静下来思考，因为他们的工作经常被打断。有半数的管理者活动持续时间少于 9 分钟。在大量观察的基础上，明茨伯格提出，管理者在管理工作中主要扮演 10 种不同的但却是高度相关的角色。这 10 种角色可以分为 3 部分：①人际关系角度，指跟其他人有关以及礼仪性和象征性的职责，包括代表人物、领导者和联络人 3 种。②信息转换角度，包括搜集、接收以及传递信息，对应着信息搜集人、信息传达人和发言人角度。③决策角度，包括制定决策和作出选择，对应着企业家、危机处理者、资源分配者和谈判者。

最近几年，明茨伯格继续对管理者的角色及其所做的工作进行深入研究。他认为，从根本上说，管理就是影响行动。管理是帮助企业和单位将事情完成，即意味着采取行动。明茨伯格认为管理者应从以下 3 个方面来实现这一点：①对行动直接进行管理，如合同谈判、项目管理等。②对执行任务的人进行管理，如对其进行指导、建立团队、提升企业文化等。③对能推动人们执行任务的信息进行管理，如使用预算、任务委派等。根据明茨伯格的观点，管理具有两大作用，即设计——确定管理者如何完成他的工作；规划——通过管理者所做的各种工作为组织带来活力。应该说，明茨伯格关于管理者角色的最新研究，有助于我们对管理者的工作有更多了解，增加了我们对管理者所做工作的理解。①

综合国外管理学家的研究，管理者的职责具体可分为以下几种：

1. 管理组织的目标

组织目标是组织未来一段时期要实现的预期结果，目标是否适当在很大程度上决定着组织的成败。作为管理者，必须结合组织内外部环境和组织的优劣势，在综合各方面意见的基础上，提出组织的目标。

2. 制订实现目标的计划

制订计划是管理者的另一项重要任务，也是管理者指引组织发展、调动组织内成员积极性的重要手段。一个管理者必须根据组织目标制订科学的、切实可行的行动计划。法约尔曾指出，缺乏计划或一个不好的计划是领导人员无能的标志。

3. 组织、协调组织资源

组织运行与发展必须具备人、财、物、信息等各种资源，同时这些资源必须有机地组合到一起，才能保证组织目标的实现，这一任务就需要管理者来承担。管理者必须通过管理活动，使各种要素有机组合、互相衔接，如人与人之间、部门与部门之间、人与工作量之间，以及物力资源、财力资源与人力资源的有效配合及动态平衡等。

4. 指挥、控制下级管理者及操作人员

管理者要在组织运行中通过一定的方式发布命令、下达指示、分配工作任务及布置工作，指挥和调动组织内的下级管理者和操作人员步调一致为实现组织目标努力工作，同时还要做好员工激励及沟通工作。此外，还必须根据组织目标，做好督促和检查工作，及时发现和处理组织运行中出现的问题。

（二）管理者的技能

管理者的技能即管理者应具有的管理技巧和能力。根据管理者在管理工作中所扮演的角色，管理者必须具备 3 种主要技能。

1. 概念技能

概念技能是指管理者综观全局，面对复杂多变的环境，具有分析、判断、抽象和概括并认清主要矛盾、抓住问题实质、形成正确概念，从而形成正确决策的能力，也就是洞察组织与环境要素间相互影响和作用关系的能力。具体地说，概念技能包括感知和发现环境中的机会与威胁的能力、理解事物的相关性并找出关键影响因素的能力、权衡不同方案的优劣和内在风险的能力等。

① 罗宾斯，德森左，库尔特. 管理学：原理与实践［M］. 毛蕴诗，译. 北京：机械工业出版社，2013：10.

2. 技术技能

技术技能是指管理者使用某一专业领域内有关的技术、知识和方法完成组织任务的能力，如工程师、会计师所拥有的专业技能。应该明确，对于管理人员来说，熟悉、掌握一定的专业技能是做好管理工作的基础，但并不是所有层次的管理人员都需要具备较高的技术技能。对于高层管理者（有时也包括中层管理者）来说，只要具备一定的技术技能就足够了，因为管理过程的技术问题可以通过专家解决，再者高（中）层管理者也不一定有足够的时间来熟悉和掌握全部技术问题。而对基层管理者和大多数中层管理者来说，要做好管理工作必须具备较强的技术技能。

3. 人际技能

人际技能是指与各类人员打交道、处理各方面人际关系的技能，即理解、激励他人并与他人共事的能力。正如美国管理学者罗宾斯所说，管理工作主要是通过别人并和别人一道完成组织目标的过程或活动，管理者的一项主要工作就是处理组织内外的人际关系，为组织的发展和目标的实现奠定良好的关系基础，只有人际关系协调好了，组织成员才能心悦诚服地努力工作，组织与外部环境的关系才能顺畅。应该说，具备处理好组织内上下级关系、管理者与员工的关系、管理者之间的平级关系、组织与外部相关组织或部门的关系的能力，是各级管理者应共同具备的管理技能。

除此之外，也有学者认为管理者的技能还包括政治技能（political skills），也称为行政技能，指建立权力基础并建立合适的社会关系的能力。组织是人们争夺资源的政治舞台，那些拥有并了解如何运用政治技能的管理者可以为其所在的团队争取更多的资源。①

需要指出的是，管理者的技能是管理者行之有效地开展管理工作的基础。通常来说，作为一名管理人员上述3种技能都应具备，但是根据工作和角色分工，3类管理人员在技能要求上还是略有区别的。处于较低层次的管理人员，主要需要的是技术技能和人际技能；处于中间层次的管理人员，几乎同等地需要技术技能、人际技能和概念技能；处于最高层次的管理人员，则尤其需要具备概念技能。

第四节　管理学的研究对象

一、管理学及其特点

（一）管理学的概念及内涵

何谓管理学？这是我们学习管理学必须明确的一个问题。目前国内外学术界关于管理学的定义五花八门，而且从内容表述来看也各有千秋。最一般的表述是，管理学是研究管理活动基本规律、发展趋势及一般方法的科学。有学者认为：“管理学是一门系统研究管理活动普遍规律、管理基本原理一般方法的科学。”② 也有学者认为：“管理学是一门系统地研究管理活动的基本规律和一般方法的科学。”③

---

① 罗宾斯，德森左，库尔特．管理学：原理与实践［M］．毛蕴诗，译．北京：机械工业出版社，2013：11.
② 汪克夷，刘荣，张小红．管理学［M］．大连：大连理工大学出版社，2009：12.
③ 王筱萍，薛耀文．管理学基础教程［M］．北京：清华大学出版社，北京交通大学出版社，2009：20.

管理是各类组织都具有的活动，不论何种类型（如经济组织、政治组织、社会组织、公益组织等）、何种规模（如大规模或小规模）及何种领域（如人力资源、计划、财务、市场营销及公务员管理、医生管理等），都存在管理问题，那么管理学对这些不同类型、不同规模及不同领域的管理活动都研究吗？显然管理学不可能对这些管理活动都进行事无巨细的研究，这些管理活动只能分别由各自的学科进行专门研究，如企业管理学、行政管理学、教育管理学、人力资源管理学和公务员管理学等。管理学只能对这些管理活动的普遍规律和基本原理进行研究，而各个专门的管理学科则是在管理学研究的基础上分别就各自特殊的管理问题进行研究。管理学是所有的涉及管理问题的管理科学的基础理论。

管理学在英文中为 management，即与管理是一个词。而在英文中，management 译作管理时，本身就含有企业管理或工商管理（business management）之意。与 management 一词相近的一个词是 administration，该词通常译作行政或公共行政，而行政一词常常暗指政府或其他非营利性组织的管理。由此可见，管理与行政两个词是有区别的。有人认为管理学研究的尽管是各类管理的共性，但侧重研究的是企业管理。从管理的内容看，这种表述自然有一定的道理。

综上所述，关于管理学的概念及内涵可以概括为：管理学是研究各类管理活动的产生、发展的普遍规律、基本原理和一般方法的科学；管理学是一门基础学科，是各类专门管理学科的理论基础。

（二）管理学的特点

管理学作为一门学科的特点可以概括为以下几方面：

1. 管理学是一门年轻的学科

尽管管理实践像人类历史一样久远，管理思想及各种管理理论也层出不穷，但真正发展成为一门学科，还只是近代的事。1911 年美国工程师弗里德里克·W. 泰罗的《科学管理原理》发表，标志着管理学正式诞生。由于从管理学正式诞生到现在也不过 100 年的时间，因此，管理学是一门年轻的学科。从管理理论及管理思想的演变进程可以看出，产业革命、机器大工业和工厂制度的出现以及由此带来的管理活动的复杂和重要性的凸显是促成管理学产生的直接原因。如果没有产业革命的完成及对管理需求的不断增加，管理学的诞生也许还会后延。

作为管理学产生标志的科学管理理论率先出现在美国，由此美国也就成为管理学这门年轻学科的发源地。至于科学管理理论缘何产生于美国而不是首先爆发产业革命的英国，有学者对此进行了专门的研究①，认为：美国的工业化进程是以第二次新技术革命为基础推动的，而英国则是以第一次新技术革命为基础起步的；美国在产业革命后形成的工业体系是以动力、运输和通讯业为主体的工业体系，而英国在产业革命后形成的工业体系则是以纺织业为主体的工业体系，因此美国比英国产生了“求解更高的管理问题需求”；同时，美国拥有以泰罗为代表的既有理论知识储备，又有实际工作经验的管理先驱，而英国要么只拥有具备理论知识的研究者，要么只拥有具有实践经验的实干家，也就是说，美国在 20 世纪初具备了管理理论与实践相结合的历

---

① 张雪平. 科学管理理论缘何产生美国而不是英国［N］. 光明日报，2004-12-07.

史条件，再加上拥有以泰罗为代表的一批既懂技术又懂管理的工程师的存在，才使得科学管理理论率先产生于美国而不是英国。

2. 管理学既有科学性，又是一门实践性很强的学科

管理学的基础理论和基础观点源自管理实践的经验总结和科学概括，它所包含的知识都是人们多年实践经验的总结和提炼，它的基本理论和基本观点源于实践，又高于实践，完全可以用以指导管理实践，因此，管理学具备科学的特点，具有科学性。当然，关于管理学的科学性属性，学术界和实业界有不同认识，有学者认为：不管是学术界需要确立自己的合法性而提倡管理学的科学性也好，还是实践中管理者们也越来越多地需要应用科学的元素来解决一切实际问题也好，管理学似乎正在“科学”的道路上前进，尽管道路似乎布满了荆棘、不无坎坷。同时，管理学又是一门实践性很强的学科，也就是管理学不能提供一切管理问题的答案，它要求管理者根据管理学的基本理论和原则，结合管理实际，对具体问题做具体分析，也就是人们常说的管理的技术、方法、内容是环境的函数。管理学的基本理论和基本观点要接受实践的检验，同时也只有在实践中才能不断得到丰富和发展。从这个角度讲，管理学也是一门应用学科。

3. 管理学是一门综合性学科

管理学主要研究各类管理活动的基本规律、基本原理和一般方法，而各类管理活动通常具有十分复杂的特点，管理学要对各类管理活动做深入、具体的研究，不可能不用到其他各门学科的方法。从管理学的内容看，管理学对各类管理问题的研究要涉及心理学、社会学、人类学、政治学、经济学、伦理学、数学、统计学、运筹学、计算机科学、会计学等许多学科的知识，离开这些学科提供的理论工具和理论观点，管理学对管理问题的研究也不可能深入，有时甚至无法研究。如对激励问题的研究，就要综合运用心理学、经济学、社会学等多学科的知识和方法。因此，管理学是一门综合性学科，在某种程度具有交叉学科的特征。

4. 管理学是一门不十分精确的科学

管理学是一门科学，它是由大量学者和实际工作者在总结管理客观规律的基础上形成的理论体系，能够指导人们的管理实践。管理者如果没有科学的管理知识和相关知识，要进行管理就只能依靠经验，这就是科学管理和经验管理的区别。但是，管理学还只是一门不十分精确的科学，也就是它不能为管理者提供解决一切问题的标准答案，它不能像数学、物理学等自然科学一样，按照一定的法则和给定的条件就能够得到确定的结果。相反，管理学尽管能够为管理实践提供理论指导，但在实践中管理者还必须以管理学的理论为基础，结合实际对具体情况做具体分析，以求得问题的解决，从而实现组织的目标。其实，这也正是管理的艺术性的体现。根据科学发展的普遍规律，随着研究的不断深入，管理学对事物规律的认识也将从不十分精确向比较精确发展。需要明确的是，管理学是一门不十分精确的科学，主要不是因为管理学是一门新兴的学科，发展历史比较短，而是因为它对事物规律的认识还不十分精确。

二、管理学的研究对象及内容

明确管理学的研究对象，是学习和研究管理学的前提。关于管理学的研究对象，

学者们也有不同的认识。如孔茨等认为，管理学的研究对象是经营理论和管理科学，他们在《管理学》教科书中开宗明义地指出："本书目的是阐明经营理论和管理科学的基础知识"；而美国另外的管理学者小詹姆斯·唐纳利等人在《管理学基础》中则指出，"讨论只与某一特定的（虽然也是相当广泛存在的）事例有关的管理过程，我们将就有限的资源（包括其他人的力量）的管理展开讨论"，也就是说，他们认为管理学的研究对象是有限资源的管理。而多数学者则认为，管理学的研究对象就是管理本身。我们认为，管理学是系统研究管理活动的基本规律、基本原理和一般方法的科学，它是以公共管理、企业管理等管理的共性作为自己的研究对象的。具体地说，管理学的研究对象及内容包括以下3个方面：

（一）管理学研究管理的本质和管理的规律

管理的本质包括：管理的科学性、艺术性及技术性；管理的二重性；计划、组织、领导、控制等管理职能；管理的任务和职能、管理者的角色与技能等。管理的规律即管理活动的发展变化规律。应该指出的，管理学研究管理的本质及规律，是着眼于企业管理、公共管理等各类管理的共性，即一切管理活动都具有的本质和规律，而一般不涉及各类管理的个性。从这一角度来说，管理学着重研究管理的普通原理。

（二）管理学从实践出发研究管理思想和管理理论的发展史

管理学要研究管理活动的起源与发展，管理思想、管理理论及方法的起源与发展过程，透视不同时期的管理内容、管理流派、管理方法体系，揭示管理理论发展的历史进程。在这方面，管理学与作为独立学科的管理思想史有密切联系。

（三）管理学从生产力、生产关系和上层建筑3个方面研究管理问题

在生产力方面，管理学主要研究生产力诸要素相互间的关系，即如何合理组织生产力的问题，包括：组织如何根据组织目标获取人力、物力、财力、信息等各类资源；如何合理配置和使用这些资源，以使其为实现组织目标充分发挥作用；在生产关系方面，管理学主要研究如何正确处理组织中人与人之间的相互关系，如何实现人与人之间的有效沟通，如何激励组织成员，调动其工作的积极性；在上层建筑方面，管理学主要研究组织的结构与机制，如各类组织结构形式及运行、维系组织运行的规章及制度、组织及管理者的社会责任和管理道德等。

三、管理学的研究方法

（一）归纳法和演绎法

归纳法和演绎法是两种正好相反的认识事物的逻辑推理方法。归纳法就是通过对客观事实的一系列典型事物或经验进行观察和研究，研究事物之间的因果关系，从中找出事物发展变化的一般规律，也就是从特殊到一般的推理研究方法。在管理学研究中，归纳法的应用最为广泛，因为管理过程十分复杂，影响管理活动的相关因素极多，并且相互交叉，人们所能观察的往往只是综合结果，很难把各个因素的影响程度分解出来，所以大量的管理问题都只能用归纳法进行实证研究。演绎法与归纳法正好相反，它是在运用归纳法找出一般规律的基础上，再由一般到特殊，运用基本结论或基本模型来研究个别现象的推理研究方法。在管理学研究中，演绎法的应用也十分广泛，同时这种方法不仅适用于管理学领域，而且应用于各种预测和公共政策研究领域。在管理学研究中，归纳法和演绎法一般是结合运用，先运用归纳法研究得出一般结论，并在此基础上运用这些基本结论来研究特殊管理问题，即个案研究，同时运用演绎法得出的结论进一步验证、修订或补充原来的一般结论，从而保证最终得出正确的结论。

（二）历史研究方法

历史研究方法是研究问题的重要方法，它是通过对历史现象的考察、分析，认识研究对象的产生、发展过程，从而从中总结出规律性的结论，并在此基础上预测事物的发展变化趋势。管理学运用历史研究方法研究管理问题主要从两大方面进行：一是从管理活动的起源与发展来分析研究什么是管理、为什么产生管理、管理与组织的关系、管理与环境的关系、管理的职能、管理的性质、管理者的职责与角色等，并从中找出管理的特点和规律，以建立管理的体系框架；二是从管理思想的起源与发展来研究管理问题，即从历代管理理论者和实践者关于管理问题的论述或研究结论来分析、研究管理的职能等诸问题，揭示管理的特点和规律。应该说，目前阶段人们关于管理学基本框架及体系的认识主要是运用历史研究方法得出的，人们对管理理论认识的不断深化、新管理理论及思想的不断涌现以及管理职能的不断延伸和拓展，也主要得益于历史研究方法。

（三）比较研究方法

比较研究方法也是科学研究中常用的一种研究方法。它是通过对两种及其以上事物间的比较、鉴别，发现并分析其异同，分辨一般性和特殊性之处，从而加深对事物及其发展变化规律的认识，并得出全面正确的结论。在管理学中，对管理学各流派的分析和比较、对管理实践中各种不同类型或不同国家的组织中的管理问题的分析和比较都是运用比较研究方法。同时也正因为比较研究方法的运用，才促进了管理学各流派之间的相互交融、相互借鉴，并不断推动和促进管理学的发展和繁荣。

（四）案例研究方法

案例研究方法，有的也称实验法，是指通过对某一典型案例的分析和研究，从中总结管理的规律，分析、研究和揭示管理问题。管理中的许多问题，特别是微观组织内部的一些管理问题，都可以用案例研究方法进行研究。例如，管理学的创始者泰罗正是通过大量的实验（如搬生铁块）及对具体事件的分析，提出了定额管理、标准化作业等管理思想；美国著名的“霍桑试验”也是案例研究方法的典范。这种方法的最大优点是能够体现理论联系实际的原则，使得管理理论及思想的形成能够建立在坚实的实践基础之上。当然，这种方法也有其固有的弱点，就是有时案例是十分复杂的，影响因素极多，通过此案例研究得出的结论往往不一定适合别的案例，即结论有时存在较大的局限性。

本章小结

本章为本书的开篇，主要介绍了管理与管理学的最基础问题，包括管理的概念与作用、管理的性质与特征、管理的职能与管理者、管理学的研究对象四部分内容。学术界关于管理的定义可谓五花八门，不同的人因所处的环境、所归属的理论流派等因素的影响，对管理的定义都不尽相同。本章从管理的起源与发展入手，在介绍了有代表性的管理定义的基础上，提出管理就是管理者在特定的内外部环境下，对一个组织所拥有的资源进行计划、组织、领导和控制，以实现组织目标的过程或活动，并具体剖析了管理定义所包括的内涵和管理的作用。关于管理的性质，本书是从管理的二重性、科学性、艺术性、技术性四个方面进行分析的，在此基础上提出了管理的普遍性、目的性、动态性、创新性、人本性等五个特征。关于管理的职能、管理者的定义、管理者的角色与技能的分析无疑是本章的重点。本书从主流管理学的角度，概要介绍了管理的计划、组织、领导和控制四个职能，并对管理的内涵及管理者的角色和技能进行了具体分析，提出了管理者的四个职责及管理者应具备的概念技能、技术技能、人际技能。本章的第四节还概要介绍了管理学的研究对象及内容、管理学的研究方法等。

复习思考题

1. 如何理解管理的概念及管理与各类组织的关系？

2. 美国管理学家彼得·德鲁克指出："发展中国家并不是发展上落后，而是管理上落后。"你如何理解这句话？

3. 为什么说管理既是一门科学，又是一门艺术？

4. 管理的职能是什么？如何理解各管理职能之间的关系？

5. 如何理解管理的特征？

案　　例

精美的吉他

近100多年来，C. F. 马丁吉他公司（C. F. Martin Guitar Company），一直被公认为是世界上最好的乐器制造商之一。该公司成立于1833年，位于宾夕法尼亚州拿撒勒市。就像施坦威的大钢琴、罗尔斯—罗伊斯的轿车或者巴菲特的单簧管一样，马丁吉他是你能买到的最好吉他，它的售价每把超过10 000美元。这家家族企业经过了各种艰难岁月，已经延续了6代。目前，该公司的首席执行官是克里斯琴·弗雷德里克·马丁四世，人们都称呼他为克里斯（Chris）。他秉承了吉他的制作手艺。他遍访公司在全世界的经销商，为他们举办培训讲座。很少有哪家公司像马丁吉他一样有这么持久的声誉，这是为什么？公司成功的关键是什么？一个主要原因是公司管理者杰出的领导技能，它使组织成员始终关注质量这样的重要问题。

自创办以来，马丁吉他公司做任何事都非常重视质量，即使这些年在产品设计、分销系统以及制造方法方面发生了很大变化，但公司始终坚持对质量的承诺。公司在坚守优质音乐标准和满足特定顾客需求方面的坚定性渗透到公司从上到下的每一个角落。公司在质量管理中长期坚持生态保护政策。因为制作吉他需要天然木材，公司非常审慎和负责地使用这些传统的天然材料，并鼓励引入可再生的替代木材品种。基于彻底的顾客研究，马丁公司向市场推出了采用表面有缺陷的天然木材制作的高档吉他，这在其他厂家几乎不可接受的。不仅如此，马丁吉他公司始终遵守野生濒危动植物国际贸易公约的规定。

马丁吉他公司的新老传统有机地融合在一起。虽然设备和工具逐年更新，但雇员始终遵守着高标准的优质音乐原则。所制作的吉他要符合这些严格的标准，要求雇员极为专注和耐心。家族成员弗兰克·亨利·马丁在1904年出版的公司产品目录的前言里向潜在顾客解释道："怎么制作具有如此绝妙声音的吉他并不是一个秘密，它需要细心和耐心。细心是指要仔细选择材料，巧妙安排各种部件，关注每一个使演奏者感到很惬意的细节。所谓耐心，是指做任何一件事不要怕花时间。优质的吉他是不能用劣质产品的价格造出来的。但是谁会因为买了一把价格不菲的吉他而后悔呢?"虽然100多年过去了，但这些话仍然是公司理念的精确表述。虽然公司深深地植根于过去的优良传统，克里斯却毫不迟疑地推动公司朝向新的方向发展。例如，在20世纪90年代末，他作出了一个大胆的决定，开始在低端市场上销售每件价格低于800美元的吉他。低端市场在整个吉他产业的销售额中占65%。公司DXM型吉他是1998年引入市场的，虽然这款产品无论外观、品位和感觉都不及公司的高档产品，但顾客认为它比其他同类价格的绝大多数吉他产品的音色都要好。克里斯为他的决定解释道："如果马丁公司只是崇拜它的过去而不尝试任何新事物的话，那恐怕就不会有值得崇拜的马丁公司了。"

马丁公司在克里斯的管理下表现出色，销售收入持续增长，在2000年接近6亿美元，位于拿撒勒市的制造设施得以扩展，新的吉他品种不断推出。雇员们描述克里斯的管理风格是友好的、事必躬亲的，但又是严格的和直截了当的。虽然马丁吉他公司不断将其触角伸向新的方向，但却从未放松过对尽其所能制作顶尖产品的承诺。在克里斯的管理下，这种承诺决不会动摇。克里斯作为马丁吉他公司的首席执行官，让人们看到了管理者在公司发展中所起的作用。

资料来源　斯蒂芬·P. 罗宾斯，玛丽·库尔特. 管理学［M］. 孙健敏，黄卫伟，王凤彬，等，译. 7版. 北京：中国人民大学出版社，2004.

思考题

1. 从马丁吉他公司的发展过程来看，管理者起到了怎样的作用?

2. 克里斯是马丁吉他公司的首席执行官，对他来说，管理者的三种技能——人际技能、技术技能、思想技能哪一种是最重要的? 在马丁公司的发展过程中，是如何体现的?

3. 管理的职能包括计划、组织、领导和控制，根据案例提供的材料，克里斯是如何履行这四种职能的? 试以克里斯的实际言行加以说明。

第二章 管理学的产生与发展

本章要点与学习目标

本章通过对管理思想和理论演进的分析，追溯管理理论的形成和发展过程。通过本章的学习，要了解西方管理思想演进的主要历程以及主要管理理论产生的背景、代表人物和理论要点，进一步关注现代管理理论发展的新动向。

第一节　西方早期的管理思想

一、西方早期的管理实践活动与早期管理思想产生的背景

通过第一章的学习，我们知道，管理的历史同人类历史一样久远，当人类还处于原始社会时，便已产生了管理活动。埃及金字塔的建造，动用10万人干20年，所用材料如何采集、搬运、堆砌，众多人员的吃、住、行如何安排等，都对管理能力提出了很高的要求。古巴比伦王国公元前2 000年左右颁布了《汉谟拉比法典》，法典对个人财产、不动产、商业活动、个人行为、人与人的关系、工资报酬、职责和其他民事和刑事等都作出了具体规定，其中有很多涉及经济管理的思想。甚至《圣经》中也记载了许多管理实践的故事，摩西的岳父对他说："你这种做事的方式不对头，你会累垮的。你承担的事情太繁重，光靠你个人是完不成的。现在你听我说，我要给你一个建议……你应当从百姓中挑选出能干的人，封他们为千夫长、百夫长、五十夫长和十夫长，让他们审理百姓的各种案件。凡是大事呈报到你这里，所有的小事由他们去裁决，这样他们会替你分担许多容易处理的琐事，这是上帝的旨意，那么你就能在位长久，所有的百姓将安居乐业。"这段文字充分体现了有关授权、分权、管理层次和管理权力划分的管理思想。可以说，管理活动是伴随着人类社会的产生和发展而存在的。但在尚未工业化的时代，人们可以依靠神赐君权、教义对虔诚教徒的号召力、军队的严格纪律以及家庭内部的亲情来进行管理，所以，还没有创立正式的管理思想体系或专门进行管理规律的研究。

18世纪中叶开始的产业革命使社会生产力有了较大发展，管理思想也发生了一次深刻的革命。这期间占主导地位的家庭手工业制逐步被工厂制所代替。工厂制度的形成、劳动社会化的加强、分工协作的发展、生产基本组织的变革，都给管理带来了一系列新的问题，如工人如何组织、相互之间如何配合的问题；在机器生产条件下，人与机器、机器与机器如何协调运作的问题；劳资之间的纠纷如何协调、劳动力如何招募等等，这些新的管理问题，与手工作坊是完全不同的，因此，很难用以前的传统管理方法来解决。这就促使了人们对管理的普遍关注。随着资本主义工厂制度的建立和发展，很多人开始探索研究管理的规律性问题，出现了各种各样的管理思想，同时在西方特别是在欧洲出现了一些影响较大的早期管理思想家。

二、早期的管理思想家及其管理思想

（一）詹姆斯·斯图亚特

詹姆斯·斯图亚特（James Stewart，1712—1780）是英国重商主义后期代表人物之一，是第一个探讨资产阶级政治经济学体系的英国经济学家，他在1767年出版的经济学名著《政治经济学原理研究》一书中提出了许多重要的管理思想。他先于亚当·斯密提出了劳动分工概念，认为工人因从事重复操作而更灵巧地工作，从而提高劳动生产率。此外，他先于泰罗100年提出了工作方法研究，阐明了刺激性工资的实质以及管理人员和工人之间的劳动分工问题。

（二）亚当·斯密

亚当·斯密（Adam Smith，1723—1790）是英国古典经济学的杰出代表和理论体系建立者。1776 年他发表了代表作《国富论》，这本书的出版正值英国从工场手工业向机器大工业过渡时期。亚当·斯密在著作中系统地阐述了劳动价值论和劳动分工论。并以制针业为例说明了劳动分工给制造业带来的变化。他写道：如果一名工人没有受过专门的训练，恐怕工作一天也难以制造出一枚针来。如果希望他每天制造 20 枚针那就更不可能了。如果把制针程序分为若干项目，每一项就都变成一门特殊的工作了。这样一来，生产效率提高的幅度是相当惊人的。亚当·斯密认为，劳动分工之所以能大大提高生产效率，可归结为以下 3 个原因：①工人重复完成单项操作，增加了每个工人的技术熟练程度；②节省了从一种工作转换为另一种工作所需要的时间；③发明了许多便于工作又节省劳动时间的机器。

此外，亚当·斯密在研究经济现象时，还提出了“经济人”的观点，认为人们在经济行为中追求的完全是私人的利益，但每个人的利益又受到其他人利益的制约，这就迫使每个人必须顾及他人的利益。由此就产生了相互的共同利益，进而产生和发展了社会利益。所以，社会利益正是以个人利益为立脚点的，这种观点后来成为整个资本主义管理理论的基础。另外，亚当·斯密还讲到了管理控制和计算投资回收期的必要性等问题。

（三）罗伯特·欧文

罗伯特·欧文（Robert Owen，1771—1858）是英国空想社会主义代表人物，也是一名企业管理改革家，现代人力资源管理的先驱。

欧文的管理思想主要体现在人事管理方面的理论与实践上。1800—1828 年，他在英格兰的新拉那克工厂任经理一职，致力于改进工作条件以及改革以工厂为中心的社区，希望以此来改善工人生活状况并使工厂获得很高的利润，探索一种对工人和工厂所有者双方都有利的方法和制度。他认为：只要对工人加以训练与指挥，就可以取得 50%～100% 的报酬，从而使工厂主的收入大大增加；同样的支出用在机器上，只能赚到 15% 的报酬。所以，在工厂生产中要重视人的因素，要缩短工人的工作时间，提高工资，改善工人住宅，应善待工人，并培训他们，使他们精神上不至于受到太多的挫折与刺激。

欧文在人事管理方面的见解与实践，对以后的行为科学理论产生了很大的影响。

（四）卡尔·冯·克劳塞维茨

卡尔·冯·克劳塞维茨（Carl Von Clausewitz，1780—1831）是普鲁士的资产阶级军事家，他的军事理论中渗透的管理思想同样适用于其他大型组织。他认为，管理人员应该承认不确定性，并进行细致的分析和计划，使这种不确定性最小化，在此基础上作出决策，采取行动。他明确提出以科学而不是以预感为依据进行决策，以分析而不是以直觉为依据进行管理的观点。

（五）查尔斯·巴贝奇

查尔斯·巴贝奇（Charles Babbage，1792—1871）是英国的数学家、机械学家、科学管理的先驱者，他的代表作是 1832 年出版的《论机器和制造业的经济》。

在产业革命后期，查尔斯·巴贝奇应该算对管理思想贡献最大的人物了。他在进行管理研究时曾走遍英国和欧洲大陆，了解有关制造业方面的各种问题，并研究了经理人员解决这类问题的办法，提出了企业管理一般原则的设想，认为在科学分析的基础上，探索某些管理规律或规则是可行的。他认为要提高工作效率，必须仔细研究工作方法。他以自己的亲身经验，奉劝当时的经理人员要尽量采用劳动分工，用科学的方法有效地使用设备和原料等。巴贝奇通过对报酬制度的研究，强调了劳资协作，提出固定工资加利润分享的分配制度以及以技术水平和劳动强度为依据的报酬制度。

巴贝奇的这些思想无论在深度上还是广度上都较前人甚至同代人有较大进步。他几乎研究了制造业的各个方面，他提出的许多原则不但适用于企业，也适用于其他类型的组织。巴贝奇对管理思想所作的重大贡献，为以后古典管理理论的形成奠定了重要思想基础。

以上这些有代表性的管理实践和管理思想，虽然主要反映在某一个人、某一个企业的单一的管理实践和个别论述之中，同时尽管这些管理思想不系统、不全面，没有形成系统化的理论体系，但却是管理理论的萌芽，对于促进生产的发展及以后科学管理理论的形成和发展都具有积极的影响，可以说为19世纪末20世纪初管理学的形成提供了前提条件，奠定了坚实基础。

第二节 科学管理理论

一、科学管理理论产生的背景

19世纪末，资本主义的自由竞争开始向垄断阶段过渡，生产力得到了较快的发展，企业规模不断扩大，生产技术更加复杂，市场迅速扩展，竞争日益剧烈，使得企业管理工作日益复杂，对管理的要求越来越高。而之前的工厂管理，是建立在经验和主观臆断基础上的，不仅管理凭工厂主个人的经验，而且生产方法、工艺制定以及人员培训也都是凭个人经验进行的。企业主为了赚取更多的利润采用的手段不外乎是延长绝对劳动时间或增加劳动强度。随着工人阶级的成长壮大，企业主的这些做法激起了工人们越来越强烈的反抗，劳资双方矛盾加剧，工人们要求缩短工作日、降低劳动强度、增加工资的呼声越来越高。这就迫使企业主不得不放弃单靠延长劳动时间、增大劳动强度来提高利润的做法，进而考虑如何提高劳动生产率和管理水平以促进生产发展的问题。这些都迫切需要一套系统的管理理论和科学的管理方法与其相适应。尽管早期的管理思想有其科学的一面，但毕竟比较零散，没有系统化，工厂主不可能完全认识到怎样进行管理才能既解决劳资关系问题，又不减少所获取的剩余价值，以增强自己的竞争力。因此，如何改进工厂和车间的管理成了迫切需要解决的问题。当时许多工程师和管理实践家都在进行这方面的探索。美国的弗雷德里克·温斯洛·泰罗是其中最有成就的人物之一，后人将他尊称为“科学管理之父”。

弗雷德里克·温斯洛·泰罗出生于美国费城一个富裕的律师家庭。在考上哈佛大学法律系后不久，由于眼疾而被迫辍学。1875年他进入费城一家小机械厂当徒工。1878年转入费城的米德瓦尔工厂，不久升任车间管理员、技师小组长、工长、总机械师、总绘图师，并于1884年被提升为总工程师。几乎同时，泰罗通过自学，获得了斯蒂芬工艺学院机械工程学位。在米德瓦尔钢铁厂的实践中，他感到当时的企业管理当局不懂得用科学方法进行管理，不懂得工作秩序，不懂得劳动节奏和疲劳因素对劳动生产率的影响；而工人缺少训练，没有正确的操作方法和适用的工具，工作场地的布置也杂乱无章，这些都大大影响了劳动生产率。为此，他从1880年开始了工人操作动作研究、时间研究和金属切削研究等工作，系统地研究和分析工人的操作方法和劳动所花时间，逐步形成了科学管理理论。1890—1893年期间，他在一家制造纸板纤维的制造投资公司担任总经理。1893—1898年期间，他独立开始从事工作管理咨询工作。1898—1901年期间，他受雇于宾夕法尼亚的伯利恒钢铁公司做咨询工作，在那里进行了著名的“搬运生铁块”和“铁锹实验”。1901年以后，他用大部分时间从事写作、讲演、宣传他的一套企业管理理论“科学管理——泰罗制”，为科学管理理论在美国和国外的传播作出了贡献。1906年，他出任美国机械工程师协会主席，1915年3月因病去世。在他的墓碑上刻着：科学管理之父弗雷德里克·温斯洛·泰罗。泰罗在管理方面的主要著作有《车间管理》（1903）、《科学管理原理》（1911）。在他的代表作《科学管理原理》一书中所阐述的科学管理理论，使人们认识到管理是一门建立在明确的法规、条文和原则之上的科学，它适用于人类的各种活动，从最简单的个人行为到经过充分组织安排的大公司的业务活动。

二、科学管理的主要内容

（一）科学管理四原则

1. 对工人工作的每一个要素开发出科学方法，以科学的操作方法代替陈旧的操作方法

泰罗主张管理人员要有意识地搜集存在于工人头脑和体力技能中的大量传统知识并将其记录下来，编成表格，甚至在许多情况下归纳为法则、法规等用以指导工作，进行有效的管理。

2. 科学地挑选工人，并对他们进行培训、教育，使其成长为第一流的工人

泰罗认为，为了提高劳动生产率，必须为工作选择“第一流的工人”。这种选择有两个标准：一是该工人的能力最适合这种工作；二是该工人必须愿意做这种工作。他曾试图阐明，因为人的天赋和才能不同，适合于他们的工作也就不同，每种类型的工人都能找到某些工作使他成为“第一流的工人”。管理部门的责任在于为每项工作找到最适合这项工作的人选，并对他们进行系统的、科学的培训，教会他们科学的工作方法，激发他们的劳动热情，使他们成为完成所从事工作的“第一流的工人”。

泰罗发现，在过去，工人是自己挑选工作，并尽自己的可能进行自我培训。他认为对工人进行培训，使其成为“第一流的工人”的关键在于管理人员应仔细地研究每个工人的性格、脾气和工作成绩，以便发现其局限性，更重要的是发现其发展的潜力，然后对每个工人分门别类地进行科学而系统的教育、培训和帮助，使他们真正按照科学的规律要求进行作业，同时，要尽可能地给予提升的机会，使其最后达到最适合其能力的、最高的、最有趣的和最有利的工作。

泰罗这种“第一流的工人”的思想，也就是因人制宜、人尽其才的思想，也是现代管理中人力资源管理的重要内容。

3. 与工人们衷心合作，以保证一切工作都按已经形成的科学原则去办

泰罗主张，丢掉只顾自己的思想，管理人员要与工人团结合作，同舟共济，才能有效地提高劳动效率，完成规定的工作任务。

4. 管理当局与工人在工作和职责上的划分几乎是相等的，管理当局把自己比工人更胜任的各种工作都承揽过来

科学管理产生之前的企业管理是一种随意的、不规范的、经验式的管理，企业中几乎所有的工作和大部分责任都推到了工人身上，认为对工人必须严格管束。泰罗认为，管理人员和作业人员都有自己的工作职责，企业效率的责任应该两者分摊，并相互协作。这样可以激发工人的工作热情，使其安心工作，也使得管理人员通过承担其固有的计划职能支持作业人员行使执行职能，使双方配合默契，消除发生冲突的机会。

（二）作业管理原则

1. 合理的工作定额

泰罗认为，提高劳动生产率的潜力非常大，工人们之所以存在消极怠工现象，在许多场合只干一个正常工作日活计的1/3或1/2，是因为雇主对工人一天究竟能做多少工作心中无数，而且工人工资太低，多劳不多得。为了提高劳动生产率，首要问题是要制定一个雇主和工人们都能接受的有科学依据的工作量定额，即“所有工人经过训练和努力以后，在不损害健康的情况下，能够达到并长期坚持下去的”较高的工作定额。泰罗认为，客观地确定工作定额，必须进行时间和动作研究。

所谓时间研究，就是研究人们在工作期间各种活动时间的构成，它包括工作日写实与测时。

工作日写实，是对工人在工作日内的工时消耗情况，按照时间顺序，进行实地观察、记录和分析。通过工作日写实，可以比较准确地知道工人工时的利用情况，找出浪费时间的原因，并加以分析，保留必要时间，去掉不必要时间。

测时，是以工序为对象，按操作步骤进行实地测量并研究工时消耗的方法。通过测时，可以研究总结先进工人的操作经验，推广先进的操作方法，确定合理的工作结构，为制定工作定额提供参考。

所谓动作研究，是研究工人工作时的合理性，即对工人工作时身体各部位的动作进行分析比较，去掉多余的动作，改善必要的动作，从而减少工人的疲劳，提高劳动生产率。为此，泰罗在伯利恒钢铁公司进行了著名的“搬运铁块试验”。

通过时间和动作研究，泰罗发现了在不增加劳动强度的情况下，能最轻松、最有效率地作业的方法，据此而确定的工作定额较原来提高了3倍之多，从而大大提高了劳动生产率，工人的工资也有提高。应该说，至今它仍然是企业管理的重要基础。

2. 标准化的作业

泰罗认为，为使每个作业人员能确实达到一定的作业标准，完成较高的劳动定额，还必须根据作业方法的要求，从作业环境到作业条件（材料、工具、设备等）都实施标准化管理。

过去工人的作业方法和使用工具只是根据自己或师傅的经验和习惯来确定的，工人劳动和休息的时间以及机器设备的安排使用，也是由管理人员根据自己的判断或过

去的记录确定的，没有科学的依据。泰罗认为，必须用科学方法对工人的操作方法、使用的工具、劳动和休息时间的搭配以及设备的摆放和作业环境的布置等进行分析，消除各种不合理的因素，把各种最好的因素结合起来，形成一种最好的标准化了的方法。标准化一方面是每个员工工作努力的目标，同时又是产品质量的保证。此外，为了让每个员工最大限度地发挥身体和精神的能力，以达到标准，企业还要因人而异地给他们安排适当的职务，规定责任权限。

为此，泰罗进行了大量的试验，如在伯利恒钢铁公司进行的铁锹试验，通过安排第一流的铲工进行试验后确定每一铲的合理负重，提出应准备 8～15 种大小不同规格的铁锹供工人选择使用，在铲重物时使用小铁锹，铲轻物时使用大铁锹，因而大大提高了劳动生产率。

3. 差别计件工资制

泰罗提出的这一原则主要是为了刺激工人们的工作积极性，因此又称刺激性付酬制度。这是一种根据工人是否完成定额而采取不同工资率的付酬制度。它包括 3 方面的内容：①制定一个定额标准。②根据工人完成工作定额的不同，采取不同的工资率，即实行“差别计件工资制度”。例如，工作定额是 100 个，未完成工作定额按照正常工资单价的 80% 支付；刚好完成工作定额，按照正常工资单价支付；完成工作量在 100 个到 150 个之间的 50 个，按照正常工资单价的 120% 支付；完成工作量 150 个到 200 个之间的 50 个，按照正常工资单价的 130% 支付，以此类推。③工资支付的对象是工人而不是职位，即根据实际工作表现支付工资，而不是根据工作类别来支付工资。这样做等于按工人作出的贡献付酬，而不是按工人的工作等级来付酬，可达到调动工人积极性的目的。

（三）职能工长制、例外原则和精神革命

职能工长制、例外原则和精神革命是泰罗科学管理理论的重要内容。

1. 职能工长制

泰罗认为，在旧的制度下，企业的组织形式是按军队的直线制设置的，有关作业的一切命令由厂长通过工长传达给作业人员。由于没有实行管理工作的分工，使得厂长和工长的工作内容极其复杂。工长为了完成工作，必须掌握大量的情况、信息，并具备各种知识与才能，因此，工长必须经过长期的训练才能胜任工作。为了有效地执行管理职能，提高工长的工作效率，泰罗主张将管理工作进行细分，实行职能工长制，使每个工长只承担一种职能。这样与只接受一个直接上级领导的军队式组织不同，工人要从几个不同职能的上级那里接受命令。他认为，工长应具备 9 种品质，即智能教育、专门知识或技术、手艺和体力、机智老练、有干劲、刚毅不屈、忠诚老实、判断力和常识、身体健康。

泰罗倡导的职能工长制最明显的缺陷是：由于一个工人同时要接受几个职能工长的领导（即多头领导），违反了组织“统一指挥”的原则，因此没有得以推广。但它对于“直线职能制”组织形式的职能划分、“矩阵”组织形式的出现都有相当大的影响。

2. 例外原则

泰罗认为规模较大的企业，不能只依靠职能原则来组织和管理，还必须运用例外原则。所谓例外原则，就是高层主管人员为了减轻处理纷繁事物的负担，把处理一般日常事务的权力授予下级管理人员，自己只保留对例外事项（重要事项）的决策和监督权。

例外原则对于避免高层管理人员陷入繁琐的日常具体事务，以集中精力作出重大事项的决策是非常必要和有利的。运用例外原则甚至还可以检验究竟是谁履行了他的职责，谁又是不称职的。

泰罗的例外原则为以后管理上的分权原则和事业部制等管理体制的形成奠定了理论基础。

3. 精神革命

精神革命是科学管理的核心问题。泰罗强调，每个人都要对工作、对同事建立起责任观念，每个人都要有很强的敬业心和事业心，而不是把盈余的分配看成头等大事。这样的话，对于雇主而言，追求的不仅是利润，更重要的是事业的发展。而事业的发展不仅会给雇员带来较丰厚的工资，而且更意味着充分发挥其个人潜质，满足自我实现的需要。正是这些使雇主和雇员联系在一起，当双方用友好合作、互相帮助来代替对抗和斗争时，就能通过双方共同的努力提高工作效率，生产出比过去更多的利润来，从而增加雇主的利润，企业规模得到扩大。相应地，也可使雇员工资提高，满意度增加。这就是泰罗所说的精神革命。遗憾的是泰罗所希望的这种精神革命一直没有出现。

泰罗是科学管理的先锋，其追随者和同行者也对科学管理作出了重要贡献。亨利·甘特用图表进行计划和控制的做法是当时管理思想的一次革命；亨利·福特在泰罗的单工序动作研究基础之上，进一步对如何提高整个生产过程的效率进行了研究，创建了第一条流水生产线——福特汽车流水生产线，使成本明显降低。同时，福特进行了多方面的标准化工作，包括在产品系列化、零件规格化、工厂专业化、机器工具专业化、作业专门化等等。

三、对科学管理的评价

（一）科学管理对各国工商界产生了很大的影响，并开创了管理学界的新纪元

1. 促进了当时工厂管理的普遍改革

在当时，凡是应用科学管理原理的工厂，生产率成倍地增长，工人工资大幅度提高，工作时间缩短了，工人在体力和脑力上的紧张程度减轻了。同时，企业的销售额和利润上升了，产品价格下降了。这些都是科学管理理论推动的结果。

2. 把科学引进了管理领域

泰罗提出的科学管理理论，冲破了多年沿袭下来的落后的经验管理办法，把科学引进了管理领域，并创立了一套具体的科学管理办法来代替单凭个人经验进行作业和管理的旧办法，这是管理理论上的进步，也为管理实践开创了新局面。同时，由于管理职能与执行职能的分离，企业中开始有一些人专门从事管理工作，这就使管理理论的创立和发展有了实践基础。由科学管理形成的一整套管理制度，使美国一些主要企业长期得以稳定发展，科学管理为美国创造了大量物质财富，使人们的生活水平大幅度提高，而且科学管理除了能提高体力劳动的工作效率外，同样能适应脑力劳动，它

被用于机关办公室管理、公共管理和城市管理，也获得了成功。

3. 科学管理理论隐含了朴素的人本主义管理思想和方法①

首先，泰罗强调企业内部要有和谐的人际关系，发挥人的潜能，为工人找到最合适的工作，强调要尊重、关心、同情工人，强调要消除工作环境中的不愉快因素，使工人心情愉快，以便发挥他们的最大潜能。其次，泰罗强调科学管理的实质是一场彻底的“精神革命”，把劳资双方从对立变为互相协作，共同为提高劳动效率而努力。最后，泰罗认为人的潜能是无限的，科学管理的中心问题是提高劳动效率，为了提高劳动效率，必须挑选“第一流的工人”。他认为，人有不同的天赋和才能，只要工作对他合适，都能成为一流的。

（二）科学管理的局限性

1. “经济人”假设

泰罗认为，企业家的目的是获得最大限度的利润，工人的目的是获得最大限度的工资收入，这都是从把经济动机作为唯一动机这种“经济人”假设的观点出发的，他忽视了企业成员之间的交往及工人的感情、态度等社会因素对生产效率的影响。在人际关系学派兴起后，对泰罗的这方面观点指责更多。

2. 机械模式

泰罗把管理职能与执行职能分开后，工人被看做是仅仅接受监督人员命令、从事作业的被动生产工具，就像机器那样，被当做时间和动作研究的对象。

3. 人本管理思想存在缺陷②

古典管理中的人本管理与今日不同，在泰罗的科学管理理论中，虽然蕴含了丰富的人本管理思想，但还未树立以人为本的思想，主要问题如下：

（1）泰罗的人本管理是一种倒置的人本管理。科学管理中是以劳动手段为主，工人为辅，工人成为机器设备的附属物，人本只是手段，而不是目的。

（2）泰罗把工人和管理者对立起来。

（3）过分强调制度而忽视了文化。

（4）在肯定和发挥人的作用、肯定人的生产潜能的同时，又从另一个侧面否定和抑制人的作用。

第三节　管理过程理论

当以泰罗为代表的一些人在美国倡导科学管理的时候，欧洲也出现了一些古典的管理理论及其代表人物，其中影响最大的要属法约尔及法约尔的管理过程理论。

亨利·法约尔（Henry Fayol，1841—1925），法国工业家，他是西方古典管理理论在法国的最杰出代表，是和美国的泰罗并驾齐驱的古典管理理论的创始人之一。他出生于法国一个小资产阶级家庭。法国国立采矿学院毕业后被一家煤矿公司聘任为采矿工程师，由于他非凡的管理才能，后来开始担任矿井经理，并很快被晋升为公司的

---

① 刘译阳．浅谈泰罗科学管理中的人本管理思想［N］．光明日报，2005-09-23.
② 刘译阳．浅谈泰罗科学管理中的人本管理思想［N］．光明日报，2005-09-23.

总经理。该公司在并入新的矿井和炼铁厂成立了新的联合公司后，法约尔继续担任总经理。退休后的法约尔继续担任该公司董事。

法约尔的管理过程理论与泰罗的科学管理理论不同。尽管他们生活在同一时代，但由于经历不同，研究问题的着眼点也有所不同。泰罗主要关心的是作业方面的问题，注重的是车间管理和科学方法的运用；法约尔则关注整个组织，研究企业全面经营管理的问题，研究企业管理者干什么以及怎样才能干好等更一般的管理问题，即注重对协调组织内部各项活动的基本原则的研究。

法约尔一生著述很多。根据自己长期的管理实践，1916 年，他的代表作《工业管理与一般管理》问世。法约尔提出了适用于一切组织的企业经营活动和管理的 5 种职能，以及有效管理的 14 条原则等，在实践中给予人们莫大的指导，对后来的管理理论发展一直起着重大的作用。

一、从企业经营活动中提炼出管理活动

法约尔认为，过去有关管理的解释是非常含糊的，和企业其他方面的经营活动没有明确的界限。要建立管理理论，首先必须明确管理的概念，使管理能够独立出来加以研究。他认为，经营比管理内容更广泛，任何企业的全部活动都可以概括为 6 种：①技术性活动：生产、制造、加工；②商业性活动：采购、销售和交换；③财务性活动：资金的取得、运用、控制；④核算性活动：盘点、会计、成本及统计；⑤安全性活动：商品、设备及人员的保护；⑥管理活动：计划、组织、指挥、协调和控制。

由此可见，管理活动是企业的 6 项活动之一，管理活动又有 5 种职能，即计划、组织、指挥、协调、控制，从而将管理活动从经营职能中提炼出来，如图 2-1 所示。

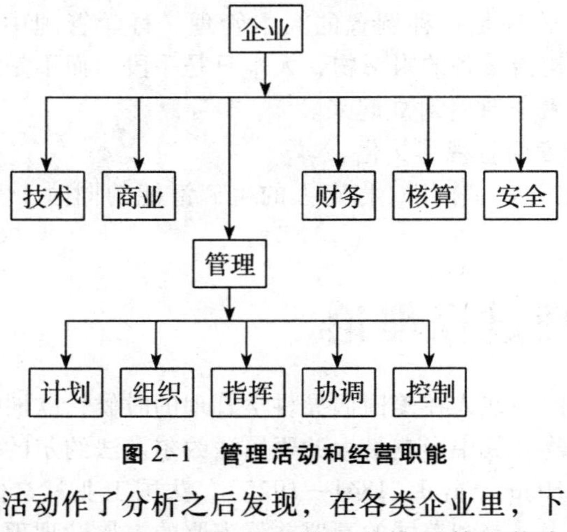

图 2-1　管理活动和经营职能

法约尔对这 6 类活动作了分析之后发现，在各类企业里，下属人员的主要能力是具有企业特点的职业能力，而较上层人员的主要能力是管理能力，并且，随着企业规模的增大、人员职务的提高，管理能力显得更加重要，对管理能力的要求也逐步加大，而其他诸如技术、商业、财务、核算、安全等能力的重要性则会相对下降。将管理活动从企业经营活动中分离出来，是法约尔的管理过程理论的出发点。

二、管理的一般原则

法约尔根据自己长期的管理经验，归纳出 14 条管理的一般原则。

（1）劳动分工。法约尔强调劳动分工对提高劳动生产率的作用。他认为，劳动分工的目的是要在同样努力的条件下生产得更多更好。劳动分工适合于一切领域，但专业化分工要适度，不是分得越细越好。

（2）权力与责任。权力就是指挥和要求别人服从的能力，权力和责任是相互依存、互为因果关系的。法约尔强调，权力和责任应该相当，并应将管理者由职务或地位而产生的权力同他个人凭自己的智慧、博学、经验等形成的权力相区分。一个好的管理者，常常是后者补充前者。他强调，一个人在组织阶梯上的位置越高，明确其责任范围就越困难。避免滥用权力的最好办法乃是提高个人的素质，尤其是道德方面的素质。

（3）纪律。法约尔认为，纪律实际上是企业领导人同下属人员之间在服从、勤勉、积极举止和尊敬方面所达成的一种协议。法约尔强调纪律对实现组织目标的重要性。他认为，严明的纪律是任何组织都不可缺少的要素。领导应以身作则则，和下属一样接受纪律的约束。严明的纪律源自于良好的领导、明确的雇佣协议和审慎的赏罚制度。

（4）统一指挥。统一指挥就是指无论什么行动，每一个职工只应接受一个领导人的命令。这是一条普遍的永久性原则。双重命令对于权威、纪律和稳定性都是一种威胁，是组织发生冲突的根源，如果持续下去，社会将出现病状，应该引起各级领导人的注意。统一指挥源自于健全的组织，它是统一行动、协调力量和集中努力的必要条件。法约尔虽然佩服泰罗在时间和动作研究方面的卓越贡献，但对泰罗提出的职能工长制提出了反对意见，他认为职能工长制否定了统一指挥原则。

（5）统一领导。法约尔认为，健全的组织应实行统一领导，即凡是具有同一目的的全部活动，仅应有一个领导人和一套计划。只有这样，资源的应用与协调才能指向同一目标。统一指挥和统一领导是不同的，人们通过建立完善的组织来实现一个社会团体的统一领导，而统一指挥取决于人员如何发挥作用。

（6）个人利益服从整体利益。在企业中总目标是至高无上的，个人利益不能置于整体利益之上，要同因个人利益而忘了整体利益的行为作斗争。为了保证这一点，管理人员要树立良好的榜样，并与员工签订公平合理的协定，此外还要认真地监督。

（7）合理的报酬。法约尔是以“经济人”为假设前提提出这个原则的。他分析了工人、中级领导人和高级领导人的报酬方式，研究了日工资、计件工资、奖金和利润分享付酬方法，指出薪金制度应当公平，工作成绩和工作绩效优良者应该受到奖励。但奖励不要超过某一适当限度，即奖励应以能激起职工的热情为限，否则将会出现副作用。他还认为，任何良好的工资制度都无法取代优良的管理。

（8）适当的集权与分权。提高下属重要性的做法就是分权，降低这种重要性的做法就是集权。在法约尔看来，强调统一指挥原则就意味着集中领导。他认为集权和分权作为一种管理制度并没有好坏之分，问题是集权到何种程度，应当视企业规模、企业环境、企业人员素质等情况而定。而这类因素是经常变化的，因此，一个机构的最优集权化程度也是变化的，领导人要根据本组织的实际情况，适当改变集权与分权的程度。

（9）等级链与跳板原则。等级链是从组织的最高权力机构直至最低层管理人员的等级系列，它显示出执行权力的路线和信息传递的渠道。从理论上讲，为了保证命令的统一，各种沟通都应按层次逐渐进行，但这样可能产生信息延误现象。为了解决这个问题，法约尔设计了一种“跳板”，利用这种“法约尔跳板”，可以横跨执行权力的路线而直接联系。这种方法便于同级之间的横向沟通，但在沟通前要征求各自上级的意见，并在事后要立即向各自的上级汇报。

如图 2-2 所示，在一个等级制度表现为 F-A-K 形式的企业中，假设 D 部门与 I 部门之间要发生工作联系，按照等级原则需要由 D 沿着等级路线攀登到 A，再从 A 沿等级路线下降到 I；然后，再反向从 I 上升到 A，从 A 下降到 D 回到原出发点。在这个过程中，每一级都要停顿，信息在传递的过程中经过了很长的路线，不仅信息传递速度慢，而且可能出现信息在传递过程中失真的现象。如果利用 D-I 这一跳板，双方直接横向沟通，就简单快速地解决了问题。条件是所有当事人同意和通知各自的上级。他们的协作一旦中止，或他们的直接领导人不再同意了，这种直接关系就中断了，而等级路线又恢复了原样。可见，这一跳板原则对提高组织运行的效率是有重大意义的。

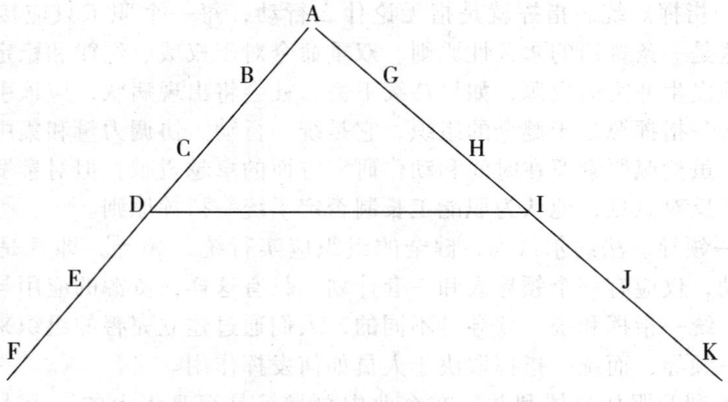

图 2-2 法约尔的“跳板”示意图

法约尔的跳板原则简单、迅速、可靠，它减少了许多“文件旅行”，既维护了统一指挥原则，又大大提高了组织的工作效率。“跳板原则”同泰罗的“例外原则”一样，主张把常规事项让下级管理层直接协商解决，而不能协议的重要事项再向上级管理层报告，由上级管理层作出决策。从而使高级管理层摆脱日常琐事，从事更重要的事情。

（10）秩序。所谓秩序是指“凡事各有其位”。法约尔认为，任何组织都应强调秩序，没有秩序，工作将会杂乱无章。这一原则既适用于物质资源，也适用于人力资源。理想的秩序是有地方安置每件东西，而每件东西都放在该放置的地方；有职位安排每个人，每个人都安排在应该安排的职位上。他认为要使人们做到这点，不仅有赖于有效的组织，而且也有赖于审慎的选人。

(11) 公平。法约尔认为，公平是组织的管理人员处理人际关系的一条道德价值准则。为了保证职工忠诚、热心地尽职尽责，管理人员应该善意公平地对待他们，但同时又不忽视其他原则，不能忽视整体的利益。领导者应该充分发挥自己的能力，努力使公平感深入人心。领导者如果不公平，往往导致下属人员积极性下降，甚至造成思想上的混乱。

(12) 人员稳定。法约尔认为，一个成功的组织，需要有一个稳定的职工队伍，应避免人员频繁流动。这是因为，一个人要有效地、熟练地从事某项工作，需要相当长的时间，如果刚刚熟悉自己的工作就被调离了这个岗位，那么他就没有时间为本组织提供良好的服务；领导者的工作更是如此，熟悉工作的过程需要更长的时间。所以，一个成功的企业管理人员必须是稳定的，人员多有变动的机构必然是不成功的。当然，对不称职的人员进行调离，特别优秀的人员进行提拔是必要的。

(13) 首创精神。法约尔认为，制订一个计划并保证其实现，这种发明与执行相结合的可能性就是首创精神。一个成功的企业，不仅领导者要有首创精神，全体成员都应具有首创精神，这是提高组织内各级人员工作热情的主要源泉。因此，管理者要在不违背职权和纪律的情况下，鼓励和发挥下级的首创精神。

(14) 团队精神。一个组织内集体精神的强弱取决于这个机构内职工之间的和谐和团结情况。管理人员应当积极鼓励职工紧密团结，发扬团队精神。培养团队精神的有效方法是严守统一指挥原则并加强情况交流，多用口头沟通，发挥每个人的才能。在一个企业中，全体成员的和谐与团结是这个企业发展的巨大力量，所以领导者应尽一切可能，保持和巩固人员的团结。

以上是法约尔提出的14条管理原则，它们包含了许多成功的经验和失败的教训，为后人的管理研究与实践指明了方向，但并不是说，这些原则是一成不变的，人们只要记住这些原则，就能进行有效的管理，要真正使管理有效，还必须积累自己的经验，并适宜地掌握合理应用这些原则的尺度。

三、管理工作的五大职能

法约尔管理思想的另一内容是他首先指出了管理的组成要素，即管理的五项职能，并对这五项职能进行了较为详细的论述。法约尔认为，管理的基本职能包括计划、组织、指挥、协调和控制。

1. 计划职能

在五大项基本职能中，法约尔特别强调了计划职能的重要性。他主张任何组织要达到预定的目标都应有科学的计划。任何组织（法约尔以企业为研究出发点）的计划都应依据企业资源、目前正在进行的工作的性质和重要性、企业未来的发展趋势等状况而定。他还强调了预测对制订组织计划的重要性，并指出了一个合理的计划应具备统一性、连续性、灵活性、准确性的特点。他特别强调两点内容：一是制订计划时，要考虑到下级管理人员以及一般工人的意见，使所有的资源不致被遗漏而不利于企业的发展，这事实上是“参与管理”思想的萌芽。二是要随着时间的推移和条件的改变而拟订一系列的计划，如每日的、每周的、每月的、每年的、五年的和十年的计划或预测，这一系列的计划就构成一个企业的一套完整的计划。法约尔对长期计划的强调是有独创性的，对于我们今天仍有重要的指导意义。

2. 组织职能

在法约尔看来，组织职能就是为组织机构达到预定目标提供所需一切条件的活动。它不仅包括组织的结构、各种活动和相互关系的规章制度以及职工的招募、评价、考核、培训等，也包括对物质资源的组织搭配。法约尔特别强调组织结构必须贯彻统一领导和统一指挥的原则，主张在组织内维持一种比较狭窄的管理幅度，每个上级直接领导的下属人员不应过多。此外，法约尔还认为，组织的效率取决于其成员的素质和创造性。他和泰罗一样认为企业必须重视对职工的选择、考核和培训。

3. 指挥职能

指挥就是对下属人员给予指导。法约尔认为，指挥的任务是在组织机构建立之后，设法使这些组织发挥作用，使所有人员作出最大的贡献。

4. 协调职能

协调就是连接、联合、调和所有的活动和力量，是为了使组织的一切工作密切配合，以取得成功而进行的一切活动。法约尔认为，协调包括安排好一系列的重要比例（组织机构与物资设备、企业支出与收入、产品生产与销售等），调整好各个部门之间的配合（技术、供销、财务等部门），也包括工厂和车间的规模要适度，道路和安全措施要跟上生产的需要等。

协调和指挥的主要区别在于前者主要是要保证组织中各部门的努力相一致，组织活动与企业目标相一致，而后者涉及较多的是上级与下级人员之间的指导关系问题。

5. 控制职能

法约尔认为，控制就是检验每一件事情是否同所拟订的计划、发出的指示和确定的原则相符合，其目的是发现、改正和防止重犯错误，使管理活动的周期得以完成，以便在以后的管理周期中予以改进。控制应是全面的，包括对人、对物和对各项活动的控制。法约尔强调做好控制工作的关键是：①必须及时进行控制工作，并附之以奖惩措施；②执行控制的部门应具有高度责任感，保持客观、独立和公正；③保证控制的统一性，避免越权控制。

法约尔还认为，管理的这五大职能并不是企业经理或领导人个人的责任，它同企业其他五大类工作一样，是一种分配于领导人与整个组织成员之间的职能。

四、倡导管理教育

法约尔认为管理能力可以通过教育来获得，“缺少管理教育”是由于“没有管理理论”，每一个管理者都按照他自己的方法、原则和个人的经验行事，但是谁也不曾设法使那些被人们接受的规则和经验变成普遍的管理理论。在今天，如果组织领导人仍然信奉“经验至上主义”，认为“实践和经验是取得管理资格的唯一途径”，在企业运营中，推崇经验管理，墨守管理陈规，轻视管理培训的话，最终将因为组织中的管理能力不足和管理人才匮乏而限制组织的快速发展。通过管理教育，可以迅速提升管理层的管理能力，也可以迅速造就急需的管理人才，这是世界级大企业的公认准则。企业的所有管理人员均应该接受必要的管理培训，这也是企业得以良性发展的重要基准。

法约尔的管理过程理论是西方古典管理思想的重要代表，后来成为管理过程学派的理论基础，也是以后各种管理理论和管理实践的重要依据，对管理理论的发展和企业管理的历程均有深刻的影响。他对组织管理进行了系统、独立的研究，特别是他对管理的五大职能的分析为管理科学提供了一套科学的理论构架。来源于长期实践经验的管理原则给实际管理人员提供了巨大的帮助，现在仍然为许多人所推崇，其中某些原则甚至以"公理"的形式为人们所接受和使用。法约尔跳出了泰罗以实践为基础研究管理原理的局限，在理论上第一次努力将管理的要素和管理的原则系统地加以概括，为以后推广管理学教育奠定了基础，使管理具有一般的科学性。管理之所以能够走进大学讲堂，全赖于法约尔的卓越贡献。他强调管理的一般性，就使得他的理论在许多方面也适用于政治、军事及其他部门。因此，继泰罗的科学管理理论之后，过程管理理论也被誉为管理史上的第二座丰碑。法约尔被后人称为"管理过程理论之父"和"现代经营管理理论之父"。

但也应该认识到法约尔的管理过程理论也有他的不足之处，如他的管理原则过于僵硬，以至于有时实际管理工作者无法遵守；只考察了组织的内在因素，没有考察组织同周围环境的关系，缺乏具体性；在组织与管理的论述中也有不充分、不科学之处。正如他自己所强调的，这些原则并不完整，也不是一成不变的，它不能回答特殊的问题，他不主张在实际工作中盲目地、刻板地套用这些原则，而应结合具体管理情况灵活应用它们。

第四节　行政组织理论

马克斯·韦伯（Max Weber，1864—1920）与泰罗是同时代人，他是德国的古典管理理论的代表人物。他出生于德国一个有着广泛的社会和政治关系的富裕家庭，从小受到了良好的教育，对经济学、社会学、政治学、宗教学有着广泛的兴趣，先后在柏林、弗赖堡、海得尔堡和慕尼黑等大学担任过教授，还曾担任过编辑、专栏作家和政府顾问。韦伯的主要著作有《新教的伦理和资本主义的精神》、《经济史》、《社会和经济组织的理论》等。

韦伯首创了一套完整的组织理论，即理想的行政集权制理论，又称为行政组织理论，这一理论是管理思想上的一大贡献，对以后管理思想的发展有重大影响。韦伯被尊称为"组织理论之父"。

韦伯所设想的行政集权制，是通过职务或职位来实现管理职能的一套管理体系制度。这与通过个人或"世袭"地位来进行管理的体系是存在着根本区别的。他认为，这样的行政组织机构，是企业、政府、军事等组织的最有效形式，它对于任何组织形式来说都是"理想的"。在他看来，所谓"理想的"并不是最合乎需要的，而是指组织的"纯粹形态"，在实践中组织形态往往是复杂多变的。这个理想的行政组织机构只是便于进行理论分析的一种标准模式，它便于说明从小规模的企业（家庭产业）管理过渡到大规模的专业管理的转变过程。

在理想的行政集权制理论中，韦伯主要阐述了以下内容。

一、理想的组织形态

韦伯认为任何社会组织的管理都必须以某种形式的权力为基础，才能实现其目标。只有权力，才能变混乱为秩序。他主张权力有 3 种被社会所接受的纯粹的形式，与之相对应的有 3 种组织形态。

（一）合法的权力

这种权力是由社会公认的法律规定的。对这种权力的服从是绝对的，没有普通百姓和领袖官员之分。这种权力是由依照一定法律而建立的一套等级制度赋予的，下级对这种权力的服从，是由于有了依法建立的与个人无关的等级制度。合法权力能以多种方式行使，以它作为行政组织体系的基础，是法律化的组织，也正是韦伯所极力推崇的理想的组织形态。这种组织的优点是能有效地实现组织目标。

（二）传统的权力

它是以古老的传统、神圣不可侵犯的信念，以及行使权力的人的地位的合法性为基础的，是由历史沿袭下来的惯例、习俗规定的权力。人们对传统权力的服从是由于领袖人物占据着传统所支持的权力地位，这种领袖人物也受着传统的制约。

韦伯认为，以传统权力为基础的组织，即传统组织，其领导人不按能力挑选，而是按传统或继承沿袭而确立的，其管理也单纯是为了保存过去的传统行事，所以工作效率较差。可见，企业要想争得市场一席之地，保持胜者的地位，就必须破除门第观念，避免传统权力的形成。

（三）超凡的权力

它是以对个别人的特殊性和超凡的神圣、英雄主义或模范的崇拜为依据而规定的权力。这些超凡的人物具有超自然、超人的权力，所谓救世主、先知和政治领袖就属于这类人物。以此权力为基础的组织属于神秘化组织。

超凡的权力感情色彩过浓，并且是非理性的，它不是依据规章制度而是依据神秘或神圣的旨意，而一旦其超凡人物不复存在，组织往往会走向分裂，组织形态也就演化成另外一种形态或者组织本身逐渐消亡，所以，这种组织是不稳固的。

二、理想的组织形态的特征

韦伯对理想的组织形态进行了一系列的构思，认为理想的组织形态具有以下基本特征：

（1）劳动分工。把组织内所有工作分解，有明确的分工，明确规定每一个职位的权力和责任。

（2）职权等级。按等级系列原则将组织中的各种职务和职位形成责权分明、层层控制的指挥体系。

（3）正式的甄选。组织中的人员要根据职务的要求，通过正式的教育培训，考核合格后任命。

（4）正式的规则和制度。管理中的一些问题、决定和规则应以书面的形式进行规定和记载，组织成员的活动必须严格遵守组织中规定的规则和纪律以及办事程序。

（5）非人格性。组织中人员之间的关系完全以理性准则为指导，不受个人情感的影响。

（6）职业生涯导向。管理人员有固定的薪金和明文规定的晋升制度，是职业化的管理人员，而不是所管理单位的所有者。

韦伯的这些理论是适应传统封建社会向现代工业社会转变的需要而提出的，为后来组织结构理论的发展勾勒出了基本的框架，对于我们今天的管理工作仍有重要的指导意义。

当然，理想的行政组织理论并不是十全十美的管理理论，也不如韦伯所称的那么理想，其中的缺陷还是很突出的。有人对理论中的升迁制度部分提出了疑问；还有人对韦伯的理论提出了批评，他们认为韦伯只把目光瞄向了正式组织，忽视了正式组织中的非正式组织的存在及其对管理的重大影响。

第五节　管理活动中的人际关系研究

尽管泰罗的科学管理理论和方法在20世纪初对提高企业的劳动生产率起了很大作用，但是企图通过此种理论和方法彻底解决提高劳动生产率的问题是不可能的。首先，所谓“精神革命”的设想是不切实际的，因为雇主为了追求最大利润，总是想方设法压低工人工资，而工人也并非纯粹的“经济人”，除了金钱，还有精神等多方面的需要。其次，资本主义经历了200~300年的发展，逐渐形成了一套资本主义的民主制度，民主意识日益强烈的人们反对独裁、专制，这就使得科学管理理论在实践中遭到工人们的强烈反对。最后，随着科学技术的进步，生产规模不断扩大，有着较高文化水平和技术水平的工人逐渐占据了主导地位，体力劳动也逐渐让位于脑力劳动。这就使得金钱刺激和严格的控制失去了原有的作用。由于上述原因，对人的因素进行研究就变得十分迫切。因此，一个专门研究人的因素以达到调动人的积极性的学派——人际关系学派应运而生，这个学派的观点为以后的行为科学理论奠定了基础，也是由科学管理过渡到现代管理的跳板。人际关系理论的诞生是从学者梅奥著名的霍桑试验开始的。

一、霍桑试验

霍桑试验（Hawthorne Studies）是1924—1932年在美国芝加哥郊外的西方电器公司的霍桑工厂中进行的。霍桑工厂具有较完善的娱乐设施、医疗制度和养老金制度，但是工人们仍然有很强的不满情绪，生产效率很低。为了探究原因，美国哈佛大学的心理病理学教授乔治·埃尔顿·梅奥（George Elton Mayo，1880—1949）率领一个包括多方面专家的研究小组进驻霍桑工厂，开始进行了一系列试验。试验分成了4个阶段，即照明试验、继电器装配室试验、访谈计划和对接线板接线工作室的观察研究。

（一）照明试验

照明试验的目的在于调查和研究工厂的照明度，即工作环境与作业效率的关系。在开始试验前，专家小组以泰罗科学管理作为指导思想，他们认为，工作的物理环境是影响工作效率的主要因素之一，所以，他们决定做这个试验。

专家们选择了两个工作小组：一个为试验组，先后改变工厂照明强度；另一个为控制组，照明强度始终不变。当试验组的照明度增加时，该组产量如预期的开始增加；当工人要求更换灯泡时，只给他们更换了一个同样亮度的灯泡，产量却继续增加。与此同时，控制组的产量也在不断提高。通过这个试验，专家们发现照明度和作业效率没有单纯的直接关系，但生产效率仍与某种未知因素有关，另有未被掌握的因素在起作用。而两组产量之所以都得到提高，是因为被试验人员对试验本身也发生了莫大的兴趣，于是试验继续进行。

（二）继电器装配室试验

继电器装配室试验的目的是要发现休息时间、作业时间、工资形态等作业条件的变化同作业效率的变化有什么样的关系。

为了有效地控制影响生产效率的因素，研究小组决定单独分出一组工人进行研究。他们选择了5位女装配工和一位画线工，把他们安置在隔离的房间进行实验，小组实行独立计件付酬。另外，研究小组还专门指派了一位观察员加入这个工人小组，他专门负责记录室内发生的一切。研究小组告诉这些女工，这项试验并不是为了提高产量，而是研究各种不同的工作环境，以便找出最合适的工作环境。研究小组还告诉这些女工，一切工作按平时那样进行。

在试验过程中，研究小组分期改善工作条件。比如，增加工间休息，公司负责供应午餐和茶点，缩短工作时间，实行每周工作5天制，实行团体计件工资制等等。这个装配小组的女工们在工作时间可以自由交谈，观察人员对她们的态度也非常和蔼。这些条件的变化使产量不断上升。在实行了这些措施的一年半以后，研究小组决定去掉这些变化，结果产量仍然维持在高水平上。

据此，研究人员发现，作业效率的决定因素不是作业条件，而是职工的情绪，由于社会条件和督导方式的改变导致了女工们态度的变化，从而提高了作业效率。为了掌握更多的信息，研究人员决定通过一个访谈计划，来调查职工的态度。这是霍桑试验的一个转折点。

（三）访谈计划

在上述试验的基础上，梅奥等人又进行了一个为时两年的大规模访谈计划，涉及的对象约2万人次。目的是要了解如何获取职工内心真正的感受，倾听他们的诉说以帮助解决问题，进而提高作业效率。

最初，调查人员采用“直接提问式”的调查，也就是列表调查员工对待公司、监督、保险计划以及工资等的态度，经过数次面谈，研究小组发现按事先设计好的问答式访问并不能获得他们所需要的材料，相反，工人们愿意自由地谈些他们认为重要的事。所以，他们决定改变直接提问的方式，允许工人自由选择话题。结果，这些访问交谈很有价值，得到了大量有关职工态度的第一手资料，工人们通过交谈得以大大地发泄胸中的闷气，许多人觉得这是公司所做的最好事情。工人们的工作态度之所以有所转变，是因为他们看到他们的许多建议被采纳，他们参与决定公司的经营与未来，而不是只做一些没有挑战性和不被感谢的工作。

通过这些研究发现，离开感情就不能理解职工的意见和不满，只有对照职工的个人情况和车间环境才能理解职工的感情；影响作业效率的重要因素不是待遇和工作环境，而是工作中发展起来的人际关系，而人们的工作效率高低，不仅取决于其自身，还取决于群体成员，任何一个人的工作效率都要受到小组中其他人员的影响。为了进一步进行系统的研究，研究小组决定进行第4阶段的试验。

（四）对接线板接线工作室的观察研究

在第4阶段试验中，研究小组决定选择接线板接线工作室作为研究对象，以研究职工在工作中的群体行为。

试验选择了9位接线工、3位焊接工和2位检查员。研究小组持续观察他们的生产效率和行为达6个月之久，结果发现有许多行为准则会影响工人的行为。这些准则包括了工作干多干少、与管理人员的信息交往和“局外人”的关系约定等。

这一试验表明，小组中存在一个复杂的社会组织，它有着一套严密的行为准则和更高的情感要求，这就是所谓的“非正式组织”。

研究小组经历了8年的时间，在霍桑工厂进行了4个阶段的试验，获得了大量的第一手资料。通过调查与试验，梅奥等人发现科学管理中对人的假设有问题，把人看做一种工具更是有问题，因为工人作业效率的高低与工作的物质环境和福利的好坏没有明显的因果关系，而职工的心理因素和社会因素对生产积极性的影响很大。梅奥教授在1933年出版了《工业文明中人的问题》一书，提出了人际关系学说，奠定了行为科学理论的基础。

二、人际关系学说的主要观点

（一）员工是“社会人”

古典管理理论把人假设为“经济人”，认为金钱是刺激人们工作积极性的唯一动力，霍桑试验证明人是“社会人”，是复杂的社会关系的成员，因此，要调动工人的生产积极性，除了物质方面的努力以外，还必须从社会、心理方面去努力，如满足他们友情、安全、归属、受人尊敬等方面的需要。

（二）组织中存在着非正式组织

以前的管理只注意组织机构、职权划分、规章制度等的研究，霍桑试验发现除了正式组织外，职工中还存在着非正式组织，这种非正式组织有它特殊的感情和倾向，左右成员的行为，对生产率的提高有举足轻重的影响。

“非正式组织”和“正式组织”是相对应的概念。正式组织是为了有效实现组织目标而形成的企业中各成员之间的相互关系，并规定了职责范围的一种组织体系。古典管理理论仅注意对正式组织的研究，梅奥认为，人是社会动物，在企业的共同工作当中，人们必然相互发生关系，由此形成了一种非正式团体，在该团体中，人们形成共同的感情，进而构成一个体系，这就是非正式组织。非正式组织形成的原因很多，有地理位置关系、兴趣爱好关系、亲戚朋友关系、工作关系等等。总之，这种非正式组织确实存在，它在某种程度上左右着组织成员的行为。

梅奥还认为，非正式组织的存在，对企业来说有利有弊。它的不利之处在于团体成员可能联合起来共同抵制上级的政策或目标，强迫组织内部的一致性，从而限制了部分人的自由和工作积极性等。它的有利之处是，使个人有表达思想的机会，能提高士气，可以促进人员的稳定，有利于沟通，有利于提高工人们的自信心，能减少紧张感觉，在工作中能够使人感到温暖，扩大协作程度，减少厌烦感等。

所以，管理人员尤其是基层管理人员应重视组织中的人际关系，设身处地地关心下属，通过积极的意见交流，达到感情的上下沟通，以便使管理人员之间、工人之间以及管理人员与工人之间搞好协作，充分调动每个人的积极性，提高劳动生产率。

（三）提高员工的满足度，可以提高员工的士气，从而提高劳动生产率

通过“霍桑试验”，梅奥等人发现，工作条件、工资报酬等并不是决定生产效率高低的首要因素，首要的是工人的工作态度和士气，而工人的士气又同其满足感有关。工人的满足程度越高，士气越高，生产效率也就越高。因此，新型管理者应能提高职工的满足感，以此来激励工人的行为，善于倾听职工的意见，使正式团体的经济需要与非正式团体的社会需要取得平衡。他还强调，应通过培训来提高管理者的人际关系技能。

霍桑试验及梅奥的观点见解，开创了管理中重视人的因素的时代，提出了管理中另一个值得重视的新领域，即人际关系的整合，在西方管理思想和管理理论的发展史上具有划时代的意义，它纠正、补充和发展了古典管理理论，将社会学、心理学应用于分析管理问题，为以后对管理的研究开辟了新的视角，对企业管理理论以及实践活动产生了深远的影响。在企业管理中的提案制度、面谈制度以及新型的人事管理内容都是以此为基础而形成的。

但也应该认识到，人际关系学说是在特定的历史条件下形成的，也有其自身的局限性。它只能作为一种管理哲学，因为不可能只凭组织内的人际关系的协调而不具备其他方面的管理条件来提高组织效率。因此，人际关系学说过分地强调“社会人”假设和工人士气对提高组织效率的作用，有些偏颇。有人还批评霍桑试验中所使用的研究方法有欠科学化等等。但这些都不能否认人际关系理论对管理思想和管理理论的重要贡献。现代社会组织的管理，仍然很重视以人际关系理论为指导思想。

霍桑试验以后，大批的研究者和实践者们继续从人类学、社会学、心理学等角度对人际关系进行综合研究，从而建立了关于人的行为及其调控的一般理论。1949 年在美国芝加哥召开的一次跨学科的会议上，来自各个不同领域的与会者一致认为，围绕行为研究所取得的现有成果已足以证明该类研究具有独立学科的地位，于是正式将其定名为“行为科学”，进一步开展对人的行为规律、社会环境和人际关系与提高工作效率的关系的研究。20 世纪 60 年代，有些专门研究行为科学在企业中的应用的学者提出了“组织行为学”这一名称，专指管理学中的行为科学。组织行为学实质上就是包括早期行为科学——人际关系学说在内的狭义的行为科学。组织行为学涉及的领域非常广泛，它是在吸收了诸如心理学、社会学、人类学、经济学和医学等多种学科的基础上建立起来的。该理论认为，人的行为要比人际关系学家的认识复杂得多。组织行为理论是当代管理理论的一个重要组成部分，它从一个通盘的视角来考察个人、群体和组织的行为过程。其研究内容也大体上分为 3 个层面：有关员工个体行为的研究；有关员工群体行为的研究；有关组织行为的研究。

第六节 现代管理理论

现代管理理论是指第二次世界大战以后出现的一系列理论，是继科学管理理论、行为科学理论之后，西方管理理论和思想发展的第三阶段。与前两个阶段相比，这一阶段最大的特点就是学派林立，新的管理理论、思想、方法不断涌现。

一、现代管理理论丛林

第二次世界大战以后，随着现代科学技术的迅速发展，生产力得到了较大提高，企业的规模越来越大，科学技术特别是运筹学、电子计算机等与管理紧密结合，这一切都给管理工作提出了许多新问题，引起了人们对管理工作的普遍重视。除管理工作者和管理学家外，其他领域的一些专家，如社会学家、经济学家、数学家等都纷纷加入研究管理的队伍。他们结合前人的经验、理论，从各自所处的角度，用不同的方法进行研究。这一切为管理理论的发展创造了极其有利的条件，出现了研究管理理论的各种学派，呈现了"百花齐放、百家争鸣"的繁荣景象。美国管理学家哈罗德·孔茨（Harold Koontz）形象地称之为管理理论丛林。孔茨曾写过两篇著名的论文《论管理理论的丛林》（1961）和《再论管理理论的丛林》（1980），对1980年以前管理学领域内精彩纷呈的理论、主张等作过精辟的归纳与分析。他认为到1980年为止，管理学至少发展到11个学派，即管理过程学派、人际关系学派、群体行为学派、经验主义学派、社会协作系统学派、社会技术系统学派、系统管理学派、决策理论学派、管理科学学派、权变理论学派和经理角色学派。

（一）管理过程学派

管理过程学派是在法约尔管理思想的基础上发展起来的，代表人物为美国的哈罗德·孔茨和西里尔·奥唐奈（Cyril O'Donnell），其中孔茨对管理学作出了重大贡献，对管理学的发展也有重要影响，特别是他坚持的管理过程思想，一直在西方管理学界占主流地位。他们合著的代表作《管理学》被译成至少16种文字，得到世界各国读者和教育学家的好评。美国管理学者斯蒂芬·罗宾斯在评价孔茨时说："虽然孔茨的文章激起了大量的争论，大多数管理教师和实践者都紧紧抱住各自的观点不放，但孔茨树立了一个标志。当今大多数管理学教科书都采用过程方法这一事实，证明了过程方法越来越成为一种可行的统一框架。"①

这个学派的主要观点是：

（1）管理包括许多相互关联的职能，管理者的工作可以看做是执行这些职能的一种过程。可以通过分析管理人员的职能从理论上很好地对管理加以分析。

（2）管理过程的职能有5个，即计划工作、组织工作、人员配备、指挥和控制。

（3）管理职能具有普遍性，它适用于所有多种类型的组织以及组织中的各个管理阶层。

（4）根据组织中长期从事管理的经验，可以总结出一些基本管理原理，这些基本管理原理对认识和改进管理工作能起到一种说明和启示的作用。

（5）管理应具有灵活性，要因地制宜地灵活应用各项管理原则。

管理过程学派一方面被人们普遍接受，另一方面也常常受到批评。主要批评意见是：

---

① 罗宾斯．管理学［M］．黄卫伟，等，译．4版．北京：中国人民大学出版社，1997：36.

(1) 将管理看成是一个静态的不含人性的过程，忽略了管理中人的因素。

(2) 归纳出的管理原则适用性有限。对静态的、稳定的生产环境较为合适，而对于动态多变的外部环境难以适用。

(3) 管理过程的通用性值得怀疑，管理职能并不是普遍一致的，不仅因职位的高低和下属的情况而异，而且也因组织的性质和结构的不同而发生变化。

（二）人际关系学派

这个学派的最早代表人物是梅奥教授，代表作是《工业文明中人的问题》。这个学派的基本思想是，组织中的各项工作总是通过人去完成的，因此，必须以人与人之间的关系作为中心来研究管理问题。这个学派的学者重点研究个人、个人动机（人的行为的动因）、人际关系。他们认为处理好人际关系是管理者应该掌握的一种技巧；有的则认为管理就是领导，把管理者都笼统看做是领导者；有的着重研究人的行为与动机间的关系，以此来探讨激励和领导问题。

其他著名的理论有马斯洛的“需求层次论”、赫茨伯格的“双因素理论”、布莱克和穆顿的“管理方格理论”等。

理解人际关系的重要性并掌握相应的技巧在管理工作中是重要的，但这不等于管理工作的全部内容。一个好的管理者，他还要懂得怎样去做计划工作、设计一个好的组织结构、随时随地进行控制等。在有利于达到组织目标的前提下，给每个人设置一个经过努力可以达到的目标，也是调动每个人积极性的有效方法。因此，这个学派的许多思想都是非常有益的。

（三）群体行为学派

该学派与人际关系学派关系密切，甚至易于混同。该学派以社会学、人类学和社会心理学为基础，注重研究组织中群体的行为，包括群体的文化、行为方式和行为特点等。大到公司、政府、医院等社会机构，小到一个小组团体，这些群体都属组织范畴，所以群体行为学派也常被称做组织行为学派。

群体行为学派最早的代表人物也是梅奥教授。20 世纪 50 年代，美国管理学家克里斯·阿吉里斯（Chris Argyris）提出“不成熟-成熟”理论，也是群体行为学派的一个代表理论。群体行为学派对群体行为的研究和分析，对管理的研究和实际工作有很大的指导作用，但不应把它作为管理工作的全部内容。

（四）经验主义学派

这一学派以向西方大企业的经理提供管理企业的成功经验和科学方法为目标。该学派的主要特点是注意理论研究与实践的结合，主张从管理者的实际管理经验方面来研究管理，他们认为成功的组织管理者的经验是最值得借鉴的。因此，他们重点分析成功管理者实际管理的经验，并加以概括，总结出他们成功经验中具有的共性东西，然后使其系统化、理论化，并据此向管理人员提供实际的建议。

经验主义学派的代表人物主要有彼得·德鲁克（Peter F. Drucker）（代表作是《有效的管理者》）、欧内斯特·戴尔（Ernest Dale）（代表作是《伟大的组织者》、《管理：理论和实践》）等，其中彼得·德鲁克提出了著名的目标管理的观点和方法并以“当今最多产的作家”而著称。

（五）社会协作系统学派

社会协作系统学派的主要代表人物是美国管理学家巴纳德，代表作是1938年出版的《经理的职能》。这一学派是从社会科学的角度来分析各类组织的，他们认为社会的各级组织都是一个协作系统，是由相互协调的个人所组成的协作系统，组织中的经理人员是协作系统的中心人物，起着相互协调、相互联系的作用，通过信息的沟通协调组织活动，使组织能够正常运转，实现组织目标。该学派又认为组织也是社会大系统中的一部分，受到社会环境各方面因素的影响。

巴纳德以后的一些学者对组织的本质进行了进一步的论述，认为组织是一个开放的系统，与周围的环境条件之间存在着动态的相互作用，并且具有内外信息反馈系统，能够不断进行自我调节，以适应环境和本身的需要。社会协作系统学派对其他学派的形成影响很大，是现代管理理论最有影响的学派之一。

（六）社会技术系统学派

这是一个较新的管理学派，人们通常把这一学派的创立归功于英国的特里斯特（E. L. Trist）及其在美国塔维斯托克研究所的同事。他们通过对长壁采煤法生产问题的研究，认为在管理中只分析社会系统是不够的，还需要研究技术系统对人的影响。在解决采煤生产率问题过程中，他们发现技术系统（机器设备和采掘方法）对社会系统有很大的影响。因此，必须把社会系统和技术系统结合起来考虑，而管理者的一项主要任务就是要确保这两个系统相互协调。

此学派的大部分著作集中于生产和办公室工作等研究，此外，分析技术系统与人以及与工作的紧密联系也是它的一个重点，因而它也特别注意工业工程、人-机工程等方面的问题。

这个学派虽然还没有把他们的思想与管理的全部理论结合起来研究，但是首次把组织作为一个社会系统和技术系统的综合系统进行研究，不仅对企业中某些作业方面的管理大有裨益，而且其中也包含了许多其他方面的管理知识。

（七）系统管理学派

系统管理学派侧重于用系统的观念来考察组织结构及管理的基本职能，它来源于一般系统理论和控制论，代表人物为卡斯特（F. E. Kast）、罗森茨韦克（J. E. Rosenzweig）等人。卡斯特的代表作是《系统理论和管理》。

该学派认为，组织是一个由相互联系并且共同工作的要素所构成的系统，这些要素被称为子系统。根据研究的需要，可以把子系统分类，系统的运行效果是通过各个子系统相互作用的效果决定的。组织是一个开放的系统，它通过和周围环境的交互作用，并通过内部和外部的信息反馈，不断进行自我调节，以适应自身发展的需要。该学派认为，组织这个系统中各个部分是互相关联、互相影响的，任何子系统的变化都会影响其他子系统的变化。为了更好地把握组织的运行过程，就要研究这些子系统和它们之间的相互关系，以及它们怎样构成了一个完整的系统。尽管这个学派在20世纪60年代达到了它的鼎盛时代以后逐渐衰退，但这个学派的一些思想还是有很强的方法论意义的。

（八）决策理论学派

决策理论学派是从社会协作系统学派发展而来的。它的代表人物是美国的卡内基

-梅隆大学教授赫伯特·西蒙（Herbert A. Simon），其代表作是《管理决策新学科》。

该学派认为，管理的关键在于决策，因此，管理必须采用一套制定决策的科学方法和合理的决策程序。

决策理论学派的主要论点如下：

(1) 管理就是决策，而且决策是一个复杂的过程。这个过程是由搜集资料、找出所有可能的行动方案、对诸方案进行抉择以及选出满意的方案并对该方案进行评价这样4个相互联系的阶段所构成的，并且每个阶段都含有丰富的内容，各个阶段有可能相互交错，因此，决策是一个反复的过程。

(2) 程序化决策与非程序化决策。西蒙认为，根据决策的性质可以把决策分为程序化决策和非程序化决策。程序化决策是指反复出现的或是一种例行的决策。这种决策的问题由于已出现多次，人们自然就会制定一套专门的程序来解决；非程序化决策是指那种从未出现过的，或者其确切的性质和结构还不很清楚或相当复杂的决策。程序化决策与非程序化决策的划分并不是一成不变的，随着人们认识的深化，许多非程序化决策将转变为程序化决策。此外，解决这两类决策的方法一般也不相同。

(3) 满意的行为准则。西蒙认为，由于决策问题所面临的环境十分复杂，我们不可能搜集到决策所需要的全部资料，也不可能列举出所有的行动方案，况且人的知识和能力也是有限的，所以，很难求得最佳方案，应制定一套令人满意的标准，只要达到或超过这个标准，就是可行方案。所以，决策中往往采用满意准则。

(九) 管理科学学派

管理科学学派又称数理学派，它是泰罗科学管理理论的继续和发展，其代表人物为美国的伯法（E. S. Buffa）等人。伯法的代表作是《现代生产管理》。

该学派主张，应力求减少决策的个人艺术成分，依靠建立一套决策程序和数学模型以增强决策的科学性；各种可行的方案都应该以经济效果作为评价的依据；现代企业管理中应广泛电子计算机。

管理科学学派重点研究操作方法和作业方面的管理问题。现在的管理科学也有向组织更高层次发展的趋势，但目前完全采用管理科学的定量方法来解决复杂环境下的组织问题还面临着许多实际困难，有待进一步研究。

(十) 权变理论学派

权变理论学派形成于20世纪70年代，是一个影响比较大的管理学流派，大内的“Z理论”、卡曼（Karman）的“领导生命周期理论”及莫尔斯（Jhon Morse）和洛什（Jay W. Lorsch）的“超Y理论”都属这一学派的著名理论。这一学派认为，组织和组织成员的行为是复杂的、不断变化的，这是一种固有的性质。而环境的复杂性又给有效的管理带来困难，从而以前各种管理理论所适用的范围就十分有限，例外的情况越来越多。所以说，没有任何一种理论和方法适用于所有情况。因此，管理者应根据不同的情景及其变量决定采取何种行动和方法，即管理方法或思想是组织内外部环境的函数。为了使管理问题得到很好的解决，要进行大量的调查和研究，然后把组织的情况进行分类，建立模式，据此选择适当的管理方法。

权变理论家们广泛地应用了古典理论、管理科学和系统观点来分析解决各种问题，有人甚至认为真正的权变学派是一个综合各家理论的学派。

（十一）经理角色学派

这一学派主张对经理人员的实际工作情况进行考察，以便发现他们在现实工作中的活动规律，并以此纠正纯粹的管理理论所造成的理解偏差。该学派的代表人物是加拿大的亨利·明茨伯格，他根据自己和别人对管理者实际活动的研究，认为管理者执行了10种职务或扮演了10种不同的角色。

需要指出的是，以上各学派虽有各自的主张，但在管理学界并未形成权威的理论。近些年来特别是进入20世纪90年代后，由于经济全球化、国际化进程日益加快，企业面临的竞争环境发生了急剧的变化，管理活动也日趋复杂，加之多学科之间的相互交融，管理理论的发展更为迅猛，管理理论流派纷繁复杂，管理学派的种类早已突破孔茨在20世纪80年代所概括的11个流派，新的管理思想和理论犹如雨后春笋不断涌现，使得管理理论丛林更加茂密。

二、现代管理理论的新发展

进入20世纪80年代特别是90年代以后，随着社会、经济、文化的迅速发展，特别是信息技术的发展与知识经济的出现，世界形势发生了极为深刻的变化。面对信息化、全球化、经济一体化等新的形势，企业之间竞争加剧，联系增强，管理出现了深刻的变化和全新的格局。正是在这样的形势下，管理理论呈现出全新的发展趋势，其代表理论主要有如下几种。

（一）企业文化理论

20世纪80年代企业文化理论出现在美国，是美国的一些管理学家在总结了日本一些企业的成功经验，研究日本企业的管理方式之后提出来的。企业文化是经过企业领导者的倡导和全体成员的认同与实践所形成的整体价值观念、道德规范、行为准则、管理风格以及传统和习惯等的总和。

20世纪80年代，日本经济持续高速的增长引起了世界的关注，而支撑日本经济增长的关键是企业的竞争力，依靠这种竞争力，日本企业大量进军美国市场，抢走了美国企业在本土的市场份额。为了迎接日本企业的挑战，美国企业界开始研究日本企业的管理方式，出现了很多有代表性的研究成果，企业文化理论就是其中的重要一项。

最早提出企业文化这一概念的人是威廉·大内。他在1981年出版了《Z理论——美国企业如何迎接日本的挑战》一书。他指出，日本企业成功的因素是他们独特的企业文化。这一观点在当时引起了管理学界广泛的重视，使得更多的人投入到企业文化的研究中。在随后的两年时间里，美国又出版了3种有关企业文化的著作，它们是：帕斯卡尔和阿索斯合著的《日本企业的管理艺术》、特累斯·迪尔和阿伦·肯尼迪合作的《企业文化》、托马斯·彼得斯和罗伯特·沃特曼合著的《追求卓越》。这4本书的出版，标志着企业文化理论的诞生。由此我们也可以看到，企业文化理论出现在美国，但企业文化作为一种主流的管理思想最早出现在日本。企业文化不仅强化了传统管理的一些功能，而且还具有很多传统管理所不能替代的功能，它是组织成员处理内外各种关系时所持有的价值观念和道德标准，有什么样的企业文化就有什么样的组织成员。

企业文化由 3 个层次构成：

(1) 物质层是企业创造的自身的物质文化，是一种以物质形态为主要研究对象的表层企业文化，是形成企业文化精神层和制度层的条件。

(2) 制度层是具有企业特色的各种规章制度、道德规范和员工行为准则的总和。

(3) 精神层，即企业的精神文化，是对企业在长期的实践中所形成的员工的道德观、价值观的综合体现和高度概括。

(二) 学习型组织理论

学习型组织理论是 20 世纪 90 年代以来，在管理理论与实践中发展起来的全新的管理理论。学习型组织最早是由彼得·圣吉 1990 年在其著作《第五项修炼——学习型组织的艺术与实务》中提出来的。学习型组织的提出源于对管理的整体性和系统性的重视。该理论认为，在新的经济背景下，组织要持续发展，必须增强其整体实力，提高整体素质，为此，需要突破线性思考的方式，排除个人及群体的学习障碍，重新就管理的价值观念、管理的方式方法进行革新。未来真正成功的组织将是能够设法使组织全体成员全身心投入并有能力不断学习的组织，即学习型组织。

所谓学习型组织，是一个能够熟练地创造、获取和传递知识的组织，具体来讲是一个通过培养弥漫于整个组织的学习气氛，使得人们在其中能够不断增强创造未来的能量、具有开阔系统的思考方式、为共同的愿景而努力、不断学习进取的组织。这样的组织一定是一种有机的、高度柔性的、扁平的、符合人性的、能持续发展的组织。

学习型组织理论是以“五项修炼”为基础的。“五项修炼”基本内容如下：

第一项修炼：自我超越。自我超越就是不断认识自己，认识外界的变化，不断理清并加深个人的真正愿望，集中精力，培养耐心，突破过去，超越自己。自我超越是学习型组织的精神基础。

第二项修炼：改善心智模式。“心智模式”是一种根深蒂固于个人或组织之中的思维方式和行为模式，它影响我们对世界的了解和认识。改善心智模式，就是要改变认知模式，改变传统的一成不变的思维和做法，随着外部环境的变化适时调整甚至变革组织内部的一些习惯和做法，用新的眼光看待世界，以新的思考对待世界。

第三项修炼：建立共同愿景。愿景是期望的未来远景和愿望，建立共同愿景的关键任务是要将组织中个人的愿景整合为组织成员主动而真诚地奉献和投入的共同愿景。共同愿景包含了组织的目的、使命和价值观。建立共同愿景就是建立组织全体成员共同的远景和愿望，以此作为力量的凝聚，组织成员势必会努力学习，追求卓越，为这个愿景而奋斗。共同愿景是组织产生力量的源泉。

第四项修炼：团队学习。团队学习的目的在于激发群体的智慧。彼得·圣吉将学习型组织的交谈称为深度会谈。深度会谈是团队学习的主要形式。通过学习，组织成员互相帮助、相互沟通，达成共识。团队的修炼从深度会谈开始。

第五项修炼：系统思考。这项修炼就是要培养人与组织进行系统观察、系统思考的能力，考虑问题时既要看到局部，又要看到整体，既要看到当前，又要看到长远。

(三) 企业再造理论

如前所述，20 世纪 90 年代以来世界形势的变化，使得企业面临的环境瞬息万变，按照传统分工理论设计的组织形式已经很难适应新形势的要求，与此相适应，管理领域发生了一系列的变化，管理变革与创新进入了新的发展阶段，“企业再造”就是适应这种宏观变化所产生的管理理论。

1993年，美国的迈克尔·哈默和詹姆斯·钱皮合作出版了《企业再造——管理革命的宣言书》一书，提出了企业再造理论。哈默和钱皮通过对企业进行考察发现，许多企业从事的具体工作中，有许多是跟满足客户的需要，如生产的产品质地要优良、供应的价格要公道、提供的服务要优质等风马牛不相及的。他们的许多工作纯粹只是为了满足公司内部的需要。所谓“再造工程”，简单地说就是以工作流程为中心，重新设计企业的经营、管理及运作方式。按照哈默和钱皮的定义，是指“为了飞越性地改善成本、质量、服务、速度等重大的现代企业的运营基准，对工作流程进行根本性重新思考并彻底改革”。

企业再造突破了传统的劳动分工理论的思想体系，强调以“流程导向”替代原有的“职能导向”的组织形式，是对企业经营过程作根本性的重新思考和彻底翻新，使企业在关系到其业绩的重大问题上获得戏剧性的改善，并强调通过信息技术的利用来提高企业的业绩。

（四）知识管理理论

知识管理的研究最早始于美国，20世纪90年代中期以后，越来越得到各类组织的重视，由开始在理论上的探讨发展到今天进入实用化阶段。知识管理是指对组织的知识、知识创造过程和知识的应用进行规划和管理的活动。由此可见，知识管理包括对知识进行管理和运用知识进行管理两个方面，知识既是管理的对象，又是管理的手段。

在知识经济时代，知识成为组织管理的主要资源和核心，管理将从传统的以机器和分工为基础，转变为以人的知识和能力为基础；从以占有自然资源为基础，转变为以占有人力资源为基础。组织就是通过对其知识资源的开发和有效利用来提高自身的创新能力，从而提高自身创造价值的能力。组织特别是企业组织的成功越来越依赖于其所拥有的知识质量和利用所拥有的知识为企业创造竞争优势和持续竞争优势的能力。

（五）人本管理理论

人是组织中最重要的资源，是组织的第一财富。“以人为本”就是把人作为组织管理的出发点，把做人的工作、充分调动人的积极性作为组织管理的根本任务和指导思想。以人为中心的人本管理是与以物为中心的“物本管理”相对应的概念。所谓人本管理，就是基于科学的人性观基础上的“以人为中心”的管理。人本管理是文化管理运作和实践的核心，它要求理解人、尊重人，充分发挥人的积极性、主动性和创造性，它是对传统的管理方式的一种根本性的跨越，是一种更高层次的现代管理方式。

人本管理可以分为以下5个层次：

（1）情感管理。通过情感的双向交流和沟通实现的有效管理，是人本管理的最低层次，也是提升其他层次的基础。

（2）民主管理，即员工参与的管理。管理者不仅关心员工的生活，而且鼓励员工参与到工作目标决策之中。

(3) 自主管理。随着员工参与管理的程度越来越高，在组织共同理想和共同价值观的指引下，在授权范围内员工自己决定工作内容和方式，实施自我激励，出色完成自身工作。

(4) 人才管理。重视组织的人力资源，根据组织的实际情况和业务活动的需要，有针对性地进行人力资源开发培训，建立完善的培训体系。

(5) 文化管理是指通过组织文化的培育、管理文化模式的推进，使员工形成整体的价值观和行为规范。企业文化管理的关键是对员工的行为习惯进行引导，而不仅仅是为了宣传公司形象。

(六) 核心能力理论

战略管理理论产生于20世纪60年代，其发展经历了3个阶段：经典战略理论阶段、产业结构分析阶段（波特阶段）和核心能力理论阶段。核心能力理论代表了战略管理理论在20世纪90年代的最新进展，它是由美国学者普拉哈拉德和英国学者哈默于1990年在《哈佛商业评论》所发表的《公司的核心能力》一文中首次提出的。此后，核心能力理论因成为管理理论界的前沿问题之一被广为关注，企业战略管理进入了核心能力理论阶段。

核心能力是指企业在技术、产品以及市场营销等方面所具有的独特能力。核心能力是企业最重要的战略资产，是企业获取竞争优势的源泉，它可以给企业带来长期竞争优势和超额利润。核心能力具有价值性、独特性、难以模仿性、延伸性、动态性和综合性等特点。

该理论认为，企业战略管理的关键在于培育和发展能够使本企业在未来市场中居于有利地位的核心能力。企业核心能力既可以通过传统的途径，如技术创新、生产管理、营销管理、财务管理等一系列活动来培育，也可以通过现代的途径，如上市、兼并、收购、联营等来获取。

在全球一体化的今天，越来越多的企业开始重视战略管理，通过战略决策和行动，来增强企业适应环境变化的能力，通过长期积累培育核心能力，使企业在激烈的市场竞争中赢得长期的竞争优势。

(七) 蓝海战略理论

蓝海战略是由欧洲工商管理学院的W. 钱·金（W. Chan Kim）和莫博涅（Mauborgne）提出的。

我们设想市场空间由两种海洋组成：红海和蓝海。红海代表当前业已存在的所有行业，这是一个已知的市场空间。蓝海代表当前尚不存在的所有行业，即未知的市场空间。[①] 所谓蓝海战略，其实就是企业超越传统产业竞争、开创全新市场的企业战略。如今这一新的经济理念，正得到全球工商企业界的关注，有人甚至说，接下来的几年注定会成为“蓝海战略”年。

蓝海战略认为，聚焦于红海等于接受了商战的限制性因素，即在有限的土地上求胜，却否认了商业世界开创新市场的可能。运用蓝海战略，视线将超越竞争对手移向买方需求，跨越现有竞争边界，将不同市场的买方价值元素筛选并重新排序，从给定

① 金，莫博涅. 蓝海战略［M］. 吉宓，译. 北京：商务印书馆，2005：7.

结构下的定位选择向改变市场结构本身转变。红海是竞争极端激烈的市场，但蓝海也不是一个没有竞争的领域，而是一个通过差异化手段得到的崭新的市场领域，在这里，企业凭借其创新能力获得更快的增长和更高的利润。

蓝海战略的六项原则：①

(1) 重建市场边界。

(2) 注重全局而非数字。

(3) 超越现有需求。

(4) 遵循合理的战略顺序。

(5) 克服关键组织障碍。

(6) 寓执行于战略。

此外，还有一些新的现代管理理论值得我们重视，如组织行为理论、团队管理理论、自我管理理论、组织的虚拟化理论等。

管理学诞生至今只有百余年的历史，可是，管理理论、管理思想和管理方法却呈现出百花齐放的景象，新的理论不断出现，诸多理论之间取长补短，兼容并蓄，各具特色，充分体现了管理科学的不断发展和繁荣。在全球一体化的今天，要想成为一名成功的管理者，应不断学习，取各家之长为己所用，并在实践中因地制宜地综合运用这些理论，这样才能使管理水平不断地迈向新的台阶。

本章小结

本章主要阐述的是管理理论的产生和发展过程。产业革命的开始、工厂制度的出现、生产组织的变化和专业化协作的需要，使得一些有代表性的早期管理思想应运而生，尽管这些管理思想也是不系统、不全面的，没有形成系统化的理论体系，但却是管理理论的萌芽，促进了生产的发展，为管理学的形成奠定了坚实基础。泰罗的科学管理理论着重研究作业效率的提高，它对管理理论的形成和发展的贡献主要表现在时间和动作研究、作业管理、作业人员和管理者的分工协调等方面；法约尔提出了适用于一切组织的企业经营和管理的5种职能和有效管理的14条原则；韦伯首创了一套完整的组织理论，即理想的行政集权制理论，对以后管理思想的发展有重大影响。梅奥教授通过霍桑试验，产生了人际关系学说，奠定了行为科学理论的基础。第二次世界大战以后，管理受到了世界各国的普遍重视，出现了许多新的理论和学说，形成了众多学派，孔茨将1980年前的管理学领域的理论归纳为11个学派。进入20世纪90年代后，管理学派的种类早已突破孔茨在20世纪80年代所概括的11个流派，使得管理理论丛林更加茂密。

① 金，莫博涅. 蓝海战略［M］. 吉密，译. 北京：商务印书馆，2005：20.

复习思考题

1. 科学管理理论对管理理论及管理实践的最大贡献是什么？你是如何评价泰罗的科学管理理论的？

2. 法约尔的管理思想主要体现在哪些方面？与泰罗的管理思想有何异同？

3. 人际关系学说有哪些主要内容？

4. 如何理解现代管理理论的丛林？现代管理理论丛林为什么会越来越茂密？

5. 通过对管理学产生和发展过程的学习，如何更深入地理解管理活动与管理理论之间的关系？

案 例

联合邮包服务公司的科学管理

联合邮包服务公司（UPS）雇用了15万员工，平均每天将900万个包裹发送到美国各地和180个国家。为了实现他们的宗旨，“在邮运业中办理最快捷的运送”，UPS的管理当局系统地培训他们的员工，使他们以尽可能高的效率从事工作。让我们以送货司机的工作为例，介绍一下他们的管理风格。

UPS的工业工程师们对每一位司机的行驶路线进行了时间研究，并对每种送货、暂停和取货活动都设立了标准。这些工程师们记录了红灯、通行、按门铃、穿院子、上楼梯、中间休息喝咖啡时间，甚至上厕所时间，将这些数据输入计算机中，从而给出每一台发动机每天工作的详细时间标准。

为了完成每天取送130件包裹的目标，司机们必须严格遵循工程师设定的程序。当他们接近发送站时，他们松开安全带，按喇叭，关发动机，拉起紧急制动，把变速器推到1档上，为送货完毕的车启动离开作好准备，这一系列动作严丝合缝。然后，司机从驾驶室到地面上，右臂夹着文件夹，左手拿着包裹，右手拿着车钥匙。他们看一眼包裹上的地址把他记在脑子里，然后以每秒3英尺的速度快步跑到顾客的门前，先敲一下门以免浪费找门铃的时间。送完货后，他们回到卡车上的路途中完成登记工作。

这种刻板的时间表是不是看起来有点繁琐？也许是，它真能带来高效率吗？毫无疑问！生产率专家公认，UPS是世界上效率最高的公司之一。举例来说吧，联邦捷运公司平均每人每天不过取送80件包裹，而UPS却是130件。在提高效率方面的不懈努力，看来对UPS的净利润发挥了积极的影响。

资料来源　罗宾斯．管理学原理［M］．3版．大连：东北财经大学出版社，2004.

思考题

1. 根据案例并结合本章所学内容，分析 UPS 在管理工作中体现了什么管理思想及哪些内容。

2. 如果中国的企业要学习 UPS 的管理经验，提高工作效率，你认为应从哪些方面做起？

第三章

管理与环境

本章要点与学习目标

本章从组织与环境密不可分、任何组织都不是独立存在的、环境对组织具有重要影响等基本事实出发，阐述环境的主要内容、环境分析的方法、当今环境的重点课题及环境管理等内容。通过对本章的学习，要了解组织所面临环境的具体内容、组织与环境的关系、环境分析的SWOT方法、波特模型及环境分析矩阵等方法，掌握管理面临的挑战及管理的变革与创新、如何从被动地适应环境到主动地管理环境等。

第一节 组织与环境

一、系统管理理论与管理

从关于管理学的产生与发展过程的阐述我们可以得知，系统管理理论是在20世纪60年代最为盛行的一种管理理论或管理流派，这一理论主要是运用系统科学的理论、方法、范畴及一般原理分析和研究管理问题。认识到任何组织都不是独立存在的，这是系统方法对管理的主要贡献。由于现代社会的高度组织化和组织的系统复合特征，系统管理理论提出后受到了人们的高度重视，并在实践中得到了广泛运用。

系统理论认为，系统有两种基本类型：一类是封闭系统（closed systems），它不受环境影响，也不与环境发生相互作用；二是开放系统（open systems），即系统与环境间是动态相互作用的。组织不仅是一个由相互联系的若干要素所组成的人造系统，而且是一个为环境所影响并反过来影响环境的开放系统，即组织自身构成一个系统，同时它又身处由外部环境所构成的大系统之中，是这个大系统中的一个子系统，它从外部环境中取得人力、信息、资本、技术和原材料等资源，经过自身由操作活动、管理活动等构成的转换过程，再向外部环境输出产品和服务、信息、人才等，组织就是这样通过与外部环境的输入、转换和输出，在与环境的相互影响中取得动态平衡，如图3-1[①]所示。

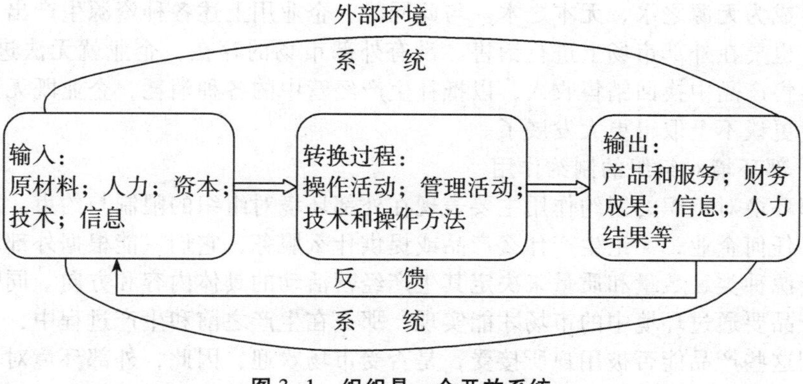

图3-1 组织是一个开放系统

系统理论和方法及建立在此基础上的系统管理理论，促使人们重新组织与外部环境的关系，并运用系统的思维分析管理问题，可以说对管理产生了重要影响：一是推动了管理理念和管理观念的更新，如它促使人们把管理对象看做一个整体，是一个有机联系的系统，从而有利于帮助人们以更宽、更新的视角分析影响管理及组织运行绩效的复杂因素；有助于帮助人们正确认识组织的地位、使命及社会责任，有助于克服本位主义和目光短浅行为；再如促使人们重新认识资源的概念，把信息提高到与物质同等重要的地位，把信息作为战略资源之一，有意识地加强信息管理工作，为人们改

① 罗宾斯，库尔特．管理学［M］．英文9版．北京：清华大学出版社，2009：38.

进管理提供了新思路。二是提供了解决复杂问题的工具，如控制论、运筹学、数理统计、可靠性方法、模糊数学等，这些构成了管理系统工程的主体内容。三是促成了管理新模式的出现，如通过对管理的历史考察，现代管理中广泛采用的全面质量管理、全面设备管理、目标管理等新管理模式的出现，都与系统论的应用有关，其提出者都受到了系统理论及系统管理理论的影响。

二、组织与环境的关系

任何组织都是在一定的环境中从事活动的，组织是一个开放系统，一方面组织需要从外部环境获取必要的信息、人力、物力等资源，另一方面需要向外部环境输出自己的产品或服务，并获得信息反馈，因此，组织离不开外部环境，需要时刻与外部环境发生互动，甚至外部环境的特点及其变化必然会影响组织活动的方向、内容以及方式的选择。因此，要更好地保证组织的生存与发展，离不开组织与环境的关系。

组织与外部环境的关系表现为两方面：一是外部环境对组织的决定和制约作用；二是组织对外部环境的适应，即组织对外部环境的反作用。

（一）外部环境对组织的影响

1. 外部环境对组织的决定作用

外部环境对组织的决定作用主要表现在外部环境为组织活动及生存和发展提供了必要的条件。以企业为例，企业经营所需的各种资源都需要从属于外部环境的原料市场、能源市场、资金市场、劳动力市场等去获得。离开外部环境中的这些市场，企业经营便会成为无源之水、无本之木。与此同时，企业用上述各种资源生产出来的产品或劳务，也要在外部市场上进行销售。没有外部市场的存在，企业就无法进行交换，无法从出售产品中换回销售收入，以抵补生产经营中的各种消耗，企业既无法生存下去，同时更谈不上取得更大发展了。

2. 外部环境对组织的制约作用

外部环境对组织的制约作用主要表现在外部环境对组织的限制与约束。比如对企业来说，任何企业，无论生产什么产品或提供什么服务，它们只能根据外部环境能够提供的资源种类、数量和质量来决定其生产经营活动的具体内容和方向。同时，既然企业的产品要通过环境中的市场才能实现，那么在生产之前和生产过程中，企业就必须考虑到这些产品能否被用户所接受，是否受市场欢迎，因此，外部环境对企业实际上起了一种限制作用。再如，企业在市场经营活动中，要时刻受各种法律的制约，如环境保护法、产品质量法、消费者权益保护法、商标法、广告法、反不正当竞争法等涉及企业市场行为的法律，企业的生产经营活动如果违反了这些法律就要受到制裁，这些法律实际上构成了企业经营行为的规则。显然，任何组织的生存发展都逃不开外部环境的制约。

（二）组织对外部环境的影响

从系统论角度看，外部环境对组织具有决定和制约作用，但既然组织与外部环境是一种互动关系，那么组织与外部环境的关系显然还有另外一面，即组织对外部环境的适应和对外部环境的影响。正如一个人处于某一具体环境中，当环境对这个人产生制约和决定作用时，这个人肯定对周围环境也会产生反作用。

一般来说，组织对外部环境的影响或反作用有两种方式：一种是被动或消极地适应环境，即完全按照环境的特点和要求来调整自己的行为内容和行为方式，利用自身条件去适应现实环境，而不对外部环境有任何影响和改变；另一种是主动并积极地适应环境，即组织尽可能多掌握环境的信息、情报，通过科学的分析和预测环境因素及其发展变化趋势，并采取积极、主动的措施，在顺应环境变化的同时，改造和创造环境，甚至改变环境要素，然后利用自身条件去适应被改造、创新了的环境。应该说这是组织面对环境影响的两种不同方式，前者是一种被动接受环境影响的方式，而后者则是一种主动、积极改变或创造环境的方式，有人把这种方式称做“管理环境”。两者相比，显然后者对组织的生存与发展来说更主动一些，也可能更为有利。在传统的营销理念中，“市场需要什么我就生产什么”就是一种被动适应环境的方式，而“创造市场”或引导市场的理念更体现一种积极主动的姿态。美国通用汽车公司前 CEO 杰克·韦尔奇曾说过：“未来的领导者应是能在汽车行驶过程中更换轮胎的人。”这句话实际上从一个侧面表明了组织面对环境应该采取怎样的应对方式。

三、组织所面对环境的具体内容

组织面对的外部环境是由多种因素构成的，因而是纷繁和复杂的。按照其对组织的影响方式（即直接影响和间接影响）和作用力度或影响程度的大小，组织面对的环境一般可分为两类：一类是一般环境（general environment），另一类是具体环境（specific environment），其中每一类都包含若干环境因素。一般环境和具体环境与组织的关系及各自的环境因素如图 3-2 所示。处于组织最外围的 4 个环境要素，即政治环境、社会环境、经济环境和技术环境构成一般环境，它离组织相对较远，影响力相对较弱，影响方式一般是间接影响；而与组织存在交叉关系的 5 个环境因素，即供应商、顾客、竞争者、政府、公众压力集团构成具体环境，它离组织相对较近，影响力相对较大，影响方式一般是直接影响。

（一）一般环境

1. 政治环境

政治环境泛指一个国家的社会制度、执政党的性质、政府的方针和政策，以及国家制定的法律法规等。不同的国家有不同的社会制度，不同的社会制度对组织活动有着不同的限制和要求，即使是在一个社会制度不变的国家里，由于执政党的不同或在不同的时期，其政府的路线、方针、政策及其对组织活动的影响也是不断变化的。对组织来说，要了解政府的政策、路线、方针和法律法规要求，明确允许干什么、怎么干及限制和禁止什么，就政治环境而言，政治的稳定与开明和法律法规的健全是极其重要的。

2. 社会环境

社会环境主要包括风俗习惯、意识形态、文化传统、价值观念、审美习惯、宗教信仰，以及人口规模、居民受教育程度及文化水平等。风俗习惯及宗教信仰会影响某些活动的进行；意识形态、文化传统、价值观念会影响居民对组织目标、组织活动以及组织存在本身的认识；审美习惯会影响人们对组织活动内容、活动方式以及成果的态度；而人口规模及文化水平会影响需求的规模及层次。

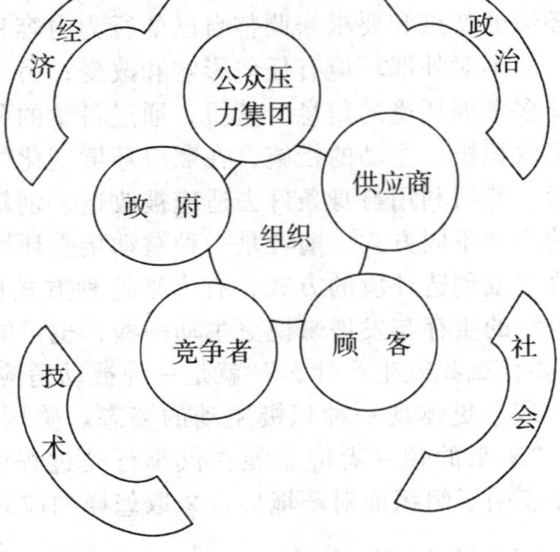

图 3-2 组织与环境

3. 经济环境

经济环境是影响组织特别是作为经济组织的企业的重要因素，它主要由宏观和微观两个方面构成。宏观经济环境包括国民生产总值、国民收入及其变化情况，以及通过这些指标反映的国民经济发展水平和发展速度。宏观经济环境好，显然可以为企业的生存和发展提供有利机会，而萧条、衰退的形势则可能给企业带来生存的困难。微观经济环境包括消费者的收入水平、消费偏好、可支配收入情况、就业情况等。如果居民的收入水平及可支配收入水平较高，则意味着一个地区或市场有较强的购买力，企业的发展潜力会有较大的市场机会。因此，微观经济环境的好坏直接影响企业等经济组织的生存和发展条件。

4. 技术环境

技术环境包括科学技术发展水平、社会技术进步程度、装备及制造现代化程度、科学技术普及程度，以及发展和应用技术知识的能力和水平等。技术环境对组织的发展也有至关重要的影响，而且伴随信息化社会的到来这种影响更为显著。如信息技术的发展，使企业的经营变得十分容易，也提高了管理水平。组织对技术环境的关注，除了现有技术发展程度外，还应关注以下几点：国家对科学技术开发的投资和支持重点；该领域技术发展动态和研究开发总费用情况；技术转移及技术商品化程度；专利及其保护情况等。

（二）具体环境

1. 供应商

供应商是指为组织供应原材料和设备的上游厂商，以及提供资本和劳动等生产要素的供给者，即所有生产要素的供给者。供应商对组织的影响至关重要，因为任何组织特别是企业离开供应商就不能获得生产要素的供给，从而也就不能进行生产经营活动或组织其他活动。如对于中国肯德基快餐店来说，鸡肉及土豆的供应商对其正常经营来说具非同寻常的意义。

2. 顾客

顾客是指组织产品或服务的购买者，主要包括所有出于直接使用目的而购买以及为再加工或再销售目的而购买产品或服务的个体或组织。由于组织通常都是为了满足某种顾客需要而设立的，因此顾客或消费者便构成了组织的消费市场或“衣食父母”，没有他们，组织便不能生存，即使生存也没有意义。作为组织，要想方设法争取更多的顾客支持，使其购买本组织的产品或服务，这乃是组织的生存与发展之本。

3. 竞争者

竞争者是指与本组织存在资源和市场争夺关系的其他同类组织，既包括市场内已有的竞争者，也包括潜在竞争者。竞争者是组织的重要环境要素，由于它与组织存在资源和市场的争夺及此消彼长关系，因此作为组织必须时刻关注竞争者的发展状况和趋势，做到“知己知彼”，才能采取正确的应对策略，“致人而不致于人”，争取主动，避免被动，做到“百战不殆”。

4. 政府

政府是经济、社会等一切事务的管理者，它可以凭借国家权力按自己的意志对经济和社会事务进行管理，因此它对组织的生存与发展同样具有至关重要的影响。作为组织，行为内容及方式必须符合政府的要求，同时应在尽可能多的方面取得政府的支持，甚至在有些时候向政府进行“寻租”也是十分必要的。

5. 公众压力集团

公众压力集团即各类非政府社会组织，如绿色和平组织、工会、妇联、消费者协会、新闻媒体等。这些组织尽管与组织没有直接的制约和管制关系，但同样也是组织生存和发展所不能回避的，他们对组织的影响有时甚至是巨大的，如新闻媒体对组织的表扬或批评抑或“曝光”，都会对组织产生很大的正面或负面社会影响，从而影响组织的形象、声誉及生存发展环境。因此，组织应与这些组织建立良好的沟通协作关系，尽可能取得他们对组织的支持。

（三）一般环境与具体环境的转换

在分析组织所面对的一般环境和具体环境时，我们应掌握以下两点：第一，尽管所有组织所面对的环境可分为一般环境和具体环境，但不同类型的组织所面对的一般环境和具体环境是不同的，这种不同主要取决于组织的性质、任务、规模，甚至包括组织为自己确定的“适当位置”。也就是说，组织的性质、任务、规模不同，其所面对的一般环境和具体环境也不同，如学校和企业所面对的一般环境和具体环境显然不同。第二，不仅不同的组织所面对的环境不同，同一组织在不同时期因性质、任务、规模发生变化，同一组织的一般环境和具体环境可以发生相互转换：①对于同一组织，某一因素在此时是一般环境，经过一段时间就可能变为具体环境；②不同的组织，即使属于同类组织，因其性质不同，同一因素对于某一个组织是具体环境，对于另一个组织就可能是一般环境；③某一因素同时是某些组织的具体或一般环境，但这些因素因为组织的性质等不同，对不同的组织所起的作用是有巨大差别的。

由此可见，组织所面对的一般环境和具体环境的划分仅仅是相对的，两者没有明确的界限，有时是可以互相转换的，对不同类型或同一组织在不同时期而言，对一般环境和具体环境应进行相对和动态的分析。

第二节 环境分析

一、环境分析的必要性

正因为组织都是处于一定的环境之中，它对组织的生存和发展具有至关重要的影响，因此准确地分析环境就十分必要了，它是在计划、组织、领导、控制等管理过程中必须做好的前提工作。

（一）准确把握环境的特点

组织所面对的外部环境尽管包含诸多环境要素，对组织的影响作用大小各异、方式不同，但这些环境并不是不可知的，通过环境分析，可以把握和预测环境及其发展变化的规律与趋势，掌握环境的特点。一般来说，外部环境具有以下几个特点：一是环境的系统相关性，即环境作为一个系统，具有层次性、整体性特征，大环境中有小环境，小环境受大环境制约，各种环境因素相互协调；二是环境的非歧视性，即环境对于任何组织的影响基本上都是相同的，环境提供的机会与威胁也大体相同，关键在于组织能否趋利避害；三是环境的非持久性，即环境是动态的、经常变化的，没有一成不变的环境，存在的只是变化的频率及快慢差别，如自然环境的变化相对就较慢；四是环境的规律性，即各种环境要素一般都有自身发展变化的规律，组织能够认识环境发展变化的规律性并使自己的活动顺应环境的趋势，组织便可能获得成功。

（二）发现和利用环境中的机会

各种环境要素在发展变化中，孕育着很多机会，组织通过进行环境分析，可以发现并利用这些机会。一般来说，外部环境的机会可以分为以下几种：一是经济方面的机会；二是政治方面的机会；三是技术方面的机会；四是社会发展方面的机会；五是来自竞争者的退出或其他方面变化的机会；六是来自消费者方面的市场机会；七是来自供应商的机会；八是来自新闻媒体等公众压力集团的机会等。这些机会有些是显见的，有些则是隐藏的，只有进行环境分析，才能发现并对之加以利用。

（三）发现和规避环境中的风险与威胁

与环境中存在的机会一样，环境要素的发展变化也会为组织带来威胁，如宏观经济环境恶化或发生战争，会使企业丧失发展的安定环境，可能导致开工不足甚至无法生产。环境中的风险与威胁可以主要来自以下几方面：一是新产品或转型产品不被市场接受；二是竞争者的战略调整或有新的潜在竞争者进入；三是宏观和微观经济环境恶化；四是供应商的威胁；五是公众压力集团的威胁，如公众压力集团发起不利于组织的活动；六是政治环境发生变化，如发生动乱或政府垮台、政权危机；七是社会文化方面的威胁，如人们的文化传统、意识形态、价值观念发生变化；八是技术方面的风险，如某项新技术被开发出来从而导致组织处于不利境地等。

（四）发现组织的优劣势

在进行环境分析时，除了要分析构成外部环境的一般环境和具体环境外，还要进行内部环境分析，也有人称之为内部经营条件分析，因为内部经营条件也是组织运行与发展的重要影响因素。进行内部经营条件分析，主要是分析“企业在客观上对经营资源的拥有情况和在主观上的对资源的利用能力”①，如分析组织所拥有的人力资源、财力资源、信息资源、物质资源、技术资源等生产要素的拥有情况和利用情况；分析组织成员的价值观念、组织的经营宗旨等组织文化的形成、发展变化情况等。通过对组织内部经营条件的分析，可以发现与其他同类组织相比的优势和劣势所在，从而为正确确定经营战略及策略提供条件。

（五）提高组织决策的正确性、及时性和稳定性

在管理过程中，决策是管理的核心，因此环境分析是为组织决策服务的。通过进行环境分析，掌握环境的特点及发展变化的规律与趋势，发现环境中的机会、风险与威胁，正确判断组织所拥有的优势和劣势，就可为决策提供直接的参考依据，保证决策的正确性、及时性和稳定性，为组织的成功运行奠定坚实基础。管理界的一个成功与失败的案例——20 世纪 70 至 90 年代耐克公司与阿迪达斯公司在运动鞋、运动服装的开发与经营方面的竞争，最终以耐克公司的成功（市场份额急剧扩张）及阿迪达斯公司的失败（市场份额急剧下降，由 70 年代的 29% 下降到 90 年代的 4%）而告一段落——充分表明了在经营中准确分析环境变化规律及趋势，并抓住市场机会，从而正确、及时决策的重要性。在该典型案例中，耐克公司的成功之处就在于冷静地分析市场环境的发展变化，并及时抓住市场机会，正确及时决策；而作为老牌体育运动服装生产与经营劲旅的阿迪达斯公司对市场环境的发展变化漠然视之，从而丧失大好市场机会，最终导致市场份额在 20 世纪 90 年代急剧下降到“可怜的 4%”。

二、环境分析矩阵

环境分析矩阵是著名的环境分析方法之一，它主要是从环境的变化程度、环境的复杂程度两个维度来分析环境的不确定性，因此也有教科书将之称为分析环境不确定性矩阵。

（一）环境的变化程度

环境的变化程度（degree of change）是指环境要素改变的程度。由于各种要素的影响及事物本身的规律性，环境要素是经常变化的，有的变化程度大些，有的变化程度小些，丝毫不发生变化的环境要素是不存在的。而根据环境要素变化程度的大小，可把环境分为两种：一是动态环境（dynamic environment）；二是稳态环境（stable environment）。如果环境要素大幅度改变，则这种环境可被称为动态环境，反之则被称为稳态环境。

需要指出的是，环境的变化程度是指不可预见的变化，如果变化是能够精确地预期的，就不能被称为环境的不确定性。

（二）环境的复杂程度

环境的复杂程度（degree of complexity）是反映环境不确定性的另一个指标，是指组织所面对环境的要素数量的多少，以及识别这些环境要素所需知识的多少。根据环境要素数量的多少及识别这些环境要素所需知识的多少，可把环境分为两种：一是复杂环境；二是简单环境。如果环境要素数量较多，则这种环境就是复杂环境；反

① 周三多，陈传明，等．管理学原理［M］．南京：南京大学出版社，2009：72.

之，如果环境要素数量较少，则这种环境就是简单环境。同时，如果识别环境要素所需要的知识较多，则这种环境也是复杂环境；反之，就是简单环境。例如，当一个电器生产厂商面向所有的消费者销售其产品，就比他把50%的产品卖给百货商店时所面对的环境复杂，因为前者的环境要素要远远多于后者；同时，对于波音飞机公司和一个百货商店来说，波音公司所面对的环境要比百货商店面对的环境复杂，因为识别飞机制造市场比识别一般商品市场所需要的知识要多得多。

（三）环境不确定性矩阵

环境不确定性矩阵（environment uncertainty matrix）就是把环境的变化程度和环境的复杂程度结合在一起，对环境进行综合分析，其中环境的变化程度作为一个分析标准，环境的复杂程度作为另一个分析标准，把两者有机结合在一起，可以把全部环境分为4种基本类型，这4四种基本类型的环境组成了一个矩阵，管理学界把其称为环境不确定性矩阵，见表3–1。

表3–1 **环境不确定性矩阵**

		变化程度	
		稳态	动态
复杂程度	简单	单元1 稳定和可预测的环境，环境要素少 要素有某些相似并基本维持不变 对要素的复杂知识的要求低	单元2 动态和不可预测的环境，要素少 要素有某些相似但处于连续的变化过程中 对要素的复杂知识的要求低
	复杂	单元3 稳定和可预测的环境，环境要素多 要素间彼此不相似但单个要素基本维持不变 对要素的复杂知识的要求高	单元4 动态的和不可预测的环境，环境要素多 要素间彼此不相似并且处于连续变化中 对要素的复杂知识的要求高

资料来源　罗宾斯，库尔特．管理学［M］．英文9版．北京：清华大学出版社，2009：79.

该矩阵分为4个单元：单元1是“稳态”和“简单”的组合，它代表的是不确定性程度最低的一种环境；单元2是“动态”和“简单”的组合，它代表的是较高不确定性程度的环境；单元3是“稳态”和“复杂”的组合，它代表的是较低不确定性程度的环境；单元4是“动态”和“复杂”的组合，它代表的是最高不确定性程度的环境。

一般认为，如食品加工商、汽水生产商这类组织所面对的环境其不确定性是最低的；电子商品制造商、通讯电讯产品制造商及航空公司这类组织所面对的环境的不确定性较高；大学、化学公司、保险公司、家庭用具制造商这类组织所面对的环境的不确定性较低；而时装制造商、个人电脑制造商所面对的环境的不确定性最高。

环境不确定性矩阵把环境分为低不确定性、较低不确定性、较高不确定性及高不确定性4种基本类型，为组织进行环境分析提供了一种有用的工具，其在管理实践中有较高的应用价值。

三、SWOT 分析法

对组织来说，要取得预期的运营成果，必须在组织目标、外部环境和内部条件这三者之间取得动态的平衡，组织不能孤立地看待外部环境的机会与威胁，而必须结合自己的经营目标和内部条件来识别适合于本组织的机会。环境中存在的机会，只有在与本组织自身所拥有或将拥有的资源以及与众不同的能力相匹配的情况下，才能变为组织的机会。因此，组织必须对外部环境的机会与威胁、组织自身的优势及劣势有一个清醒的认识。SWOT 分析法就是帮助组织进行外部环境的机会与威胁、组织内部的优势与劣势分析，并帮助组织确定发展战略的一种环境分析法。

SWOT 分析法是美国旧金山大学管理学者海茵茨·韦里克在 20 世纪 80 年代提出的。该方法主要是通过分析组织面对外部环境的机会与威胁、组织内部的优势及劣势，为组织制订有效的战略计划。

组织内部的优势（strengths），主要指组织与其他竞争者相比在资金、技术、人才、产品、营销网络、社会信誉、成本、价格、原材料供应等方面或其中的某一或某几方面享有的有利因素。

组织内部的劣势（weaknesses），主要指组织在上述各方面或某一方面面临的不利因素。

外部环境的机会（opportunities），主要指外部环境及其变化为组织的生存发展提供的市场机遇。

外部环境的威胁（threats），主要指外部环境及其变化为组织生存及发展带来的各种危险或风险。

SWOT 分析及战略组合的内容如图 3-3 所示。

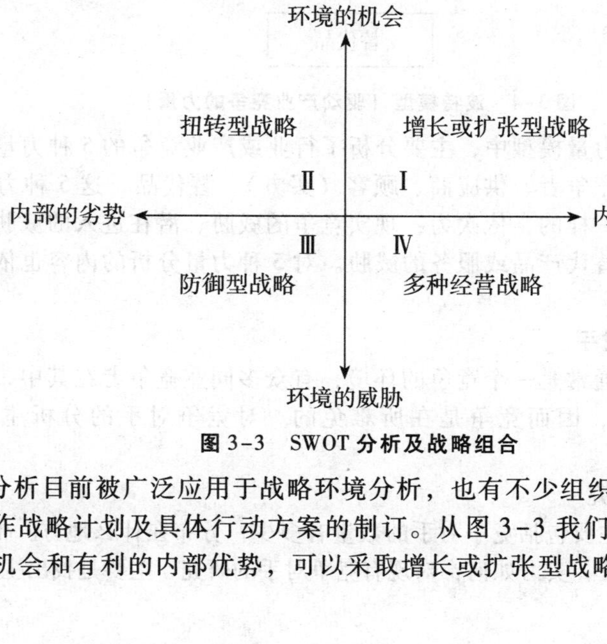

图 3-3　SWOT 分析及战略组合

SWOT 分析目前被广泛应用于战略环境分析，也有不少组织把其作为一种决策分析方法，用作战略计划及具体行动方案的制订。从图 3-3 我们可以看出，区域Ⅰ有良好的外部机会和有利的内部优势，可以采取增长或扩张型战略来充分掌握环境提供的发展良机；区域Ⅱ虽然面临良好的外部机会，但组织内部存在劣势，因此可以采取扭转型战略，设法清除内部不利的条件，以便尽快形成利用环境机会的能力；区域Ⅲ内部存在劣势，外部环境存在威胁，这时可采取防御型战略，设法避开威胁和消除劣势；区域Ⅳ具有强大的内部优势，但外部环境存在威胁，可以采取多种经营战略，一方面使自己的优势得到更充分利用，另一方面也使经营的风险得以分散。

四、波特模型

波特模型（也称5种竞争力量模型）由美国著名战略专家、哈佛大学工商管理学院教授迈克尔·波特（Michael E. Porter）提出。他在1980年出版的《竞争战略》一书中不仅详尽分析了行业中的5种竞争力量，而且还提出了各种组织都可以普遍采用的3种战略，即成本领先战略、差别化战略、专一化战略。波特模型虽然是作为产业分析进而为战略制定服务的方法提出来了，但由于其分析方法和内容涵盖了环境分析的内容，因而是被广泛用作环境分析的一种方法和工具，如图3-4所示。

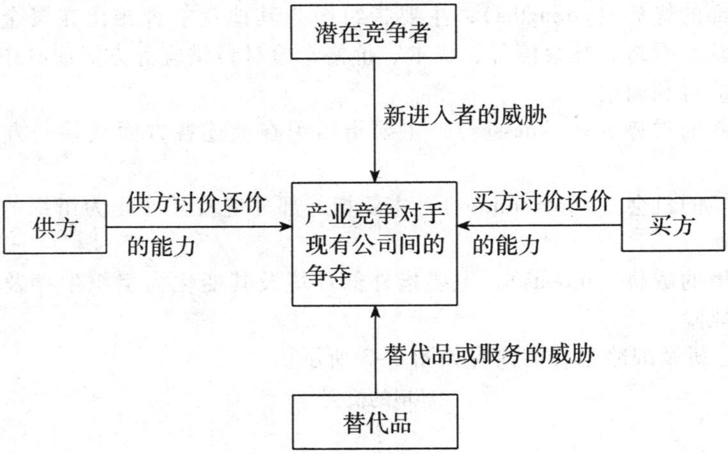

图3-4 波特模型（驱动产业竞争的力量）

波特在5种竞争力量模型中，主要分析了行业或产业竞争的5种力量，即行业内的现有竞争者、潜在竞争者、供应商、顾客（买方）、替代品，这5种力量对组织造成的压力与威胁是不一样的，依次为：现实竞争的威胁、潜在进入的威胁、供应商的威胁、顾客的威胁及替代产品或服务的威胁。对5种力量分析的内容也依类型不同而有所不同。

（一）现有竞争对手

组织面对的环境通常是一个竞争的环境，有众多同业竞争者在其中，他们生产的产品基本属同类产品，因而竞争是在所难免的。对竞争对手的分析主要包括以下内容：

1. 基本情况的研究

基本情况的研究主要包括竞争对手的数量有多少？分布在什么地方？他们在哪些市场上活动？各自的规模、实力如何？对现有竞争对手的研究，主要是找出主要竞争对手。

2. 主要竞争对手的研究

一般来说，反映主要竞争对手实力的指标有以下3个：①销售增长率，即其销售额与上年相比的增长幅度；②市场占有率，即在总市场容量中主要竞争对手的市场占有份额，占有份额高，显然其竞争实力强；③产品获利能力，即主要竞争对手获得利润的能力，可用利润总额或销售利润率来表示。

3. 主要竞争对手的发展方向

在研究主要竞争对手时，还要研究他的发展方向，即市场发展或转移动向与产品发展方向。根据波特的观点，分析主要竞争对手的发展方向主要分析其退出某一产品生产或市场的难易程度，主要有资产专用性、退出成本的高低、心理因素的影响、政府和社会的限制等。

（二）潜在竞争者

任何一种产品或市场的成功经营，必然会招来新的组织的进入，这些新进入者既可能给行业经营注入新的活力促进市场的竞争与繁荣，但也势必给现有组织带来竞争压力，威胁其市场地位，因此，分析潜在竞争者也是必要的。

分析潜在竞争者主要是分析进入某一特定市场或行业的难易程度，如果进入很容易，则新的进入者可能会进入该行业或市场，如果进入较难，则一般新进入者会大大减少。进入某个市场或行业的难易程度通常受下列因素影响：

1. 进入壁垒

进入壁垒是产业经济学术语，指一个企业在进入一个市场或产业时遇到的各种障碍，这些障碍直接影响甚至阻碍企业进入一个新的市场或行业，如果进入壁垒高，则企业进入一个市场或行业就很难，反之就相对容易。构成进入壁垒的因素主要有以下几种：①规模经济。所谓规模经济就是随着产量的增加，长期平均成本呈下降态势，有些行业如钢铁、石化、汽车等有较强的规模要求，只有当规模达到一定程度时，成本才能降低，而达到一定规模往往需要较大的资本投入，因此规模经济便构成了进入壁垒。②绝对成本优势。所谓绝对成本优势就是指在位企业由于已经先存在于市场，因而其经营成本往往比新进入者要低，如生产成本低、营销成本低等，新进入者在进入一个行业时由于面临员工招聘、建立营销网络等，因而成本是比较高的。③产品差别。所谓产品差别是指原在位企业与新进入企业生产的产品在牌号、内在质量方面存在的差别，由于原在位企业已经生产出了成熟并具有一定市场知名度的产品，而新进入者生产的产品在开始阶段可能不被市场所接受，因而对新进入者来说，可能存在较大风险，这种风险越大，新进入者越不敢轻易进入一个新的行业。④政策法律制度。有些行业是受政府的政策和法律限制的，如煤气、自来水、造币等特殊行业，如果政府通过政策或法律严格限制企业的进入，则新进入者进入一个行业往往就比较难，有时甚至不能进入。

2. 现有企业可能作出的反应

行业中原有的在位企业可能对新进入者产生反应，即采取降价等措施阻止其进入，如果在位企业的反进入措施比较严厉，则新进入者在进入一个新行业时往往就比较慎重，从而可能使新进入者数量减少。

（三）替代品

具有相同功能或使用价值的不同种类的产品，因为它们能够满足消费者的同种需要，这种产品即可被称为替代品。市场上的产品尽管千差万别，各有一定的外观形状，但许多产品具有相同的功能或使用价值，完全可以用做替代另一种产品，这两类产品互为替代品。如飞机、火车、汽车，尽管外形都不同，但都具有帮助人们完成从此地到彼地的功能，因此，从提供运输这个角度来说，三者之间即为替代品。生产替代品的企业，在市场上就可能形成相互间的竞争，因此，行业环境分析还应包括生产替代品企业的分析。

对替代品的分析主要从两个方面进行：一是分析哪些产品是本企业产品的替代品，这实际上是确认具有同类功能产品的过程；二是判断哪些类型的替代品可能对本行业和本企业的经营造成威胁。相对地说，前一方面内容的分析较为简单，而后一方面内容的分析较为复杂。为此，需要比较这些产品的功能实现能够给使用者带来的满足程度与获取这种满足所需付出的费用。如果两种相互可以替代的产品，其功能实现可以带来大致相当的满足程度，但价格却相差悬殊，则低价格产品可能对高价格产品的生产和销售造成很大威胁。相反，如果这两类产品的功能-价格比大致相当，则相互间不会造成实际的威胁。波特认为："替代品设置了产业中公司可谋取利润的定价上限，从而限制了一个产业的潜在收益。"[①] 也就是说，由于替代品的存在，即使行业内只有少数生产厂商几乎垄断行业市场，也不能为所欲为地控制价格，侵占消费者利益。

（四）买方

买方对企业经营的影响在于两个方面：一是买方的需求总规模决定着行业的市场潜力，从而影响行业内所有企业的发展边界；二是买方的讨价还价能力会影响到提供这种产品或服务的企业的获利状况。前者属于市场需求潜力研究，而后者属买方的讨价还价能力研究。

1. 需求潜力研究

需求潜力研究主要包括 3 个方面：一是总需求研究，即分析市场容量的大小、总需求中有支付能力的需求有多少、潜在需求有多少等。二是需求结构研究，主要研究需求的类别及构成情况、买方的类型（是团体还是个人）、买方的地区分布及比重。三是购买力研究，即研究购买力水平、购买力变化及影响因素等。

2. 买方的讨价还价能力研究

波特认为："买方的产业竞争手段是压低价格，要求较高的产品质量或索取更多的服务项目，并且从竞争者彼此对立的状态中获利，所有这些都是以产业利润作为代价的。"[②] 也就是说，买方的讨价还价能力直接影响企业的利润水平。研究买方的讨价还价能力，主要是分析研究讨价还价能力的大小及影响因素。一般来说，买方的讨价还价能力的大小主要取决于 3 个方面：一是购买量的大小，购买量越大，讨价还价能力越强；二是企业产品的性质，如果企业提供的是一种无差异的标准化产品，买方

---

① 波特．竞争战略［M］．陈小悦，译．北京：华夏出版社，1997：22.
② 波特．竞争战略［M］．陈小悦，译．北京：华夏出版社，1997：23.

可以通过别的渠道购买到，则买方的讨价还价能力就强；三是企业产品在买方产品形成中的重要性，这是对用于生产消费的买方来说，如果产品在购买方的产品形成中有重要地位，则买方的讨价还价能力就弱，反之，讨价还价能力就强。

（五）供方

供方即供应商，它在企业的生产经营中也起着重要作用：一是能否根据需求按时、按量、按质地提供所需要的生产要素，这影响着企业生产规模的维持和扩大；二是供方所提供的生产要素的价格决定着企业的生产成本，进而影响利润水平。因此，对供方的研究主要在于两个方面：一方面要研究供方的供应能力及企业寻找其他供货渠道的可能性；另一方面是供方的讨价还价能力。综合地说，要分析以下 4 个方面内容：

1. 企业是否有其他货源渠道

企业如果长期从一个供方进货，则对之依赖性就强，可能受制于某一供应商。因此，企业应选择分散进货，或在必要时建立后备进货渠道，这样便可在一定程度上遏制供方提高价格的倾向。

2. 供方所处行业的集中度

如果该行业集中度较高，由一家或几家供方控制，则该行业供应商的讨价还价能力就强；反之，讨价还价能力就弱。

3. 寻找替代品的可能性

如果行业的集中度高，分散进货的可能性也小，则企业应考虑寻找替代品，以降低供应商的讨价还价能力。

4. 企业后向一体化的可能性

后向一体化即向产业链的上游推进，自己生产原来由供应商提供的原材料。企业如果能够后向一体化，建立自己的原材料生产企业，则可以在很大程度地降低供方的讨价还价能力。

第三节 当今环境的重点课题与管理遇到的挑战

一、当今环境的重点课题

组织所面对的环境是千变万化的，同时因为组织与环境具有密不可分的关系，因此，作为组织的管理者，要时刻关注环境的变化规律及趋势。当人类进入 21 世纪的时候，环境的变化更是瞬息万变，甚至一日千里，而且还出现了许多人们未曾遇到的新动向。目前，值得人们关注的环境课题有以下几个。

（一）全球化

当今组织所面对环境的重要特点之一就是环境的日益全球化，企业的环境尤其如此。所谓全球化，就是组织要面对全球的政治、经济、技术、社会的一般环境和供应商、消费者、压力集团、竞争者、外国政府等具体环境。经济全球化的概念是在 20 世纪 80 年代中期被提出的，“自 20 世纪 80 年代中期以后，尤其是 90 年代以来，经济全球化的步伐大大加快，进入了一个加速发展的阶段”[①]。经济全球化及其加速发展，主要是由于企业及其他组织经营的日益国际化，即为国际市场而生产、原材料供应的国际化、信息的国际化、世界经济一体化进程的加快等。因为经济全球化时代的到来，组织正由多国的、跨国的向无边界组织转变。

全球化的世界给管理者带来的新的挑战，特别是在有着不同民族文化的国家开展管理工作。其中一个特定的挑战是发现可能存在的差异，并找出确保沟通的有效方法。每个国家都有不同的价值观、世界观、习俗、政治和经济体制及法律制度，所有这些都会对组织的管理方式产生影响。[②] 处在经济全球化时代中，要求管理者的目光不能仅仅停留在某一狭小的地域或国内，而应该时刻关注全球环境变化的规律、趋势和特点，以更宽的思维和视角来管理你的组织。这对于习惯了小范围经营的组织来说，无疑是一个严峻的挑战。正如斯蒂芬·罗宾斯和玛丽·库尔特所说：“各种规模、各种类型组织中的管理者在全世界范围内都面临全球市场经营机会和挑战。全球化已经成为一个重要的题目，以致我们需要用专门的一章来讨论它。”[③]

（二）信息化

信息化是当今环境的第二个显著特征。所谓信息化就是信息日益成为一种重要的资源，信息在企业经营中的重要性日益提高，通过信息的接收和传递，使国与国之间、组织与组织之间的联系更加紧密和快捷，而这在原来是不可想象的。特别是随着近几年通讯技术的发展，信息化的步伐大大加快了。信息化时代的到来，要求管理者要更加注意信息的搜集、及时传递和快速处理，提高决策的速度和效率，捕捉到稍纵即逝的信息。

（三）知识化

自经济合作与发展组织（OECD）于 20 世纪 90 年代初提出知识经济的概念以来，世界的知识化步伐逐年加快，如今知识经济的概念已经深入人心。所谓知识经济即以知识为基础的经济，与以往的经济形态相比，知识经济的最大特点在于：经济的繁荣不再直接取决于资源、资本、硬件技术的数量、规模，而是直接取决于知识或有效信息的积累和利用。如果说农业社会的主要资源是土地和劳动力，工业社会的主要资源是资本，那么信息社会的主要资源就是信息和知识。信息社会是智能化、知识化的社会，是知识量、信息量急剧增长的社会，知识生产力已成为社会经济发展的关键性要素。因此，知识既成为管理的一大对象，又是管理自身赖以发展的基础和营养。从全球信息网中获取有价值的信息与知识，从现有知识中“创造”或发掘新的知识，通过人力资源开发挖掘和利用知识，利用“外脑”（即专家智囊团）辅助决策，都是管理的必然趋势。

（四）员工多元化

所谓员工多元化，就是企业员工在性别、种族、民族、年龄和其他特征方面更加多样化。应该说，随着经济全球化和一体化程度的日益加深及世界经济技术交流程度

---

① 李坤望，刘重力．经济全球化：过程、趋势与对策［M］．北京：经济科学出版社，2000：2.

② 罗宾斯，德森左，库尔特．管理学：原理与实践［M］．毛蕴诗，译．北京：机械工业出版社，2013：48.

③ 罗宾斯，库尔特．管理学［M］．英文 9 版．北京：清华大学出版社，2009：41.

的不断加深，人口及劳动力的跨国流动愈来愈多，员工的多元化趋势还将进一步加强。员工多元化带来的明显影响就是多元文化、价值观、生活方式等的交融，以及员工观察、分析和解决问题的视野、技能的多样化。员工多元化既有积极影响，也有消极影响，也就是多元文化、价值观及生活方式如何有机地融合在一起，使全体员工都能积极努力地为组织贡献力量。员工多元化，既是一个重点课题，也是管理者在21世纪面临的一大挑战，如果管理者能够把多元化的员工有机整合为一个整体，那么组织将会拥有强大的竞争优势。

（五）企业伦理

企业伦理是目前广为组织内部和整个社会所关注的重要课题，也是组织面临的一个重要环境。所谓企业伦理包括对内和对外两个方面。对内主要是管理的道德；对外就是组织的社会责任。之所以强调企业伦理，原因主要有两个方面：从企业或组织内部来说，随着现代科技革命的开展和信息时代的来临，人的因素包括价值观、创造性、个性、才能在生产经营中越来越显现出重要的作用和影响，从而使管理对人的因素的重视与研究达到前所未有的程度，以人为本的管理思想被广泛地接受、应用和强化，尊重人、关心人、重视人的作用已是每一个组织的共识，所以管理者必须讲究管理道德；从企业或组织的外部来说，组织与环境的关系已经越来越紧密，离开环境组织便无法生存，不能处理好与环境的关系，组织同样无法生存和发展得更好，因此成为环境的一个“好公民”、“与邻为善”便成为一个企业或组织无法回避的问题。以美国著名经济学家弗里德曼为代表的认为企业承担社会责任会导致利润下降的古典观已逐渐为人们所摒弃，取而代之的则是“管理者对社会整体负责”的社会经济观，即管理者和组织应对社会整体负责，更多地承担社会责任，而不仅仅只对股东负责。“站在社会经济学的立场上，认为管理的责任不仅仅是创造利润，还包括保护和增加社会福利”。[①] 即它要超越企业的法律和经济义务，做正确的事情，按照对社会有益的方式行动。如现在由于环境污染导致的雾霾天气加重，企业管理者在经营企业时，就不能仅考虑本企业的经济效益，还要考虑如何通过减少粉尘、气体等排放减少对环境的污染。这样一个特别重视和强调企业伦理的环境，对管理者自然也是一个新的挑战。

（六）在电子企业领域中进行管理

现在人们已经普遍接受的事实是，全世界已经进入互联网时代。而在互联网时代，每个企业都是电子企业。电子企业是指一个组织通过电子联结（基于互联网的）实现与其关键利益相关者如雇员、管理者、顾客、供应商、合作者进行联系，以便更有效率和更有效果地实现组织目标。电子企业包括通常所说的电子商务。通俗地说，电子企业就是组织的全部业务活动都围绕和通过互联网进行，与利益相关者的联系全部通过互联网。目前，电子企业大概有3种类型：一是电子企业增强型组织，即传统的组织一方面建立电子企业能力，通常是电子商务能力，同时还维持它的传统结构；二是电子企业使能型组织，在这种类型的电子企业中，组织采用互联网来更好地完成一些传统的业务功能，但不销售任何东西；三是全部电子化的企业，如亚马逊、雅虎

---

① 罗宾斯，德森左，库尔特．管理学：原理与实践［M］．毛蕴诗，译．北京：机械工业出版社，2013：51.

等公司，它们的存在都是基于互联网的。[①] 发展电子企业领域是当今环境的一个重要特征，而在电子企业领域中进行管理，也是对管理者提出的一大挑战。管理这类组织，需要管理者有新的洞察力和新的思维（有人称之为互联网思维），有全新的视野，善于利用互联网为组织提供的任何机会。

二、管理面临的新挑战及管理的变革与创新

（一）管理面临的新挑战

随着经济、社会的发展，特别是伴随经济的全球化、信息化、知识化时代的到来，管理也遇到了前所未有的挑战，主要表现为以下几方面：

1. 来自技术的挑战

在当今社会，技术作为一种生产要素，其在组织发展中的重要性日益突出，同时技术的迅猛发展，也对社会发展产生了巨大影响。技术的重要性使管理面临一系列新的问题：第一，在技术自身方面，如何预测和把握技术的发展方向？如何辨别技术可能带来的负效应？第二，在具体管理方面，如何有效地利用技术服务于组织目标？如何在有效地控制下促进技术进步？如何对技术变革与创新进行管理？第三，在组织方面，如何把技术和管理通过制度、结构等协调一致？这些都是技术给管理带来的挑战。

2. 来自组织的挑战

目前在组织结构方面，明显地呈现出了员工多样化、知识工人比例增加、女性劳动力增加及组织结构的扁平化、网络化，以及组织处理数据信息能力的日益重要、组织正由刚性组织向柔性组织方面转变等特征。这些都为管理提出了一些新问题：如何重新设计组织结构？如何管理知识工人？如何消除歧视现象？如何提高知识工人的劳动生产率？

3. 来自经济的挑战

近些年来，世界经济取得了巨大发展，特别是经济全球化、信息化、知识化趋势日益明显，使管理面临一系列新问题：如何创建和管理全球化企业？如何在宏观、中观和微观等层次上进行制度创新？如何在激烈的市场竞争中平衡组织的短期和中长期目标的关系？如何建立、健全和完善的内部治理机制，以提高组织的活力和管理水平？

4. 管理的道德约束

随着人类社会不断走向文明与繁荣，泰罗时代的管理模式早已变得不再适应时代发展的要求，组织内部的管理已不单纯是内部事务，管理者再也不能凭自己的好恶任意管理了，其中最主要的就是管理活动要受到来自内部和外部两个方面的道德约束，即对内要尊重人、关心人，推行人本管理；对外要承担社会责任。

在管理道德方面，目前管理学界提出了 4 种观点，即道德的功利观、道德的权利观、道德公正理论观、社会契约整合理论。尽管这 4 种有关道德的认识都有一定的合理性，但如何在这 4 种道德观中进行选择无疑是给管理者提出的新挑战。

---

① 罗宾斯，库尔特．管理学［M］．英文 9 版．北京：清华大学出版社，2009：45-47.

（二）管理的变革与创新

全球环境发生的重要变化及管理遇到的新挑战，无疑需要管理进行变革与创新，即对管理内容、管理方式等进行重构，正如有学者所说的“管理方式必须变革，这是无疑义的”[①]。以下几方面应是新形势下管理变革与创新的方向：

1. 人力资源开发与管理成为最重要的管理课题

在所有的生产要素中，人是最重要的生产要素，人力资源是最宝贵的资源，人的作用将超过土地、资本等任何要素的作用，在知识经济到来的今天，这一结论已经被充分证明是绝对正确的。那么作为管理者，如何最有效地开发和利用人力资源将在很大程度上决定组织经营的成败，也将是有效的管理者必须很好解决的重大管理课题。

2. 管理的生命是创新

正像20世纪七八十年代人们重视管理的创新职能一样，在当今急剧变化的时代，“变更是唯一不变的真理”，那种固定不变的常规型管理将被创新型管理所取代。所谓创新性管理，一是指为适应科学技术、经营环境的急剧变化，不断进行战略创新、制度创新、组织创新和观念创新，把创新渗透到管理的全过程之中，作为管理的一项核心职能；二是每个管理者都成为创新者；三是组织要为全体成员创造能充分挖掘潜能的良好环境和氛围。

3. 未来成功组织的模式——学习型组织

经济、技术的迅速发展和市场竞争的日益激烈以及知识经济时代的到来，要求组织的成员只有不断学习、不断更新知识，才能保持和创造组织的竞争活力与实力。正如美国著名的管理大师彼得·圣吉（Peter M. Senge）在《第五项修炼》一书中所引用的壳牌石油公司企划部主任德格所说的“唯一持久的竞争优势，或许是具备比你的竞争对手学习得更快的能力”[②]，未来成功的组织，尤其是企业，将是学习型组织，即能够设法使全体组织成员投入学习的组织。如何管理学习型组织，将是新时代的管理者面临的一个共同课题。

4. 管理的民主化

随着组织成员素质的不断提高、自主能力和自我实现意识的不断增强，以及现代管理任务的不断加重和对信息处理能力要求的不断提高，组织管理的民主化已成为一股不可逆转的潮流：从个人集权的家长式管理到专家集团的集体决策；工人参与制管理的广泛推行；权力结构由正金字塔形向倒金字塔形转变等。这些转变意味着组织的权力部分地从领导者手中分散到组织成员手中，使他们有权力处理自己职责范围内的事情。所有管理者可以通过重新设计工作和让组织成员来决定那些与工作有关的事情，使质量、生产率和雇员的责任感得到改进，这就是美国管理学者斯蒂芬·罗宾斯在其《管理学》教科书中为我们描绘的当今时代背景下管理的变革之路。关于管理的民主化问题，彼得·德鲁克在《21世纪的管理挑战》中指出，21世纪的管理者所遇到的重要挑战之一就是组织中的“越来越多的劳动者和大多数知识工作者将需要‘自我管理’，‘自我管理’也是管理者在21世纪中所要遇到的重要挑战之一”。[③]

---

① 曹元坤．管理方式变革论［M］．北京：经济管理出版社，1999：1.

② 圣吉．第五项修炼：学习型组织的艺术与实务［M］．郭进隆，译．上海：上海三联书店，1998：3.

③ 德鲁克．21世纪的管理挑战［M］．朱雁斌，译．北京：机械工业出版社，2006：144-145.

5. 组织的变革

变革是当今世界的热门话题，组织的变革更是无法避免。正如德鲁克所说“现在，每个人都承认，‘变革是无法避免的事情’”。而面对无法避免的变革大潮，管理者必须成为变革的引导者，要视变革为机会，主动寻找变革，要学会如何发现恰当的变革良机，了解如何在组织内部和外部发挥变革的作用。[①] 应该说，德鲁克的观点深刻揭示了21世纪管理所遇到的又一新挑战。在变革无法避免的时代，作为组织的管理者，就需要顺势而为，适应潮流，努力引领变革，使组织能不断适应内外部环境的变化，保持灵活性和竞争力，在竞争中立于不败之地。

6. 管理的绿色化

随着世界经济的快速发展，环境保护问题越来越凸显，空气及水的污染、全球变暖、资源枯竭、有毒废物的排放等日益严重，并对人类的生存和发展越来越构成严重威胁。在这种背景下，管理的绿色化就被提上了议事日程，而在20世纪60年代之前是很少有人关心组织的决策和行为是否会造成环境问题的。所谓管理的绿色化，就是管理者在组织决策及采取行动时要增强环保意识，承担保护自然环境的责任。应该说，在全球环境日益恶化的今天，追求和实现管理的绿色化确实是管理者面临的新挑战，也是其承担社会责任的必然要求。那么管理者如何实现管理的绿色化呢？一是要求管理者必须增强环境保护意识，要把保护自然环境作为管理的重要目标，切莫认为保护环境与管理者无关，不仅要做到以“法律方式”、“市场方式”和“利益相关者的方式”参与环境保护，更要以“环境敏感度”最高的“活动家方式”参与环境保护[②]，承担环境保护责任。二是切实采取环境保护措施，如增加污染防治和污染治理投资，改进生产技术和生产工艺，加快技术进步和技术改造步伐，采用有利于发展低碳经济和节能减排的生产技术和生产工艺等。

三、环境管理：从被动地适应环境到主动地管理环境

上述关于组织与环境关系的阐述告诉我们，组织与环境的关系表现为两个方面：一是环境对组织的决定、制约作用；二是组织对环境的适应，而组织对环境的适应可有两种方式，即消极被动适应和积极主动地适应，后者即积极改变甚至创造环境，然后适应被改变或创造了的环境。显然，后一种环境适应方式对于组织的生存和发展更为有利，前面提到的耐克公司与阿迪达斯公司竞争的案例也充分说明了进行环境分析、抓住环境提供的机会、利用各种条件创造环境在市场竞争中的重要性。环境是客观存在的，关键在于你怎么对待它，只有进行有效的环境管理，才是组织在竞争中的正确选择。

那么如何才能主动地适应环境呢？第一，要关注环境的变化，哪怕是任何一点特别细微的变化，适应环境变化的方向，在大方向上与环境的变化保持一致，即所谓的“顺势而为”，不顺应环境变化的方向肯定会受到惩罚；第二，科学地分析、预测、挖掘环境变化中的机会，并在组织、人力、物质等方面做好充分的准备，一旦市场机

---

① 德鲁克.21世纪的管理挑战［M］.朱雁斌，译.北京：机械工业出版社，2006：63.
② 罗宾斯，库尔特.管理学［M］.英文9版.北京：清华大学出版社，2009：123-124.

会来临，就紧紧抓住；第三，要利用自身的优势和各种有利条件，创造环境中的机会，即开发、创造市场需求，而不是做被动的市场“跟风者”；第四，要采取权变管理方法，在计划、组织、领导、控制等各方面时刻做好迎接环境变化的准备，即进行动态的管理，如制订权变计划、进行组织变革等；第五，要更好地与环境融为一体，成为环境中的一个有机分子，做一个环境中的“好公民”，以便安全、稳定、低成本地从环境中得到生产经营或生存所必需的各种资源，同时努力使环境能够更多地吸纳组织生产的产品或服务。为此，企业要加强企业伦理道德建设，一方面注意培训良好的管理道德、经营思想；另一方面要承担更多的社会责任，以便在社会公众中树立极佳的组织形象。

本章小结

从系统论角度看，任何一个组织都是一个系统，而且这个系统本身又处于更大的系统之中，即任何系统都是一个开放系统，组织所处的外部系统便构成了组织所面临的环境。可以说，管理与环境密不可分，同时这也引出如何管理环境的问题。本章主要介绍了组织与环境、环境分析方法及内容、当今环境的重点课题与管理遇到的挑战 3 部分内容。组织作为一个大系统之中的组成部分，环境对组织具有重要影响，主要表现在环境对组织的决定作用、环境对组织的制约作用两方面，同时组织对外部环境也有影响。从环境对组织的影响方式及影响作用大小来看，组织所面对的外部环境从内容上可分为一般环境和具体环境，一般环境包括政治环境、社会环境、经济环境、技术环境；而具体环境则包括供应商、顾客、竞争者、政府、公众压力集团。环境分析的方法主要包括环境分析矩阵、SWOT 分析法、波特模型等。当今环境的重点课题主要包括经济全球化、信息化、知识化、企业伦理等。而管理面临的新挑战则主要是来自技术的挑战、来自组织的挑战、来自经济的挑战、管理的道德约束等。管理的变革与创新主要包括：人力资源开发与管理成为最重要的管理课题；管理的生命是创新；来自成功组织的模式——学习型组织；管理的民主化等。由于组织与环境密不可分，同时环境对组织的影响作用越来越大，因此对任何组织来说都应正确对待环境，而比较有效的方式就是要从被动地适应环境转到积极主动地管理环境上来。

复习思考题

1. 如何理解组织与环境的关系？
2. 组织所面对的一般环境和具体环境的内容是什么？
3. 试用 SWOT 分析法、波特模型、环境分析矩阵分析你所在组织的一般环境和具体环境。

4. 新时期环境变化有哪些特征？它对管理提出的挑战是什么？

5. 针对自2013年以来我国雾霾天气增多的现实，作为管理者应如何处理好追求利润与承担社会责任的关系？

6. 作为组织，如何更有效地适应环境？

案 例

阿迪达斯公司与耐克公司的竞争

20世纪70年代初，正值跑鞋需求量大幅度增长的前夕，阿迪达斯公司在跑鞋制造业一直占据着统治地位。然而这种格局在随后的几年间就发生了变化。70年代初，跑鞋业崛起了一批新兴企业，这些新进入的竞争者发展十分迅速，对阿迪达斯公司构成了极大威胁。由于阿迪达斯公司在经营决策上出现的问题，特别是低估了市场，尤其是低估了美国国内竞争者对市场的介入和攻势，仅仅几年时间，阿迪达斯公司便被其中的耐克公司远远地甩在了后面。与此同时，耐克公司还击败了所有竞争对手。耐克公司的这一成功，打破了阿迪达斯公司、彪马公司和泰格尔公司等一些外国制造商长盛不衰的神秘性，这使得耐克公司成为70年代在计算机行业之外发展最快的企业之一。

一、健康运动的兴起

20世纪60年代末70年代初，美国兴起了一股健康运动潮，上百万以前不好运动的人对体育锻炼产生了兴趣，其中成长最快的健康运动细分市场是慢跑，这项运动在80年代初达到了高潮。据估计，到1980年有2 500万～3 000万美国人加入了慢跑运动，还有1 000万人是为了休闲而穿跑鞋。与此同时，制鞋商的数量也增加了。在原有阿迪达斯公司、彪马公司和泰格尔公司等3家公司的制鞋队伍中，又加入了耐克公司、布鲁克斯公司、新巴兰斯公司、伊顿尼克公司，还有J. C. 彭尼公司、西尔斯公司和康弗斯公司。为推销这些制造商的产品，许多特种商品商店，如“运动员鞋店”、“雅曲运动员鞋店”和“金尼鞋店”等，如雨后春笋般地迅速遍布全美国。迎合这个市场的各种新杂志也迅速问世，发行量不断上升，如《跑步者的世界》、《跑步者》和《跑步时代》，它们专门给跑步者提供有关信息。

二、耐克公司的经营

耐克公司是由美国俄勒冈大学的一位技术平庸的长跑运动员菲尔·奈特创办的。他在1960年获得斯坦福大学的MBA学位后，到日本向奥尼楚卡公司申请在美国销售泰格尔跑鞋的资格。1964年他和俄勒冈大学的著名教练比尔鲍尔曼合伙，每人出资500美元，组成了布卢里制鞋公司，为泰格尔跑鞋生产鞋底。他们将成品放在奈特岳父家的地窖里，头一年他们销售了价值8 000美元的进口鞋。白天，奈特在库珀利兰德公司做会计，夜晚和周末，他沿街兜售运动鞋，其中大多数都卖给了中学的体育队。1972年，奈特和鲍尔曼最终自己发明出了一种鞋，并决定自己制造。他们把制作任务承包给劳动力廉价的亚洲工厂，并给这种鞋取名耐克，即希腊胜利之神的名字。同时他们还发明出一种独特标志“Swoosh”（意为嗖的一声），它极为醒目、独特，每件耐克公司的制品上都印有这种标记。1972 年在俄勒冈尤金市举行奥林匹克选拔赛期间，耐克鞋首次亮相，被说服穿这种新鞋的运动员获得了第四名至第七名，而穿阿迪达斯鞋的运动员则在预选赛中获得前三名。

耐克公司的经营主要有以下几种做法：

1. 系统而新出的产品组合

耐克公司通过充分发挥潜力，生产出比阿迪达斯种类更多的产品，开创了鞋型千姿百态的先河。一般来说，生产范围太宽也许会出现许多麻烦，也可能由于生产范围过大而降低生产效率，从而使成本大大增加。因此许多公司采用了缩小生产范围、砍掉那些不过硬的产品、集中人力物力和注意力争取在竞争中获胜的战略。而耐克公司并未采取这种战略，很显然，它采用了具有战略意义的产品组合。

尽管耐克公司也许违背了某些产品组合观念，但它通过提供风格迥异、价格不同和多种用途的产品，吸引了各种各样的跑步者，使他们感到耐克公司是提供品种最全的跑鞋制造商。数百万各式各样、各种能力的跑步者都有这种观念，从而在一个飞速发展的行业里塑造了一个很吸引人的形象。而且，在急速通货膨胀的市场上，耐克公司能以其种类繁多的产品开拓最宽广的市场。它可以把鞋卖给普通零售商，如百货店和鞋店，也可以继续与特种跑鞋店做生意。甚至由于公司能供应各种型号和样式的鞋——不同类型的零售店可以得到不同样式的鞋，从而各得其所，皆大欢喜。

由于型号太多、每种产品产量小，一般会使生产成本增加，但对耐克公司来说，由于产品生产的大部分任务都承包出去了，约有 85% 承包给了国外的工厂，外国工厂按照合同生产。因此，品种多、产量小对耐克公司来说，便是一个无足轻重的经济障碍。

2. “夹心饼干鞋底方案”

耐克公司的大突破出自 1975 年的“夹心饼干鞋底”方案。它的鞋底上的橡胶钉使之比市场上出售的其他鞋更富有弹性，夹心饼干鞋底的流行及旅游鞋市场的快速膨胀，使耐克公司 1976 年销售额达到 1 400 万美元，而 1972 年仅为 200 万美元，自此耐克公司的销售额飞速上升。事实上，耐克公司从一开始就十分重视研究开发和技术革新工作，公司致力于寻求更轻、更软的鞋，并使之既对穿用者有保护性，也给运动员——世界级运动员或业余爱好者——提供跑鞋工艺所能制作的最先进产品。

3. 仿效成功的市场战略

耐克公司成功的关键并不是由于它对销售工作进行了革新的研究，或比那些运气不佳的对手在推销和广告宣传方面投入了更多的资金，耐克公司在经营过程中还实行了对成功的经营战略的仿效，特别是那些在历史上取得过重大成就的战略。

三、阿迪达斯公司的发展与经营

进入 20 世纪 70 年代后，阿迪达斯公司为了保护其在竞技市场上的统治地位，同时在认为慢跑市场不会发展很大的前提下，没有大规模地进入慢跑鞋市场，而仍然固守于竞技市场的经营。

与此同时，阿迪达斯公司仍然认为自己是鞋业市场的“龙头老大”，无论是在引进新产品、加强研究和开发方面，还是在精心策划价格策略、拓宽市场推销渠道等，仍然按自己固有的思路进行着。没有对这种进入壁垒极低的制鞋行为保持足够的警惕，没有采取任何阻止他人进入市场的策略，以至于当其他竞争者特别是耐克公司严重侵害其统治地位的时候才采取了一些反击行动。所以当20世纪80年代初慢跑运动达到高峰时，阿迪达斯已成了市场中的“落伍者”，竞争对手推出了更多的创新产品、更多的品种，并且成功地扩展到其他运动市场，如耐克公司的产品已经统治了篮球和年轻人的市场并把运动鞋推向了时装化。到20世纪90年代初，阿迪达斯公司的市场份额降到了可怜的4%。

资料来源　杨友宁．阿迪达斯公司与耐克公司［EB/OL］．［2006－09－07］．www.mbafund.com.

思考题

1. 阿迪达斯在20世纪70年代后逐渐丧失了在市场上的统治地位，你认为它失败的主要原因是什么？

2. 耐克公司的成功可以说是正确的决策导致的，它成功的关键步骤在于哪几个？

3. 通过这个案例，你认为作为一个经营者应如何主动地管理环境？

第四章 计划概述

本章要点与学习目标

计划在所有管理职能中是一个最基本的职能，也是管理的首要职能。本章主要介绍计划及计划工作的含义、特征和作用；计划的种类；计划工作的步骤和方法。通过本章的学习，要掌握计划职能在管理职能中的作用及地位、计划的种类，准确把握计划的方法及程序。

第一节　计划工作概述

一、计划与计划工作的概念

计划与计划工作是两个不同的概念。计划是名词，简单地说，就是未来行动的一个总的纲领。通常计划是用文字和指标等形式来表述未来一定时期内人们的行动方向、内容和形式、达到的结果等。计划在组织活动和人们的日常生活中无处不在，如生产计划、销售计划、学习计划、工作计划等。计划工作即计划职能，它是动词，有广义和狭义之分。广义的计划工作是指制订计划、执行计划和检查计划的执行情况 3 个阶段的工作流程。狭义的计划工作则是指制订计划，也就是根据环境的需要和组织自身的特点，通过科学的预测，确定组织在一定时期内的目标以及实现目标的最佳方法的工作过程。它包括界定组织的目标，为实现这些目标制定总体战略，并提出一系列派生计划，以综合和协调各项活动。斯蒂芬·罗宾斯指出："计划工作包含定义组织的目标，确定全局战略以实现目标，以及开发一组广泛的相关计划以整合和协调组织的工作。"本书使用的是狭义的计划工作概念。

计划工作是管理的重要职能，多数情况下，计划工作处于首要的位置，其他管理活动都从属于计划工作。计划工作是行动的前提，它促使管理人员通盘思考问题，尽管不可能预见到未来的一切，但是能对潜在的问题作出研究，并作出情理之中的推论。正如哈罗德·孔茨所言："计划工作是一座桥梁，它把我们所处的这岸和我们要去的彼岸连接起来，以克服这一天堑。"

5W2H 法是由美国陆军兵器修理部首创的，它对计划的含义作了详尽的说明：[①]

（1）Why（为什么）：为什么要这样计划？为什么要进行这样的工作？

（2）What（什么）：目的是什么？任务完成后，将会获得怎样的收益？

（3）Where（何处）：从何处入手？何处最适宜？

（4）When（何时）：何时开始？何时完成？

（5）Who（谁）：由谁来完成？谁最合适？

（6）How（怎样）：怎样做？怎样做效率最高？

（7）How much（多少）：成本是多少？利润是多少？

由于计划工作要求人们工作之前必须进行系统思考，因此有利于更好地协调工作；计划工作树立了明确的工作标准，便于事后控制且有利于目标、战略、政策的有效落实，对突发事件有所准备；计划工作能使参与其中的管理人员责任分明，所以计划工作相对于计划来说显然更为重要，计划是计划工作的一系列活动产生的结果。

二、计划工作的作用

计划是管理工作的一个重要职能，是一切管理工作的起点。在全球一体化的今天，任何一个组织都是没有走出国门就参与到了全球的竞争之中，机遇与风险并存。

---

① 赵伊川．管理学［M］．大连：东北财经大学出版社，2009：73.

如何确定组织的目标并随着环境的变化调整目标，如何进行内部条件与外部环境的平衡，有效地整合资源，协调组织的活动，等等，计划工作的作用显而易见。

（一）计划工作为组织指明了方向和目标

计划的目的是促使组织目标的实现。在计划的制订和执行过程中，首先要预测哪些行动能促使最终目标的实现、哪些行动会抵消目标甚至与目标背离，从而针对所要实现的目标设计出一种能够自始至终协调一致的工作程序和结构框架，用共同的目标和明确的方向使组织所有的行动保持同一方向，保证计划按部就班地顺利进行。同时管理人员还能够针对未来环境的变化，随时检查和修改原有的计划，保证组织目标的实现。从而为组织减少内耗、降低成本、提高效率。

（二）计划工作通过预测未来，减少变化的冲击

计划是面向未来的，而未来是发展变化的，无论是组织生存的环境还是组织自身都存在着不确定性，而且计划的期限越长，不确定因素就越多。但是计划工作的前瞻性促使管理人员向前看，通过周密细致的预测来预计变化，考虑变化带来的冲击，并对变化作出适时的反应，变被动为主动，变不利为有利。

（三）计划工作设计了良好的工作流程，减少了重叠和浪费

计划工作说明并确定了组织中每一部门应做些什么，为什么做这些事情，应在什么时候去做等问题，避免了组织在实现目标的过程中各种活动不协调现象发生。计划工作通过缩短完成工作的时间、减少盲目性造成的浪费，均衡关键性资源的分配，从而提高组织的工作效率和经济效益。

（四）计划工作提供了检查和控制的依据

组织在实现目标的过程中离不开控制，而控制中几乎所有的标准都来自于计划。可以说，计划是控制的基础，同时控制又保证计划的实现。通过计划职能为组织设立目标和规划作为衡量的尺度，使组织能在其后的控制职能中，将实现的绩效与目标进行比较，一旦出现重大的偏差，就能及时地采取纠偏行动。没有计划工作也就无所谓控制。

此外，计划工作还可通过对各种方案详细的技术分析来选择最佳的活动方案，从而能够大大减少由于仓促决策而造成的损失。计划工作还有助于在最短的时间内完成工作，减少迟滞和等待，促使各项工作能够均衡稳定地进行。

计划工作可使组织一些难以实现的目标得以实现。关于计划与绩效的关系，美国管理学家斯蒂芬·罗宾斯谈到："许多研究试图检验计划和绩效的关系，这些研究使得我们得出下列结论：首先，正式计划通常与更高的利润、更高的资产报酬率及其他积极的财务成果相联系。其次，高质量的计划过程和适当的实施过程比泛泛的计划更容易产生较高的绩效。最后，在这些研究中，凡是正式计划未能导致高绩效的情况，一般都是因为环境的原因"①。

三、影响计划工作重点的因素

计划要根据组织自身以及外界环境的特点来制订，因此，依据组织自身及其所处

---

① 罗宾斯．管理学［M］．黄卫伟，等，译．4版．北京：中国人民大学出版社，1997：151.

环境特点的不同，计划工作内容的重点也不相同。影响计划工作重点的因素主要有以下几个方面。

（一）组织的层次

在多数情况下，较低层次管理人员的计划活动主要是作业性计划工作，重点在可操作性上。当管理人员的组织等级提高了，他们的计划工作角色才更具战略导向，其重点在计划的战略内容上。在大的组织里的高级经理人员所做的计划工作则基本上都是战略性的，在小企业中，作为业主兼管理者，战略与作业计划都需去做，如图 4-1 所示。

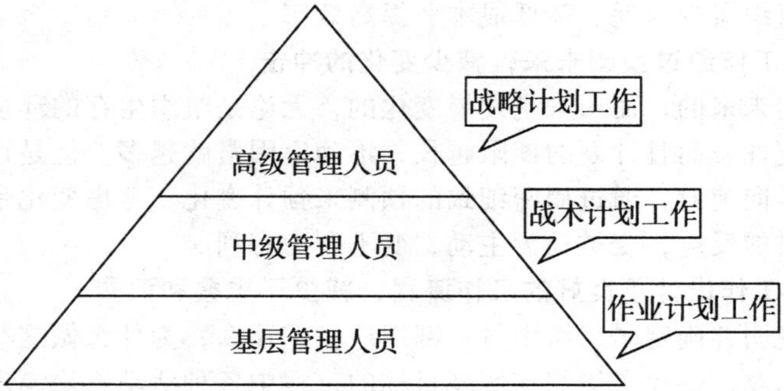

图 4-1　组织的层次与计划工作的性质

（二）组织的发展阶段

像人类一样，组织也有它的生命周期，可分为 4 个阶段，即形成期、成长期、成熟期和衰退期。不同阶段其计划工作的重点也不相同，尤其在时间长度和明确性上，应在各个不同阶段作相应的调整，如图 4-2 所示。

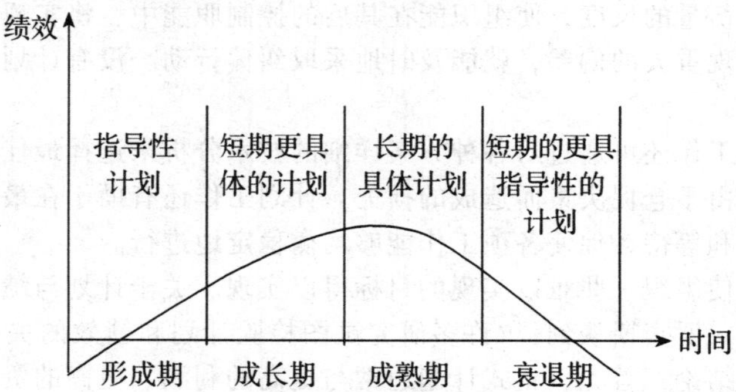

图 4-2　计划和组织的生命周期①

处于形成期的组织，需要极大的灵活性。目标是尝试性的，资源的取得很不稳定，各类不确定因素很多，所以，计划的重点应放在其方向性、指导性上；组织处于成长期时，目标一般比较清晰，资源的取得也比较稳定，但为了保持灵活性，仍侧重于短期的计划，但这时的计划更为具体；当组织进入成熟期时，可预见性最大，这

① 刘兴倍．管理学原理［M］．北京：清华大学出版社，2004：167.

时，具体计划最为适用，具体计划的目标是明确限定的，计划期的时间跨度可以更长；当组织从成熟期转为衰退期时，计划模式也随之逆向变化，计划的重点又从具体性重新转为短期的、指导性的，资源将重新配置，并在其他方面也作出相应的调整。

（三）组织文化

组织文化是组织在长期的实践活动中所形成的并为组织成员普遍认可和遵循的具有本组织特色的价值观念和行为准则的总和。组织文化能对组织整体和组织每个成员的价值取向及行为取向起引导作用，使组织成员在潜移默化中接受共同的价值观念。在强文化的背景下，组织成员所共有的价值体系会对计划工作的重点产生影响。在手段倾向型的组织文化中，组织的计划侧重于具体的操作性内容，而在结果倾向型的组织文化中，组织的计划则会侧重于目标性和指导性内容。

（四）环境的不确定性

环境的不确定性越大，计划就越应倾向于导向性，计划期的长度也应更短，因为组织面临的环境要素波动很大时，限定的精确的行动路线反而会成为组织取得绩效的障碍，常常改变计划适应变动，则会降低效率和增加成本。因此，当一个组织面临的环境波动较大时，管理部门就应寻求灵活性。在计划中的灵活性越大，则由意外事件引起损失的危险就越小，但必须对增加灵活性的成本和未来承诺任务中的风险作出权衡。一般来说，组织所处的环境相对稳定，则可以制订相对复杂综合的长期计划；如果组织面对的是相对动态的环境，则计划应集中于短期。

第二节　计划工作的特征

一、计划工作的首位性

计划工作要为全部的组织活动确立必要的目标，其他的管理职能只有在目标确定之后才能进行，并且都应与计划和目标相一致。只有知道目标和途径之后，才能确定要建立何种组织结构，需要何种人员，领导下属走向何方，以及何时实施控制。尤其是计划与控制之间，计划的首位性特征更为突出，计划是为控制提供标准的。没有计划，便无控制的标准，也就无法进行控制，可以说管理过程当中的其他职能都是为了支持、保证目标的实现，所以计划工作具有首位性的特点。图 4-3 概略地描述了这种关系。①

二、计划工作的目的性

任何组织制订的每一个计划都是为了促使组织总体目标和各个阶段目标得以实现，计划的有效制订能对组织行为的执行产生积极的指导作用，从而确保组织的生存与发展沿着既定的方向和目标前进。如果没有计划，行动必然成为杂乱无章的行动，所以，计划工作具有强烈的目的性，它以行动为载体，引导着组织的经营运转。如某商场希望未来 3 年内的销售额和利润都大幅度增长，应该说这是一种目标，要实现这

---

① 李培煊．管理学［M］．北京：中国铁道出版社，2009：65.

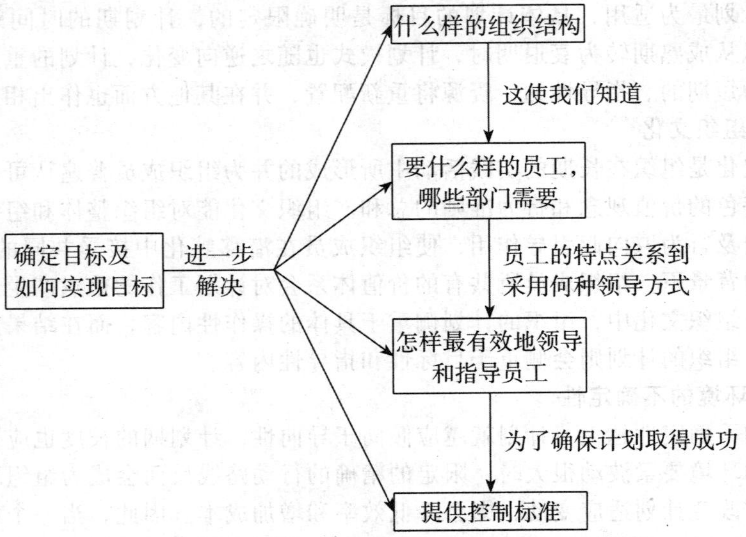

图 4-3 计划工作领先于其他管理职能

一目标，就要制订计划，根据过去的经验和现在的条件确定一个可行的目标，如销售额增长 30%，利润增长 20%。计划工作要使今后的行动集中于目标，要预测并确定哪些行动有利于实现目标，哪些不利或与目标无关，从而指导今后的行动朝着目标的方向迈进。可以说，没有计划的行动或多或少是一种盲目的行动。

三、计划工作的普遍性

计划工作的普遍性包含着两层内涵：一是计划工作应涉及组织管理区域内的每一个层级，从高层管理人员到基层管理人员都或多或少地拥有制订计划的权力和责任，只不过不同层次的管理者所从事的计划工作的侧重点和内容有所不同，高层管理者往往侧重于制订战略计划，而具体的计划由下级完成，较低层次的管理者偏重于作业计划。通常有一种片面的理解认为计划工作仅仅是高层决策者的工作内容，这种想法是狭隘的。在一个高效的组织中，每一个管理人员都需从事计划工作。二是由于资源的稀缺性，使得人们在从事各种活动之前，都需要事先进行计划，只有这样才能实现资源的优化配置。

四、计划工作的可行性

计划工作的可行性是指计划的制订要符合组织的实际，易于操作，目标适宜。因此在确定组织的目标时，要进行充分的调查研究，正确分析组织的优劣势以及环境中的机会与风险，并保证目标的实施方法和措施具体、明确、有效。此外，还要保持计划的弹性，在某些情况下，当制订计划的条件和情况发生了变化，就必须调整计划，以应对外部环境的不断变化。

五、计划工作的经济性

计划工作的任务，不仅要确保实现目标，而且要从众多的方案中选择最优的资源配置方案，以求得合理利用资源和提高效率，也就是既要做正确的事（do the right things），也要正确地做事（do the things rightly），计划工作要讲究效率。计划工作的效率是以实现组织总目标和一定时期内目标所得到的效益，扣除为制订和执行计划所需要的费用和其他预计不到的后果之后的总额来测定的。简单地讲，就是投入与产出之比。讲究计划的效率，就是要尽可能减少投入或在投入既定的情况下尽可能取得大的产出。同时，既要注意经济方面的投入与产出的关系，也要注意非经济方面的投入与产出。例如，某一计划的实施有助于组织目标的实现，但它所需要的费用可能太高，或无此必要，这就意味着该计划工作是低效的，甚至可能是无效的。这里的投入产出量不仅包括按资金、工时和产品单位计算的量的标准，还应包括例如个人和群体的满意程度等一类的评价标准。例如，某个计划是可行的，但在计划的实施过程中，管理者的方法不当，引起了一些组织成员的不满情绪，从而降低了计划的效率，没有很好地达到预期的效果。

六、计划工作的创造性

当今组织所面临的环境是不断发展变化的，变是唯一不变的真理。面对新问题、新机会，没有一种唯一固定的计划模式可以参照，那么欲达到既定的组织目标，就需要有一定的创造性。这就要求管理人员要打破老框框的束缚，充分发挥主观能动性，努力针对本单位、本部门的不同特点提出一些新思路、新观点和新措施，使计划符合客观实际，具有创造性。

七、计划的稳定性与灵活性

计划一经确定，就有了约束的作用，执行者将按计划规定的的方向、内容、时间和方式进行活动，所以，计划不能朝令夕改，要保持一定的稳定性。但是，计划毕竟是在活动进行之前，通过对未来环境的预测而制订出来的，因此，不可能百分之百的准确，未来环境是瞬息万变的，所以，计划要适应环境的变化而进行修正，要有一定的灵活性。

第三节　计划的类型

按照不同的标准，可把计划分为不同的类型，而各种类型的计划不是彼此割裂的，而是由分别适用于不同条件下的计划组成的一个计划体系。作为管理者，只有对计划的多样性有一个充分的认识，才能做好计划工作，发挥计划工作的效能。

一、长期计划、中期计划与短期计划

按计划的时间跨度可把计划分为长期计划、中期计划和短期计划。一般地，人们习惯于把五年以上的计划称为长期计划，一年及一年以内的计划称为短期计划，介于两者之间的称为中期计划，但是，不同的组织对此也有不同的看法。

长期计划主要回答两方面的问题：一是组织的长远目标和发展方向是什么；二是怎样达到本组织的长远目标。例如，一个企业的长期计划要指出该企业的长远经营目

标、经营方针、经营战略和远期的产品发展规划等等。总的来说，长期计划只规定组织的目标和达到目标的总的方法，而不是具体做法。目前，越来越多的企业为自己编制了长期计划，例如，日本松下公司已制订了250年的发展计划。

中期计划来源于长期计划，只是比长期计划要更为具体和详细，它按照长期计划的内容和预测到的具体条件变化进行编制。它主要起衔接长期计划和短期计划的作用。长期计划以问题、目标为中心，中期计划则以时间为中心，来将长期计划的内容细划为每个阶段的目标。

短期计划比中期计划更为具体和详尽。它主要说明计划期内必须达到的目标，以及具体的工作要求，能够直接指导各项活动的开展。一般来说，短期计划在执行的过程中灵活选择的范围较小，一旦制订，要求必须执行。而且短期计划涉及的环境因素虽然也是变化的，但由于时间跨度较短，各类因素相对较为确定，也较容易预测和评价。企业中的年度利润计划、销售计划、生产计划等都是短期计划。

长期计划为组织指明方向，中期计划则为组织指明路径，而短期计划则为组织规定了行进的步伐，因此，将长、中、短期计划结合起来有着极其重要的意义。

二、指导性计划与具体性计划

按计划的明确程度可把计划划分为指导性计划和具体性计划。指导性计划通常只规定一般的指导方针，它提出重点，但并不把管理者限定在具体的目标或特定的行动路线上。指导性计划可为组织指明方向，统一认识，但并不提供实际的操作指南，具体如何执行具有较大的灵活性。当管理者需要时，也就随时能作出改变。具体计划则相反，它的目标是明确限定的，并应提供一套明确的可操作的行动方案，它不存在模棱两可，也没有容易引起误解的问题。指导性计划和具体计划的区别如图4-4所示。

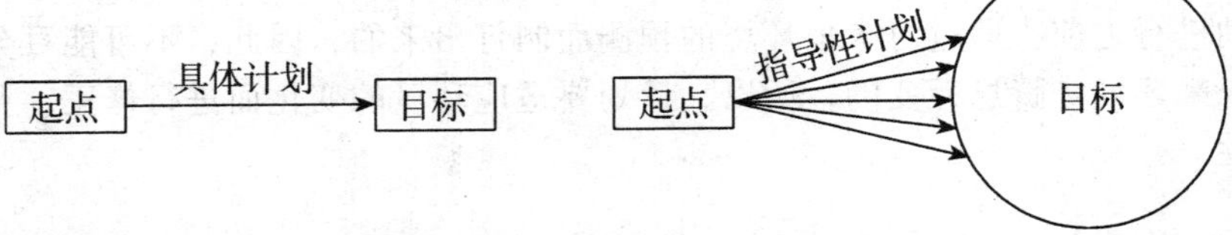

图4-4 指导性计划和具体计划的区别

三、战略性计划、战术性计划与作业计划

按计划的范围可以把计划分为战略性计划、战术性计划与作业计划。战略性计划是由高层管理者负责制订的，应用于整个组织，为组织确立总体目标并寻求组织在环境中地位的计划。因为一个组织的总体目标和地位通常是不轻易改变的，所以，这种计划通常为长期计划。战略性计划是着眼于未来的，它需勾勒出三年、五年甚至更长时期中组织的宏伟蓝图，并试图为组织在今后这些年份中运作成功做好准备，它决定了在相当长的时间内组织资源的运动方向，涉及组织的方方面面，并将在较长时间内发挥其指导作用，战略性计划具有长远性、全局性和指导性的特点。

战术性计划通常是由中层管理部门提出达到对各自部门必须做什么、如何做，以及谁负责做好它等细节的安排的计划。战术是实现战略所需的手段，它可使战略积极地活动起来并发挥作用。与战略性计划相比，战术性计划时间跨度短、范围窄，它们在实现长期目标过程中，代表了一个接一个的短期努力（这些努力有时是交叉重叠的），直到目标达成。

在实际工作中，战略性计划与战术性计划通常是交织在一起的，战略是“整体”，它是由一系列的战术计划组成的，这一系列的战术计划相互关联，相互依赖，共同实现战略计划。

作业计划是一个管理人员用于完成其工作职责的计划，它是假设组织目标已经存在，而提供一种实现目标的方案，它可以是一项专用的计划（专项计划），也可以是一种现存的计划（常规计划）。

战略性计划与作业计划的区别在于：①覆盖的时间间隔。战略计划趋向于包含持久的时间间隔，如五年或更长时间，而作业计划则趋向于覆盖较短的时间，如一个月、一周等。②任务方面。战略计划的一个重要任务是设立目标和基本战略，而作业计划则假定目标已经存在，只是提供实现目标的方法。战略计划是创始性的、原则的计划，作业计划则是从属性的、具体的计划。③覆盖的领域。战略计划通常覆盖较宽的领域并不规定具体的细节，而作业计划则覆盖较窄的领域并规定具体的细节。

四、高层计划、中层计划与基层计划

按制订计划的组织层次可将计划划分为高层计划、中层计划与基层计划。高层计划一般属于战略计划。高层管理部门为整个组织提出指导性目标，然后逐级由较低层次的管理部门提出相应的目标和计划来达成组织的目标，随着计划工作过程在组织中自下而上地推行，目标主题和业绩的衡量也就越来越具体，中层计划多数属于战术性的，也有少数部门属于作业性的，如各部门的工作方案等；基层计划着眼于每个岗位、每个员工、每个工作时间单位的工作安排和协调，基本是作业性的内容。

五、生产计划、财务计划、营销计划、人事计划、新产品开发计划等

按制订计划部门职能的不同和计划的内容可把计划划分为生产计划、财务计划、营销计划、人事计划、新产品开发计划等类型。从组织的横向层次看，组织内有不同的职能部门，每个部门都需要形成特定的计划。按职能及计划的内容划分计划类型，有利于将组织有限的资源在各职能部门有效地分配，能够使组织各成员清楚各职能部门之间的相互依赖和互相影响关系，保证本部门计划的实现，从而保证组织全部计划的实现。

六、宗旨、使命、目标、战略、政策、程序、规章、规划、预算

按计划的表现形式可把计划划分为宗旨、使命、目标、战略、政策、程序、规章、规划、预算等，如图 4-5 所示。计划包括各种未来的行动方案，其表现形式是多种多样的，一般地，按其所起作用的层次不同分类。

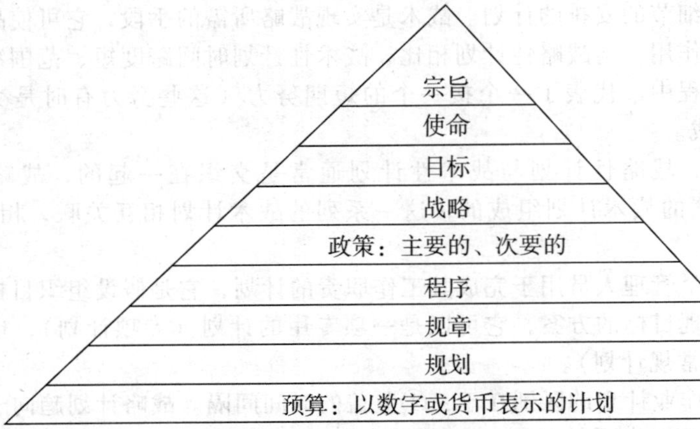

图 4-5 计划的层次体系①

（一）宗旨

一个组织的宗旨可以看做是该组织的最基本的目标，也是该组织之所以存在的基本理由。宗旨表明组织是干什么的，应该干什么，它决定了组织的性质，是组织之间相互区别的标志。例如，大学的宗旨是培养高级人才服务于社会，企业的宗旨是向社会提供有价值的产品和服务等等。一个组织的宗旨基本可以分为两类：寻求贡献于组织以外的自然、社会或者是寻求贡献于组织内部的成员的生存和发展。两者彼此相连，相辅相成，如，中国移动通信的企业宗旨是“追求客户满意服务”，麦当劳的企业宗旨是“控制全球食品服务业”，柯达的企业宗旨是“只要是图片都是我们的业务”。

（二）使命

一个组织，为了实现已经确立了的宗旨，就要为自己选择一项使命，该项使命的内容就是组织所选择的服务领域或事业。这里需要强调的是，使命只是组织实现宗旨的手段，而不是组织存在的理由，组织是为其宗旨而存在的。组织为了实现自己的宗旨，所能选择的服务领域或事业不是唯一的。例如，一家旅行社和一家化工厂，同样为了创造利润，一个选择了提供旅游服务，一个却选择了提供化工产品。如中国移动通信的企业使命是创无限通信世界，做信息社会栋梁；微软公司的企业使命是计算机进入家庭，放在每一张桌子上，使用微软的软件。

（三）目标

一个组织的使命说明了它要从事的事业，而组织的目标则具体规定了组织及其各部门从事这项事业在一定时期要达到的预期成果。组织的目标包括了总体的预期目标以及各个部门的具体目标。总体目标对部门目标起着指导和约束作用。目标常常由一系列的指标组成，形成相互关系的目标体系，构成了计划的核心内容。

组织的目标是自上而下由管理高层形成的，接着向组织较低层发展。也就是说，目标是有层次之分的，组织要完成一个高层目标，必先完成较低层的目标，循序

① 孙成志，等．管理学［M］．大连：东北财经大学出版社，2001：139.

渐进。

（四）战略

战略是为了实现组织长远目标所选择的发展方向、所确定的行动方针，以及资源分配方针和资源分配方案的一个总纲。只有在战略制定和实施之后，组织才能由一个抽象的概念变成具体的形态。战略是指导全局和长远发展的方针，它不是要具体地说明企业如何实现目标，而是要指明方向、重点和资源分配的优先次序。同时在制定战略时要充分研究组织的环境，特别是竞争对手的情况，以取得竞争优势，实现企业目标。

（五）政策

政策是组织制定在管理中处理各种具体问题的一般规定。政策是管理的指导思想。它为管理人员指明行动的方向，并明确在一定的范围内怎样进行管理。当管理人员在处理重大领域决策时，政策提供了一个广泛的指导方针，有一个明确的思考范围。政策的制定要求有一定的一贯性、完整性和稳定性。这样才能使政策深入员工的思想，形成一种持久作用的机制。否则，政策多变，前后不连贯，会造成员工和下级主管人员追求眼前利益的短期行为。

政策的种类很多，如企业中的营销政策、财务政策、人事政策等等。在上述领域中又可提出一些更为具体的政策，如人事政策中包括了提升、招聘、退休、培训和劳工关系等政策。

（六）程序

程序也是一种计划，它规定了某些经常发生的问题的解决方法，并按时间顺序对必要的活动进行排列。程序是行动的指南，它具体规定了某一件事情应该做什么、如何去做。程序的制定有利于减轻管理人员的负担，使各个岗位工作的职责明确，从而提高管理活动的质量和效率。因为程序确定了一个管理人员在一个特定情况下应采取何种行动，所以相对政策而言，它们要具体得多，能较好地体现政策的内容。

（七）规章

规章是一种最简单的计划，它规定了某种情况下能采取或不能采取某种具体行动。它是控制人们在工作中态度和行为的一种特定的常规计划，如“上班不允许迟到”、“进入工地必须戴安全帽”等等。规章与政策不同，因为规章在应用中不具有自由处置权。规章与程序也不同，规章不规定时间顺序，可以把程序看成是多个规章按一定的时间序列的组合。

（八）规划

组织的规划是计划的主要表现形式，是一份综合性的、粗线条的计划。它是由宗旨、目标、策略、政策、程序、规章以及任务分派、行动步骤、资源利用等构成的复合体。组织规划的作用是根据组织总目标或各部门目标来确定组织分阶段目标或组织各部门的分阶段目标。其重点在于划分总目标实现的进度。规划有大有小，有长远的和近期的。例如，国家制定的五年发展规划就是一个大的长远的规划，而企业中质量管理小组的活动规划则是小的近期的规划。

（九）预算

把预期的结果用数字化的方式表示出来就形成了预算。简言之，它是一种数字化的计划。每一个组织都需用预算来控制其财务资源的使用。预算可以帮助组织的上层和各级主管人员，从资金和现金收支的角度，全面细致地了解企业经营管理活动的规模、重点和预期成果。预算也是检查计划、实现控制的重要手段，所以，通过预算，可以考核管理工作的成效以及对预算目标的偏离情况，从而实现控制的目的。

第四节 计划工作的步骤

计划职能是管理的最基本职能。为使集体的努力有效，人们就必须知道在一定时期内做什么、谁去做以及怎么做。由于管理的环境是动态的，管理是一个发展变化的过程，计划是作出行动之前的安排，因此计划工作也应是一种连续不断的循环。良好的计划必须有充分的弹性，计划，再计划，不断循环，不断修正、提高。一般计划工作的步骤都是相近的，大体包括以下过程：估量机会、确定目标、确定前提条件、确定备选方案、评价备选方案、选择方案、制订辅助计划或派生计划，以及通过预算使计划数字化等。

一、估量机会

对机会进行估量，就是要根据现实的情况对可能存在的机会作出现实的判断。虽然它要在编制计划之前进行，但从某种意义上来说，它是计划工作的一个真正起点。管理者通过对环境的扫描，掌握未来可能获得的机会，对于计划的制订是很重要的。只有当管理人员了解到组织的优势和不足，明白希望解决什么问题以及为什么要解决这些问题时，才能确立现实的目标。例如，由于竞争对手的出现，使得某产品供大于求，使某公司的产品出现积压，经营业绩滑坡，而该公司的优势是技术和生产管理方面均领先竞争对手。因此，该公司的机会就是通过继续压缩成本、降低售价、扩大销售量，取得竞争优势。

二、确定目标

计划工作的第一步就是为整个组织及其所属的职能部门确定计划工作目标，包括长期目标和短期目标。目标设定预期结果，指明要达到的终点和重点所在之处，以及如何应用战略、政策、程序、规章、预算和规划来完成预期的任务。在目标的确定上，首先要注意目标的价值，与组织的使命和总目标保持一致是对计划目标的基本要求。其次要注意目标的内容及其优先顺序，在一定的时间和条件下，几个共存的目标各自的重要性是不同的，不同的优先顺序将导致不同的行动内容和资源分配的先后顺序。因此，应科学地确定优先的目标，这是目标确定过程中的重要工作。最后目标应有其明确的衡量指标，不能含糊不清，以便度量和控制。

三、确定前提条件

所谓计划工作的前提条件就是计划工作的假设条件，即计划实施时的未来环境。但组织的外部环境是非常复杂的，即使是组织的内部环境，有时在草拟计划时也需谨慎考虑。所以负责计划工作的人员对计划前提了解得越透彻，并能始终如一地运用它，则计划工作也就做得越协调。未来环境的内容多种多样，错综复杂，管理者不可能也没有必要对它的每个方面、每个环节都作出预测，通常对一些对计划内容有较大影响的主要因素作出预测。这些预测包括宏观的社会经济环境、政府环境、政府政策、组织面临的市场的竞争者、组织的资源等。这些因素有的可控，有的不可控。一般来说，不可控因素越多，预测工作的难度越大，对管理人员的素质要求也就越高。

四、确定备选方案

计划工作的第三步就是寻找和检验备选方案，尤其是那些不是一下子就能明显识别的方案。很少有计划只存在唯一的选择方案，同一问题可能有不同解法，这就是所谓的“异途原理”。通常那些最初不起眼的备选方案常常最终被证明是最好的。因此，要集思广益，大胆创新，发掘出多种高质量的备选方案，可选择的行动计划数量越多，备选计划的相对满意度就越高，行动就越有效。

五、评价备选方案

确定了备选方案后，就要根据计划的目标和前提条件，通过考察、分析来对各种备选方案进行评价。如，某个方案的实施获利较丰富，但是有大量现金支出且投资回收期较长，而另一个方案获利较小但风险也较小，或许还有其他的方案更适合组织的长期目标，这就需要对备选方案进行权衡、评价。评价备选方案时，要科学地确定评价标准，并根据各标准的相对重要程度，确定各自的权数，还可以运用成本效益分析法，用所选方案的成本与所得收益进行比较。

六、选择方案

选择方案就是运用数学方法和其他手段，对每个备选方案进行全面、客观的评价，并在备选方案中选出最优的或最令人满意的方案。这无疑是整个计划中最关键的一步，通常要把被选方案的可行性、满意度、可能效益 3 个方面综合考虑。同时，在选择最优方案时应以组织的资源、优势、弱点和环境的不确定因素作为指南。

选择方案就是确定计划，即实际性决策。可能遇到的情况是，在分析和评价方案时会发现两个或多个可取方案。在这种情况下，管理人员会决定首先采取哪个方案，而将其余的方案也进行细化和完善，作为后备方案。

七、制订派生计划

在作出选择之后，计划工作还没有完成，还必须帮助涉及计划内容的各个下属部门制订支持总计划的派生计划。通常一个基本计划的执行总是毫无例外地需要一系列派生计划的扶持。例如，某企业在作出增加一条生产线的计划决策后，就会自然而然地产生一系列派生计划，如拟订招聘、培训各类人员、扩建维修设施等。

八、编制预算

选择了最优的或最令人满意的方案，计划工作的最后一步就是编制预算，使计划数字化。预算是用收益和费用来表示的计划，是对资金分配的描述，同时，预算又是对支出的许可，当发生偏差时，预算为采取纠偏措施提供信息，从这方面来讲，预算是计划和控制的有效工具。在编制预算时，如果组织中各个层次的人员都能广泛参与，将会提高编制和执行预算的有效性。

第五节　计划的工具

在计划工作中，有许多一般的和特殊的工具可加以利用。为了使计划工作更为精确和有效，管理人员有必要对这些常用的工具和基本方法有一概括的了解，并在需要时能充分利用。

一、滚动计划法

滚动计划法是一种将短期计划、中期计划和长期计划有机结合起来，根据近期计划的执行情况和环境变化情况，定期修订未来计划并逐期向前推移的方法。由于在计划工作中很难准确地预测未来发展的各种影响因素的变化，而且计划期越长，各种因素的不确定性就越大，若在整个计划工作中硬性地实施几年前制订的计划，很可能造成一些不必要的损失，为避免这种情况的发生，采用滚动计划法。

滚动计划法的具体做法是：在计划制订时，同时制订未来若干期的计划，但计划的内容采用“远粗近细”的方法，即近期计划尽可能地详尽，远期计划内容则较粗，在近期计划完成后，再根据该段计划的执行情况和内外部因素的变动情况对原计划进行修正细化，此后便根据同样的原理逐期滚动，每次修正都向前滚动一个时段，如图 4-6 所示。

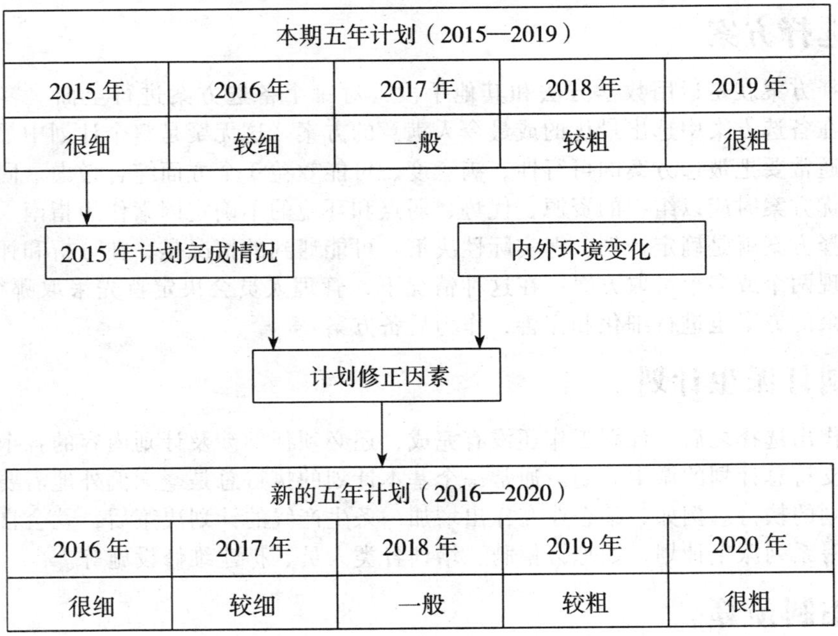

图 4-6　滚动计划的编制方法

滚动计划法适用于任何类型的计划，其优点是很明显的。由于这种计划方法相对缩短了计划时期，加大了对未来估计的准确性，从而使计划更加切合实际，增加了计划的准确性，提高了计划工作的质量。同时，滚动计划方法使长、中、短期计划能够相互衔接，根据环境的变化及时地调整计划，并使各期计划基本保持一致。滚动计划法也保证了计划应具有的基本弹性，提高了组织的应变能力。滚动计划法的缺点是编制工作量大。

二、甘特图

甘特图是1917年由甘特研究出来的，是表示作业计划及其进展状况的最基本工具。它是一种线条图，左边纵轴表示要安排的活动，横轴则表示时间，线条则表示整个期间计划活动与实际完成的情形。这一工具简明直观，使管理人员很容易认清目前计划任务的进展情况，并实施有效的控制。图4-7表示的就是某项目的甘特图，空白线框表示计划活动顺序，涂色的线条则表示实际的进度，整个项目何时开始，何时完成一目了然，并能帮助管理人员及时发现实际进度偏离计划的情况，以便采取措施及时纠正。

甘特图的优点在于简单方便，能够把任务以及时间集中在一个图表中表示出来，因此，甘特图适用于项目周期短、项目任务比较简单的计划工作。同时，甘特图还是一种有效的控制工具，管理者可以清楚地了解项目的进度和各项任务的完成情况。

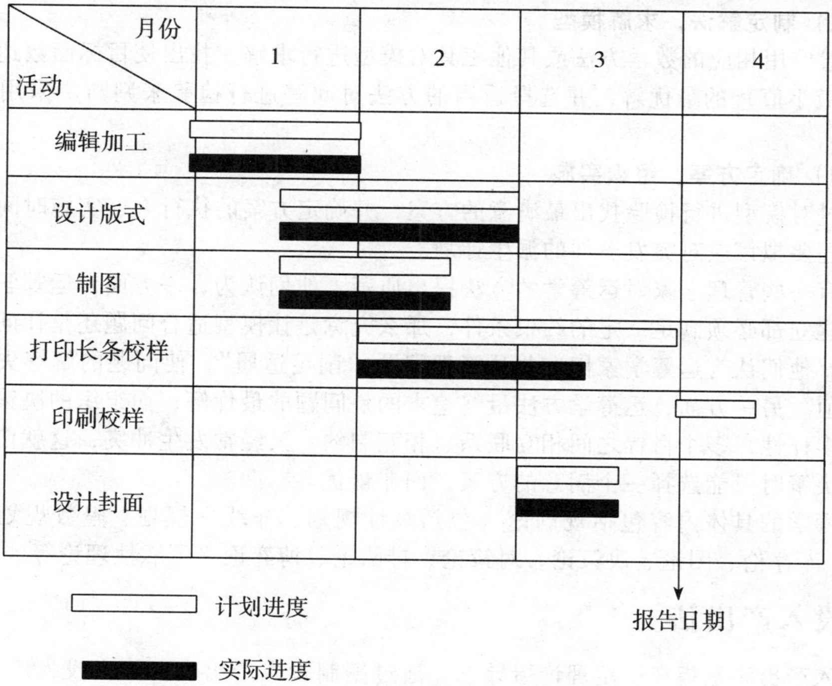

图4-7 某项目甘特图

三、运筹学方法

运筹学法是一种分析的、实验的和定量的科学方法，用于研究在物质条件（人、财、物）已定的情况下，如何统筹兼顾整个活动中各个环节之间的关系，以便为选择方案时提供数量上的依据，为最经济、最有效地使用现有物质条件作出综合性的合理安排，以取得最好的效果。运筹学法是计划工作中常用的比较全面的分析方法之一。组织的人、财、物等资源是有限的，若想在现有资源条件下取得最佳效果（如成果最大、代价最小），就需要对组织的资源进行统筹安排，为决策者提供满意的方案，以进行高效率的管理，这类问题可以用运筹学的方法加以解决。

计划工作中应用运筹学的程序大致如下：

（一）提出问题，确定目标

对组织的计划问题进行系统的分析，界定问题的性质和范围，并对组织现有的资源状况进行实事求是的分析，在此基础上，首先提出一个初步的目标，再通过对系统中各个因素及它们之间的相互关系进行认真研究，使目标逐步明确和具体。

（二）分析问题，建立数学模型

根据对问题的范围和性质的界定，确定描述问题的主要变量和约束条件，并据此确定所采用的运筹学方法，建立数学模型。要规定一个目标函数，作为对各种可能的行动方案进行比较的尺度，并确定模型中各参量的具体数值。

（三）制定解法，求解模型

一般应用相应的数学方法或其他工具对模型进行求解，找出使目标函数达到最大值（或最小值）的最优解，并选择适当的方法对此解进行检验来判断所采用模型是否合理。

（四）确定方案，组织实施

通过对模型进行检验找出最满意的方案，并确定方案的执行人、实施时间、实施方式，还要拟订应对突发事件的派生计划。

也有一些管理学家对运筹学的方法提出质疑，他们认为，一方面，运筹学方法中的模型建立都必须满足一定的约束条件，那么究竟是让模型适合问题还是让问题适合模型呢？他们认为运筹学家们有些让管理问题“削足适履”，使问题的解答失去实际应用价值。另一方面，运筹学方法最终追求的是问题的最优解，而组织的决策目标通常具有多样性，多个目标之间相互联系、相互制约，又经常发生冲突，这就使得对方案进行决策时只能选择一个满意的方案，而非最优。

运筹学的具体内容包括规划论（包括线性规划、非线性规划、整数规划和动态规划）、库存论、图论、决策论、对策论、排队论、博弈论、可靠性理论等。

四、投入产出法

投入产出法是指在一定理论指导下，通过编制投入产出表，建立投入产出模型，从数量上反映和分析物质生产部门之间或产品之间的数量依存关系，并对再生产进行综合平衡的一种方法。它以最终产品为经济活动的目标，从整个经济系统出发确定达到平衡的条件。投入产出法是 1936 年提出的，目前已有 100 多个国家采用此方法对宏观经济运行状况进行研究。

投入产出法的基本原理是：任何系统的经济活动都包括投入和产出两大部分，所谓投入，是指各部门、各企业为生产一定产品（或服务）所必要的消耗，产出是指生产活动的成果。在生产活动中投入与产出之间具有一定的数量关系。投入产出法就是利用这种数量关系建立投入产出表，根据投入产出表建立投入产出模型，对投入与产出之间的关系进行科学分析，再用分析的结果来编制计划并进行综合平衡。

五、网络计划技术

网络计划技术是一种组织生产和进行计划管理的科学有效的方法。网络计划技术适用于一次性的大规模工程项目，对生产周期较长的单件小批量生产类型也能取得良好的效果。

图 4-8 表示的就是一个简单的网络图。

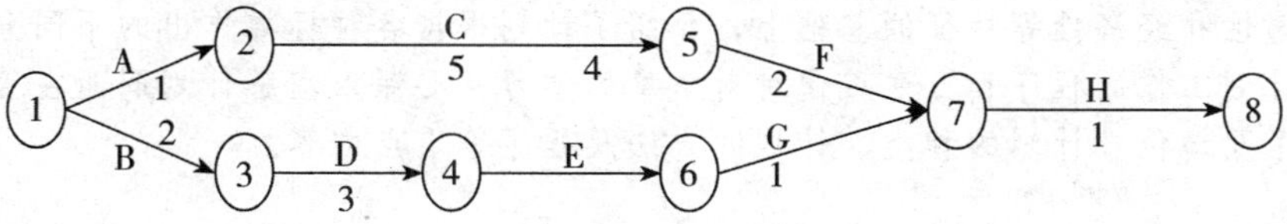

图 4-8 简单的网络图

从图 4-8 中可以看出网络图的构成要素如下：

1. 活动（工序、作业）

活动是指一项需消耗时间、资源和人力才能完成的工作，通常用一条箭线“→”表示，箭杆上方标明工序名称，下方标明该工序所需要的时间，箭尾表示该工序的开始，箭头表示该工序的结束。箭头方向要从左向右，从箭头到箭尾表示该工序的作业时间，一般情况下，箭线的长短与时间无关，但在要求画标准的网络图的时候，箭线的长短应与时间成正比。一道工序完成以后，紧接着开始进行的工序称为该工序的紧后工序，同样，一道工序只有在前面的工序完成以后才能开始，前面紧挨着的工序称为该工序的紧前工序。

2. 事项（结点、事件）

事项是最后工序的交结点，不消耗时间和资源，用圆圈表示。在图 4-6 中，事件②既表示 A 工序的结束，又表示 C 工序的开始。对中间事项②来说，A 为其紧前工序，C 为其紧后工序。

3. 路线

从网络始点事项开始，顺着箭线方向连续不断地到达网络终点事项的各条通道，都称为网络的路线。其中，作业时间之和最长的那一条路线称为关键路线。

网络图分析主要是找出工程或计划任务的关键路线。在实践中，关键路线不是唯一的，而且经常发生变化，也就是在一定的条件下，关键路线和非关键路线可以相互转换。一方面，对一个生产经营或工程项目的指挥者来说，掌握和控制关键路线是网络计划技术的精华，因为只要设法缩短关键路线的时间，或将非关键路线上各工序富余的人力、物力、财力和时间抽出来支援关键路线，就能缩短整个工期时间，提前完成任务。另一方面，时间、资源和成本是相互联系、互为条件的，有时候还是相互矛盾的。如果成本和资源有限，或因意外情况，某些工序不能进行，就需要在网络实施中重新调整网络计划，也就是利用时差不断改善网络计划的最初方案，使之获得最佳的工期、最低的成本和对资源的最合理利用。

本章小结

本章介绍了管理职能中最基本同时也是最首要的职能——计划。本章包括计划的概述、计划工作的特征、计划的类型、计划工作的步骤和计划的工具。本章从区分计划与计划工作入手，在介绍计划的基本概念和作用，并针对计划工作的首位性、目的性、普遍性和经济性等特征的基础上，介绍了计划根据各种标准作出的不同分类，并提出了计划工作的程序和方法。通过对本章的学习，要深入理解计划职能在管理职能中的作用及地位、计划的种类、计划的方法及程序等重点内容。

复习思考题

1. 计划在管理中的地位如何？与其他管理职能的关系又是怎样的？
2. 计划工作的作用有哪些？
3. 如何理解计划的特征？
4. 为什么说计划工作有助于降低风险？
5. 何谓滚动计划法？它具有哪些特点？
6. 有人说："计划没有变化快，所以计划无用，也无法计划。"也有人说："计划，计划，写在纸上，贴在墙上，风一吹落到地上，就是落实不到行动上。"你如何理解这两句话？

案　　例

A毛纺厂的计划

A毛纺厂受金融危机的影响，产品销售情况不佳，资金十分紧张，销售旺季的11—12月份将会出现"旺季不旺"的情况。面对这样的形势，该厂张厂长压力很大。该如何做呢？张厂长认为，应该把工作的重点放在管理上。为此，他提出以下几个方案：

方案一：正当国内毛纺织品价格居高不下，并且在继续酝酿上调之时，降低产品价格，分品种下降5%～10%，个别品种下降10%以上，使产品价格处于较低水平。用这个方案可以减少产品积压带来的贷款利息和罚息损失。这样做，预计第一季度可收回货款2 088万元，其中3月份可回收1 200万元。但这种降价方式，经计算将会减少销售收入800万元。

方案二：企业过去基本上是做大宗买卖的，现在要改变经营战略，将重点改为向中小城市、农村、国家重点工矿组织推销产品，这样大宗和小笔生意都不放过，双管齐下。预计年底销售、回收货款可达1 086万元，约占同期货款回收额的42%；2009年上半年预计销售实现回收货款1 250万元，占同期货款回收额的39%。但是，这样做又存在销售人员（商品推销员和售货员）严重缺乏的问题。

方案三：为提高市场占有率，可以组成由产品设计人员、经销人员参加的调研队伍，深入市场，走访用户和销售网点，研究消费者习惯及心理变化，筛选和处理产品需求信息，及时开发和生产适销对路的产品，提高市场占有率。另外，还可以在生产中从原料到产品及售后服务道道工序把住质量关，做到不合格的半成品不流入下道工序，不合格产品不出厂。这样做可以提高产品在市场上的信誉，从而扩大市场占有率，多售产品，回收货款。但是，由于重点技术力量薄弱，迅速开发新产品还存在一定难度，另外，从新产品开发到投入市场还需要一个过程，恐怕采取这种方案下一年年底才能产生效果，远水解不了近渴。因此，这种做法的资金回收效果并不明显，不能很好地解决资金紧张这一问题。

上述3个方案各有利弊，究竟怎样做才好呢？当务之急，是要张厂长审时度势，权衡利弊，作出决策。

资料来源　单凤儒，金彦龙．管理学［M］．北京：科学出版社，2009.

思考题

1. 结合案例分析应如何制订计划？
2. A毛纺厂的计划是什么类型的计划？
3. 假如你是张厂长，你将如何选择方案？为什么？

第五章

目标与目标管理

本章要点与学习目标

本章主要阐述作为计划工作基础的目标的概念、性质、分类和目标制定的要求以及有关目标管理的理论。通过本章的学习，要了解科学合理的组织目标对于一个组织的重要作用，掌握目标的概念、性质、分类、目标的内容、目标管理的内容和特点等。

第一节 目标的概念、性质与分类

一、目标的概念

所谓目标，简单地讲，就是组织或个人活动所指向的终点或一定时期内所寻求的最终成果。这种成果通常可用一系列数量指标来描述。例如，某地方政府的目标：GDP总量争取在2015年达到6 000亿元；某企业的目标：3年内打入国际市场，实现出口销售额6 000万元；某运输公司的目标：平均每月运送旅客8 000人次，保持安全生产日累计859天。这些目标成为组织在规定的时间内争取的理想成果，虽然这些组织的性质不同，但是组织所反映的实现美好的愿望是一致的。当然，任何组织的目标都不是只有一两个，而往往是一组，见表5-1的一般企业和大学的总目标。

表5-1 一般企业和大学的总目标

一般企业的总目标	大学的总目标
获得一定的利润率和投资收益率 重点研究连续开发的适当产品 扩大公众持有的股票所有权 主要通过利润再投资和银行贷款筹措资金 在国际市场中销售产品 保证优势产品的竞争价格 取得行业中的优势地位 遵循企业经营业务所在的社会价值	吸收特别优秀的学生 在文科和理科各方面以及某些专业领域，提供基本训练 对合格的人授予博士学位 聘请有名望的教授 通过研究发现新知识 通过收取学费和吸收校友、朋友的捐赠来获得支持

从完整意义上理解，目标是指组织在一定时期内通过努力争取达到的理想状态或期望获得的成果，它包括组织的目的、组织的任务、具体的目标项目和指标，以及指标的时限。

组织的目的是任何一个组织的最基本目标。如学校的目的是培养人才和传播知识；军队的目的是建设国防和保卫国家；医院的目的是治病救人；企业的目的是追求最佳的经济效益。虽然这些组织的目标可能是抽象的，但它却是各种组织任务和具体目标的基本出发点。

组织的任务是组织目的的具体化和明确化。它从战略角度概括实现组织目的的活动领域、内容和对象等。如某大学的管理学院侧重于高层次的管理人才的培养，而某继续教育学院则把在职人员的继续教育作为本组织的主要任务。

组织的目标项目和指标是组织任务的进一步具体化、明确化和定量化，它使组织成员明确奋斗方向、工作重点和具体要求。如某公司计划当年甲产品达到300万美元的销售额，税前销售利润达到8%。应该注意的是，一个组织的具体目标项目和指标应该是多种多样的。

目标的时限是指目标都要在一定的时间跨度内完成，没有时间限制的目标是没有意义的。在不同的时期，具体的目标项目是可以不同的，即使是同一目标项目，在不同的时间跨度，其指标也是不同的。

目标和管理之间存在着密不可分的关系。一个组织的管理过程，实际上就是实现目标的过程。既没有“无目标的管理”，也没有“无管理的目标”。管理就是通过计划、组织、领导和控制等职能来协调组织所拥有的资源，实现组织的既定目标的过程或活动。

二、目标的性质

（一）层次性

从组织目标含义的表述上看，组织目标是组织的任务、目标项目和指标的总称。它是一层一层剖析的，一个比一个具体化。它是从宏观到微观，从全面到具体，从纵向流程规律说明的。从组织纵向结构的要求看，组织目标是分层次、分等级的。图5-1是目标层次示意图。

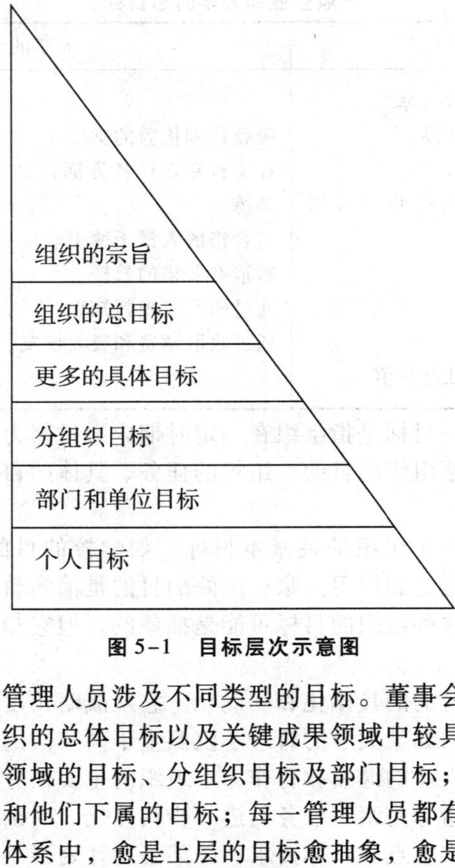

图 5-1 目标层次示意图

组织中不同层次的管理人员涉及不同类型的目标。董事会和高层管理人员主要涉及确定组织的宗旨、组织的总体目标以及关键成果领域中较具体的总目标；中层管理人员涉及设置关键成果领域的目标、分组织目标及部门目标；基层管理人员则负责制定部门、单位级的目标和他们下属的目标；每一管理人员都有绩效和个人发展方面的目标。在组织目标层次体系中，愈是上层的目标愈抽象，愈是下层的目标愈具体。组织要完成一个高层的目标，必先完成较低层的目标，循序渐进。

组织目标层次的分解或展开可以有两种途径和方法：一是自上而下的方法，即由组织高层管理者（如董事会）确定组织总目标，然后为其下一级确定目标，每一级在得知自己的目标后再为自己的下级确定具体的目标来保证自己这一层级目标的实现。二是自下而上的方法，它是先由每个成员根据总任务，确定自己的目标，上报给自己的上级，上级归纳起来形成组织的总目标。现实生活中，后一种方法用得较少，实际上，两种方法各有所长，又都有不足之处，所以，两者结合起来运用较为理想，但应根据具体的情形有所侧重。

（二）网络性

目标在组织中不仅有层次之分，而且形成了一个网络。一个组织内存在着各类、各级目标，这些目标之间可能会表现互不协调、相互脱节甚至相互矛盾的现象，目标的时间跨度上也有可能出现重叠或脱节的情况。例如，公司中的某一部门为了获取最大利润而减少科研和开发费用，但这却影响到了公司未来的发展，影响到了公司未来利润的大幅增长等等。因此，组织中各级、各类目标应构成一个网络，网络表示研究对象之间的相互关系。一个组织的目标通常是通过各种活动的相互联系、相互促进来实现的。

目标和计划按一定网络的方式相互连接，它们很少表现为线性的方式，即并不是当一个目标实现后接着就去实现另一个目标，而是目标与目标之间左右关联、上下贯通、彼此呼应，融汇成一个整体。图 5-2 是某企业的新产品规划网络。

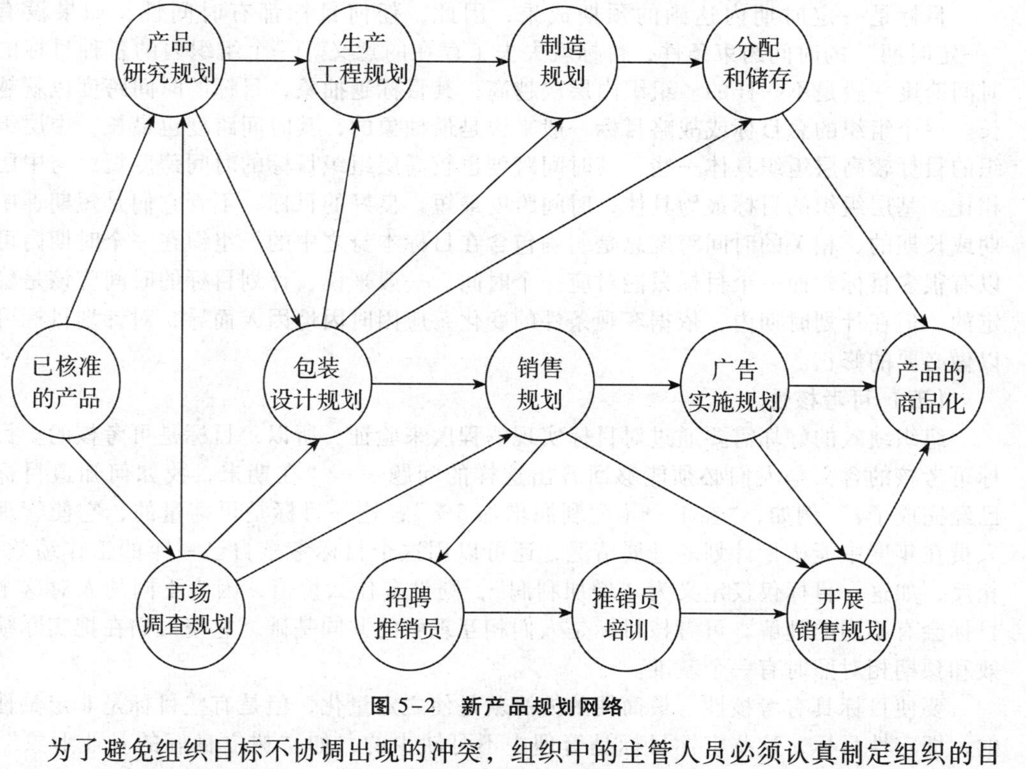

图 5-2　新产品规划网络

为了避免组织目标不协调出现的冲突，组织中的主管人员必须认真制定组织的目标网络，以便协调组织内的各种目标，确保目标网络中的每个组成部分要相互协调；组织中的每个部门在制定自己部门的目标时，必须要与其他部门相协调；组织制定各种目标时，必须要与许多约束因素相协调。从而，实现网络中的各个目标彼此协调，相互支援，互相连接。

（三）多样性

作为一个组织来说，目标是多种多样的。例如，企业除了关注利润外，还追求扩大市场份额和满足职工福利等。如某建筑公司的服务宗旨就是“实现阳光下的利润最大化”。即使在组织目标层次体系中的每个层次的目标也是多种多样的，有大目标和小目标，有主要目标和次要目标，有定性目标和定量目标，有明确目标和模糊目标，有班组目标和个人目标。这是因为当总目标具体化展开时，也将总目标的多样性具体化展开至每个层次或单位部门的具体目标之中。

目标的多样性，并不是说目标越多越好，过多的目标会使管理者应接不暇而顾此失彼，因此，应在突出主要目标的前提下，尽量减少目标的数量，并注意各个目标之间不能相互矛盾。有时无法制定具体、明确的目标而又不能没有目标时，也可以提出一种模糊目标。例如，在市场环境复杂、企业成长较困难的情况下，确定模糊的市场占有率就要比精确具体的数字合理得多。

现代组织是一个复杂的社会机构，它需要在多种多样的目标和需求之间求得平衡。了解目标的多样性，有助于管理者正确地确定目标和充分发挥目标的作用。

（四）时间性

目标是一定时期内达到的预期成果，因此，任何目标都有时间性，如果没有“一定时期”的时间约束条件，目标就失去了存在的意义。一个组织内的各种目标的时间跨度一般是不一样的。组织内层次越高，其目标越抽象，目标的时间跨度也就越长。一个组织的总目标或战略目标一般来说是最抽象的，其时间跨度也最长；中层组织的目标较高层组织具体一些，其时间跨度也较高层组织目标的时间跨度短；与中层相比，基层组织的目标最为具体，时间跨度最短。良好的目标，不管它们是短期、中期或长期的，相关的时间跨度总是明确包含在目标本身之中的。组织在一个时期内可以有很多目标，而一个目标只能对应一个时间。一般来说，计划目标的时间应该是稳定的，但在计划时期内，依据客观条件的变化，应因时因地因人而异，对计划目标可以做必要的修正。

（五）可考核性

组织绩效的好坏需要通过对目标实现的程度来验证，所以，目标是可考核的。目标可考核的含义是人们必须能够回答出这样的问题——“在期末，我如何知道目标已经完成了？”例如，“在下一年度利润增加5%”，这一目标是可衡量的，它使管理人员在年度中能衡量计划的进展情况，还可以用这个目标考核自己一年的工作绩效。相反，如这一目标仅仅定义为“增加利润”，则没有什么价值，因为不同的人对这个目标会有不同的理解。可考核目标是人们相互理解的共同基础，它使人们在把实际绩效和预期相对照时有一个基准。

要使目标具有考核性，最简便的方法就是使之定量化，但是有些目标是非定量性的，即定性目标，这些定性目标是管理中不可缺少的，如“树立良好的企业形象”、“加强职工生产安全”等，但是可以将它们转化为定量目标，以便定量考核，如对定性目标的执行效果进行主观打分，同时给以适量的权重，只是不如考核定量目标那么准确。通常，主管人员在组织中的地位越高，其定性目标就可能越多。确定可考核的定性目标是十分困难的，但是任何定性目标都与其相关的定量目标有一定的联系。因此，可以从整体上、全局上、宏观上对定性目标加以考核。

（六）可接受性

目标是未来一定时间内组织活动要达到的结果，组织的总目标经过层层分解落实到组织的每个层次、每个部门直至最后落实到每个人的身上。对于组织成员来说，如果目标大大超过了他们的能力范围，使得目标完成的概率过低，就会自暴自弃，丧失斗志。所以，目标不能定得过高，必须是组织成员能够接受的，经过努力可以完成的。

（七）挑战性

对于组织成员来说，目标要有可接受性，但并不是目标制定得越低越好，过低的目标使得组织成员在完成后的成就感不强，失去了目标的激励作用。所以，目标的制定要有一定的挑战性，最大限度地对组织成员产生一定激励作用。可接受性和挑战性是对立统一的关系，不能完全将二者割裂开来。

三、目标的类别

由于组织活动的复杂性，目标的种类也是多种多样的，外部环境的复杂多变，使得组织需要制定不同的目标来应对，有一系列相互联系、相互制约的目标要实现。具体来说，目标可以按照不同的标准分为以下几种不同的类型：

（一）主要目标与次要目标

按目标的优先次序，可以把目标划分为主要目标和次要目标。目标的优先次序表示在一定时期内，实现某一目标相对实现其他目标更为重要。主要目标是组织发展中最为关键的目标，是应该优先发展和分配资源的目标。就企业来说，企业生存、盈利和发展作为企业 3 个最为重要的目标同时存在，相辅相成，缺一不可。围绕总目标企业通常还要在以下主要方面设立目标，包括：市场地位；创新与技术进步；生产率；物资和财力资源；利润率；主管人员的绩效和发展；员工的工作质量和劳动态度；社会责任。次要目标是有助于实现主要目标的目标。比如营销目标作为次要目标，追求的是确保产品设计能够始终迎合顾客的需求而使顾客重复购买。它与企业的总目标是一致的，也是主要目标所必需的。

（二）控制性目标与突破性目标

按目标的稳定性程度，可以把目标划分为控制性目标和突破性目标。控制性目标是指使生产水平或经营活动水平维持在现有水平。例如，我国第一汽车制造厂的目标在 20 世纪 80 年代中期以前的长时间内，也是以生产单一规格、单一车型、单一价格、单一颜色的“解放”牌汽车，行销全国。而突破性目标是指使生产水平或经营活动水平达到前所未有的水平。例如，某企业产品的废品率在 15% 左右，在计划中要提高工作质量，使废品率降到 10%。这个 10% 就是突破性目标。

（三）长期目标、中期目标与短期目标

按目标的时间跨度，可以把目标划分为长期目标、中期目标与短期目标。长期目标一般是指五年及五年以上时间内要实现的目标，中期目标一般是指五年以内、一年以上时间内要实现的目标，而短期目标则是指一年以内的时间里要实现的具体目标。按组织目标完成的期限的时间进度，组织目标形成了以下目标体系，如图 5-3 所示。

组织的年度目标

组织的季度目标			
一季度的目标	二季度的目标	三季度的目标	四季度的目标

组织的月目标											
1月	2月	3月	4月	5月	6月	7月	8月	9月	10月	11月	12月

图 5-3　时间进度目标体系

由于长期目标历时较长，中间发生的变动因素很多，因此，随着时间的推移，长期目标在实施过程中需要不断进行调整。因此，中短期目标是长期目标的基础，任何长期目标的实现必然是由近及远。另一方面，中短期目标必须体现长期目标，必须是为了实现长期目标。

（四）明确目标与模糊目标

按目标的明确程度分，可以划分为明确目标和模糊目标。从管理的角度讲，目标一般应当是越明确越好。因为明确的目标既有利于计划，又有利于控制。但是当不能没有目标，又不宜规定具体目标时，制定模糊目标也许效果会更好。联想集团总裁柳传志在阐述集团的发展目标时说：“我们想做一个长久性的公司，要做百年老字号，这是第一条最重要的目标；第二我们要做一个有规模的公司，要有国际性的市场地位；第三要做个高技术的公司，不想什么赚钱做什么。”这显然比明确规定的具体数字更为合理贴切得多。评价模糊目标是否实现的标准也不同于明确目标，它是一种满意标准，是一种价值判断。

（五）定量目标与定性目标

按考核目标的性质，可以把目标划分为定量目标和定性目标。可考核、定量的目标，是企业目标体系中最重要的，也是目标的性质要求的。定量目标是可以用数量表示的目标，它是用“多少”的标准来衡量的。但定量目标不宜过多，否则，会出现用数学或数字代替管理工作的倾向，给管理工作造成不良影响。定性目标通常用“多好”的标准衡量。因为许多目标是不宜用数量表示的，特别是一些有重要价值的目标，只能用定性目标来表示。有时，提出一个定性目标可能比规定一个定量目标，使主管人员处于更有利更主动的地位。

（六）总体目标、局部目标与岗位目标

按目标的组织层次，可以把目标划分为总体目标、局部目标与岗位目标。总体目标是指全局性或战略性的目标，又称大系统目标。局部目标是指群体、部门或阶段性的目标，有时又称为小系统目标。总体目标和局部目标是相辅相成的，只有在总体目标的前提下，才能制定局部目标；同时，只有在逐步完成每个局部目标的基础上，才能最终实现总体目标。岗位目标即个人目标，是指每个组织成员的分目标，这是组织对其成员的要求，也是每个成员对组织总目标的贡献。只有每个员工和管理人员都完成了自己的分目标，组织的总目标才有希望实现。所以，保证组织目标和个人目标的一致性，是一项重要的管理工作。

四、目标的作用

目标规定了组织及其成员在一定时期内应该完成的具体任务，从而使整个组织的工作在特定的时期充分融合成一体。没有明确目标的组织，势必缺乏凝聚力，组织成员将失去工作的方向，管理也将杂乱无章。因此，目标是组织存在的前提，是组织成员的行动指南，也是组织展开各项工作的基础，在管理中发挥着重要的作用。

（一）目标是决策的重要依据

决策就是为了解决组织面临的问题，实现组织目标，而对未来一定时期内有关组织活动的内容、方向和方式等进行选择、实施和控制的过程。决策围绕目标进行，目标为决策提供了依据。

（二）目标为管理工作指明方向

目标是组织一定时期内的期望成果。这些成果是一定时期内组织各个层次共同努力要达到的，它为组织及其管理指明了方向。没有明确的目标，各项活动就失去了前进的方向。目标明确，管理者对组织资源进行有效配置时，就能确定要开展什么工作，遇到各种问题应该如何解决、解决到什么程度、应该如何选择行动方案等。因此，目标对组织成员具有导向作用。

（三）目标能够激励和凝聚组织成员

管理者如能将组织目标与组织成员的个人目标结合起来，提出一个使全体成员振奋的目标，并树立其信心，就能够调动起组织成员的积极性，为实现既定目标而努力。达到目标后，组织成员就会产生成就感和满意感，并且会得到物质和精神上的满足，这样，不仅能够减少利用物质刺激调动员工积极性的压力，而且可以使员工在工作中努力克服可能遇到的各种困难，致力于最终目标的实现。因此，目标对组织成员具有激励作用。

组织成员的所有工作都是以实现目标为基础的，因此，只要了解了组织的目标体系，就可以了解组织中其他成员的工作内容及其各项工作的重要性，从而能够促进组织成员之间的相互配合和协作。目标也促使了组织成员之间的有效沟通，从而减少工作中的冲突和矛盾。因此，目标对组织成员具有凝聚作用。

（四）目标用以考核组织成员工作绩效

目标可以作为考核组织成员工作绩效的客观标准。一般来说，对组织成员的业绩考核，是根据其行为是否符合组织目标的要求以及其行为结果对组织目标实现的贡献来进行的。由于目标本身具有可考核性，而且又是可以分解的，因此就可以将目标落实到组织的每个层次以及每个人头上，根据其完成的业绩，用计划的目标进行考评，作为奖罚的依据。因此，目标是组织中进行绩效考核的基本依据。

第二节　目标的内容及制定

组织目标是任何特定的社会组织在一定时期内所要预期达到的某方面活动的标准或水平。组织内各项管理活动都必须围绕着组织的目标而展开。不同的组织，其制定目标的内容是不同的。

一、目标的主要内容

（一）组织的主要目标

一个组织往往有许多目标，有的可能是关于经济方面的，有的可能是涉及社会、环境或政治方面的。作为一个组织，应在哪些主要方面制定自己的目标以及每种目标又包括哪些主要内容应该取决于各个组织工作的性质和特点。许多战略目标研究人员已在这方面进行了许多研究，提出了不少建议。其中彼得·德鲁克提出的建议最有名。他认为一个成功进行管理的企业应在以下八个方面有自己一定的目标，见表5-2。

表5-2 德鲁克的企业目标[①]

范围	目标
（1）市场方面	表明本公司希望达到的市场占有率或竞争中占据的地位
（2）技术进步和发展方面	改进和发展新产品、提供新型服务的内容
（3）提高生产力方面	有效衡量原材料的利用，最大限度提高产品数量和质量
（4）物质和金融资源方面	物质和金融资源的获取及有效利用
（5）利润方面	用一个或几个经济指数表明希望达到的利润率
（6）人力资源方面	人力资源的获得、培训和发展，管理人员的培养及个人才能的发挥
（7）职工积极性发挥方面	发挥职工在工作中的积极作用，激励和报酬等方面措施
（8）社会责任方面	本公司对社会产生的影响

德鲁克提出的一些基本目标只适用于企业或公司，而一些非营利组织的情况则很不相同。为此，沃伦·本尼斯在1969年发表的《组织发展》一文中提出了自己的观点。本尼斯认为，所有的组织都希望能实现下列6个基本目标[②]：①阐明组织的目标和战略目标；②组织的总目标与各有关方面的具体目标有机地结合；③社会影响方面——作出公平而积极的贡献；④合作——有效地掌握和处理各种矛盾；⑤适应性——适应社会环境的变化；⑥振兴组织的活力——在动荡萧条中求生存、求发展。

日本明治大学经营学部藤芳诚一教授在其新管理概念体系中，则把组织的具体管理目标归纳为三项：提高工作效率；充分满足职工的需求；组织的变态存续，即随着环境的变化，改变组织的生存条件，谋求团体继续生存下去。对于企业来说，第三项目标意味着不仅是改行和产品更新，而且人事、经销、产品研制等部门以及有关科室各自所担负的业务都要进行新陈代谢，抛弃旧业务，开展新业务。

综观以上观点，不难看出组织目标主要包括以下4个方面。

（1）经济方面的目标，涉及资金费用及其经济衡量措施。

---

① 韩岫岚.MBA管理学：方法与艺术（中册）[M].北京：中共中央党校出版社，1999：742.

② 韩岫岚.MBA管理学：方法与艺术（中册）[M].北京：中共中央党校出版社，1999：743.

（2）环境方面的目标，主要是针对组织与外部环境的关系，它不像经济目标那样具体。这方面目标主要包括为适应环境的变化所采取的适应性措施、市场份额和社会责任等。

（3）组织本身的人员方面的目标，主要是指人事管理问题。它包括人员的招聘、培训和发展、激励、奖惩等等。

（4）生存目标，是一切组织的基本目标之一。

（二）企业的主要目标

就现代企业组织而言，企业的总体目标大体包括以下几个方面。

1. 社会目标

社会目标是企业以至任何组织得以生存的基础。它体现了企业与其外部环境之间的联系，即企业从社会取得一定的投入资源，而又为社会提供一定的服务和产品。企业的社会目标就是指企业应为社会作出贡献，具体表现为所提供的产品和服务的品种、质量、数量以及生态平衡的保护、对社会公益事业的贡献等等。

2. 盈利目标

对于大多数的组织来说，盈利目标是组织自身的直接目标。盈利的多少，不仅直接关系到企业内部员工的切身利益，也关系到企业未来发展的可能。在商品经济社会中，盈利目标是企业追求的最主要的目标。企业盈利目标的实现往往取决于企业竞争实力的强弱，反过来盈利的多少又影响着企业未来的实力。

企业的盈利目标与企业的社会目标之间既相互矛盾，又存在着相互统一的关系。企业在追求较大的盈利目标的过程中有可能为社会提供质高量多的产品或服务，但盈利多的企业也并不一定都是为社会作出较大贡献的企业。

3. 发展目标

企业的发展，是企业追求的较高层次的目标。自身盈利较多且为社会贡献较大的企业，它的发展意味着企业生产经营活动的良性循环得到了社会的广泛承认。企业的发展既可以通过纵向联合扩大企业规模，也可以通过横向联合实现企业兼并。通过扩大企业规模，增加固定资产和流动资金，投入更多的资金用于企业的研究与开发、市场调查、人才培养、增加产品品种、扩大产量。

二、目标的制定

在组织的管理过程中，特别关注目标的制定，目标是多种多样的，这些目标又都与每个部门、每个员工的任务和利益相关联，对于不同的部门、不同的层次来说，由于条件或利益的不同，处理问题的角度不同，难免会出现互不协调甚至矛盾的情况。此外，由于时间跨度的不同可能会出现关联脱节或重复等现象。所以说，目标的制定是一个非常复杂的过程。因此，研究如何正确地制定目标是十分重要的。

（一）目标制定的基本要素

1. 目标的名称

根据组织的特定要求，应提出一些专门的目标术语，如销售量、营业额、招生人数、产量、合格率。

2. 目标值

每一目标都对应一定的数量、比率或定性说明。一般定量目标的目标值是数量或比率，如销售额 1 200 万元、采购煤 22 万吨、回款率 80% 等。定性目标的目标值一般是定性说明，如，目标市场为努力扩大市场覆盖面，打开东北、华北地区市场，生产体系实现 ISO 9000 认证。

3. 实现的期限

根据组织的要求，对每一目标均应规定完成期限，如到 2015 年年底完成产量 8 000万件。若把总目标按时间段分成几段具体的完成值，则为工作进度完成安排，如 2015 年营业额达到 10. 2 亿元，其中第一、二、三、四季度分别实现 2 亿元、2. 4 亿元、2. 6 亿元和 3. 2 亿元。

（二）制定目标的原则

1. 统一性

任何组织最重要的是确定组织的总目标。总目标必须体现组织的目的和任务要求，表现组织发展战略取向，规定组织全部活动的方向，组织的全体员工必须为实现总目标而努力奋斗。德鲁克认为，在确立企业目标时，首先应搞清楚以下问题，包括：本企业是个什么样的企业？将来准备发展成一个什么样的企业？只有能够体现组织发展战略的总目标才是有效的组织目标。因此，组织内的各部门各层次各方面各员工的目标都必须服从于总目标，维护总目标的统一性、权威性，以充分发挥组织整体的优势。

2. 科学性

目标必须在对象、要求和时限上是明确的和单义的，而且要尽可能使之具体化、定量化，要进行科学的计算。当然，管理问题非常复杂，在实际管理活动中，将所有的管理目标都通过定量指标表示出来是比较困难的，必然存在一些只能定性表示的组织目标，对于这类目标的确立，主要是凭借管理人员的经验以及对各类的横向比较。

目标的科学性还要求目标要保持先进、合理和切实可行，要具有激励作用，高度要适当，是经过努力可以实现的；同时，要具有目标实现的可衡量性，要有明确的考核指标和考核标准。

3. 可预见性

目标是组织希望达到的预期效果。目标是预先确定的。目标的确定要认真估计未来的形势，审视组织外部的环境和内部条件的变化，特别是制定长期目标时，尤其要重视战略上的预见性，要防止由于缺乏预见性而造成组织的长期目标在实施 2 ~ 3 年后就失去任何意义的不良后果，以至于影响组织的长期发展。

4. 应变性

组织的外部环境和内部条件都是在不断发展变化的，组织的目标应当随着情况的变化而相应地调整或修改。这里指的调整和修改不是为了保证原计划的完成而人为地调整、修改，使计划目标被动地适应实际情况，而是组织的实际环境和条件因某些特殊原因，如天灾、人祸等不可抗拒的情况发生，政府政策法规有了大幅度的调整，国外市场发生变化等，致使原计划目标失去了可预见性和科学性，使原来的主要目标转变为组织的次要目标。因此，必须对目标进行必要的调整和修改，才能使其能继续起到对工作的指导作用。

5. 系统性

如前所述，组织目标是多样化的，而且目标具有层次性和网络性。在多样化的组织目标中，总会出现它们之间的不协调。如企业为了增加盈利而放弃了维持生态环境目标的追求。这些矛盾的存在要求管理者在制定组织目标时应尽可能在多重目标之间进行综合平衡，以协调多重目标之间的矛盾冲突，保持目标体系的协调一致。所谓协调一致，就是各目标之间不能互相矛盾、互相脱节，要区分轻重缓急，确定目标的先后次序，以合理地分配组织的资源，注意系统优化。组织的目标应该是经过综合平衡后的优化目标系统。

概括来说，目标制定应遵循 SMART 原则[①]，即：

具体化（specific）：目标描述得是否具体，如投资多大、何时完成？

可测量（measurable）：在多大程度上可以判断出目标是否被实现？

可行性（achievable）：在特定的时间和资源条件下目标可以被实现吗？

相关性（relevant）：目标的重要性和价值体现在哪里？是优先性目标吗？

可跟踪（trackable）：能够跟踪和检查目标实施进程吗？

（三）制定目标应注意的问题

确定目标时经常会碰到很多具体的问题，如目标是否科学、准确地描述，需要考虑的因素比较复杂，以下是在目标描述中应当注意的几个关键问题。

1. 目标的约束条件

目标可以分为有条件目标和无条件目标两大类。大多目标属于有条件目标，它是指目标的确定需要附加一定的条件。例如，利润、产值等指标的实现，必须以规定的产品质量和产品结构作为附加条件，否则，即使完成了规定的产值和利润也不算完成了目标。这些附加的条件统称约束条件。不附加任何约束条件的目标称为无条件目标。有条件目标大部分受以下因素的约束：一是组织资源条件，如人、财、物、技术等条件；二是时间条件；三是法律、政策、条令、制度、规定的限制性条件；四是人员素质条件，如专业、知识、工作能力、思想作风等。这些因素对目标值、目标完成进度的确定都会产生直接的影响。

2. 多目标之间的平衡

目标之间存在着直接或间接的联系。从层次上看，高层组织和中层组织的目标存在联系，中层组织与基层组织的目标存在联系；从因素分析角度看，一个目标是其他几个目标的综合结果，如销售利润率目标受销售额目标和利润目标的直接影响，而利润目标又受成本费用目标的影响，成本费用目标又受产量目标、质量目标等因素的影响。目标之间的这些较为复杂的联系，需要在目标确定时，保持平衡；要从基础的目标推测到总体目标，从单一目标推测到综合目标，避免出现矛盾的现象。

3. 合理的报酬制度

在制定组织目标过程中，应考虑与实现目标相应的合理的报酬制度。如果报酬制度不合理，发挥不到目标对组织成员的激励作用，就会影响到目标的制定与实现。有

---

① 张玉利．管理学［M］．2 版．天津：南开大学出版社，2005：89.

的人可能会从不恰当的目标实施过程中获得很多很好的报酬，而有的人可能在恰当的目标实施中不但得不到什么报酬，反而会受到惩罚。例如，一个公司的下属两个部门的经理人员：一个制定了在明年解决部门内成本过高问题的目标，到年底上级来检查时，即使是部门内的费用减少不多，但也会宣称这个经理在工作中取得了好成绩，实现了原定目标，他也会因此而受到奖励——增加工资或受到提拔；而另一个部门的经理则计划将部门内的总成本降低5%，结果他只成功地完成了3%，他就可能因没有完成计划5%的目标而不但得不到奖励，反而可能受到上司的批评。

4. 目标的衡量标准

任务完成后，对目标的考核取决于衡量目标实现的具体标准是否明确，因此必须研究目标的数量化问题。有的目标本身就是数量目标即定量目标，如销售额、税金、成本、利润等，在确定这类目标时已明确规定了数量标准，将来目标实现情况如何已经能够确切地衡量出来，如产量目标100台，完成90台时就未完成任务，100台就完成了任务，110台就超额完成任务。对于定性目标，单纯用一个或几个数字目标考核说明不了问题，必须用综合目标及从全方位多角度用多种方法进行评价，才能够考核得比较准确。如对管理干部的评价要采用多种方法，有领导评价、群众评价、具体政绩目标评价和同级部门领导间的评价等，综合评定的结果才有可能符合客观实际。目标的数量化，不仅有利于明确衡量目标达到与否的标准，而且还便于采用现代化的方法进行处理，不断提高管理水平。

第三节　目标管理

一、目标管理的由来

目标管理（management by objectives，MBO），20世纪50年代创始于美国，是以泰罗的科学管理和行为科学理论（特别是其中的参与管理）为基础形成的一套管理制度。要想准确地指明究竟谁是目标管理的创始人并不容易，但彼得·德鲁克被公认对目标管理的发展和使之成为一个体系作出了重大贡献。1954年，德鲁克在《管理的实践》一书中，首先提出了“目标管理和自我控制”的主张，并对目标管理的原理做了较全面的概括。他认为：企业的目的和任务必须化为目标，企业的各级主管必须通过这些目标对下级进行领导，以此来达到企业的总目标；如果一个领域没有特定的目标，这个领域必然会被忽视；如果没有方向一致的分目标来指导各级主管人员的工作，则企业规模越大、人员越多时，发生冲突和浪费的可能性就越大；组织中每个成员的分目标就是组织总目标对他的要求，同时也是他对组织总目标的贡献，也是管理者对下级进行考核和奖励的依据。德鲁克的主张在企业界和管理界产生了极大的影响，对形成和推广目标管理起了巨大的推动作用。

最早的目标管理仅是用于对管理者的管理，所以，人们也把它称为“管理中的管理”。后来，目标管理逐渐被推广到企业的所有人员及工作上，它提供了一种将组织的总体目标转换为组织部门、单位和每个成员目标的有效方式，在强化企业素质，实现有效管理方面，取得了较好的效果。因此，到了20世纪50年代末，目标管理不仅在美国得到了广泛的应用，而且在日本和西欧一些国家也广泛流传。现在，目标管理已成为世界上比较流行的一种企业管理方法。最近的发展则是把组织的战略计划等均纳入目标管理之中，像组织结构设计、流程改造、文件管理、创新开发等都成为目标管理体系之中的内容。

二、目标管理的概念及特点

目标管理目前已在全世界成为一种系统地制定目标并进行管理的极为有用的方法。概括地说，目标管理是一种综合的以工作为中心和以人为中心的系统管理方式，它是一个组织中最高领导层同下级管理人员以及员工一起共同来制定组织目标，将其具体化，层层落实，要求下属各部门主管人员以至每一个员工根据上级制定的目标和保证措施，形成一个目标体系，并把目标完成情况作为各部门或个人考核依据等一整套系统化的管理方式。简言之，就是让具体化展开的组织目标成为组织每个部门、每个成员等行为的方向和激励，同时又使其成为评价组织每个部门、每个成员等工作绩效的标准，从而使组织能够有效运作。

孔茨认为，所谓目标管理是一个全面管理系统，它用系统的方法使许多关键管理活动结合起来，并且有意识地瞄准，有效地和高效率地实现组织目标和个人目标。目标管理具有以下几个方面的特点：

（一）实行参与管理，是一种民主的管理

实行目标管理，首先要确定组织一定时期的总目标，然后对其进行分解。某一层次目标的实现需要一定的手段，而这些手段又是下一层次的目标，实现下一层次目标的手段又可以作为更下一层次的目标，层层分解，上下协商，制定各部门直至每个员工的目标，用总目标指导分目标，用分目标保证总目标，形成一个“目标-手段”链。实行目标管理，最高层次人员不必要“什么都知晓”，而是所有层次上的人都要有能力对组织的目标实现作出贡献。因此，参与是目标管理的首要特征。

（二）注重管理实效，是一种成果的管理

德鲁克强调，凡是其业绩影响企业组织的健康成长的所有方面，都必须建立目标。而道格拉斯·麦格雷戈在1957年发表于《哈佛商业评论》上的经典论文中，则批判了传统的评价方法——把评价下属人员的焦点放在个性特征值的鉴定上。根据德鲁克的目标管理思想，麦格雷戈提出了让下属人员承担为自己设置短期目标并同上级一起检查这些目标的责任，这种评价方法强调的是业绩和成果而不是个性，即按照一套完整的目标考核体系，对组织中成员的实际贡献及业绩的大小进行评价，这样就摆脱了传统的根据印象、主观思想和对某些问题的态度等定性因素进行评价的方式。

（三）实行自我控制，是一种自觉的管理

目标管理既重视科学管理，又重视人的因素，在指导思想上是以Y理论为基础的，即认为在目标明确的条件下，人们能够对自己负责，愿意在工作中发挥自己的聪明才智和创造性。因此，如果控制的对象是一个社会组织中的“人”的话，必须以对动机的控制达到对行为的控制。目标管理的主旨在于，用“自我控制的管理”代替“压制性管理”，在实施目标管理过程中，组织成员不再只是做工作、执行指示、

等待指导与决策，而是有明确规定目标的单位或个人，除了参与目标的制定外，如何实现目标也是由他们自己决定的，并在目标实现的过程中，及时纠正偏差，尽自己最大的力量做好工作，享受工作的满足感和成就感，同时组织目标也得以完成。

（四）权力适当下放，责任明确

目标管理的一个重要的特点就是组织各级主管及成员都明确了组织的总目标、组织的结构体系、组织的分工与合作及各自的任务。职责已明确，那么，为了实现目标，主管人员必须给予下级相应的权力，而不是大权独揽，使组织成员真正做到“自我控制”、“自我管理”。组织权力的适当下放，有助于在保持有效控制的前提下，把局面搞得更有生气，有助于提高目标管理的效果。

目标管理还力求组织目标与个人目标更紧密地结合在一起，以增强员工在工作中的满足感。这对于调动员工的积极性、增强组织的凝聚力无疑会起到很好的作用。

三、目标管理要素和内容

（一）目标管理的要素

目标管理的要素即实行目标管理必须履行的步骤。美国管理学者斯蒂芬·罗宾斯认为，目标管理共有 4 个要素，即明确目标、参与决策、规定期限、反馈绩效。[①]

所谓明确目标就是确定组织的目标，如降低成本、改善服务等。目标应尽量简明扼要，同时必须转换成定量，以便于度量和评价。

所谓参与决策就是由职工参与企业目标的制定，由上级和下级共同参与目标的选择和对如何实现目标进行会商，这与传统的目标设定方法是不同的。

所谓规定期限就是明确目标的完成期限，如一年或半年等。

所谓反馈绩效就是不断地将实现目标的进展情况反馈给个人，以使他们能够调整自己的行动。这种不断的反馈还包括定期举行正式的评估会议，在会上由上下级共同回顾和检查目标的进展情况。

（二）目标管理的基本内容

目标管理是一种管理制度，按目标管理工作包含的范围及其性质，目标管理的基本内容包括：

（1）工作目标管理。围绕工作目标的制定、展开、执行、评估等一系列的工作内容。

（2）领导授权管理。为了使下级更好地完成任务，领导要适度授权，授予的权力不仅要求明确还要履行一定的手续，按照一定的程序办事。做到有据可查，有法可依，并进行档案式管理。

（3）工作成果管理。对工作目标的评价标准、方式方法管理，奖惩管理，对部门和个人的成果管理。

（4）员工行为管理。在尽量满足员工物质需求的基础上，更要重视员工的精神需求，提高员工素质，培养良好组织风气和团队精神。

---

① 罗宾斯．管理学［M］．黄卫伟，等，译．4 版．北京：中国人民大学出版社，1997：161.

四、目标管理的过程

由于各个组织活动的性质不同，目标管理的步骤也不完全一样。美国管理学家斯蒂芬·罗宾斯认为目标管理共有 8 个步骤，据此可以将目标管理概括为 3 个主要阶段，见表 5-3。

表 5-3 目标管理的典型步骤①

各个步骤	所属阶段
1. 制定组织的整体目标和战略 2. 在经营单位和部门之间分配主要目标 3. 各单位的管理者和他们的上级一起制定本部门的具体目标 4. 部门的所有成员参与制定自己的具体目标 5. 管理者与下级共同商定如何实现目标的行动计划	建立目标体系阶段
6. 实施行动计划	组织实施阶段
7. 定期检验实现目标的进展情况，并向有关单位和个人反馈	目标的成果评价
8. 基于绩效的奖励促进目标的成功实现	

（一）目标体系的建立

实施目标管理的第一阶段，同时也是最重要的阶段，是建立一个以组织总目标为中心的一贯到底的目标体系，这项工作大多是从组织的最高主管部门开始的。

（1）目标的制定。最高目标的建立应是目标管理的中心内容。因为任何一项管理活动都是由一个总体目标联系起来的整体，这个总体目标体现了一个组织在一定时期内各项工作的努力方向和管理目的。首先充分分析和研究组织的外部环境和内部条件，组织可利用的机会和面临的威胁以及组织自身的优势和弱点，通过上级领导意图和职工意图的上下沟通，对目标项和目标值反复商讨、评议、修改，取得统一的看法，最终形成组织目标。制定的目标既要保证提高企业的业绩，又要能激励和提高广大职工的积极性和创造性。

（2）目标的分解。组织的总目标制定以后，就要把它分解落实到下属各部门、各单位直至职工个人，即目标展开。目标展开的方法是自上而下层层展开，自下而上层层保证，上下级的目标之间是一种“目标-手段”的关系。某一级的目标，需要一定的手段实现，这些手段又成为下一级的次目标，按级顺推下去，直到作业层的作业目标，从而构成企业目标连锁体系，如图 5-4 所示。

在目标展开过程中，上级的基本态度不应是强迫下级去做，而应激励下级自觉自愿地去做。一般可由上级向下级提出工作方针，让下级制订各自的目标实施方案，通

① 林根祥，潘连柏．管理学［M］．武汉：武汉理工大学出版社，2009：79.

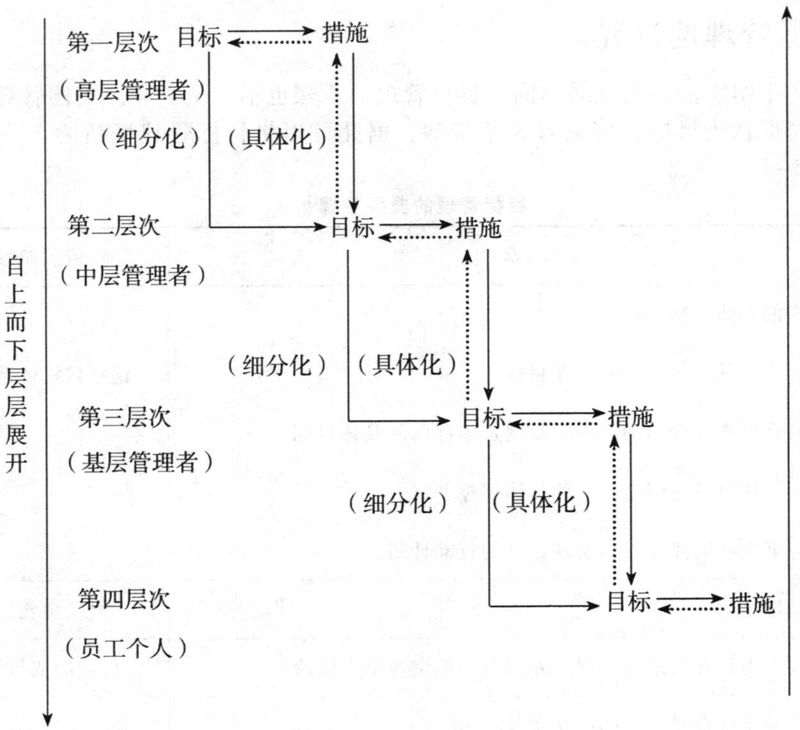

图 5-4 组织目标展开图

过协商为下级创造参与规划的条件，充分调动下级的积极性。在目标纵向展开过程中，要注意协调好目标横向之间和斜向之间的关系，以保证上下左右之间目标的系统性和一致性。在目标展开过程中，应编写好目标展开图和目标管理卡，作为目标展开具体内容的书面记录，并寻找目标展开的问题点，提出相应的目标对策。

应该注意，目标体系应与组织结构相吻合，从而使每个部门都有明确的目标，每个目标都有人明确负责。然而，目标结构往往不是按组织在一定时期的目标而建立的。因此，在按逻辑展开目标和按组织结构展开目标之间，时常会存在差异。其表现是，有时从逻辑上看，一个重要的分目标却找不到对此负全面责任的管理部门，而组织中的有些部门却很难为其确定重要的目标。这种情况的反复出现，可能最终导致对组织结构的调整。从这个意义上说，目标管理还有助于弄清组织机构的作用。

（二）目标的实施

组织中建立了自上而下的目标体系之后，各层次、各部门、各成员就要紧紧围绕确定的目标、授予的权力、赋予的责任，结合各自的特点，寻求实现目标的最佳途径。为保证目标的顺利实现，在实施阶段要着重抓好以下两方面工作：

(1) 权限下放和自我控制。目标管理强调重视成果的思想和权限与目标一致的原则。目标管理强调目标实施过程中权力下放和自我控制，这样，作为上级的管理者可以有充足的时间和精力去抓重点的综合性管理，同时，下属人员还会产生强烈的责任感，发现工作的兴趣和价值，力争达到自己的目标。从上级方面来看，在目标制定过程中，上级必须明确提出达到目标的方针；而在目标实施过程中，上级关心的应是下级是否根据方针达到目标，取得最终成果，至于下级采用什么方法和手段，通过什么途径来达到目标，则由下级自主选择决定。因此，在目标实施的过程中，上级要尽可能把权限下放，给下级以自由处理的余地。从下级方面来看，下级在实施过程中，一面要对照自己的目标检查行动，一面要根据自己的判断充分行使上级下放给自己的权限，努力达到目标，以实现自我控制。因此，权限下放为下级在自我控制下独立进行工作创造了条件。有了目标和权限，下级就会产生责任感，发挥自己的判断能力、决断能力和创造能力，针对自己的不足之处主动积极地进行自我提高，达到自己的目标，进而实现组织目标。

（2）实施过程的检查和控制。强调权限下放和自我控制，不等于达成协议后，领导就可以放手不管、放任自流。相反，由于组成了目标锁链和目标系统，一环失误，可能牵动全局，因此，上级管理者在目标实施过程中应对工作情况进行定期检查，这种检查应表现在指导、协助、提出问题、提供情报以及创造良好的工作环境等方面。

目标实施过程的检查一般遵循下级自查报告和上级巡视指导相结合的原则。要使下级明确报告工作的义务，定期自查并向上级报告。报告内容主要包括目标实施进展状况、自己所做的主要工作、遇到的困难、希望得到的帮助等。上级必须经常掌握下级业务的进展情况。除接受下级报告外，还需经常与下级进行意见交流，以加强对目标实施过程的管理。

上级可在巡视指导中向下级就工作的进行方法等进行实质性的询问，提出问题，鼓励下级主动地、创造性地钻研问题，以积极进取的态度解决问题；对于下级在工作中无权处理而请求上级给予帮助的问题则应及时给予必要的启发和指示。尤其注意的是，上级的检查应尽量不干扰下级的自我控制。

在对实施过程检查的基础上，将目标实施的各项进展状况、存在的问题等用一定的图表和文字反映出来，对目标值和实际值进行比较分析，实行目标实施的动态控制。通过检查，对需要调整的目标，要经过规定的程序进行调整。

（三）目标成果的评价

目标成果的评价是目标管理过程中的最后一环，用以确认成果和考核业绩，并与个人的利益和待遇结合起来。目标管理中的目标成果的评价主要有两种方式：一种是自我考评，即将目标和自己的实际工作业绩相比较评价自己；另一种是上级考评，即上级将下级部门的目标与实际业绩进行对比分析评价。两种方式各有利弊，通常是将两者结合起来使用，即先由组织成员们自我评价，然后由上级部门复评，共同协商确认成果，这就要求务必公正客观，实事求是。

目标管理重视自我评价，并将它作为自我控制的一种手段。每个人通过自我评价，如果对某项任务的完成情况感到满意，就会激起对力争达到下一个目标的热情；反之，如果感到不满意，就更能激起自我提高的愿望，力求提高自己的能力。对目标成果的评价，也是上级发挥领导能力的最好时机。上级可利用进行成果评价的有利机会，与下级进行意见交流，针对每个部门及每个人的情况进行具体细致的指导和帮助。

目标成果的具体评价一般采用综合评价法，即按照目标的实现程度、目标实现的难易程度和目标实现过程中的努力程度这3个要素对每项目标进行评定，确定各要素的等级分，修正后得出单项目标的分数值，再根据各项目标在全部目标中的地位确定权重系数，便可以得出综合考虑的目标成果值，以此来确定目标成果的等级，进行具体评价。综合评价法[①]的具体步骤见表5-4。

表5-4 目标管理的综合评价法

步骤	具体内容
1. 评定“达到程度”	一般采用实际成绩值与目标值之比，根据达到率定为A、B、C3个等级。通常A级为100%～110%，B级为90%～100%，C级为80%～90%。如果目标是无法量化的，则可按事先规定的成果评定要点，确定A、B、C3个等级
2. 评定“复杂困难程度”	各人的实际能力和条件不同，因而确定的目标复杂困难程度亦各不相同。如果评定时仅着眼于“达到程度”，就无法衡量每个人的成绩大小，因此只有把目标的复杂困难程度考虑在内，才能对每个人的成绩作出比较。“复杂困难程度”通过协调确认，也分为A、B、C3个等级
3. 评定“努力程度”	对于达标过程中属个人职责范围内应当克服的不利条件，经过本人的努力，情况有了多大改变？据此对个人的努力程度进行评价，可区别是经过努力没有获得成果，还是没有努力或努力不够而没有获得成果。根据对达标过程中的种种条件分析，将“努力程度”确定为A、B、C3个等级
4. 规定评价要素的比重	规定3个评价要素在目标项内的比重，作出单项目标的初步评定值。3个要素的比重一般可定为“达到程度”50%，“复杂困难程度”30%，“努力程度”20%。由于部门的不同，所处管理层次的不同，3个要素的比重可以适当调整
5. 采用修正值进行修正	对达标过程中出现的非本人责任和努力所能排除的不利条件，酌情采用一定的修正值进行修正，得出各单项目标评定值
6. 计算综合目标成果值，并确定等级	将各单项目标评定值分别乘以其在全部目标中的权数，得出单项目标的比重值，然后加总，便得出该个人的目标成果综合评定值，然后按A、B、C 3等，评定目标成果的等级。各部门的目标成果也可用同样的方法进行评价

一个目标过程的结束，同时也是另一个目标过程的开始。所以，目标考评既是检验原有目标落实情况的手段，又是制定下一个阶段目标体系的依据。目标管理就是这

① 孙成志，史若玲，刘美玉．管理学［M］．2版．大连：东北财经大学出版社，2002：173.

样一个循环往复的过程，简化过程如图 5-5 所示。

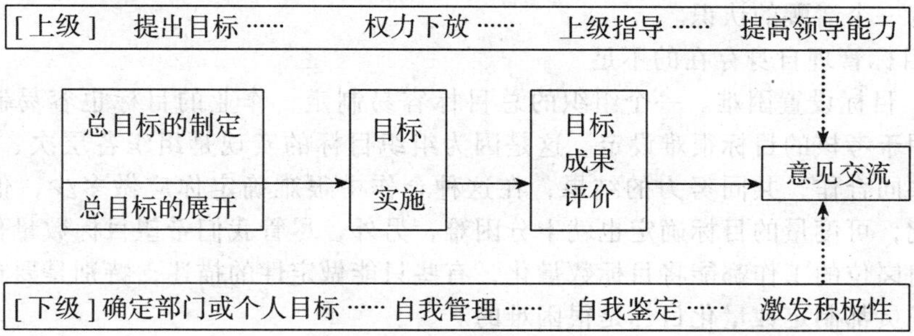

图 5-5 目标管理的简化过程

五、目标管理的优点及局限性

（一）目标管理的优点

应该说，目标管理是目前被广泛采用的管理方法之一，同时目标管理作为一种管理方式和管理思想，其优越性在管理实践中得到了充分的展示。正如孔茨在其《管理学》教科书中所评价的那样，目标管理激励方面的好处是特别明显的，除此之外，目标管理还有以下优点：

1. 更有效的管理

目标管理实质上就是围绕目标的管理。目标管理从开始作为一种管理思想到后来成为组织的管理方法，其最大优点就是使管理效率大大提高，已为无数组织的经验所证明，也是目标管理方法被广泛采用的最主要原因之一。因为目标管理迫使管理人员去考虑关于计划的效果，而不仅仅是计划的活动或工作。为了保证目标的实现，也需要管理人员去考虑他们实施目标的方法，考虑他们需要这样做的组织和人员，以及他们需要的资源和帮助。同样，设立一套明确的目标，才能更好控制和激励。也就是说，始终围绕组织的目标实施管理，肯定更有助于目标的实现。

2. 弄清组织结构

目标管理的另一个好处就是迫使管理人员弄清组织的任务和结构，在可能范围内，各个职位应该围绕所期望的关键目标来建立，各个职位应有人负责，这其实就是"因事设人"，因而可以保证组织的高效率。

3. 个人承诺

所谓个人承诺，就是使员工个人能做到自我控制、自觉行动，鼓励人们专心致志于他们的目标，他们不再只是做工作、执行指标、等待指导和决策，他们现在都是有明确目标的个人，因而有助于调动员工个人努力工作和参与管理的积极性。

4. 能展开有效的控制

因为通过目标管理，组织的各个层次甚至员工个人，都有明确的目标，这不仅有利于保证目标的实现，而且也能展开有效的控制，包括测量目标的实现程度、采取行动纠正计划的偏差等。正如人们所说，明确的可考核的目标是进行控制的最好指导。

（二）目标管理的局限性

尽管目标管理方法有许多优点，但同时也有不足，这也正是目标管理时常受到人们指责的根本原因所在。因此，我们在看到目标管理优越性的同时，也应对其固有的局限性有一个清醒的认识。

1. 目标管理自身存在的不足

(1) 目标设置困难。一个组织的总目标容易制定，作业的目标也容易制定，但真正可用于考核的目标很难设定。这是因为组织目标的实现是组织各层次、各部门、各成员共同合作，共同努力的结果，在这种合作中很难确定你应做多少，他应做多少，因此，可度量的目标确定也就十分困难，另外，尽管我们希望目标数量化，但并不是任何岗位的工作都能将目标数量化，有些只能做定性的描述，特别是要让组织中的每个成员都制定数量化目标是很困难的。

(2) 强调短期目标。在实行目标管理的组织中，主管人员所确定的目标大多是短期的，很少多于一年，往往是一季或更短。短期目标较长期目标具体、易于分解且见效迅速。但这样一种思想若深入组织的各个方面及组织所有成员的脑海和行为中，对组织发展产生的不利影响是显而易见的，它必然会损害组织长期目标的安排。因此，为防止短期目标所导致的短期行为，上级主管人员必须从长期目标的角度提出总目标和制定目标的指导方针。

(3) 不灵活的弊端。目标管理要取得成效，就必须保持其明确性和肯定性，如果目标经常变动，会导致组织的混乱。正因为目标一旦确定就不能轻易改变，因而会使得组织运作缺乏弹性。然而在公司目标已修改、计划工作的前提条件已经发生变化或政策已经改变的情况下，制定的各项目标如果依旧不变，可能导致以下两种结果，即让组织成员为已经过时的目标去努力奋斗或迫使组织成员不得不中途停止目标管理过程。正如哈罗德·孔茨所言："目标管理的缺陷之一就是缺乏灵活性"，"在公司目标已修改、计划工作的前提条件已发生了变化或政策已改变的情况下，如果期望一位管理人员为已经过时的目标去努力奋斗，那也是愚蠢的。"①

2. 目标管理在运用中存在的不足

除了目标管理方法本身存在的不足以外，目标管理在实际运用中也存在不足，主要表现在以下两方面：

(1) 对目标管理的原理阐明不够。目标管理看起来简单，但是要将其有效地付诸实施，各级主管人员必须对它很好地领会和了解，并且能够向其下属及员工非常清楚地阐述什么是目标管理，它能发挥哪些作用，为什么要实行目标管理，它在评价业绩时起到什么作用以及参与目标管理的人能得到什么利益等。否则，上述问题阐明不够，目标管理将难以推行或起不到应有的效果。

(2) 给予目标制定者的指导不够。主管人员必须知道组织的目标是什么，以及自己的活动怎样适应组织的目标，以便给予目标制定者充分的指导，否则，那些被期待去设置目标的人没有被给予必要的指导，便会使目标管理的作用大打折扣或根本不能起到目标管理的作用。

---

① 孔茨，韦里克. 管理学［M］. 英文9版. 北京：经济科学出版社，1995：115.

本章小结

目标是指组织在一定时期内通过努力争取达到的理想状态或期望获得的成果，它包括组织的目的、组织任务、具体的目标项目和指标，以及指标的时限。目标具有层次性、网络性、多样性、时间性和可考核性；目标具有激励、凝聚作用，为管理工作指明方向，是考核的客观依据。制定目标应遵循统一性、科学性、可预见性、应变性、系统性等原则，并注意相应的问题。

目标管理是一种综合的以工作为中心和以人为中心的系统管理方式，它是一个组织中最高领导层同下级管理人员以及员工一起共同来制定组织目标，将其具体化，层层落实，要求下属各部门主管人员以至每一个员工根据上级制定的目标和保证措施，形成一个目标体系，并把目标完成情况作为各部门或个人考核依据等一整套系统化的管理方式。目标管理强调自我管理和权力的下放，是一种总体的、民主的、自觉的成果管理；目标管理的过程包括目标制定、目标实施和成果评价3个阶段。目标管理的在管理实践中既有相应的优点，也存在着一定的局限性。

复习思考题

1. 何谓目标？有哪些基本性质？
2. 目标按不同的标准可以分为几种类型？
3. 制定目标时有哪些基本原则？
4. 什么是目标管理？目标管理有哪些特征？
5. 简述目标管理的过程。
6. 如何评价目标管理的优点及局限性？

案　　例

乔森家具公司的五年目标

乔森家具公司是乔森先生在20世纪中期创建的，开始时主要经营卧室和会客室家具，取得了相当的成功，随着规模的扩大，自70年代开始，公司又进一步经营餐桌和儿童家具。1975年，乔森退休，他的儿子约翰继承父业，不断拓展卧室家具业务，扩大市场占有率，使得公司产品深受顾客欢迎。到1985年，公司卧室家具方面的销售量比1975年增长了近两倍。但公司在餐桌和儿童家具的经营方面一直不得法，面临着严重的困难。

一、董事长提出的五年发展目标

乔森家具公司自创建之日起便规定，每年 12 月份召开一次公司中、高层管理人员会议，研究讨论战略和有关的政策。1985 年 12 月 14 日，公司又召开了每年一次的例会，会议由董事长兼总经理约翰先生主持。约翰先生在会上首先指出了公司存在的员工思想懒散、生产效率不高的问题，并对此进行了严厉的批评，要求迅速扭转这种局面。与此同时，他还为公司制定了今后 5 年的发展目标。具体包括：

(1) 卧室和会客室家具销售量增加 20%；

(2) 餐桌和儿童家具销售量增长 100%；

(3) 总生产费用降低 10%；

(4) 减少补缺职工人数 3%；

(5) 建立一条庭院金属桌椅生产线，争取 5 年内达到年销售额 500 万美元。

这些目标主要是想增加公司收入，降低成本，获取更大的利润。但公司副总经理托马斯跟随乔森先生工作多年，了解约翰董事长制定这些目标的真实意图。尽管约翰开始承接父业时，对家具经营还颇感兴趣。但后来，他的兴趣开始转移，试图经营房地产业。为此，他努力寻找机会想以一个好价钱将公司卖掉。为了能提高公司的声望和价值，他准备在近几年狠抓一下经营，改善公司的绩效。

托马斯副总经理意识到自己历来与约翰董事长的意见不一致，因此在会议上没有发表什么意见。会议很快就结束了，大部分与会者都带着反应冷淡的表情离开了会场。托马斯有些垂头丧气，但他仍想会后找董事长就公司发展目标问题谈谈自己的看法。

二、副总经理对公司发展目标的质疑

公司副总经理托马斯觉得，董事长根本就不了解公司的具体情况，不知道他所制定的目标意味着什么。这些目标听起来很好，但托马斯认为并不适合本公司的情况。他心里这样分析道：

第一项目标太容易了——这是本公司最强的业务，用不着花什么力气就可以使销售量增加 20%；

第二项目标很不现实——在该领域的市场上，本公司就不如竞争对手，决不可能实现 100% 的增长；

第三项目标亦难以实现——由于要扩大生产，又要降低成本，这无疑会对工人施加更大的压力，从而也就迫使更多的工人离开公司，这样空缺的岗位就越来越多，在这种情况下，怎么可能降低补缺职工人数 3% 呢？

第四项目标倒有些意义，可改变本公司现有产品线都是以木材为主的经营格局。但未经市场调查和预测，怎么能确定五年内我们的年销售额达到 500 万美元呢？

经过这样的分析后，托马斯认为他有足够的理由对董事长所制定的目标提出质问。除此之外，还有另外一些问题使他困扰不解——一段时期以来，他发现董事长似乎对该这公司已失去了兴趣；他已 50 多岁，快要退休了。他独身一人，也从未提起他家族将由谁来接替他的工作。如果他退休以后，那该怎么办呢？托马斯毫不怀疑，约翰先生似乎要把这家公司卖掉。董事长企图通过扩大销售量，开辟新的生产线，增加利润收入，使公司具有更大的吸引力，以便在出卖中捞个好价钱。“如果董事长真是这样的话，我也无话可说了。他退休以后，公司将会变成什么样子，他是不会在乎的。他自己愿意在短期内葬送掉自己的公司，我有什么办法呢?”

资料来源 http：//bbs. 100xuexi. com/HF/topic_ 123788_ 1. htm.

思考题

1. 你认为约翰董事长为公司制定的发展目标合理吗？为什么？你能否从本案例中概括出制定目标需注意哪些基本要求？

2. 约翰董事长的目标制定体现了何种决策和领导方式？其利弊如何？

3. 假如你是托马斯，如果董事长在听取了你的意见后同意重新考虑公司目标的制定，并责成你提出更合理的公司发展目标，你将怎么做？

第六章

预测

本章要点与学习目标

本章主要介绍和阐述预测的概念和作用、预测的种类、预测的方法、预测的精度及预测的一般步骤等内容。通过本章的学习，要掌握预测的概念及其在现代管理中的作用和地位、在实践中有哪些种类；学会运用定性、定量的预测方法解决实际问题；明确影响预测精度的主要因素和预测精度的度量指标；了解预测的一般步骤。

第一节 预测的基本概念

一、预测的概念

什么是预测？从字面理解，预指事先，测为推测、测算。关于预测的概念有狭义和广义之分。狭义的预测即动态预测，是指在一定理论的指导下，以过去和现在的信息为基础，运用已有的知识、经验和科学方法，对预测对象未来的演变规律和发展趋势进行判定和估算。广义的预测则既包括根据某一事物的历史和现状推测其未来的动态预测，也包括在同一时期根据已知事物推测未知事物的静态预测。一般来说，狭义的预测定义被学术界更广泛地接受。因此，预测的分析过程也一般概括为“过去+现在→未来→现在”，即从预测对象过去已经发生和现在正在发生的信息出发，判定和估算其未来，再根据预测结果指导“现阶段”，采取相应措施，以使其按照人们的意愿发展。

需要注意的是预测对象是未来事件或事件的未来情况，它必须是随机事件，预测结果是预测对象的期望值或是条件期望，如果预测对象是必然事件或者事件的未来情况是确定性的，则不能作为预测对象。因此预测就是从预测对象在未来的多种可能性中选择出一种出现的可能性最大的情况，并作出其产生和发展的推测。

古人云：“凡事预则立，不预则废。”组织和个人在任何活动之前，只有通过科学的预测，才可能达到预期的成功。否则，不了解实际情况，仅凭主观意志想当然办事，违反客观规律，必将受到惩罚。所以说，预测对上至国家大事，下至人们日常生活均有举足轻重的意义。

人们之所以能够预测未来，取决于对事物发展的客观规律的认识。只要掌握了各种事物的运动规律，就能对其未来发展变化情况作出正确的判断，就可以通过过去、现在而推测出未来，就可以把握其发展趋势和预知其发展前景，从而为人们将要作出的行动选择和确定方向。

预测具有悠久的历史。早在公元前 7 世纪，古希腊哲学家塞利斯（Thales）已能够通过研究气象气候预测农业收成。当他预测到油橄榄将要获得大丰收后，就预先购买和控制了米利都和开奥斯两个城市的榨油机，等到油橄榄收获后，通过出租榨油机获得巨额利润。[①] 同样，我国古代的一些有识之士，对经营与预测的关系也有很多独到的见解，其中最著名的是“待乏原则”和“积著之理”。有关待乏原则和积著之理的记载出自《史记·货殖列传》。该篇记载了春秋时期，越王勾践被困于会稽，启用范蠡、计然，采用计然之策，修之十年，国富，遂报强吴，观兵中国，称号“五霸”。所谓计然之策，即“知计则修备，时用则知物，两者形则万货之情可得而观已。故岁在金，穰；水，毁；木，饥；火，旱。旱则资舟，水则资车，物之理也。”意思是说要知道什么时候需要什么物品，要预先做好准备，以应付未来可能发生的事件，要根据气候的长期变化规律来预测市场的需求。水旱灾害的发生，粮食收成的丰

① 刘思峰，宁宣熙. 管理预测与决策方法［M］. 北京：科学出版社，2003：1.

歉，都是相继出现的，具有循环发生的规律。因此，在天旱的时候，就要开始营造船只，以备水灾发生时市场之需；而发生水灾时，则应及早制备车辆，否则待水灾过后，市场上急需车辆时再来制造就晚了。这就是著名的待乏原则。所谓积著之理是说："积著之理，务见物，无息币。以物相贸易，腐败而食之货勿留，无敢居贵。论其有余不足，则知贵贱。贵上极则反贱，贱下极则反贵。贵出如粪土、贱取如珠玉。财币欲其行如流水。"积著之理指出，应根据市场上商品的余缺预测价格的变化趋势，并根据价格贵到极点后必然下跌，跌落到低谷点后，则会回涨的变化规律，当价格上涨到一定程度就要像粪土那样将存货大量抛出，而当价格跌到一定程度时，不要因为便宜无人问津而错过了囤积居奇的时机，此时应当做珠玉而大量购进。积著之理充分说明了根据预测进行经营是获得成功的先决条件。①

现代预测则通过对客观现象的历史和现状进行科学分析和调查研究，由过去和现在去推测未来，由已知去推测未知，它甚至借助自然科学和社会科学中一些复杂的分析方法，从大量统计结果中得出判断，高瞻远瞩地预计未来各种因素的变化，从而向企业界、科研机构、政府部门及社会公众提供指导。

预测以科学的理论为指导，以完整、系统、准确的数据资料为前提，采用科学的方法和先进的计算技术，对预测对象的演变规律和发展趋势进行测算和推断，所以说预测是一门科学；但是，事物的发展变化受到多种可能因素的影响，使得预测不仅要运用合理假设、逻辑推理和科学的分析方法，还要依赖于预测者本人专业知识、预测经验、判断能力，以及从所搜集到的不完整的数据和资料中提取有用信息的能力，要将预测理论在实践中灵活加以运用，所以说预测又是一门艺术。预测既是科学又是艺术，在实际操作中，应做到预测的科学性和艺术性的有机、辩证的统一。

预测虽然是对未来的估计，但它并不神秘，可以说，我们在日常生活和工作中经常在进行简单的预测。例如，我们平时上班，需要根据路程、天气及交通情况，预计提前多少时间出发才不至于迟到；如果阴天，我们会预计到将要下雨；冬天下了大雪，我们会联想到"瑞雪兆丰年"等等。实践已经证明，人们有掌握和运用事物发展规律的能力，因此，预见某些对象系统未来的状态和行为是可能的。但是，影响事物未来发展变化的因素往往复杂多变，而且人们的认识又有一定的局限性，所以，预测不一定都能够成功。尽管如此，预测也越来越引起人们的重视。这是因为现代社会变幻莫测，组织的投入越来越大，如果缺乏必要的预测，将会给组织带来严重的经济后果。一个新建企业，从设计、施工到投产，周期长达几年甚至更长，如果在设计阶段不能科学地预见市场的需求及技术变化，那么，该企业可能在竣工之前就处于落后的境地了。所以，越能准确地预测环境所带来的影响，就越能降低不确定性对组织可能造成的冲击。在一般情况下，组织可聘用顾问公司进行行业或投资发展的评估；较大的公司或企业，本身也可以设立研究部门和资料中心，不断监测及分析企业将会面对的潜在危机。现在，国外很多大型工业企业不仅拥有自己的专职测评机构，而且还委托各专业预评机构为其提供服务。

---

① 杨文士，张雁．管理学原理［M］．北京：中国人民大学出版社，1994：125.

二、预测的作用

全球一体化，使管理者面对的是一个瞬息万变的世界，加强预测是提高管理应变能力的需要。管理是一项系统的科学活动，为了高效率地实现目标，必须经过预测、决策和计划3个阶段。作为第一阶段的预测是后两个阶段的基础和前提条件，是为决策和计划服务的，是提高管理水平和组织水平的重要手段。[①] 因此，科学的预测对于提高决策科学性、提高管理效率具有重要作用，具体表现在以下几个方面：

（一）预测帮助人们认识和控制未来的不确定性，最大限度地了解未来

预测是对未来事件的陈述，它告诉人们未来会怎样，即在一定条件下，如果不采取措施和行动，估计将会发生怎样的变化。它是人们对客观世界各种各样事物未来发展变化的趋势以及人类实践活动的后果事先所作的分析和预计，帮助人们最大限度地了解未来，使人们对未来的无知降到最低程度。

（二）预测是编制计划的基础，使计划的预期目标同可能变化的周围环境保持一致

在当今社会，组织所面临的环境日趋复杂多变，组织必须依赖于调查预测所提供的大量信息和对未来发展趋势的预见，才能作出正确的决策，制订切实可行的计划。同时，通过预测，可以发现计划执行过程中可能出现的各种影响因素，为及时调整计划提供依据，使计划的预期目标同可能变化的周围环境保持一致。

（三）预测为科学决策提供了依据

预测可以为组织提供大量的、能够客观准确地反映外部环境状况及其发展趋势的信息，并以此为依据，结合组织的内部条件，为组织的科学决策提供保证。相反，如果忽视了预测，就难以提高管理工作的预见性，也就无法作出正确的决策，更不能有正确的行动。因此，重视预测的作用就意味着管理者具有强烈的未来意识，能够立足现实，面向未来，将决策建立在对未来的科学探索和科学预见的基础上。

三、预测的基本原理

预测总是表现为人们自觉地揭示客观规律和利用客观规律的活动。现代科学预测更是通过对客观现象的历史和现状进行科学分析和调查研究，由过去和现在去推测未来，由已知去推测未知，从而揭示和预见事物未来的发展趋势和规律性的活动。所以，科学预测并不是幻想和任意猜测，而要遵循一定的原理，主要包括以下3个基本原理：

（一）连续性原理

连续性原理是指事物过去和现在的发展变化方向和规律在一定程度上可以延续至未来。[②] 也就是说，未来是今天的发展和延续，过去和现在的某些规律在未来一段时期内将会继续存在，同样过去和现在作出的决策，也会或多或少地影响到将来。所谓连续性包含两方面的含义：一是时间上的连续性，指若系统停止执行过去一直沿用的政策或措施，并不能立即消除其产生的影响，系统仍要按照原有方向运行一段时间。

---

① 姜杰．管理学［M］．济南：山东人民出版社，2003：159.
② 张桂喜，马立平．预测与决策概论［M］．北京：首都经济贸易大学出版社，2006：8.

因此一项政策的出台要考虑其连续性和过渡性，否则可能会引发副作用。二是系统结构的连续性，指系统结构在短期内可以认为是不变的，具有相对的稳定性。比如说，一个国家的经济体制应具有相对的稳定性，不能随意改变。

（二）类推性原理

类推性原理是指事物的结构或规律具有相似性。一些事件可能是其他事件发生的预兆，因此可由已知事物的发展规律类推出其未来状况。换言之，正是由于预测的客观事物具有系统的结构，我们才能提出仿真的模型，正是由于系统结构的稳定，才能使未来事物的发展进程取决于当前的各种关系及趋势。①

（三）相关性原理

相关性原理是指任何事物都不是孤立存在的，必然和周围事物发生联系，并且在与其他事物的相互影响下发展。例如，将企业作为一个系统来看，其在社会上并非孤立存在，它要与政府、供应商、银行等众多机构发生业务往来，并互相制约。深入分析研究对象与相关事物之间的依存关系和影响程度，是揭示其变化特征和规律的有效途径，更是预测其未来状态的有力手段。

第二节　预测的种类

按照不同的标准，可以把预测分为不同种类，而划分的标准主要包括预测的范围、预测所涉及的时间以及预测的方法等。

一、宏观预测、中观预测与微观预测

按预测的范围来划分，可以把预测分为宏观预测、中观预测和微观预测。

（一）宏观预测

宏观预测是指对整个国民经济发展变化趋势进行的综合性预测。它是为制定国家的发展战略和规划提供决策的依据。宏观预测的主要内容如下：

（1）社会未来预测，即对与社会发展有关的未来问题的预测。预测对象主要是由于科学技术的发展而产生的种种社会问题，如人口问题、环境保护问题等等。科学的预测能够为政府制定相应的政策提供依据。同时，社会未来预测还帮助人们及时了解各种社会现象的发展趋势，以便促进对社会有利的发展趋势，阻止对社会有害的发展趋势。

（2）科学技术预测，即对科学技术发明、创造以及应用有关的一系列问题的预测。通过预测，帮助人们了解随着时代的发展、科学的进步，将会有哪些技术发明问世，实际应用的效果如何以及技术发明与所需产品的关系等等。人们在进行科学技术预测时，一般应考虑以下几个方面的因素：各国科学技术的发展情况及趋势；本国整体及相同范围内科学技术的发展情况；跨学科综合性课题的发展情况等等。

（3）经济预测，即对客观经济过程以及变动趋势作出预测，主要是为制定国民经济规划和经济政策服务的。它主要预测最终产品的社会需求量以及各种非生产性的

---

① 章健．管理学［M］．北京：经济科学出版社，2002：168.

社会需求，这是制定基本建设投资计划和产业结构政策的主要依据；预测再生产的社会条件，这是对国民经济计划进行综合平衡的重要依据；预测财政、信贷、税收、储蓄等因素的变动，这是分析国民经济形势、制定宏观调控政策的主要依据；预测国民生产总值、国民收入和社会总需求的情况，这是预计年度计划完成情况、制订下一年度计划和制定控制市场物价总水平政策的主要依据；预测劳动力的需求和供给情况，这是制定教育规划和教育政策的主要依据等等。

（二）中观预测

中观预测是对地区、部门或行业范围内的活动及其发展趋势进行的综合性预测或单项预测，如对某地区的经济增长率的预测等等。

（三）微观预测

微观预测是指对个别组织机构的活动及发展趋势进行的预测。以企业组织为例，微观预测的主要内容如下：

1. 市场需求预测

一种产品的市场需求，实际上是多种因素综合作用的结果，而且随着这些因素的变化而变化，因此，市场需求预测应从市场对本企业产品的品种、性能、质量、服务等方面的需求现状及发展趋势、用户的潜在需求等方面入手进行预测。

2. 市场占有率预测

所谓市场占有率，是指企业产品的销售量占该产品市场销售总量的比重。对企业产品市场占有率的预测，主要是预测企业市场占有率的发展趋势及其影响因素，充分估计竞争对手的变化，并对各种影响本企业市场占有率的因素采取适当的策略加以控制。

3. 价格预测

价格预测内容包括市场对企业产品价格的接受程度、相关产品及原材料的价格变动趋势等。

4. 产品生命周期预测

产品生命周期，是指产品从进入市场成为商品开始到被市场淘汰为止所经历的全部时间。预测现有产品生命周期，可以使企业了解自己的产品处于生命周期的哪个阶段，以便企业对处于不同生命周期阶段的产品采取不同的竞争策略，以提高企业的竞争能力和经济效益。对产品生命周期的预测，主要是对与该产品有关的科学技术的发明进行预测，如有关的新材料、新工艺的发展趋势等，从而正确判断产品所处的生命周期。

此外，还有企业的利税增长率、资源等方面预测。

总之，微观预测和中观预测是宏观预测的基础和前提，宏观预测是微观预测和中观预测的综合和扩大，它们是互相联系、互相依存和互相补充的。

二、静态预测与动态预测

按预测对象所涉及的时间，可将预测分为静态预测与动态预测。

（一）静态预测

静态预测是指在同一时期由某一现象的已知变量来推算另一现象的未知变量的预

测。静态预测的应用并不是很广泛，只在少数情况下出现，比如，在回归预测中根据某一时期产品的销售量推算该期产品成本的预测。

（二）动态预测

动态预测又称时间数列预测，是指对现象未来发展趋势的外推预测。例如，根据某一段时间内的商品销售量预测未来某一时间内的商品销售量。

在动态预测中，又可按预测时间长短分为短期预测、中期预测和长期预测 3 种。

（1）短期预测一般指 1 年以内的预测，多数是 1 周、1 个月或几个月。它使用的资料是月或季度数据，适用于市场需求等方面的预测。由于其预测时间短，因此不确定性因素少，预测可靠性较高，指标也比较具体。例如，某化工企业根据化工市场需求和目前经营状况，对下年度的销售市场、生产水平、经济效益进行预测。

（2）中期预测一般是指 1 年到 5 年的预测。它使用年度资料，适用于年度计划、5 年计划以及生产技术发展等预测。

（3）长期预测一般是指 5 年以上的预测。它使用年度资料，适用于经济、科学、技术等发展及市场变化趋势等预测。

通常，微观预测以中、短期为主，宏观预测以长期为主。中、长期预测由于时间跨度较长，不确定因素较多，一般来说预测误差较短期预测的误差要大一些，所以，预测指标较概括些，而且在初步预测后，必须经常搜集新的资料对预测结果进行修正。

三、定性预测与定量预测

按预测所使用的方法可把预测分为定性预测与定量预测。

（一）定性预测

定性预测是在缺乏定量数据时，凭借预测者的直觉、经验和综合分析能力，根据预测对象的性质、特点、过去和现在的延续状况及最新信息等，对预测对象未来的发展趋势作出预测，并估计其可能达到的程度。

定性中的“定”，定的是预测目标未来的发展性质，有时也定出性质的程度。

定性预测使用的方法主要是定性的、主观的，以经验和逻辑判断为主。这种方法直观、经济，看似简单，其实掌握起来并不容易，它需要预测者有足够的经验和综合分析、判断能力。这种方法适用于缺乏历史资料，或影响因素较复杂，或对主要因素难以定量分析的情况。

（二）定量预测

定量预测是依据统计数据，建立数学模型，并用数学模型计算预测目标未来值的一种近代预测方法。近几十年来受到普遍重视，得到广泛应用，是预测的主要方法，曾获得不少成功。

定量中的“定”，定的是预测目标与影响因素的量。

定量分析的数学模型是指用数字、数学符号和运算符号建立起来的数学等式或不等式。它可以是单一方程或不等式，也可以是多方程或不等式构成的联立方程组或不等式组。定量分析的主要内容是：采用现代数学方法，建立 Y 与 X 之间的数学模型，对预测目标未来的发展进行预测。要注意，在建立数学模型时，切忌“过简的陷阱”

和“过繁的泥潭”。

定性预测又常用于为定量预测做准备，对定量分析的结果进行评价，因此定性预测与定量预测结合起来应用，预测效果会更好。

如何区分定性预测和定量预测，涉及对“定量方法”的理解问题。一般认为，简单的加加减减不算“定量方法”。准确的定量方法应是如上所述的用比较复杂的数学模型来预测的方法。总之，这两种预测方法只能有一个粗略的划分。

第三节 预测的方法

自20世纪60年代以来，随着社会和科学技术的发展，预测技术的发展极为迅速，各种预测方法的开发，提高了预测的科学性。据统计，现在已有150多种预测方法，经常使用的方法也有几十种之多。当然，每种方法都有其适用范围，有时可以同时用几种方法来预测同一个对象，以提高预测的精确度。若仅从方法本身的性质出发，可以将预测方法分为两大类，即定性预测方法和定量预测方法。

一、定性预测方法

定性预测方法往往应用在长期预测上。因为一些关系到长期预测的问题，是不宜或根本无法采用定量预测方法的，尤其是那些预测对象的变化不是渐进式的，而是突变式的，仅从历史统计的时间序列中是无法推测出来的，这就需要运用定性预测方法。当然，对于短期预测和中期预测来说，定性预测也是不可缺少的。定性预测的具体方法很多，这里主要介绍以下几种。

（一）专家调查法

专家调查法又称德尔菲预测法（Delphi Method）。“德尔菲”是古希腊城市名称，相传为预言之神阿波罗的神殿所在地，有许多预言家到此发布预言演说，故以此地名作为预测法的名称。此预测法是由20世纪40年代美国兰德公司（Rand Corporation）的研究人员设计的，50年代盛行于西方国家，80年代日本也采用了这种方法。

概括地讲，德尔菲法就是有反馈的函询调查法，即将所要预测的问题和必要的背景材料，通过信函寄给专家，请他们提出意见或看法，在不泄漏决策人倾向的条件下，将收到的专家答复加以综合整理，然后以匿名形式将归纳后的结果寄回给专家，继续征询意见，如此反复多次，直到对预测问题的意见趋于一致为止。这种方法在创立之初主要用于预测科学技术的发展，后来广泛地用于社会经济方面的预测，尤其是用于市场预测。具体做法可分为以下3个阶段。

1. 准备阶段

预测的组织者确定需要预测的课题，据此设计征询表，并准备可供预测人员参考使用的背景资料。然后选择与预测课题有关的各方面专家参与预测，专家组成员的类型要求分布面较广，具体人数视预测课题的特点而定，一般要求在10人以上。

2. 预测活动阶段

将征询表和背景资料寄给专家组各成员，要求他们在规定的时间内填好并寄回给预测组织者。组织者收到各成员的来信之后，将答案综合整理，并将综合出来的材料反馈给各成员，请他们修正或坚持自己的判断，并书面寄给组织者，组织者收到后，再综合，再反馈。这种过程通常要经过 3 ~4 轮反复，直到各位专家的意见趋于一致为止。

3. 提供信息阶段

预测组织者将全部资料整理出来，作为预测的结果提供给有关方面作为参考。如果专家组各成员的意见看法比较分散、对立，则专家调查法没有结果，但专家们的意见对立分散这种情况本身却能为预测组织者提供有价值的信息。

这种方法最大的优点是既依靠了专家，又避免了专家会议方式的不足，但如果专家选择不合适，则影响预测的准确性等。

（二）综合判断法

这种方法是组织若干个对预测问题比较了解的人员，要求他们根据对客观情况的分析和自己的经验，提出预测意见，组织者将不同人员的预测价值进行综合，得出预测结果。这种方法的优点是能够综合各种人员的知识，充分吸收他们的经验，得出的预测结果比较完整，其缺点是可能受到预测者了解情况的限制。

（三）销售人员估计法

这是销售预测常用的方法之一，是从销售员和销售经理那里获得他们对预期销售量的综合意见。一般先是由某地区的销售员作出对该地区的销售预测，然后再由地区销售经理、公司销售经理进行复核。有时还要由公司中有关商标、广告和市场的管理经理对销售人员所做的估测进行审核。这种方法的优点是第一线工作人员首先进行估测，可参考价值高，预测面广，速度快。不足之处在于有时受到销售人员综合素质的限制，影响预测的准确性。

二、定量预测法

由于数学方法的完善以及计算机的广泛使用，定量预测法已成为某些领域最为常用的方法。定量预测方法有多种，这里主要介绍两种，即时间序列预测法和因果分析预测法。

（一）时间序列预测法

时间序列预测法是一种根据时间序列顺序外推的方法，即把观察到的和记录到的数据按时间顺序排列起来，分析它们的变化趋势和变化程度，找出规律性的因素，以便对下一时期或以后若干时期可能达到的水平作出推测。时间序列预测法最基本的特点是，根据对象过去变化的规律性去预测未来的发展趋势，它的前提是假设事物过去和现在的状况会延续到未来。也就是说，它假设事物的发展是稳定的、持续的，所以才能运用过去的历史数据，加以统计分析，去推测其未来的发展趋势。时间序列预测法是一种比较简便而且易于掌握的预测方法。但由于这类方法实际上是在假定未来仍沿着历史发展趋势变化的条件下使用的，缺少预测突发性重大变化的能力。因此，这种方法主要适用于短期预测，对发展变化比较复杂的长期预测效果则不甚理想。下面介绍时间序列预测法中几种常见的方法。

1. 移动平均法

移动平均法是在简单平均法的基础上发展起来的。它与简单平均法不同之处在于它不是按照时间序列各期的全部数据来描述趋势，而是运用靠近预测期前N项数据的平均值作为未来预测值。这种方法的基本思想是：假定预测对象的未来状况与邻近几期的数据有关，而与较远的数据无关，只选择近期的若干数据加以平均，作为下期的预测值，随着预测时期的向前推移，所用数据也向前推移，因此，称为移动平均法。

这里以一次移动平均法为例，介绍如下：

一次移动平均法，是通过一次移动平均进行预测值的计算，又分为简单一次移动平均法和一次加权移动平均法。

(1) 简单一次移动平均法

设时间序列为 Y_1，Y_2，…，Y_t，…；以 N 为移动时期数（$N \leq$ 观察时期数 n），简单一次移动平均数 Mt 的计算公式如下：

$$M_t = \frac{Y_t + Y_{t-1} + \cdots + Y_{t-N+1}}{N} \tag{6-1}$$

则用简单一次移动平均法进行预测，其预测模型为：

$$\hat{Y}_{t+1} = M_t = \frac{Y_t + Y_{t-1} + \cdots + Y_{t-N+1}}{N} \tag{6-2}$$

即以第 t 期的移动平均数 M_t 作为 $t+1$ 期的预测值 $\hat{Y}_{t+1}$。

【例1】某企业2013年1—11月份的销售额见表6-1，试用简单一次移动平均法预测12月份的销售额。

表6-1 简单一次移动平均值计算表

月份	销售额（万元）	$M_t = \hat{Y}_{t+1}$	
		$N=3$	$N=5$
1	550		
2	560		
3	650		
4	600	586.67	
5	625	603.33	
6	675	625.00	597.00
7	670	633.33	622.00
8	690	656.67	644.00
9	700	678.33	652.00
10	690	686.67	672.00
11	710	693.33	685.00
12		700.00	692.00

从表6-1中结果可知，当 $N=3$ 时，2013年12月份销售额预测值为700万元，$N=5$ 时，预测值为692万元。

运用简单一次移动平均法的关键在于移动时期数 N（又称步长）的选择，取不同的步长，得到的预测值不同。N 取多大，应根据具体情况来确定。一般情况下，N 在3~6之间选择。如果实际观察值波动较大，N 应取大些，以消除随机干扰，显示出长期趋势；如果实际观察值的变化比较平稳，波动不大，N 宜取小些，以使预测值能灵敏地反映出真实的变化趋势；如果时间序列存在周期波动，则 N 应等于其周期，以消除周期变动的影响。

简单一次移动平均法的优点是非常简便易行，但它存在明显的缺点，即平等对待步长内的数据、预测值出现滞后偏差。这主要是因为没有考虑时间因素对预测值的影响。为克服上述缺点，可以分别采用一次加权移动平均法和二次移动平均法，这里我们只介绍一次加权移动平均法。

（2）一次加权移动平均法

若要考虑各期数据的重要性，对近期数据给予较大的权数，远期数据给予较小的权数，就应采用一次加权移动平均法。

设 W_1，W_2，…，W_N 为移动步长 N 期内由近至远各期观察值的权数（$\sum_{i=1}^{N} W_i = 1$），一次加权移动平均数 Mtw 的计算公式如下：

$$M_{tw} = Y_t W_1 + Y_{t-1} W_2 + \cdots + Y_{t-N+1} W_N \qquad (6-3)$$

则利用一次加权移动平均法进行预测，其预测模型为：

$$\hat{Y}_{t+1} = M_{tw} = Y_t W_1 + Y_{t-1} W_2 + \cdots + Y_{t-N+1} W_N \qquad (6-4)$$

即以第 t 期的加权平均数 M_{tw} 作为 $t+1$ 期的预测值 $\hat{Y}_{t+1}$。

【例2】利用【例1】的资料，令 $N=3$，权数 $W_1=0.5$，$W_2=0.3$，$W_3=0.2$，运用一次加权移动平均法对销售额进行预测，结果见表 6－2。

表 6-2　　**一次加权移动平均值计算表**

月份	销售额（万元）	$M_t=\hat{Y}_{t+1}$
1	550	
2	560	
3	650	
4	600	650×0.5+560×0.3+550×0.2=603
5	625	600×0.5+650×0.3+560×0.2=607
6	675	625×0.5+600×0.3+650×0.2=622.5
7	670	675×0.5+625×0.3+600×0.2=645
8	690	670×0.5+675×0.3+625×0.2=662.5
9	700	690×0.5+670×0.3+675×0.2=681
10	690	700×0.5+690×0.3+670×0.2=691
11	710	690×0.5+700×0.3+690×0.2=693
12		710×0.5+690×0.3+700×0.2=702

一次加权移动平均法固然简单，但有其局限性。对于没有明显趋势变动的时间序列，可直接用于预测。但当实际资料出现明显的线性增长或减少的变动趋势时，用一次加权移动平均值来预测就会出现滞后偏差。因此要进行修正，修正的方法是，对一次加权移动平均之后再进行一次加权移动平均，这就是二次移动平均法。此时，根据原数值、一次加权移动平均值和二次移动平均值三者之间的滞后关系，先求出一次加权移动平均值和二次移动平均值之间的差值，然后将此差值加到一次加权移动平均值上去，再考虑趋势变动值，就能得到比较接近实际的预测值。

2. 指数平滑法

移动平均法简便易行，但也存在一定的问题：一是如要取得一个移动平均预测值必须存储最近 N 期的数据；二是只考虑了最近 N 期的数据，而对 $t-N$ 期以前的数据完全没有考虑。为了改进此方法的缺点，1959 年，美国学者布朗在《库存管理的统计预测》一书中，提出了指数平滑法，并得到了广泛的应用。

指数平滑法的特点是在预测过程中利用了所有的历史资料，并采取了按指数规律递减的权数，远离预测期的数值予以较小的权数，体现了“重近期，轻远期”的客观要求。按平滑次数不同，又分为一次、二次及三次指数平滑法。这里主要介绍一次指数平滑法。

设时间序列为 Y_t，Y_{t-1}，Y_{t-2}，…，Y_1；

设各时期权数分别为 α，$\alpha(1-\alpha)$，$\alpha(1-\alpha)^2$，…，$\alpha(1-\alpha)^{t-1}$（α 为加权系数，$0<\alpha<1$），则指数平滑值 S_t 为：

$$S_t=\alpha Y_t+\alpha(1-\alpha)Y_{t-1}+\alpha(1-\alpha)^2Y_{t-2}+\cdots+\alpha(1-\alpha)^{t-1}Y_1$$
$$=\alpha Y_t+(1-\alpha)S_{t-1} \tag{6-5}$$

式中：S_{t-1}——$t-1$ 期的指数平滑值，也就是 t 期的预测值 $\hat{Y}_t$；

S_t——t 期的指数平滑值，也就是 $t+1$ 期的预测值 $\hat{Y}_{t+1}$。

则一次指数平滑法的预测模型为：

$$\hat{Y}_{t+1}=S_t$$
$$=\alpha Y_t+(1-\alpha)\hat{Y}_t \tag{6-6}$$

式中：$\hat{Y}_{t+1}$——$t+1$ 期的预测值；

$\hat{Y}_t$——t 期的预测值；

Y_t——t 期的实际值；

α——加权系数（平滑系数）。

由上式可见，一次指数平滑法不需要存储最近 N 期的观察值，在第 t 期预测 $t+1$ 期时，只需要第 t 期的观察值 Y_t 和预测值 $\hat{Y}_t$，再由预测者选择一个合适的平滑系数 α 值即可。

运用指数平滑法预测时，平滑系数 α 取值不同，预测结果也不一样。一般 α 的选取遵循以下原则：①当时间序列波动不大时，可取较小的 α 值（0.05～0.2）以减小修正幅度，使预测模型包含较长的时间序列信息。②当时间序列具有明显的变动趋势时，可取较大的 α 值（0.3～0.6），以便迅速跟上数据的变化，提高预测模型的灵敏度。在实际应用时，可取几个 α 值进行试算，相互比较，然后根据情况作出决定。一个总的原则是，α 的选择应使预测值与实际观察值之间的误差最小。

【例 3】某厂 2013 年自行车生产量为 7 万辆，对该年的预测数为 6.5 万辆。若取 $\alpha=0.6$，则 2014 年的自行车产量预计为：

$$\hat{Y}_{t+1}=\alpha Y_t+(1-\alpha)\hat{Y}_t$$
$$=0.6\times7+(1-0.6)\times6.5$$
$$=6.8\text{（万辆）}$$

一次指数平滑有它的局限性，只适用于水平形历史数据的预测，而不适用于成斜坡形线性趋势历史数据的预测。此时，要用二次指数平滑或更高次的指数平滑，否则，会产生较大的系统误差。

二次指数平滑法适合大体上呈现直线上升或下降趋势的时间序列。其应用范围比一次指数平滑法广泛。具体做法是先求出一次指数平滑值和二次指数平滑值，将两者的差值加到一次指数平滑值上，再加上趋势变动值就能得出接近实际的预测值。更高次的指数平滑方法，依此类推。在这里，我们就不加以介绍了。

（二）因果分析预测法

因果分析预测法是比较常用的一种统计预测法，一般用于测定企业的销售量和其他各个因素之间的相互关系。它是根据已知的或假设的变量来预测某一个变量。使用此法预测是以找到的一些准确的相互关系为前提的。预测人员需研究各种相互关系，从中找出可供预测的指示性资料，或拟出公式，以此说明若干变量和某一变量的关系，从而找出某种趋势或相关关系。

其中，回归分析预测法是因果分析预测法的种类之一，它着重研究引起预测对象未来状态变化的各种客观因素的作用情况，找出其间的相关关系。与时间序列预测法不同，回归法不是停留在数据形式上，而是注重事物的因果关系，力求找到隐藏于现象背后的根源。而且，它不只是一般地找出因果关系，而是在复杂的因果关系中分清主次、作出定量分析。也就是说，回归法运用数理统计的基本原理，对数据进行分析，求得相关系数。相关系数越大，因果关系也就越密切，而根据这种因果关系也就能够推断未来。可见，回归法在注重对相关系数的把握中剔除了不相关的因素，然后根据那些紧密相关的因素作出综合考虑，从而大大提高了预测的可靠性。

回归分析是反映事物发展变化中一个因变量对一个或多个自变量的关系，把这种关系用适当的回归预测模型（也称回归方程）表达出来，从而进行预测。其中，自变量是指影响预测对象变化的各种因素，因变量则是指在各种影响因素的量变化的作用下，预测对象的变化。根据自变量是一个、两个或是多个，可以把回归模型分为一元模型、二元模型和多元模型。

如果仅仅考虑一个自变量对因变量的变化影响，则是一元回归分析预测。一元回归分析模型可以分为一元线性回归模型和一元非线性回归模型。其中线性模型是基础，非线性模型的情况可以通过变量代换化为线性的形式。我们在这里只介绍一元线性回归分析。

一元线性回归模型又称为简单直线回归模型，这种模型的建立和应用，是根据成对的两种变量的观察数据，拟合直线方程式，再根据自变量的变动来推算因变量发展趋势和水平。

一元线性回归模型为：

$$\hat{Y}_t = a + bx \tag{6-7}$$

式中：x——自变量；

$\hat{Y}_t$——因变量的预测值；

a、b——参数。

式中的 a 表示直线在 y 轴上的截距，即 $x=0$ 时 y 的值；b 表示直线的斜率，又称 y 对 x 的回归系数，表明 x 每变动一个单位数值时 y 的平均变动数量。

要对相关关系的现象拟合回归方程，并利用回归方程进行预测、控制，必须首先确定相关关系的密切程度。现象之间只有存在较高程度的相关关系，才有必要进行回归方程的拟合，否则回归方程的拟合是无意义的。两个变量之间的线性相关程度可以用相关系数 γ 来描述，其计算公式如下：

$$\gamma = \frac{\sum_{i=1}^{n}(x_i - \bar{x})(y_i - \bar{y})}{\sqrt{\sum_{i=1}^{n}(x_i - \bar{x})^2 \sum_{i=1}^{n}(y_i - \bar{y})^2}}$$

相关系数 γ 的数值范围在-1 和 1 之间。γ=0，则自变量 x 与因变量 y 之间没有线性关系；γ=1，则自变量 x 与因变量 y 高度相关。

在原始观察数据的基础上，如果我们已经用相关分析的方法判断自变量和因变量之间的关系是属于高度相关，那么可以用最小平方法求得直线方程的两个待定系数 a、b。略去推导过程，公式如下：

$$a = \bar{Y} - b\bar{X} \tag{6-8}$$

$$b = \frac{\sum X_i Y_i - \bar{X}\sum Y_i}{\sum X_i^2 - \bar{X}\sum X_i} \tag{6-9}$$

【例 4】某企业 2004—2013 年的广告费与销售额的资料见表 6-3。

表 6-3 **某企业 2004—2013 年广告费与销售额资料** 单位：万元

年份	2004	2005	2006	2007	2008	2009	2010	2011	2012	2013
广告费	20	32	28	44	40	52	76	60	88	92
销售额	240	300	280	420	400	440	500	480	560	600

假设 2014 年该企业的广告费用为 100 万元，预测 2014 年该企业的销售额。

解：首先求待定系数 a、b，按照求 a、b 的要求计算见表 6-4。

表 6-4 **计算表**

年份	Y（销售额）（万元）	X（广告费）（万元）	X^2	XY
2004	240	20	400	4 800
2005	300	32	1 024	9 600
2006	280	28	784	7 840
2007	420	44	1 936	18 480
2008	400	40	1 600	16 000
2009	440	52	2 704	22 880
2010	500	76	5 776	38 000
2011	480	60	3 600	28 800
2012	560	88	7 744	49 280
2013	600	92	8 464	55 200
合计	4 220	532	34 032	250 880

代入公式求 a 和 b：

$$\bar{Y} = \frac{\sum Y_i}{n} = 422 \qquad \bar{X} = \frac{\sum X_i}{n} = 53.2$$

$$b = \frac{\sum X_i Y_i - \bar{X} \sum Y_i}{\sum X_i^2 - \bar{X} \sum X_i} = 4.6$$

$$a = \bar{Y} - b\bar{X} = 422 - 4.6 \times 53.2 = 177.28$$

因此，由回归方程 $Y=a+bX$，得到：

$$Y=177.28+4.6X$$

将 2014 年的广告费 $X=100$ 万元带入，可得 2014 年销售额的预测值为 637.28 万元。

第四节　预测的精度与预测的步骤

一、预测精度

预测不可能完全与实际相符，这是因为在实际工作中存在着大量的不确定的因素，预测只能是一种估计或是一种统计平均值。未来的实际情况和预测结果之间肯定会存在或大或小的误差，但为了达到预测的效用，就需要尽力追求较高的预测精度。那么，什么是预测精度呢？预测精度是指预测结果与实际情况的符合程度，是衡量预测方法是否适用于预测对象的一个重要指标。预测结果若达不到一定的精确度就不可能具有效用，只有具有较高精确度的预测结果，才会对决策发生积极的影响，从而实现其效用。[①]

（一）影响预测精度的主要因素

（1）资料的准确性与完备性。预测者所掌握的资料是否准确、全面和及时是影响预测精度的重要因素之一。若所掌握的资料不完整、不准确或时效性不强，那么预测结论就会与客观实际有很大误差。因此，在进行预测之前，要根据预测的任务要求，广泛搜集各方面的资料并进行加工整理，以尽量减少由于数据资料问题所引起的预测误差。

（2）预测方法的适用性。预测的方法很多，但每种方法都有一定的适用范围。对于同一预测对象，采用不同的预测方法，可能会得到不同的预测结果。如果选错了预测方法，会造成较大的预测误差甚至失误，选择合适的预测方法是提高预测精度的一个重要条件。因此，在选择预测方法时应考虑诸如预测的期限、数据的散布形式、模型的应用范围等各方面因素，要在全面地分析这些因素的基础上选择合适的方法。

（3）模型的正确性。预测模型是预测对象的一种简化的表达式，由于它忽略了某些影响因素，所以一般都有一定的误差。但是只要我们建立的模型是合理的，符合预测要求的，就可能得到较高的预测精度。

（4）预测者的素质。这是影响预测精度的最为主观的因素。在预测工作中，预测者应对预测对象与其他影响因素之间的相互关系和各变量所显示的规律有准确的把

① 张桂喜，马立平．预测与决策概论［M］．北京：首都经济贸易大学出版社，2006：10.

握；对预测方法的掌握程度，对资料的整理、处理技术也应达到较高的水平。

（二）预测精度的度量指标

预测精度的度量指标有多种，一般用各种误差来表示，误差的大小意味着预测精度的高低。误差越大，预测的准确性就越低；反之，预测准确性越高。常用的度量指标有以下几种：

1. 单个预测值的误差 e_t。设变量的实际值为 Y_t，预测值为 $\hat{Y}_t$，则第 t 期的预测误差为：

$$e_t = Y_t - \hat{Y}_t \quad (t=1,\ 2,\ \cdots,\ n)$$

$e_t>0$ 表示预测值低于实际值，$e_t<0$ 表示预测值高于实际值，$e_t=0$ 表示预测准确。

2. 单个预测值的相对误差 e_t'：

$$e'_t = \frac{e_t}{Y_t} = \frac{Y_t - \hat{Y}_t}{Y_t} = \quad (t=1,\ 2,\ \cdots,\ n)$$

相对预测误差通常用百分数表示，比如 $e'_t=3\%$，就表示预测值比正常值偏低 3%。

3. 平均绝对误差 MAE：

$$\text{MAE} = \frac{1}{n}\sum_{t=1}^{n} |e_t| = \frac{1}{n}\sum_{t=1}^{n} |Y_t - \hat{Y}_t|$$

4. 平均绝对百分误差 MAPE：

$$\text{MAPE} = \frac{1}{n}\sum_{t=1}^{n} \frac{|e_t|}{Y_t} = \frac{1}{n}\sum_{t=1}^{n} \frac{|Y_t - \hat{Y}_t|}{Y_t}$$

5. 均方误差 MSE：

$$\text{MSE} = \frac{1}{n}\sum_{t=1}^{n} e_t^2 = \frac{1}{n}\sum_{t=1}^{n} (Y_t - \hat{Y}_t)^2$$

二、预测的步骤

预测作为一种对客观事物发展前景的探索性的研究工作，有一套相对稳定的、科学的预测步骤。不管何种预测，采用何种方法，若想保证预测工作顺利开展，并取得较为理想的效果，一般应遵循下列步骤：

（一）确定预测目标，制订预测计划

预测一般是为了解决管理中存在的问题，因此要根据解决问题的设想，从决策与管理的需要出发，紧密联系实际需要和可能，确定预测要达到什么样的目的，即确定预测目标。确定预测目标要求对所预测的对象和问题的性质有明确的了解，也要求对预测的目标有明确的表述。在确定预测目标之后，紧接着要进行的就是制订预测计划。预测计划是根据预测目标制订的预测方案，包括预测的内容、项目，预测所需要的资料，备选的预测方法，预测的进程和完成时间，编制预测的预算，调配力量，组织实施等等。目标明确、计划科学是预测顺利进行的必要前提，否则就会迷失方向，无所适从。

（二）搜集、整理和分析有关资料

准确无误的调查统计资料和信息是预测的基础。应根据预测目标的要求，利用科学的方法，广泛搜集预测所需要的各种资料，包括反映本单位历年经济活动情况的统计资料、市场调查资料等内部资料，从本单位外部搜集到的各类经济信息等外部资料，以及与预测目的、内容有关的各种历史资料和影响未来发展的现实资料，也就是要从多方面搜集资料。并从这些资料中初步筛选出与本单位预测项目有密切关系的资料，筛选标准有3个，即直接有关性、可靠性、最新性。为了保证资料的准确性，初步筛选后还要对资料进行必要的整理。资料的整理包括：对不准确的资料进行查证核实或删除；将不可比的资料调整为可比；对短缺的资料进行估计核算；对总体的资料进行必要的分类组合。只有根据预测目的和计划，从多方面搜集必要的资料，经过整理和分析，了解事物发展的历史和现状，认识其发展变化的规律性，预测才会准确可靠，预测才有质量保证。

（三）选择适当的预测方法与模型进行预测

建立符合客观实际的模型并选定适当方法进行预测是预测的核心，也是得到较为精确预测结果的关键。虽然预测的方法不少，但没有哪一种方法对所有的问题都是适用的，只有当预测对象及其影响因素之间反映的规律符合预测方法的要求时，所选方法才是适用的，得到的预测结果才比较可靠。因此，要得到接近实际的预测结果，就必须分析研究了解预测对象的特性，同时根据各种预测方法的适用条件和性能，选择出合适的预测方法。

对定性预测方法或定量预测方法的选择，应根据掌握资料的情况而定。当掌握资料不够完备、准确程度较低时，可采用定性预测方法。如对新的投资项目、新产品的发展进行预测时，由于缺乏历史统计资料和经济信息，一般采用定性预测方法，凭掌握的情况和预测者的经验进行判断预测。当掌握的资料比较齐全、准确程度较高时，可采用定量预测方法，运用一定的数学模型进行定量分析研究。为充分考虑定性因素的影响，有时在定量预测基础上要进行定性分析，经过调整后才定案。在具体预测方法的选择上，应根据预测目标的具体情况选择适合的一种预测方法，也可以同时采取几种预测方法，以便相互比较、分析和修正，使预测结果更加准确。由于各种方法的特点、应用条件各不相同，因此为预测方法的选择带来一定的困难，但是，以下几点是值得注意并应综合考虑的：①预测方法要同预测对象相适应；②问题的重要程度；③预测的期限和范围；④搜集和应用数据的可能性；⑤预测费用和时间的花费。

（四）分析评价预测结果

经过定量计算或定性分析得出的预测结果一般不可能与实际完全吻合，所以还必须进行分析评价。分析评价主要是对预测结果的准确性和可靠性进行论证。预测结果受到资料的质量、预测人员的分析判断能力、预测方法本身的局限性等因素的影响，未必能确切地反映预测对象的未来状态。此外，各种影响预测对象的外部因素在预测期间也可能出现新的变化，因而要分析各种影响预测精度的因素以及这些因素的影响程度和范围，进而估计预测误差的大小，评价预测的结果。

（五）修正预测结果

在分析评价的基础上，通常要对初步预测结果进行修正，得到最终的预测结果。由于种种原因，预测结果经常会出现误差，这就需要根据误差的大小及产生的原因，考虑当时的情况以及未来发展趋势，对预测结果进行修正，得出符合客观情况的、恰当的预测值。如果预测误差未超出允许的范围，即可认为模型的预测功效合乎要求，否则，就需要查找原因，对模型进行修正和调整。由于在预测当时，预测对象的未来实际数值还不知道，此时的预测误差分析只能是样本数据的历史模拟误差分析或已知数据的事后预测误差分析。因此，对预测结果进行评价修正时还要对预测过程的科学性进行综合考察，这可由有关领域的专家参加的预测评论会议讨论作出。

（六）提出预测报告，交付决策

在取得满意的预测结果以后，要将整个预测的内容、方法和结果形成预测报告，提供给领导或其他有关部门，作为编制计划、制定决策和拟订策略的依据。这是预测工作的最后一个环节。预测报告的主要内容包括：预测对象的过去和现在；预测模型；预测结果；对预测对象有重要影响的各种因素；预测对象在预测期内的发展趋势；达到预测目标的各种有效途径和所需要的条件等。

本章小结

所谓预测是在一定理论的指导下，以过去和现在的信息为基础，运用已有的知识、经验和科学方法，对预测对象未来的演变规律和发展趋势进行判定和估算。预测在现代管理中的作用举足轻重，它可以帮助人们认识和控制未来的不确定性，最大限度地了解未来；预测也是编制计划的基础，使计划的预期目标同可能变化的周围环境保持一致；预测同时也为科学决策提供了依据。预测活动的进行依据3个基本原理，即连续性原理、类推性原理和相关性原理。按不同的标准可以把预测分为不同种类：按预测的范围来划分，可以分为宏观预测、中观预测和微观预测；按预测对象所涉及的时间，可分为静态预测和动态预测；按预测所使用的方法，可分为定性预测和定量预测。其中，定性预测法包括专家调查法、综合判断法、销售人员估计法等；定量预测法包括时间序列预测法和因果分析预测法等。预测是否有效取决于预测的精度，影响预测精度的主要因素有：资料的准确性与完备性、预测方法的适用性、模型的正确性和预测者的素质。预测精度的度量指标主要包括：单个预测值的误差、单个预测值的相对误差、平均绝对误差、平均绝对百分误差和均方误差。采用不同的预测方法其具体步骤也不尽相同，但预测的一般步骤为：①确定预测目标，制订预测计划；②搜集、整理和分析有关资料；③选择适当的预测方法与模型进行预测；④分析评价预测结果；⑤修正预测结果；⑥提出预测报告，交付决策。

复习思考题

1. 如何理解预测的概念及其在现代管理中的作用？
2. 为什么说预测既是科学又是艺术？
3. 举例说明什么是动态预测？什么是静态预测？

4. 德尔菲法是怎么样的一种方法，有什么特点？
5. 要想保证预测工作顺利展开，一般应遵循哪些预测步骤？

案　例

转产前的预测

某省专用汽车制造厂的前身是省前进机车厂。该厂建厂几十年以来一直没有主导产品，有时为其他大厂生产部件，有时也生产整车。在改革开放之前，依靠国家计划，机车厂还能维持生存，但是随着经济体制改革的进行，由于没有自己的特色产品，该厂举步维艰，陷入了困境。高层管理者意识到必须发掘出定型产品，企业才有生存的希望。

他们首先进行了深入的调查研究，广泛搜集相关信息资料。将搜集到的国内外信息进行整理分析后发现，随着我国国民经济的发展，专用汽车的需求比例势必会逐年增长。在肯定了专用汽车的发展前景后，仅在2年中，该厂就派出1 000多人次到全国120多个城市进行调查研究，进一步获得了大量的有关专用汽车的有价值的信息。经过对这些信息的整理、分析、研究后发现，不仅专用汽车是很好的生产方向，而且其中的环卫和石油两个系统的专用车需求尤为迫切。据此，该厂找到了开拓市场设计新产品的思路，将环卫系统急需的垃圾车、真空吸粪车、喷洒冲洗车以及石油系统所需的油田修理工程车，原油运输车作为研发生产的主要方向。

接下来进行进一步的测算分析，首先对全国的垃圾车市场需求量进行预测，第二年全国垃圾车的客观需求量为1.0177万辆，而且还将随着人口的增加而不断增加；垃圾车的预计寿命约在10~19年之间，在此基础上对全国垃圾车销售饱和量的预测表明，垃圾车20年饱和需求量在1.0499万~1.8808万辆之间。同时，该厂也对真空吸粪车、喷洒冲洗车、油田修理工程车和原油运输车分别进行了市场需求量和销售饱和量的预测，最终发现专用汽车的市场前景是相当广阔的。

最后，高层管理人员经过认真权衡、慎重分析，决定扬长避短，作出了转产专用车的决策，并根据对各类专用汽车预测的结果作出相应的生产计划并投入生产。

随着时间的推移，该厂生产的专用车越来越受到用户的青睐。为了使更多的用户了解他们的厂及其产品，该厂就把原厂名改成了某省专用汽车制造厂。

资料来源　苏慧文，姜忠辉．管理学原理与案例［M］．青岛：青岛海洋大学出版社，1999.

思考题

1. 该厂转产专用车之前作出了哪些预测？他们的预测是如何作出的？
2. 结合本案例说明预测的作用及预测的大致步骤。

第七章

决策

本章要点与学习目标

决策理论学派的代表人西蒙认为，管理就是决策，整个管理就是围绕着如何制定和组织实施决策而展开的，决策贯穿于管理的全过程。本章主要阐述作为管理活动核心与基础的决策的含义、类型、作用，介绍了决策的程序以及常见的决策方法。通过本章的学习，要理解决策的含义和作用，了解决策的特点，区别各种不同类型的决策，认识决策在实践中的作用，掌握决策的基本程序，了解决策的方法。

第一节 决策的含义与作用

一、决策的含义及特点

所谓决策（decision making），通俗地说，就是人们为某一件事情拿主意、下决心、作出合理抉择的过程。中外学者从不同的角度给出了许多不同的说法。

著名经济学家、美国科学家赫·阿·西蒙（H. A. Simon）认为“管理就是决策”。

路易斯（Pamela S. Lewis）、古德曼（Stephen H. Goodman）和范特（Patricia M. Fandt）将决策定义为“管理者识别、解决问题以及利用机会的过程”。

有的学者从实际操作角度出发，认为决策是从两个或两个以上的可行方案中选择一个合理方案的分析判断过程。

从决策的过程来看，有人认为，决策是组织的决策者以其知识、经验和掌握的信息为依据遵循决策的原理原则，采用科学的方法，确定组织未来的行动目标，并从两个以上可能实现目标的行动方案中选择一个较为满意的方案的分析判断过程。

以上定义从不同的侧面揭示了决策的内涵，综合各家的观点，本书认为，决策就是为了解决组织面临的问题，实现组织目标，在科学搜集并详细分析相关信息的基础上，提出解决问题和实现目标的各种可行方案，依据评定准则和标准，选定方案并实施控制的过程。

决策的特点可以概括为以下几方面：

（一）决策是行动的基础

任何一项管理活动都要预先明确此项活动要解决什么问题，达到什么目的，达到此目的有哪些方案，哪种方案比较好。决策就是要对可供选择的方案进行分析评价，从而选择一个满意的方案付诸实施，最后实现组织的预期目标。可见，决策是行动的基础。

（二）决策具有一定的超前性

决策是行动的基础，这种行动是未来的行动，所以，决策具有一定的超前性。这就要求决策者特别是战略决策者要有很好的概念能力，决策者只有思维敏锐、意识超前，才能关注到事物未来的发展变化，适时作出正确的决策。

（二）决策有明确的目的

决策是为了解决问题或者利用机会，实现一定的目标。在对行动方案进行选择时，要有明确的目的，不能模棱两可，否则，决策就没有方向，导致决策无效甚至失败。所以，必须明确为什么要进行决策，决策的最终目的是什么。

（三）决策要有备选方案

决策必须面对两个以上的可行方案。每个方案都满足以下条件：①能够实现预期目标；②各种影响因素都能进行定性和定量分析；③无法控制的因素基本能预测出实现的概率。决策的前提是寻求若干个可行方案，如果不存在两个以上方案，就不存在选择，也就无所谓决策了。

（四）决策是一个过程

从表面上看，所有可能的方案都被罗列出来以后，决策者的工作只是从中选择方案，但事实上，决策者需要做大量的工作，如，调查、分析和预测工作，然后确定行动目标，找出可行方案，并进行判断、权衡并选择最终方案，没有这个过程就很难有合理的决策。因此，决策是一个循环过程，而不是一个瞬间作出的决定。

二、决策的地位与作用

决策是衡量组织管理水平高低的重要标志之一，是管理者从事管理工作的基础。美国俄勒冈大学商学院教授威廉·斯塔巴克（William Starbuck）认为，"决策"一词的使用改变了管理者对自己工作的看法，促使人们追求行动上的利索和作风上的果断。斯塔巴克认为："政策制定可以无休无止地进行下去，资源分配也总是没完没了，而'决策'则意味着思考的结束，行动的开始。"因此，我们必须充分认识决策在管理中的重要地位和作用。

（一）决策关系到组织的生存和发展

决策是组织从事管理活动的第一步，决策的正确性和科学性对管理活动的成败起着决定性的作用。决策正确，管理效率高，就能够提高组织的工作效率，为组织兴旺发达打下良好的基础；决策失误，管理效率就可能低下，甚至是负效率，则会使组织面临灾难性的损失。这在组织总体决策上表现得尤其明显。因此，必须使决策科学化，进行科学决策。

（二）决策是管理工作的核心

管理工作是多方面的，但是，在一定意义上讲，都是围绕决策开展的。计划职能中，目标的确定、资源的分配、方法和步骤的采用都需要决策；组织职能中，组织机构的设立、部门职权的划分、人员的选配等，也都需要决策；在行使领导和控制职能时更不例外。总之，计划、组织、领导和控制各项管理职能的实现过程都离不开决策。同时，这些活动本身也有具体的决策问题。可以说，决策贯穿于管理过程的始终。

（三）决策是各级管理者的主要职责

管理者的职责很多，但首要的职能就是决策。一切管理者不论其职位高低，都在不同范围、不同层次上参与决策与执行决策。决策及其实施是管理活动的基本内容，从决策目标的提出，到方案的制订、抉择，以及组织实施的全过程，管理者都必须亲自过问、参加并负责到底。

三、决策的原则

由于决策在管理过程中具有重要的地位，影响一个组织的成败，所以，管理者在作决策时要遵循一定的原则，才能确保决策的科学性和可行性。决策的原则是决策者在作出决策时应该遵循的指导原理和行为准则。虽然不同的组织、组织不同的层次及部门等具体的决策各不相同，但在决策过程中所要遵循的主要原则有很多是共同的，概括如下：

（一）系统性原则

系统性原则也称为整体效用原则，要求决策者运用系统理论进行决策，即把决策对象看做一个系统，以系统整体的优化为核心，协调系统中各个子系统的相互关系，使系统完整、平衡，以追求整体优化。因此，在决策时，应该将子系统的特征放到整体中去权衡，并注意事物之间的因果关系和事物发展的客观规律，以整体系统的总目标来协调各个子系统的目标。

（二）满意性原则

满意性原则是由西蒙针对“最优化”原则提出来的。对决策者而言，若想使决策达到最优，必须同时具备下列条件：①容易获得与决策有关的全部信息；②利用信息的能力是无限的，并依据掌握的信息拟订所有可能的方案；③能够准确预测每个方案在未来的执行结果。现实中，由于组织内外环境的不断变化加之决策者的主观能力有限，导致决策者很难搜集与决策有关的全部信息，也不可能拟订所有可能的决策方案，我们选择的方案的执行结果也不能预先准确知晓。所以，决策者只能在特定的内外环境下，充分利用现有的知识，对已掌握的信息进行最大限度的利用，尽可能寻找到相对满意的方案。

（三）选择性原则

选择性原则要求决策者根据决策的目的，在系统地搜集、分析资料的基础上，确定多个能够达到预定目标的可行方案，以便从中选择满意可行的方案。从理论上来说，备选方案越多，决策的可靠性越高。

（四）可行性原则

可行性原则是指在备选方案的制订过程中，对拟订的多个供决策者选择的方案要进行可行性分析，主要是对方案实施的制约因素进行全面、合理的分析。由于任何决策的执行后果都有利弊，决策者只能在权衡后进行合理选择，所以说可行性分析是决策比较重要的一个环节。

（五）反馈性原则

反馈性原则是指在决策的实施过程中，要根据环境的变化对初始决策作出相应的动态调整或改变，使决策的执行始终指向组织目标的实现。由于外部环境的变化冲击，决策在实施过程中经常会存在偏离预期的现象，只有不断地跟踪检查，发现问题及时反馈、及时修正，才能提高决策的质量，保证组织目标的实现。

除了上述原则外，决策者还要注意决策过程中的经济行、科学性、目标性等原则。

第二节　决策的类型

决策根据其解决问题的性质和内容，可以分成许多种类。管理者需要从不同层次和侧面上把握各类决策的特点，以便根据决策问题的特征并按不同的决策类型，作出正确的决策。

一、战略决策、战术决策与业务决策

按决策调整的对象和涉及的时间，可以把决策分为战略决策、战术决策与业务决策。

（一）战略决策

战略决策是指事关组织生存发展的全局性、长期性、战略性问题的决策。它是所有决策问题中最重要的决策。组织资本的变化、国内外市场的开拓与巩固、组织机构的调整、高级管理层的人事变动等方面的决策，都属于战略决策。

战略决策一般需要经过较长时间才能看出决策后果，需要解决的问题比较复杂，主要是协调组织与组织环境之间的关系。因为在决策过程中环境变化性较大，所以往往并不过分依赖于复杂的数学模式及技术，应定量分析和定性分析并重，必要时，可以借助组织外部人员（如咨询顾问等）对战略性决策方案进行设定和分析。战略决策主要由组织内最高管理层负责进行。这类决策对决策者的洞察力、判断力有很高的要求。

（二）战术决策

战术决策是指在执行战略决策过程中所进行的具体决策，旨在实现组织内部各环节活动的高度协调和资源的合理使用，以提高经济效益和管理效能，具有局部性、中期性和战术性的特点。如企业的营销、生产、资金筹措、设备更新等方面的决策，都属于战术决策。战术决策一般由组织的中层管理者负责进行。战术决策是每个主管人员的日常工作内容，它依赖于主管人员的经验和综合研究方法，也可以使用电子计算机和数学模型辅助决策。

（三）业务决策

业务决策是在一定的组织运行机制基础上，处理日常业务的决策。它直接影响组织的日常工作效率，具有琐细性、短期性和日常性的特点。如工作任务的日常分配与检查、工作日程（生产进度）的监督与管理、岗位责任制的制定与执行、企业的库存控制、材料采购等方面的决策，都属于业务决策。业务决策一般由基层管理者负责进行。业务决策是组织中大多数员工经常性的工作内容，是组织所有决策中范围最小、影响最小的具体决策，是组织中所有决策的基础，也是组织运行的基础。通常，业务决策的有效与否，在很大程度上依赖于决策者的经验和常识，包括使用少量的模型和电脑。

如上所述，在组织中不同层次管理者所承担的决策任务是不同的，但它们又是相互依赖、相互影响的，三类决策活动之间有时没有绝对明晰的界限，应按具体情况加以分析和鉴别。在传统上，管理者承担决策任务，但目前随着分权程度和劳动者参与决策意识的提高，已有相当一部分的业务决策已转由有一定工作经验的作业人员负责进行。此外，从日本的经验来看，作业人员和基层管理者参与战略决策、战术决策，也不失为一个好办法，这样能大大减少基层人员对决策结果的抵触情绪，简化决策完成后的宣传工作，更快地推动决策方案的贯彻实施。职工参与决策、管理民主化，是提高管理效率和决策有效性的重要途径。

二、中长期决策与短期决策

按决策所涉及的时间长短，可以把决策分为中长期决策与短期决策。

（一）中长期决策

中长期决策一般是指在较长时期内，通常为3～5年，甚至更长时间才能实现目标的决策。这类决策具有需要一定数量的投资、实现周期长和风险大的特点，如投资方向的选择、组织规模的确定等问题的决策。中长期决策一般属于战略性决策。

（二）短期决策

短期决策一般是指在短时间，通常为1年以内实现的决策。这类决策具有不需要大量投资和时间短的特点。如企业的日常营销决策、物资储备决策等。短期决策一般属于战术或业务决策。

三、高层决策、中层决策与基层决策

按作出决策的层次，可以把决策分为高层决策、中层决策与基层决策。

（一）高层决策

高层决策通常是由高层管理者所作的决策，这类决策多为涉及全局的以及与外界环境相关的重大战略性决策，也有的属于战术性决策，极少数属于日常业务决策。

（二）中层决策

中层决策通常是中层管理人员作出的决策。这类决策多为安排组织一定时期的活动任务，或是为了解决一些比较重要的问题而采取相应措施的决策。中层决策多为战术和业务决策，极少数属于战略决策。

（三）基层决策

基层决策是由基层管理人员根据高层、中层决策作出的执行性决策。基层决策一般都是业务性决策。应注意的是，高层、中层和基层只是一个相对的概念，根据所处系统的不同而不同。

四、程序化决策与非程序化决策

按决策的性质和重复程度，可以把决策分为程序化决策与非程序化决策。

（一）程序化决策

程序化决策，也称规范性决策，是在日常管理工作中反复出现和例行的决策。这类决策问题产生的背景、特点及内部与外部的有关因素已全部或基本上被决策人所掌握，决策者可依靠长期处理此类问题的经验或惯例来完成此类决策。解决这类问题的每一步骤都有规范化的固定的程序，这些程序可以重复地使用，以便解决同类的问题，如订货日程、日常的生产技术管理等。它可以通过制定程序、决策模型和选择方案的标准，由计算机处理。

有资料表明，组织中大量的决策是程序化决策，而且，不同的管理层所面对的程序化决策数量也不同。不少管理者在处理这类重复出现的问题时得心应手，凭经验感觉就能找出问题的症结并提出解决问题的办法。如果把这些经验和解决问题的过程，用程序、规章、标准、制度等文件规定下来，将这些包含了管理实践的真知灼见和有效成果的文件作为指导以后处理类似问题的依据和准则，结果将使组织受益无穷。这些浓缩了管理经验的文件，是几代员工的心血结晶，是组织文化的组成部分，因而是组织的宝贵财富，也是组织的专有技术；程序化决策简化了决策过程，缩短了决策时间，也使方案的执行较为容易，使管理工作趋于简化和便利，降低了管理成本；完整的程序化文件为新上岗者提供了学习的范本，缩短了新上岗者学习和上岗培训实习的时间；程序化决策具体规定了决策的过程，便于组织的授权，使较高管理层特别是最高管理者能摆脱日常琐事的困扰，集中时间和精力处理与组织生存和发展等有关的重大战略问题，提高管理效率。

（二）非程序化决策

非程序化决策也称一次性决策，是指那种从未出现过的或者其确切的性质和结构还不是很清楚或相当复杂的决策。所决策的问题具有极大的偶然性和随机性，很少重复发生，无先例可循且具有大量不确定的因素存在，通常是有关重大战略问题的决策，如新产品的营销战略制定、组织结构调整、企业发展等。由于非程序化决策需要考虑内外部条件变动及其他不可量化的因素，除采用定量分析外，决策者本人所具有的丰富的经验、渊博的知识、敏锐的洞察力和活跃的逻辑思维等主观因素对决策有很大的影响。在决策中，重要而又困难的是非程序化决策，它更需要决策艺术，更能体现决策者的作用。

五、静态决策与动态决策

按决策的时态，可以把决策分为静态决策与动态决策。

（一）静态决策

静态决策也称一级决策，是指决策活动一次完成，没有强调随着事物的发展进程和未来的变化情况对所作的决策采取相应的对策。如新产品开发问题，静态决策只回答一个问题，如本年要开发几个新产品。

（二）动态决策

动态决策也称多级决策，是指对决策问题作出一次决策后，随着事物的发展进程和未来的变化情况，再规定应采取的一系列对策。同样是新产品开发问题，动态决策要回答彼此连贯的多个问题，如为开发新产品还需要多少资金、设备、人力等。

六、确定型决策、风险型决策与非确定型决策

按决策问题具备的条件和决策所处的环境条件及概率情况，可以把决策分为确定型决策、风险型决策与非确定型决策。

（一）确定型决策

确定型决策是指决策者确知环境条件，每一种备选方案只有一种确定的执行结果，决策过程中只要直接比较各种备选方案的执行结果即可。也就是说，当各种可行方案所需的条件是已知的和肯定的，一个方案只有一种结果，因而能预先准确地了解决策的必然结果时，采用确定型的决策方法。确定型决策是在稳定（可控）条件下进行的决策，一般可以利用数学模型加以解决，如利用本量利分析法来确定企业的保本销售量等。

（二）风险型决策

风险型决策也称随机决策，是指未来的环境可能有几种状态出现，决策者不能预先确知环境条件，但环境状态的数目与出现的概率可以预先客观估计，在每种不同的状态下，每个备选方案会有不同的执行后果，所以无论选择哪个方案都有一定的风险。风险型决策的概率是已知的，对执行结果，决策人员可以根据概率进行计算并作出决策，这时，对各备选方案成败可能性的衡量是十分关键的。如股票投资等决策都属于此类决策。

（三）非确定型决策

非确定型决策是指决策者不能预先确知环境条件可能有哪几种状态，并且各种状态出现的概率也是未知的，各个备选方案的执行后果难以确切估计，稍微容易些的是方案实施后可能出现的各种自然状态及其相应的收益情况可以估计。这种不确定性来自于现代组织及其环境的复杂性和动态性。实际上，大多数组织的决策，都属于这种非确定型决策。如某公司准备拓展海外业务，欲选择间接出口、直接出口或者直接投资中一种合适的方式进入海外市场。由于环境条件的高度不确定性，目标市场可能存在多种可变因素，使每个备选方案都有成功的机会也有失败的可能，但都无从衡量其可能性到底有多大。显然，公司面临的是非确定型决策。非确定型决策是在不稳定条件下进行的，关键在于决策人员对信息资料掌握的程度、信息资料的质量以及对未来形势的准确判断。这类决策对决策者的素质要求更高。

七、个人决策与群体决策

按决策主体的不同，可以把决策分为个人决策与群体决策。

（一）个人决策

个人决策也称个体决策，是指决策过程中，最终方案仅仅由一个人抉择的决策。个体决策并不等于独断式决策，如果管理者在决策之前已经充分征求了部属的意见，则这种个体决策也是比较科学的。个体决策的优点是处理问题及时、果断、不拖泥带水等，但这种决策要求决策者应具备较高的综合素质、掌握大量的信息，并且能够考虑尽可能多的因素，单就个人能力而言，尽善尽美的个体决策是不存在的。

（二）群体决策

群体决策的决策者可以是几个人、一群人甚至扩大到组织的所有成员。

群体决策有广义和狭义之分。广义上的群体决策认为，当决策全过程的活动涉及两个或两个以上的人时，不论这些人是一般性地参与决策，还是真正在作出决策，这时的决策就是一种群体决策。很多组织的决策都是群体成员互相影响的结果。例如，许多公司都设有董事局，负责决定公司的策略。但狭义上的群体决策，仅局限于若干人参加“抉择”活动的情形。例如，某项决策可能由一些人负责搜集信息并进行初步的加工整理，另一些人负责拟订备选方案，而最后由某一个主管人员选定一个方案，这时的决策过程尽管也有多人参与，但主要活动（即抉择或决定）是单个人来完成的，所以仍认为这是一种个体决策。

个体决策和群体决策各具优缺点，但两者都不能适用于所有情况。相对于个体决策而言，群体决策有以下特点：

1. 群体决策的优点

(1) 提高决策质量

群体比个体拥有更广泛的信息，具备多种经验和不同的决策观点，所以，能产生更多的备选方案，并能从更广泛的角度对方案进行评价和论证，使决策更加科学、准确，具有一定的创造性，当群体成员来自于不同领域时，这一点更为明显。

(2) 增加组织成员对决策方案的接受性

许多决策在作出最终选择后却以失败告终，这是因为人们没有接受它。群体决策制定过程是与民主思想相一致的，受到决策的影响或实施决策的人们参与了决策制定，因而对所作出的决策更乐意接受，执行起来也有较高的积极性，因为他们觉得群体制定的决策比个人制定的决策更具合法性，并且群体成员也不愿违背他们自己参与制定的决策。

(3) 便于各部门之间的协调

由于群体成员通常由来自组织内各种不同部门的代表组成，通过成员之间的讨论、交换意见，可以协调各个部门的工作。因为各方代表对同一问题的看法代表了自己所在部门的意见倾向，这些意见对决策带给本部门的新问题以及为了配合决策执行本部门所需做的工作、所遇到的问题都有比较充分的反映，因此便于各部门之间的协调。同时，也使较高层次的管理者能了解在执行决策时各部门的情况。

2. 群体决策的缺点

(1) 少数人统治

一个群体的成员永远不会是完全平等的。他们可能会因组织职位、经验、有关问题的知识、易受他人影响的程度、语言技巧、自信心等因素而不同。这就为单个或少数成员创造了发挥其优势、驾驭群体中其他人的机会。支配群体的少数人，经常对决策结果有较大的影响。

(2) 责任不清

由于决策是集体作出的，个人不承担决策的任何责任，导致责任不清的后果。在个人决策中，谁负责任是明确具体的，而在群体决策中，每一位成员的责任都被冲淡了。

(3) 消耗较大

群体决策显然要花费较大的代价，组成一个群体需要花费时间，群体成员需投入较多的时间进行集体讨论，还需要花更多的精力来达成相对一致的意见，而且需支付较大的费用开支此外，一旦群体形成，其成员之间的相互影响常导致低效率，结果造成群体决策总要比个人决策消耗大。

因此，组织在决定是否采用群体决策方式时，必须考虑其决策质量和可接受程度的提高是否足以抵消决策效率方面的损失。

3. 群体决策与个体决策的比较

在现代组织中，越来越多的问题特别是一些重要问题都采用群体决策的方式，个体决策所占的比重逐渐减少。群体决策与个体决策各有特点和优势，也各有不足，在不同场合发挥各自无法替代的作用。我们已经了解了群体决策的优缺点，现将群体决策和个体决策进行比较，目的是明确什么时候采用什么样的决策。

（1）群体决策的整个过程对时间等资源的消耗较大，且难以迅速决策，所以在决策的紧迫程度非常高时，必须当机立断。一些不值得花费很大代价的次要问题，也应采用个体决策。重要的决策，应采用群体决策，但也应进行成本和收益的比较。

（2）当要求决策责任明确、有人对决策结果负全面责任时，应采用个体决策，这样能避免责任不清、互相推诿的现象。

（3）由于群体决策和个体决策相比质量较高，决策的程序较科学合理，所以，当对决策的质量、一贯性要求较高时，应采用群体决策。

另外，在群体决策过程中，组织成员满足了受尊重的需要，执行决策的积极性较高，实施决策的阻力较小；而个体决策后，一旦组织成员对决策不理解，产生误会或由于种种利益关系的原因，实施决策时，就有可能遇到较大的阻力。所以，面对一项决策，明智地选择群体决策还是个体决策，应考虑决策质量、决策成本、决策实施的顺畅程度和决策的果断性等多方面因素，力求找到一个好的组合，从而提高决策的质量，保证决策顺利实施。

八、理性决策与有限理性决策

按决策主体所掌握信息的多少及决策的理性程度，可以把决策分为理性决策和有限理性决策。

（一）理性决策

所谓理性决策，是指能掌握有关决策环境的完整的信息情报，具备完全的理论知识，决策者会认真确定一个问题并会有一个明确的、具体的目标，而且，决策的制定过程会始终如一地导向选择使目标最大化的方案，通过冷静客观的思考作出决策。理性决策的特点是：①问题是清晰明确的，决策者掌握有关决策环境的完整的信息情报；②决策者有唯一的、明确的、试图实现的目标；③决策者是富有创造性的，能够意识到所有可能的备选方案，并且还能意识到每个方案的所有可能的结果；④决策的影响因素能按其重要性进行排序，并且具体的决策标准是一贯的，其权重是不随时间而变化的；⑤决策者追求组织效用最大化，因此，他们总是选择那些能产生最大经济报偿的方案。

大多数学者认为，这种决策方式仅是描述了一种理想状态，对现代决策行为的描述不够真实。管理既是科学，又是艺术，决策包含相当大的艺术成分，理性决策只是对纷繁复杂的现实的一种简化，所以，不能简单地用它进行决策，而应该用自己的知识、经验和分析进行一定的修正。

（二）有限理性决策

有限理性决策理论认为，人的理性是介于完全理性和完全非理性之间的一种有限理性。由于人的决策能力受到各种因素的限制——既有环境因素也有心理因素。所以，决策者既不可能掌握全部信息，也无法认识决策的详尽规律，也不可能把所有的备择方案一一列出，人们的决策过程不是完全的理性决策。西蒙教授就曾经指出，鉴于情况复杂、时间紧迫以及大脑计算能力不足等情况，人们在决策时往往只能做到“有限理性”。有限理性的决策者通常是把问题的本质特征抽象为简单的模型，而不是直接处理全部复杂性的决策行为。在组织的信息处理限制和约束下，决策者努力在简单的模型参数下采取理性行动，其结果是一个满意的决策，而不是一个最大化的决策，即是一个解决方案“足够好”的决策。

第三节 决策的程序

决策是一个比较复杂的过程，并不只限于从几个可行方案中选择一个方案，而应按照客观规律性划分为几个既相对独立又前后联系的阶段进行决策。科学决策的一般程序可分为：发现问题、确定目标、拟订方案、抉择方案、执行方案和检查处理。

一、发现问题

发现问题是科学决策的起点。决策活动是为了解决一定的问题而进行的。没有发现组织运行中存在的问题，就没有必要制定新的决策来使组织活动作出调整和改变。因此，决策者首先要研究组织的现状，及时发现问题的苗头，正确界定问题的性质和问题产生的根源，这是解决问题、提出改进措施的关键。这就要求组织各级管理人员具备发现问题的能力。

所谓问题，是指“期望目标”与“实际情况”之间的差距。这种“问题”可能是消极的，即组织被迫要去应对的，如来自外界不可预料事件的一次威胁，或者组织内部出现的一个故障或麻烦；但重要的是需要组织通过新的决策去处理的“问题”还常常应该从积极的意义上去理解，如组织内部条件有了改善或者外部环境中出现了有利于组织的变化，要求把握发展机会等。面对这些消极的或积极的问题，决策者不能等闲视之，不闻不问，而要能够及时地发现问题，采取对策。在找出问题的过程中，容易犯的错误是将问题的表现视为问题的本身，或针对某些问题的细枝末节寻找解决办法。在这种情况下，即使科学的决策也不能有效地解决问题。为此，必须从以下 3 个方面进行深入分析：

(1) 目前实际状况与原来期望两者之间的差距在哪里以及有多大？在组织的正常运行过程中，问题一旦产生，目标就会与实际不一致或产生使目标和实际不一致的潜在因素。找出差距并实事求是地确定此差距到底有多大是一项非常重要的工作，因为只有正确地找出差距，才能有效地进行问题诊断工作。

(2) 造成此差距的直接与间接原因是什么？找到了差距，就要寻找造成差距的原因。在决策过程中，如果根本原因不明确，为消除差距而设计的方案就不可能有效，或是仅仅为治表而付出巨大代价。在寻找原因时，管理者在扑朔迷离的现象中，可能先要找出最明显的原因，然后再逐步深入，直到把根本原因找出。

(3) 上一级组织或外部环境是否是造成本问题的根源？本问题对其他组织目标的影响程度如何？

二、确定目标

决策目标体现的是组织想要获得的结果。确定目标就是明确解决问题的最终目的、必须达到的效果。确定科学合理的目标是科学决策的前提。决策者要明确决策应达成的目标，并对目标的优先顺序进行排序，从而减少以后决策过程中不必要的麻烦。

决策目标是由上一阶段明确的有待解决的问题决定的。在确定过程中，首先必须把要解决问题的性质、结构、症结及其原因分析清楚，才能有针对性地确定合理的决策目标。明确决策目标，要注意以下几方面要求：

（一）提出目标的最低和理想水平

目标应从可能性、可靠性、重要性等方面出发，区分主次，明确组织改变活动方向和内容至少应该达到的状况和水平，以及希望实现的理想目标水平。决策不仅要保证实现最低限度的要求，还要力争达到既定约束条件下所能达到的最好状态。

（二）目标必须具体明确

决策目标的表达应当是单义的，在时间、地点和数量上都要加以确定。目标要能够分解落实到具体部门、具体单位，这样执行者才会明确地领会目标的含义。目标要有具体的衡量指标，如费用指标、效益指标；目标应尽量数量化，并应规定其完成期限。

（三）处理多个目标间的关系

决策目标往往不止一个，而更多的是具有多重或多元的目标。多个目标之间有时还会有矛盾，这就给决策带来了一定的困难，因此，要处理多个目标的问题，明确多元目标间的关系。在进行多个目标的复杂决策时，在满足决策需要的前提下，尽量减少目标数量，因为目标越多，决策难度越大。然后把目标依重要程度的不同进行排序，把重要程度高的目标先行安排决策，并尽可能地兼顾其他目标，减少目标间的矛盾。如果多个目标之间不是协调一致的，上下级的目标存在矛盾冲突，要按照局部服从全局的原则采取适当的办法解决。

（四）限定目标的正负面效果

既定目标活动的执行既可能给组织带来有利的贡献，也可能产生不利的影响。限定目标的正负面效果，就是要把目标执行的有利结果和不利结果加以界定和权衡，规定不利结果在何种水平范围内是允许的，一旦超过这个水平组织就应当停止原目标活动的执行，以控制决策的不利影响。

（五）保证目标的可操作性

不论是明确组织必须达到的最低目标还是希望实现的理想目标，也不论是确定组织的总体目标还是各职能部门的分目标，都必须保证目标的可操作性，因此，目标的确定应符合以下 3 个特征：①可以计量或衡量；②可规定其期限；③可确定其责任人。

三、拟订方案

决策过程必须提供多个可行方案，即“备选方案”，作为选择的基础。这些方案之间，应互相具有替代作用。选用何种方案，视其在各相关限制因素的优劣地位及成本效益而定。通常来说，一个问题往往可以用一个以上的办法来解决，所以在选择之前，应先把所有可能的候选者及相关因素罗列出来，以便清楚地加以考查和评估。备选方案通常有以下两个来源：

（一）经验

经验可能是决策者或决策群体的，也可能是别的管理者或别的群体的实际做法。尽管过去自己面临的环境与目前的状况可能有很大差别，但过去成功的做法毕竟可以作为一个备择方案；虽然他人面对的挑战与自己面临的挑战可能有诸多不同，但别人达到目的的捷径还是可以作为一个备择方案的。需要注意的是，过分依赖自己或别人的过去经验来解决问题，也存在经验与变化的环境脱节而失效的危险。

（二）创造

在竞争激烈的现代社会，决策者应该具有随机应变的创造力。管理人员应将主要力量放在以未来为导向的创新过程中，力求突破改进，有效达成目标。凡是所有决定增加某些新的、有用的因素的决策，都可称为“创造性”决策。组织的发展需要具有创造性的方案，它不是过去的再现，也不是别人的翻版，而是一种独到的、适应当前环境的新做法，只有这样才能走在别人的前面，确立竞争优势，在决策方案的设计活动中，创造具有十分重要的地位和作用。所以，管理人员在整个决策过程中，都应充分发挥自己的创造性。

四、抉择方案

决策者需要对备选方案进行详尽的分析与比较后，选取一个最满意的方案加以实施。抉择活动由评估方案和选择方案两个环节组成。

（一）评估方案

决策者需要采用现代化的分析、评价、预测方法对各种方案进行综合评价。在评价时，要根据目标来考核各个方案的费用和功效，运用定性、定量、定时的分析方法评估各备选方案的近期、中期和远期的效能价值，预测决策实施中可能遇到的风险及活动失败的可能性以及来自各阶层、各领域的反应，尤其要注意那些难以用数学方法量化的非计量性因素。在评价的基础上，权衡比较各备选方案的利弊得失，并将各种备选方案按优劣顺序排列。

（二）选择方案

选择方案是在进行详尽的方案分析与比较的基础上，选取一个最满意的方案的过程，它是决策过程中最关键的环节。在实际决策中往往有些备选方案从某个角度来讲是合理的，但从另一个角度看却有缺陷，这时如何合理分析每个备选方案的利弊，最终选择最有希望解决问题的方案，这是决策过程中的最关键工作。在选择决策方案时，应注意以下几点：

1. 预测所有方案执行后可能产生的后果

备选方案的后果有确定的也有概率性的，有长期的也有短期的，有有形的也有无形的，有理想的也有不理想的，管理者应该尽量把所有可能性都估计到。并且应该注意到，任何决策行动都不会只有单一结果。对方案的执行后果作了预测之后，还要对它进行评估，这时可以用一种“满意”的标准来比较，如果一个方案达到这个标准就是可以接受的。运用这种方法可以使决策过程得以简化，不合格的备选方案被否决，从而减少决策的工作量。

2. 界定价值观念与目标的关系

决策的全过程都涉及决策者的主观判断问题，特别是方案的选择过程，与决策者的主观价值认定密切相关。价值是客体与主体需要之间的关系，决策主体依据自己的需要建立这种价值关系。价值随主体的不同而变更。合理的决策条件，应在下级价值来自于上级目标的“目标-手段”链的框架之下。通常，由于管理人员同时面对内部目标和多重外部目标，所以在实务中，他们要处理的“目标-手段”链有很多个，且相互之间可能有冲突，为此，有必要科学地设定组织的总体战略目标和详细的执行方案，从而构成完整的“目标-手段”链。

3. 适当调整不确定性因素

不确定性因素存在于组织活动的各个阶段，因此它也是选择方案时需要考虑的因素。决策者必须充分意识到未来可能会出现的不确定情况，选择方案时，不仅要从能产生综合优势的角度来选择拟采用的方案，并且要准备好环境发生预料中的变化时可以启用的备用方案。制订备用方案的目的，是对可预测到的未来的不确定性准备充分的必要措施，以避免临时仓促应变可能造成的混乱。

为提高决策的准确性，还可以引入数量分析方法和模型，协助决策者选定方案。这部分内容将在决策方法中加以介绍。

在实际决策工作中，方案的拟订、评估和选择往往交织在一起，因为方案的拟订不是一次性完成，而是需要渐进地、不断地加以补充和完善。一个较好的方案通常都是在与其他方案的比较中，在受到其他方案的启发下形成的。这个过程说明了决策步骤的不可分割性。

五、执行方案

将所选定的方案付诸实施是决策过程中至关重要的一步，没有决策的执行，就不能达到决策的目的；如果不能有效地实施，再好的方案也无法达到预期目标。决策执行过程中应做好以下工作：①制定相应的具体措施，保证方案的正确执行；②确保有关决策方案的各项内容被参与实施的人充分接受和彻底了解；③运用目标管理方法把决策目标层层分解，落实到每一个执行单位和个人；④建立重要工作报告制度，以便随时了解方案进展情况，及时调整行动。

有时在全面实施方案之前，可以先进行局部试行，验证在真实条件下是否真正可行，若不可行，为避免更大损失，则需再次考察前几个阶段的活动，修正或重新设计方案。

六、检查处理

决策过程的最后一个阶段是控制决策的执行。一项复杂的决策方案的执行通常需要较长的时间，在这一过程中，所有先期考虑到的后果都会变成可能发生的问题，所以，必须通过定期的检查评价，及时掌握决策执行的情况，将有关信息反馈到决策机构，以便采取措施进行处理。决策者必须跟踪决策实施情况，取得各种反馈信息。一方面是为了及时发现情况，查明原因，采取积极措施纠正行动与既定目标的偏离，以保证既定目标的实现；另一方面，对客观条件发生重大变化而导致原决策目标确实难以实现的，则要进一步寻找问题，确定新的决策目标，重新制订可行的决策方案并进行评估和选择。所以，反馈也是决策过程中执行活动的一个重要环节，它使决策与环境统一在一个大系统中，通过执行—反馈—修正这样的循环运动，使决策方案始终保持其正确性。

第四节 决策的方法

在决策过程中，不仅需要大量的资料、数据和信息，组织专业的决策班子，广泛征求各方面专家的意见，还必须采取科学的决策方法，从社会、经济、技术等因素对备选方案进行定性和定量分析，从中选取满意方案。常用的决策方法主要包括定性决策方法和定量决策方法。

一、定性决策方法

定性决策方法又称决策的“软”方法，是指决策者在系统调查研究分析的基础上，根据所掌握的信息，通过对事物运动规律的分析，在把握事物内在本质联系的基础上进行决策的方法。常见的定性决策方法有以下几种：

（一）头脑风暴法

头脑风暴法，也叫思维共振法，是现代创造学奠基人、美国的阿历克斯·奥斯本（Alex Osborm）于1938年首次提出的。这是用小型会议的形式，启发大家畅所欲言，充分发挥创造性，经过相互启发，产生思维共振，然后集思广益，提出多种可供选择方案的办法。

采用头脑风暴法组织群体决策时，要集中有关专家召开专题会议，由主持者以明确的方式向所有参与者阐明问题，说明会议的规则，在融洽轻松的会议气氛中，由专家们“自由”提出尽可能多的方案。

成功运用头脑风暴法的关键有以下几点：一是选择正确的会议参加者，经验证明，参加者的规模以10～15人为宜；二是要有高明机敏的主持人；三是创造一个良好的会议环境。

实践证明，头脑风暴法可以排除折中方案，对所讨论问题通过客观、连续的分析，找到一个切实可行的方案，因此，这种方法在实践中得到了广泛运用。

（二）哥顿法

这是美国人哥顿（William J. Gordon）为了解决技术问题而发明的一种方法，又叫抽象提喻法。它是以会议的形式请专家提出完成工作任务和实现目标的方案。会议主持人一开始仅把要解决的问题作抽象介绍，至于具体研究什么问题、会议的目的是什么，只有主持人知道，不直接告诉参会者，以免他们受到完成特定工作、目标和思维方式的束缚。在整个会议过程中，主持者采用“抽象台阶”的方式，将人们对方案的思考逐步由抽象引向具体。当会议进行到适当的时机，在与会专家充分讨论和发表意见的基础上，会议主持者再把研究的问题和会议的具体目的告诉大家，综合大家的意见和设想，形成若干方案。

哥顿法的优点是将问题抽象化，有利于减少束缚，产生创造性想法，但主持人如何对与会者进行引导是该方法的一个难点。

（三）电子会议法

这是一种比较新颖的定性决策方法，是将群体决策与计算机技术相结合的决策方法。运用这种方法时，先将群体成员集中在一起，每人有一台与中心计算机相连接的终端，每位成员将自己解决问题的方案输入计算机终端，然后再将它投影在会议室的大屏幕上。

电子会议法有以下优点：①可靠。每个人的想法都被真实准确地反映在大屏幕上。②快速。计算机的使用，排除了不必要的干扰，与传统的面对面的决策方法相比大大提高了效率。③匿名。决策者可以采取匿名的方式提出自己的方案。

这种方法也有其局限性：①此方法采用的是“人-机对话”，所以，其沟通程度不如“人-人对话”那么丰富；②此方法采用匿名形式，因而无法对优秀方案提出者给予表扬奖励；③对于计算机运用技能相对较差的决策者来说，这种方法可能会影响他们的决策思维。

常见的定性决策方法还有很多，如我们在预测一章中学过的德尔菲法就是一种非常好的决策方法。

二、定量决策方法

定量决策方法又称决策的“硬”方法，这是利用一定的数学模型，通过定量分析技术与计算来优选决策方案的方法。具体的定量方法很多，主要可以分为确定型决策方法、风险型决策方法和不确定型决策方法3种。

（一）确定型决策方法

决策条件已经明确，一个方案只有一种结果的决策属于确定型决策。属于确定型决策方法的主要有盈亏平衡分析模型和经济批量模型。这里主要介绍盈亏平衡分析模型。

盈亏平衡分析模型是通过考察产量（或销售量）、成本和利润三者间的关系以及盈亏变化的规律来为决策提供依据，即企业的产量或销售量达到什么程度才能保证企业不亏损，即利润等于零，以此为界限，销售收入高于此点，企业盈利，反之则亏损。企业必须最大限度地缩小盈亏平衡点的销售量，以实现企业利润的最大化。图7-1所示的是单一产品的线性盈亏平衡图。

我们假定销售收入与产量成正比，总成本由固定成本和变动成本构成。设 C 为固定成本，P 为产品单价，V 为产品单位可变成本，I 为销售收入，S 为利润，总成本线与销售收入线的交点 M 即为盈亏平衡点。

在盈亏平衡点 M，利润为0，总成本和销售收入相等，即 $C+V\times N_0=P\times N_0$，据此可以得到盈亏平衡点的销售量，即保本销售量 N_0 为：

$$N_0=\frac{C}{P-V} \tag{7-1}$$

保本销售额 I_0 为：

$$I_0=PN_0=\frac{C}{1-\frac{V}{P}} \tag{7-2}$$

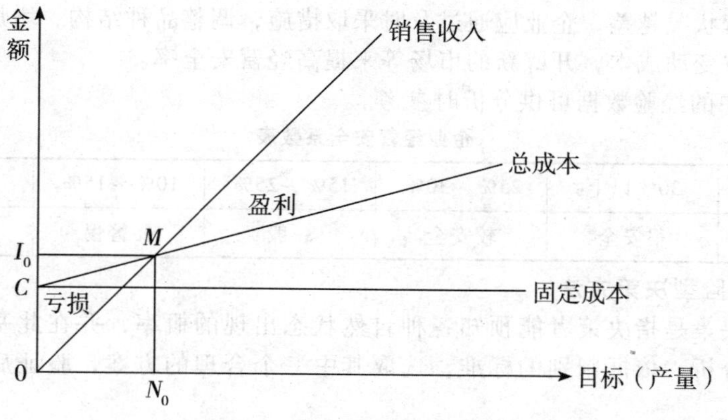

图 7-1 线性盈亏平衡图

式中：$1-\frac{V}{P}$ ——边际贡献率。

【例 1】某化工厂生产一种产品需投入固定成本 30 万元，单位产品可变成本为 80 元，产品销售单价为 100 元，则该企业的保本销售量和保本销售额分别为：

$$N_0=\frac{C}{P-V}=\frac{300\ 000}{100-80}=15\ 000\ （件）$$

$$I_0=PN_0=\frac{C}{1-\frac{V}{P}}=150\ （万元）$$

企业在满足市场需求的前提下，要自负盈亏，尽可能多盈利，所以，盈亏平衡分析的另一个问题就是决策保证一定目标利润下的产销量，可以应用下列公式：

$$N_Z=\frac{C+S_Z}{P-V} \tag{7-3}$$

$$I=\frac{C+S_Z}{1-\frac{V}{P}} \tag{7-4}$$

式中：N_Z——目标产销量；

S_Z——目标利润。

如【例 1】中，确定企业目标利润为 15 万元的情况下，依据公式（7-3），可以算出产量应为 22 500 件。

此外，利用公式（7-3）、（7-4），我们还可以预测一定销售量下的利润水平以及在企业已经确定目标利润的前提下，通过计算销售收入来测定企业目标成本。

盈亏平衡分析在决策中的一个很重要的应用就是分析企业经营安全边界。经营安全边界分析是通过计算经营安全率来判断企业经营状况的重要方法。分析时，首先测算出保本点产销量 N_0，然后测算实际（或新方案）产销量 N_1，若 $N_1>N$，则实际（或新方案）销售处于盈利状态，反之，则要亏损，最后计算经营安全率（L）：

$$L=\frac{N_1-N_0}{N_0}\times 100\%$$

上式中的 N_1-N_0 为安全余额，余额越大，说明企业经营状况越好；越接近于 0，说明企业经营状况越差，企业应通过及时采取措施，调整品种结构，增加适销对路产品，降低单位变动成本，开辟新的市场等来提高经营安全率。

表 7-1 中的经验数据可供分析时参考。

表 7-1 **企业经营安全系数表**

经营安全率 L	30% 以上	25% ~30%	15% ~25%	10% ~15%	10% 以下
经营安全状况	很安全	较安全	一般	要警惕	危险

（二）风险型决策方法

风险型决策是指决策者能预知各种自然状态出现的概率，并在此基础上进行计算、比较和分析，依据判别的标准，选取其中一个合理的方案，验证后作为决策的依据。

由于概率是决策者根据历史统计资料和经验推断出来的，带有一定的主观性，所以决策存在一定的风险。风险型决策主要用于远期目标的战略决策或随机因素较多的非常规决策，如投资决策、筹资决策、组织发展决策等。常见的决策模型和技术主要有决策树法、矩阵决策法和优选理论等。

1. 决策树法

决策树法是决策问题的图形表达，对分析多阶段的管理决策问题极为有用。其优点在于，它把可行方案、存在的风险及结果（各阶段结果、最终结果）展示在一张图上，并将概率引入决策问题，使决策一目了然，如图 7-2 所示。在实际操作中，许多决策涉及一系列步骤，后一步的行动依赖前一步的决策后果，且每一步骤都面临不确定性，决策树模型在处理这类问题时最为适用。

决策树由节点和分枝即方案枝组成。节点包括决策点和状态点，决策点用□表示，决策点后的分枝是方案分枝，每一方案枝代表一种可行方案；各方案枝末端是状态点，状态点用○表示，其后的分枝是概率枝，表示这种自然状态发生的概率，在概率分枝后表示的是损益值。先计算各个方案的期望值，然后比较各方案的期望值，从中确定最佳方案，并淘汰其他方案。淘汰的方案要进行“剪枝”（用“//”表示）。

【例 2】某公司准备生产一种新产品，市场预测的结果表明有 3 种可能：销路好，其概率为 0.4；销路一般，其概率为 0.5；销路差，其概率为 0.1。可采用的方案有两个：一个是引进一条流水线，需投资 300 万元；另一个是对原有设备进行技术改造，需投资 200 万元。两方案的使用期均为 5 年，两种方案不同自然状态下的损益资料见表 7-2。

表 7-2 **两种方案的具体情况**

方案	投资（万元）	年收益（万元）			使用期
		销路好（0.4）	销路一般（0.5）	销路差（0.1）	
A. 引进流水线	300	200	100	-20	5 年
B. 技术改造	200	100	80	20	5 年

要求：画出决策树，并对方案进行优选。

先绘制决策树，如图 7-2 所示。

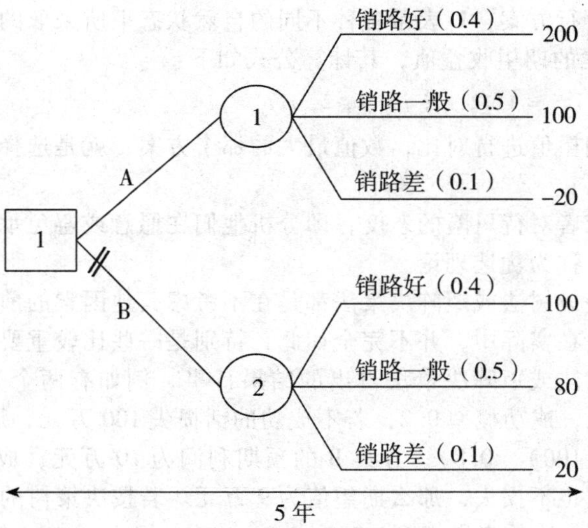

图 7-2 两种方案的决策树

然后计算期望收益值。

A 方案：（200×0. 4+100×0. 5+（-20）×0. 1）×5-300=340（万元）

B 方案：（100×0. 4+80×0. 5+20×0. 1）×5-200=210（万元）

最后根据期望值选择方案。

比较 A、B 方案的期望值可知，A 方案即引进生产线预期收益大，如果不考虑其他因素，应采用 A 方案——引进生产线方案。

以上问题是现实问题的极大简化，但可以使我们对决策树有一个基本理解，当然决策树也能用于决策复杂问题。

2. 矩阵决策法

矩阵决策法是应用矩阵表分析、选择最优方案的方法。使用这种方法，首先要在矩阵表中列出可供选择的各种方案、每种方案可能出现的情况和概率以及各种不同情况下将出现的结果，然后，再根据决策目标的要求，计算每种方案的期望值，再按期望值大小进行选择。表 7-3 列出了矩阵决策的一般模型。

表 7-3 矩阵决策的一般模型

	N_1	N_2	N_3	…	N_j	E_i
	P_1	P_2	P_3	…	P_j	
S_1	V_{11}	V_{12}	V_{13}	…	V_{1j}	E_1
S_2	V_{21}	V_{22}	V_{23}	…	V_{2j}	E_2
S_i	V_{31}	V_{32}	V_{33}	…	V_{3j}	E_3
⋮	⋮	⋮	⋮	⋮	⋮	⋮
S_i	V_{i1}	V_{i2}	V_{i3}	…	V_{ij}	E_i

在表 7-3 中，各列 N_j 表示可能发生的自然状态；P_j 表示各种自然状态出现的概

率；S_i 表示各种可行方案，V_{ij}表示各种不同的自然状态下所采取的不同方案时的收益值；E_i 表示各方案的期望收益值，其计算公式如下：

$$E_i = \sum p_j \cdot V_{ij} \quad (i = 1, 2, n; j = 1, 2, m)$$

将各方案的期望值进行对比，数值最大的那个方案，就是选择的方案。

3. 优选理论[①]

用来分析决策者对待风险的态度，即分析他们在愿意或避免承担风险情况下的各种可能性的理论，称为优选理论。

我们学习的决策树法或矩阵决策法都是在不考虑其他因素的前提下，单纯依据期望值进行决策的。在实际中，并不完全如此，特别是一些比较重要的决策，决策者更是不完全按决策树法或矩阵决策法得出的结果行事。例如有两个方案，方案 A 的预期利润为 500 万元，成功概率 0.2，若不成功的话损失 100 万元，那么期望值为 20 万元（500×0.2+（-100）×0.8）；方案 B 的预期利润为 10 万元，成功概率 0.9，若不成功的话既无收益也不损失，那么期望值为 9 万元。若按决策树的思路，应该选择方案 A，但在实际中，决策者考虑到一旦失败，方案 A 损失不小，考虑多方面的因素，许多决策者会选择较平稳的方案 B。这种选择取决于决策者对待风险的态度。

根据优选理论，决策者对待风险的态度是因人、因事、因级别地位、因资金性质的不同而不同的。有些人不喜欢承担风险，而其他一些人则勇于冒风险；有些人在某些情况下不敢冒风险，而在其他情况下却冒险心理极强。这种情况表明，决策者的风险偏好在他们认定概率时起关键作用。图 7-3 给出了 4 种典型的风险曲线，即谨慎者曲线、冒险者曲线、平均曲线和个人偏好曲线，体现了人们对待风险的几种典型态度。个人偏好曲线是一般人在个人生活方面的风险偏好曲线，在风险小的时候，多数人愿意冒险，但是在风险增大时，他们很快就变成风险谨慎者了；平均曲线是完全按成功把握的正比例承担风险，只是数学上的理想而已。

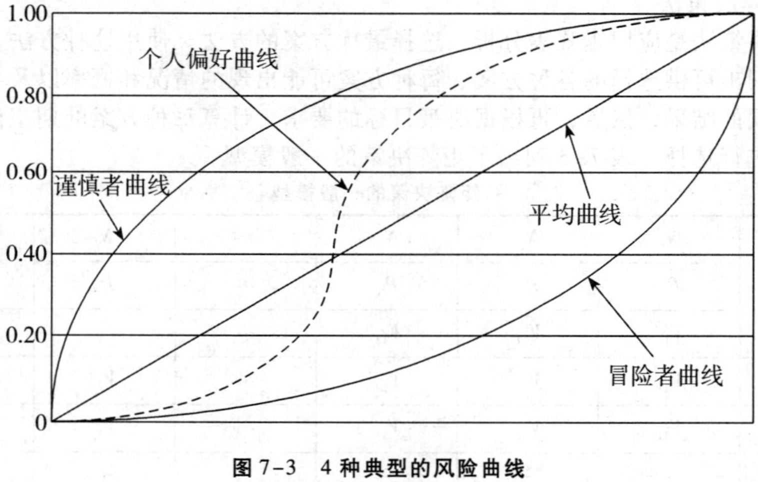

图 7-3　4 种典型的风险曲线

---

① 芮明杰．管理学：现代的观点［M］．上海：上海人民出版社，1999.

在实际工作中，大多数管理者的风险偏好曲线并不是平均曲线，而是谨慎者曲线。管理者可以通过评估自己在实际中的处事方法或想象情况下的应对策略，绘出自己的风险偏好曲线，从而就可以根据实际决策中的估计概率决定自己的行动。即使管理者不能系统地画出个人风险偏好曲线，但如能粗略地知道自己与同事或下属对待风险的态度，对制定决策也是十分有益的。

（三）非确定型决策方法

非确定型决策问题各方案的各种自然状态或者所带来的后果是未知的，而且也难以预先估计出来。所以，这样的决策就比较困难。稍微容易些的是方案实施后可能出现的各种自然状态及其相应的收益情况可以估计，这样，要比较不同方案的经济效益差异选择满意的方案，就只能根据决策者主观选择的一些原则来进行。下面介绍几种常用的方法：

1. 冒险法

冒险法也称“大中取大法”、“好中求好法”，或乐观法。此方法适用于乐观的决策者。乐观的决策者认为未来总会出现最好的自然状态，因此这类决策者对方案的比较和选择倾向于选取那个在最好状态下能带来最大效果的方案，即在决策时，比较各方案所产生的最大收益值，选取其中收益值最大的那个方案。采用此方法要冒一定的风险，但也可能有最大的收益。

【例 3】某企业计划开发新产品，有 3 种设计方案可供选择。不同设计方案制造成本、产品性能以及在不同的市场状态下的损益值各不相同，有关资料见表 7-4。

表 7-4 **3 种方案的具体情况** 单位：万元

市场状态 / 损益值 / 方案	畅销	一般	滞销
A	60	50	20
B	70	40	10
C	90	30	-40

运用冒险法决策，首先比较 A、B、C 方案的最大值，分别为 60、70、90，方案 C 最大，所以选择该方案。

2. 保守法

保守法也称“小中取大法”、“坏中求好法”，或悲观法。此方法适用于悲观的决策者。悲观的决策者认为未来会出现最差的自然状态，因而为避免风险，决策时只能以各方案的最小收益值进行比较，从中选取相对收益大的方案。悲观者在决策时首先会试图找出各方案在各种自然状态下的最小收益值，即与最差自然状态相对应的收益值，然后进行比较，选择在最差自然状态下仍能带来“最大收益（或最小损失）”的方案作为拟付诸实施的决策方案。采用这一决策可保证决策者至少获得某一收益，因为不论实际情况如何，都不会得到更差的结果。

如【例 3】，用此方法决策，比较 3 个方案的最小收益值，看出 A 方案的最小收益值 20 最大，因此选择 A 方案。

3. 折中法

折中法也称最大调整收益值法。采用此方法的决策者认为要在乐观与悲观两种极端中求得平衡。他们认为，决策时既不能把未来想象得非常光明，也不能将其看得过于黑暗。最好和最差的自然状态均可能出现，因此，可以根据决策者个人的估计，给最好的自然状态定一个乐观系数（α），给最差的自然状态定一个悲观系数（β）（α+β=1），然后，将各方案在最好自然状态下的收益值与乐观系数相乘所得的积，与各方案在最差自然状态下的收益值与悲观系数的乘积相加，由此求得各方案的期望收益值，经过该值的比较后，从中选取期望收益值最大的方案。

【例 3】中，用此方法决策，取乐观系数 $\alpha=0.7$，则悲观系数 $\beta=1-\alpha=0.3$，各方案的期望收益值如下：

方案 A：$60\times0.7+20\times0.3=48$（万元）

方案 B：$70\times0.7+10\times0.3=52$（万元）

方案 C：$90\times0.7+(-40)\times0.3=51$（万元）

3 种方案的最大期望收益值是 52 万元，因此选择方案 B。

4. 后悔值法

后悔值法也称"最大后悔值"最小化法。对于非确定型决策问题而言，如果发生了某种自然状态，决策者便会明确判断在诸方案中到底哪个是最优方案（根据在确定自然状态下各方案的收益值大小来判断）。倘若决策者当初舍弃这一方案而采用了其他方案，此时就会感到后悔。将决策者的这种后悔情绪用数值来表示，就是后悔值或遗憾值。它是用每种自然状态下每一方案的收益值与最大收益值之差来表示的。后悔值法就是一种力求使每一种方案选择的最大后悔值达到尽量小的决策方法。根据这个原则，决策时应先计算每个方案在每种自然状态下的最大收益值，然后将对应于各种自然状态的各项收益值从相应的最大收益值中减去，求出后悔值，最后，选择最大后悔值为最小的方案作为选择的方案。

【例 3】中，用后悔值法进行决策，先作出后悔值表，见表 7-5。

表 7-5 **各方案的后悔值** 单位：万元

市场状态 / 后悔值 / 方案	畅销	一般	滞销	最大值
A	30	0	0	30
B	20	10	10	20
C	0	20	60	60

依据表 7-5，最大后悔值中的最小值为 20 万元，所以选择方案 B。

本章小结

决策是人们为了解决组织面临的问题，实现一定的目标而制订和选择行动方案的过程。决策是管理者的主要职责，是管理工作的核心，它关系到组织的生存发展质量。按照不同的标准，可以将决策划分为各种类型，了解各类决策的特征，有助于管理者进行科学的决策。决策是一个比较复杂的过程，有它的内在规律性，整个决策可划分为几个既相对独立又前后联系的阶段来进行，即发现问题、确定目标、拟订方案、抉择方案、执行方案和检查处理。决策有多种方法可供选择，一般分为定性决策方法和定量决策方法两大类。

复习思考题

1. 什么是决策？如何分类？

2. 群体决策和个体决策的优缺点是什么？

3. 决策的基本步骤是什么？具体包含哪些内容？

4. 现代决策方法有哪些？决策树法的具体内容是什么？

5. 试比较确定型决策、非确定型决策及风险型决策的异同。

6. 法国哲学家埃米尔·卡蒂埃说过："当你只有一个念头时，你那个念头也许是最危险的念头。"你如何理解这一观点？你认为这句话对组织进行决策有什么启示？

7. 决策学派的代表人物西蒙认为，管理就是决策。你如何理解此话的意义？假如你是一个企业的高层管理者，应怎样做好风险型决策？

案 例

迪士尼落户上海

2009年1月8日下午，上海市政府与美国华特迪士尼公司正式签署了迪士尼上海主题公园的法律和财务框架协议，这被外界誉为迪士尼最终落户上海"黎明前的曙光"。

上海迪士尼项目可谓一波三折，从1994年第一次引入迪士尼会谈，到尘埃落定，历经15年之久，这里面既有双方合作的模式分歧、利益分配的矛盾，又有后来的人事变动。

"当然，这次之所以能够签署框架性协议，是因为双方都作出了原则性的让步。"

据一位曾参与过迪士尼谈判的知情人士称："迪士尼的要求是其整个产业链的扩张，以主题公园为筹码，要求中国文化市场开放。尽管主题公园是整个产业链中最重要的一环，但迪士尼要求中国每年要有大片进口指标、新片的推广、动画片制作发行、各类专利品的推广，以及建立电视台、广播公司、门户网站、出版、音像制品等需求。而中国方面，则是资金的必须进入、意识形态的限制，以及以市场换产业的需求"。当然，这次双方的谈妥很大程度上是由于双方都作出了让步，特别是在引入迪士尼中文频道方面。迪士尼一直在为迪士尼频道争取"落地权"，而上海市政府在这方面的意见是将积极申请但并不保证其落地中国。

人们推测，世界经济下滑的趋势可能是促成双方达成框架性协议的驱动因素。根据迪士尼公司2008年第四季度的财务报告显示，全球金融危机对迪士尼公司造成了比较大的影响，公司包括消费品部、主题公园和电视广告在内的多种业务受到不同程度的拖累，公司第四季度总收入同比增加了6%，但净收入却下降了14%。迪士尼首席执行官罗伯特·伊格称，由于消费水平下降，令该公司主题公园和度假村业务收益下滑，预计2009年业绩下降的幅度将更加明显，因此迪士尼计划在全球人口最多的国家——中国拓展业务，兴建全球第6个迪士尼乐园。此外，金融危机以来，上海的房地产和金融业遭遇下行风险，上海经济的快速稳定增长受到考验。当前上海正尝试产业升级和转型，服务业将是未来拉动上海经济的重要支点。迪士尼的项目无论从固定资产投资还是旅游消费角度来讲，对上海的经济产出影响都具有持续性，可以说，上海市政府对此项目寄予厚望。

根据框架性协议，正在筹划中的上海迪士尼乐园，上海市政府下属的企业将持股57%，迪士尼公司则持股43%。据悉，项目选址基本确定为上海浦东地区，规划面积有望创下迪士尼乐园之最，项目一期工程占地1.5平方公里（折合约150公顷，比中国香港迪士尼乐园的43公顷大3倍多），耗资预计244.8亿元人民币（约合35.9亿美元），最快可以在2014年落成启用。

当然，根据香港迪士尼的经营状况，也有人对此项目的盈利状况表示不乐观。香港迪士尼乐园一直亏损，原因被认为有两方面：一是美国方面向中国香港索取高额的专营费用和管理费；二是迪士尼乐园的游览项目更新速度缓慢，不能持续吸引顾客，回头客不多。反而是海洋公园、野生动物园之类的自然主题乐园，更具吸引力。未来的上海迪士尼乐园是采用中国香港合作模式还是日本合作模式，目前尚未确定。可以肯定的是，上海迪士尼在刚开业时一定会吸引很多游客，但中长期的盈利前景极难预料。

思考题

1. 结合所学知识和本案例，你认为影响迪士尼最终作出决策的因素有哪些？其作用如何？

2. 在此过程中，可以应用哪些决策方法以考核该方案的可行性？除决策技术外，还可以应用哪些知识？

资料来源 谭力文，刘林青．管理学［M］．北京，科学出版社，2009.

第八章

组织概述

本章要点与学习目标

从管理的内涵可知，管理是一切组织的基本活动，组织离不开管理，但与此同时，一切管理工作又都是在组织中进行的，离开组织管理活动也无法有效展开。本章主要介绍组织的含义、基本要素、功能以及组织的类型和组织工作的基本内容。通过本章的学习，要了解组织这个管理活动的载体的基本构成要素、组织的各种划分方法，掌握组织的功能和组织工作的内容。

第一节　组织的要素与功能

一、组织的含义及基本要素

组织是人类社会最普遍、最常见的社会现象，政府机关、工厂、公司、学校、医院等都是各类组织的表现形式。当今社会，人们正是通过各种组织把人力、财力、物力等一切可以利用的社会资源利用起来，从事各种社会实践活动。组织的产生机理在于：当个人无法实现预期目标时，就要寻求别人的合作，于是就形成了各种各样的组织。个人组成组织的目的就是要借助于组织的这种配合力，完成个人力量简单相加的总和所不能完成的各种任务。

（一）组织的含义

什么是组织？在管理的文献中，我们可以找到关于组织的各种定义，被称为现代管理理论“鼻祖”的巴纳德（C. I. Barnard）将组织定义为“有意识地加强协调的两个或两个以上的人的活动或力量的协作系统”。根据这个定义，组织应该有明确的目标、交流系统、协作过程，以及为完成组织目标进行合作的人员形成的网络。同样，伊兹尼（Etzioni）把组织描述为“组织是一个有计划的单位，是为了完成特定的目标而设计起来的”。最后波特（Porter）、劳拉（Lawler）以及哈克曼（Hackman）指出组织应有5个基本的因素：①社会构成；②目标方向；③差别化的功能；④合理协调；⑤时间上的延续性。哈罗德·孔茨则把组织定义为“正式的有意形成的职务结构或职位结构”。由此可见，组织不仅是人的结合，而且是一种特定的体系。

在管理学中，组织有几种不同的含义：①组织是指组织工作或组织职能，这时组织在英文中的表述就是organizing，指的是管理者所开展的组织行为、组织活动过程，其主要内容就是进行组织结构的设计与再设计；②组织是指组织工作的对象，这时组织在英文中的表述就是organizations或an organization，指的是通过组织工作或组织设计，形成具有一定的分工协作关系的、由多种要素构成的实体组织，如企业组织、政府组织、军队组织等；③组织是指组织工作的结果，这时组织在英文中的表述就是organizaion，指的是一种组织结构，如直线制组织结构、事业部制组织结构，在这层含义中，组织其实是组织结构的简称。

组织可以从静态和动态角度来定义。从静态角度看，组织就是指社会集团，是人与人、人与事的关系的系统或模式；从动态角度看，组织是一个开放的社会技术系统，是管理者把分散的，没有联系的人、财、物、时间、信息、知识、环境等因素在一定空间和时间内配置起来而创造的一个有机整体。许多学者从实体角度和职能角度来理解组织，并把组织区分为实体组织与职能组织。在静态意义上的组织就是实体组织，而在动态意义上的组织就是职能组织。现在人们在提组织一词时，更多的是从实体组织和职能组织两个角度来讲的。

1. 实体组织

实体组织即有形的组织机构。从实体角度看，组织是为实现某一共同目标，经由分工与合作及不同层次的权力和责任制度而构成的人群集合系统。这个定义具有以下

3层内涵：

（1）组织必须具有目标。目标是组织存在的前提和基础，任何组织都是为了实现某种特定的目标而存在的，不论这种目标是否明确地提出来。如，企业的目标就是生产或提供产品、服务并实现盈利；政府的目标就是提供公共产品，军队的目标就是平时训练，保护社会秩序稳定，战时保卫国家。即使是非正式组织，他们也有其目标，就是使组织成员受到保护，满足成员在某些方面的特殊要求。

从管理学角度看，根据丹尼尔·雷恩在《管理思想的演变》中提出的观点，组织之所以产生和存在，就在于组织能够满足单个人生存无法满足的需要。雷恩指出："人进化了，组织就随之有了发展。人们发现，他们同其他人一道工作能够加强自己的能力，从而可以更好地满足他们自己的需求。在集体内，人有各种不同的技术和能力，这使他们认识到有些人能比别人更好地完成某些任务。"①

（2）组织必须有分工与协作。分工与协作关系是由组织目标限定的。一个组织为了达到目标，需要有许多部门，每个部门都专门从事一种或几种特定的工作，各个部门或部门之间又要相互配合，这就是一种分工和合作。只有把分工与合作结合起来，才能提高效率。如企业作为一种组织，为了达到经营目标就需要设置采购、生产、销售、财务和人事等部门，这就是一种分工，同时各个部门还要相互配合，如采购需要根据生产的需要进行，生产要以销定产，这就是一种合作。

（3）组织要有不同层次的权力与责任制度。组织内部必须有分工，而在分工之后，就要赋予各部门及每个人相应的权力，以便于实现目标。但在赋予权力的同时，必须明确各部门或各人的责任。有权力而无需负责任，就有可能导致滥用权力，影响组织目标的实现。权力和责任既是组织正常运转的基础，也是维系组织稳定的保证。同时正是因为组织的不同层次有不同的权力和责任，也就形成了组织的层级结构，无论是传统金字塔形的组织结构还是扁平式的组织结构都是如此。

2. 职能组织

职能组织是指在特定的环境中，为了有效地实现共同目标和任务，合理确定组织、人力及对各项活动之间的关系，对资源进行合理配置的过程。职能组织也被称做"无形的组织活动"，也就是组织职能，包括调定岗位及对组织进行部门化、根据管理幅度原理调定若干管理层次、制定规章制度以协商组织中的各种关系、根据内外部环境的变化进行组织变革等。正是借助于组织活动、过程和文化等所具有的协同或协调作用，各类组织机构内部才有可能形成一个"力量协作系统"，使个体的力量得以汇聚、融合和放大，从而实现组织的作用。正如享有美国"头号经理"美誉的约翰·弗朗西斯·韦尔奇曾认为的："一个管理出色的组织，能够激发组织成员从精神深处涌出的创造力，这种创造力是永无止境的。我成功不是自我奋斗，也不是单凭机会，而是一个给了我巨大支持的团队组织。"② 具体地说，作为一种管理职能的组织，其主要内容包括：

（1）组织机构设计。当组织目标确定以后，管理者首先要对实现组织目标的各

① 雷恩．管理思想的演变［M］．李柱流，等，译．北京：中国社会科学出版社，1997：11.
② 吴唐青．MBA典型案例评析［M］．合肥：安徽人民出版社，2002：46.

种活动内容，进行区分和归类，把性质相近或联系紧密的工作进行归并，成立相应的职能部门进行专业化管理，并根据适度的管理幅度来确定组织的管理层次，包括组织内横向管理部门的设置和纵向管理层次的划分。无论是纵向还是横向的职权关系，都是使组织能够促进各部门的活动并给组织带来协调一致的因素。

(2) 适度分权和授权。在确定了组织机构的形式后，要进行适度的分权和正确的授权。分权是组织内管理的权力由高层管理者委派给各层次和各部门的过程。分权适度，授权成功，则会有利于组织内各层次各部门为实现组织目标而协同工作，同时也使得各级管理人员能够产生满足感。

(3) 人力资源管理。人是组织的主体，人群中存在着复杂的人际关系，同时组织中的人也需要运用各种手段进行整合和激励，这就是人力资源管理，包括人员的选择和配备、训练和考核、奖励和惩罚制度，以及对人的行为的激励措施等。可以说，人力资源管理是职能组织的重要内容。

(4) 组织文化建设。组织活动包括为创造良好的组织气氛而进行团体精神的培育和组织文化的建设。无数成功组织的事例证明，组织文化是否良好，对于一个组织无形的组织活动与有形的组织机构之间的关系是一种手段与目的的关系。也就是说，作为“力量协作系统”存在的无形的组织，本身并不具有自己的目的，它不过是为了完成组织机构的目标而存在的，是作为实现组织目标的手段。

(5) 组织运作。组织运作是指如何使已设计好的组织系统按照一定的规则，围绕目标而有效地运转起来，当然也包括制定和落实各种规章制度，建立组织内部的信息沟通系统，同时还要处理好组织与外部环境的关系，积极主动地适应环境并管理环境。

(6) 组织变革。组织变革是指根据组织目标和内外部环境的变化，对组织结构进行适当的调整，特别是对组织结构、人员、技术等进行调整，实际就是重新设计组织或再组织（reorganizing)。美国著名的组织学者、哈佛大学教授拉里·E. 格雷纳明确指出，组织变革伴随组织成长的各个时期，组织变革与组织演变相交替，进而促进组织发展。组织变革之所以是职能组织的重要内容：一是由于环境变化并对组织提出了新要求，组织为了适应这些新要求，必须对原有的结构、人员、层级进行适当调整；二是原有组织结构还存在诸多不足，为了不断优化组织结构以适应实现组织目标的要求，必须进行组织变革。

(二) 组织的基本要素

根据古代希腊哲学家亚里士多德的“物体四因”说，国外的一些组织理论研究者曾把组织构成的要素分为四大类，即物质要素、形式要素、环境要素和目的要素。

物质要素，包括人员、物料、经费、房屋及设备等；形式要素，包括组织中的职责、权力、纪律、指挥、领导、服从、分工、合作等；环境要素，包括组织成立或形成时的环境或起因；目的要素，包括组织所要完成的任务、遵循的宗旨和要实现的目标。

也有一些研究者以人的身体器官来类比组织，认为组织的基本要素是“职位”和“工作人员”，就好像人体的细胞一样。组织内的职位之间、工作人员之间存在的特定关系和职权结构，对上服从，对下指挥，相互沟通，运转自如，成为类似于人体的组织系统，见表 8-1。[①]

表 8-1 组织要素与人体结构

人体结构	组织要素
细胞	职位及其人员
纤维	工作单位
器官	功能机构
生理系统	系统
人体	组织

从表 8-1 可以看出，人体结构是由细胞、纤维、器官、生理系统等组成的，而组织则是由职位及人员、工作单位（部门）、功能机构、系统等组成的，两者恰好有一种对应关系。

二、组织的功能

自有人类以来，人们为了生存和生活的需要，必须组织起来。组织活动的功能，绝不是个体力量的简单集合，因为个体力量的集合既可以形成一堆“散沙”，毫无战斗力，甚至能使个体力量相互抵消，也可能成为一个“抱团”的群体，群体的力量可以完成单独个体力量的简单总和所不能完成的任务。无论是自然界和人类社会，组织的作用与功能都是显而易见的，如军队同组织不严密的老百姓相比，即使双方使用同样的武器，但打起仗来，一支很小的部队就可以征服很大的人群，这就是组织的威力。优良组织是具有多重功能和作用的，具体讲有以下 3 点：

（一）人力汇聚功能

在社会中，单个人的力量是渺小的、分散的，单个的人不仅不能发展自己的生活，有时甚至不能维持自己的生存，于是就需要和他人相互合作，联合起来，共同从事某项活动。这种联合与协作是以各种组织的形式完成的，组织能使个体汇集成为集体，用“拧成一股绳”的力量去完成任务，这是组织力量汇聚作用的表现。用简单的数学公式来表示，就是 1+1=2。这种“相和”效果，可以从日常生活中多个纤夫合拉一艘船及伐木工合力搬运木材等实例中，得到具体而生动的证明。组织的人力汇聚功能就使组织能产生一种合力。

（二）人力放大功能

一个良好的组织不仅能发挥力量的汇聚这种“相和”的功能，而且还能对这种汇集的力量发挥更进一步的放大或“相乘”的功能，也就是组织不仅有合力功能，还有放大功能。正如古希腊著名学者亚里士多德（Aristotle）曾提出的命题“整体大于各个部分的总和”。正是通过组织使千百万人朝着一个目标，同心协力，发挥出巨大威力。力量放大功能是在力量汇集功能的基础上产生的，但不是简单的 1+1=2，而更多的是 1+1>2。对组织来说，只有借助于组织力量的放大功能，才能取得“产

① 韩岫岚．MBA 管理学：方法与艺术（中册）[M]．北京：中共中央党校出版社，1999：398.

出”远远大于“投人”的经济效益，从而维持组织的正常运转，并求得组织的发展和壮大。彼得·德鲁克曾指出，所谓组织，是一种工具，用以发挥人的长处，并中和人的缺点，使其无害。这实际也就包含了组织的人力放大功能的思想。

（三）满足人们各种需要的功能

一个人在学习、工作、生活的各个阶段、各个方面要加入许多组织，甚至同时加入几个组织，成为许多组织的成员，并对其投入一定的时间、精力和技能，其目的不外乎想从其中得到某种利益或报酬，以满足个人的多种需求。人们之所以乐于加入各类组织，正是因为组织具有满足人的多方面需求的功能。如，人们在组织中可以获得安全感；可满足社会交往的需要；可满足自尊的需要；可增加人们的自信感及个人力量等。

从个人的立场看，往往会要求从组织得到利益或报酬大于其对该组织作出的投入；而从组织的立场看，它则要求取自于个人的贡献应大于其为个人投入的成本花费。为了解决这个矛盾，就必须借助于组织活动的合成功能，使个人汇集合成的整体力量大于所有组织人员的个体力量的简单相加。这样，个人与机构之间的关系，就建立在一种相辅相成、平等交换的基础之上，使得双方都感到满意。正是在这种意义上，人们将组织誉为与人、财、物三大生产要素并重的“第四大要素”。英国著名经济学家A. 马歇尔在其《经济学原理》中即提出了组织是除劳动、土地、资本之外的第四大生产要素，从而丰富了萨伊的“三要素”说。组织这一要素的成本花费相对较低，但它对机构所作出的贡献可能远远超过其他三要素。

（四）提高工作效率的功能

有效的组织必然是内部分工合理的，通过分工，取长补短，职责明确，从而可避免各环节之间、各部门之间互相推诿和扯皮。同时，有效的组织必然是以人员组合合理，各环节、各层次安排合理为特点，从而提高组织工作效率，尽快完成预定的目标。

（五）学习功能

根据彼得·圣吉的观点，在当今社会，由于组织工作内容的复杂性、多变性，以及组织内外部环境的日益动态化，组织必须成为学习型组织（learning organization），只有学习型组织才具有持久的竞争力。而组织之所以要成为学习型组织，是因为在知识经济时代，组织绩效的提高不是直接取决于资源、资本、硬件技术的数量、规模和增量，而直接依赖于知识或有效信息的积累和利用，即智力资源是知识经济的第一资源。对于组织来说，知识的占有、利用、积累程度是决定其竞争实力大小甚至成败的关键，而知识的取得主要要通过各种方式、各种形式的学习。既然组织要建成学习型组织，学习功能就应是组织的又一重要功能。组织学习功能的基本含义是：组织不再是人们工作、取得收益、获得安全感及心理满足的单位，还是人们进行学习的场所，组织本身不仅应成为学习型组织，同时也应为成员进行学习提供条件和机会。只有这样，组织成员才能为组织创造更多的财富，组织才更有发展的动力源泉，也才能应对知识经济时代的挑战。

总而言之，现代社会没有一个领域、一项事业、一个人与组织无关。组织的功能、组织的发展和完善是政治、经济、科技、教育、文化、卫生等各项事业的发展，以及改善人民的生活和地位、满足人的心理需要的一个重要途径。对组织的深入研究具有十分重要的意义，同时如何提高组织的整体效能也就成为管理中的永恒主题之一。

第二节 组织的类型

从实体组织看，按照不同的标准，可以把组织分为不同的类型，现实生活中较为通用的组织分类标准是按组织的性质、组织的形式、组织的社会功能、组织的人员顺从度、组织的利益受惠者等对组织进行类型划分。

一、政治组织、经济组织、文化组织、群众组织与宗教组织

按组织的性质分，可以把组织分为政治组织、经济组织、文化组织、群众组织与宗教组织五类。

（一）政治组织

政治组织产生于人类社会出现阶级之后，包括政党组织和国家政权组织。在现代社会中，政党代表着本阶级的利益和意志，为本阶级指引方向、提出奋斗目标、制定方针政策；国家政权组织是国家进行社会管理的重要机器。

（二）经济组织

经济组织是人类社会最基本、最普遍的社会组织，它担负着满足人们衣食住行和文化娱乐等物质生活资料需要的任务，履行着社会的经济职能。在现代社会中，经济组织是一个庞大复杂的组织体系，其中包括生产组织、商业组织、金融组织、交通运输组织和其他服务性组织等。经济组织最典型代表就是各类企业。

（三）文化组织

文化组织是以满足人们各种文化需求为目标、以文化活动为其基本内容的社会团体，如学校、图书馆、影剧院、科学研究单位等。

（四）群众组织

这类组织是社会各阶层、各领域的人民群众为开展各种有益活动而形成的社会团体，如工会、共青团、妇女联合会、各类科学技术协会等。

（五）宗教组织

宗教组织是以某种宗教信仰为宗旨而形成的组织，代表宗教界的合法利益，组织宗教组织成员开展正常的宗教活动，如佛教协会、伊斯兰教协会等。

二、正式组织与非正式组织

按组织的形成方式分，可以把组织分为正式组织和非正式组织两类。

（一）正式组织（formal organization）

正式组织是管理者通过正式的筹划，为了实现组织目标所规定的组织成员之间职责范围和相互关系的一种结构，其组织制度和规范对成员具有正式的约束力。正式组织一般都是组织设计工作的结果。

正式组织的特征如下：①目的性——正式组织都不是自发形成的，而是根据社会

需要，经过设计、规划、组建而成的，其组织结构的特征反映出一定的管理思想和信念；②正规性——正式组织都有明确的目标、任务、结构、职能以及由此形成的成员间的权责关系，有各种制度规范；③稳定性——正式组织以效率逻辑为标准，即以效率逻辑为行动标准，同时正式组织一经建立，通常会维持一段时间相对不变，只有当内外部环境发生较大变化而使原有组织结构变得不适应时，才会发生组织变革，甚至组织撤销；④强制性，即组织通过方针、政策、规则、制度等对组织成员发挥作用，通过建立权威，约束组织成员的行为，因而对组织成员具有强制作用。

（二）非正式组织（informal organization）

非正式组织是人们在共同工作或活动中，由于具有共同的兴趣和爱好，以共同的利益和需要为基础而自发形成的团体。一般来说，非正式组织都是伴随正式组织的运转而形成的。

非正式组织的特征如下：①自发性——当正式组织不能满足其成员获得友谊、帮助和社会交往的需要，成员就会在正式组织之外自发地组成一些非正式组织，以满足需要。一般来说，组织成员结成非正式组织的成因无外有四个，即日常接触、感情交融、情趣相投、价值取向相近。②内聚性——非正式组织成员聚在一起并不是因为制度规范，而是出于他们有相近的价值观或共同的兴趣爱好，或有切身的利害关系等。③不稳定性——非正式组织是自发产生、自由结合而成的，因而经常会随着环境、观念的更新、新的人际关系的出现而发生改变。④领袖人物作用较大——非正式组织中往往有一两个自然形成的领袖人物，他们在组织中起着提出权威性意见、负责维系其组织的相对稳定、提供行为模式等作用，对非正式组织成员的行为影响较大。

正式组织与非正式组织都是客观存在的事实，但只是到霍桑试验之后，人们才意识到非正式组织的存在及在管理中的作用。在现实生活中，非正式组织和正式组织是相互交错地同时并存的，一般在一个单位或一个机构中，往往都是正式组织和非正式组织并存。

正式组织具有一定的目标，并且由规章、制度、政策等来规定各成员间相互关系和职责范围，对个人具有强制性。在正式组织中，以效率为主要标准，人们的行为遵循效率的逻辑。要求组织成员为了提高效率而确保形式上的协作。非正式组织是伴随正式组织的运转而形成的，成员在共同的工作过程中，由于拥有共同的感情与爱好而形成非正式团体，因此在非正式组织中，人们的行为往往遵循感情的逻辑，合得来的就聚在一起，合不来的或不愿与之合的就被排除在组织之外。这些团体有自然形成的不成文的规范和惯例要求成员遵守。在非正式组织中以感情为标准。非正式组织决定着组织中的权力关系、工作场所的行为规范、工作场所的心理状态和气氛。

非正式组织的存在及活动，从作用角度看具有正反两方面的作用，既可对正式组织目标的实现起到积极作用，也可能产生消极的影响，因此，管理者如何对待非正式组织也是管理工作必须很好解决的问题之一。一般来说，管理者必须正视非正式组织存在的客观性和必要性，允许非正式组织的存在，为它的形成与发展提供条件，因势利导，并把非正式组织的目标引导到有利于整个组织目标实现的轨道上来，而不能简单地采取禁止或取缔态度，应对非正式组织加以妥善地管理。

三、生产导向组织、政治导向组织、整合组织与模型维持组织

美国著名社会学家帕森斯（T. Parsons）认为，组织的分类应按社会作用和社会效益进行，他以组织的社会功能为标准，将组织分为：

（一）以经济生产为导向的组织

这类组织是以经济活动为核心，运用一切资源扩大自己的经济生产能力。这类组织除生产物质产品外，还进行劳务的提供等。因此，这类组织的范围很广，包括各类生产企业、服务企业，如工厂、商店、银行、保险公司、咨询服务企业等。

（二）以政治为导向的组织

这类组织的社会功能在于实现某种政治目的，因此它的活动重点是权力的产生和分配，如各类政党组织、政府机构等。

（三）整合组织

这类组织的社会功能在于协调各种冲突，引导社会群体向某种固定的目标发展，以保持一定的社会秩序，如法院、检察院等组织。

（四）模型维持组织

这类组织的功能在于维持固定的社会形式，来确保社会的平衡发展，如学校、社团、教会等。

四、强制型组织、功利型组织与正规组织

美国社会学家艾桑尼（A. Etzioni）以组织成员的顺从程度为标准，将组织分为：

（一）强制型组织

这类组织用高压和威胁等强制手段管理、控制组织成员，如监狱、精神病院、战俘营等。

（二）功利型组织

这类组织主要利用金钱或物质等媒介作为手段管理、控制其所属成员，包括各种工商组织等。

（三）正规组织

这类组织主要以荣誉鼓励的方式管理组织成员，组织成员认可并接受这种管理方式，这类组织的运作比较规范，如政党、机关、学校等就属于这类组织。

五、互利组织、服务组织、企业组织与公益组织

美国社会学家、交换学派的代表人物布劳（P. M. Blau）以组织内部人员受惠程度为标准，将组织分为：

（一）互利组织

这类组织的全体成员都可在其中获得某种方便和实惠，如互助团体、会员制俱乐部等组织就属此类。

（二）服务组织

这类组织为社会大众服务，使社会大众能够得到益处。它们的目的是使服务对象

得到实惠，如医院、大学、福利机构等。

（三）企业组织

这是指组织的所有者或经理、股东等主要管理人员能得到实惠的组织，如工厂、银行、各种公司等。企业组织的典型特征是只有企业内部人员才能受惠。

企业组织是现代组织最重要的形式之一。根据组织合成“要素”的性质不同，可以将企业组织划分为作业组织、管理组织、财产组织三大类，三者相在依存、相互促进，共同形成了组织的一个完整体系。

（四）公益组织

这是指为社会所有人服务、提供公共服务的组织，如警察机关、行政机关和军队等。

六、实体组织与虚拟组织

按组织构成要素是否齐全，可以把组织分为实体组织与虚拟组织。

（一）实体组织

所谓实体组织就是组织的各类要素都齐全的组织，如企业组织中，计划、采购、生产、销售、设计、财务、办公室等各类部门均齐全，人员、规章制度、生产加工设备等各类软硬件条件也都齐备，这类组织是组织的最初形态，也是一般意义上的组织。

（二）虚拟组织

所谓虚拟组织就是组织的各类构成要素不齐全但具备组织功能的组织。随着现代科学技术特别是现代通讯技术的发展和各类传输网络的广泛应用，组织已经不仅仅只有依靠实体组织才能实现其功能。只要具备组织的部分要素，组织的功能一样可以实现，虚拟组织便由此产生，如现实生活中的各类网络组织，只设几个核心部门或具有核心职能，而将其他职能通过对外合作的形式外包给其他组织的虚拟企业都是虚拟组织。虚拟组织的最典型特征就是资源外取（outsourcing），即借助其他组织的资源实现组织的功能，相应地，虚拟组织的运行成本较实体组织大为降低。

第三节　组织工作的基本内容

组织工作是管理工作的重要组成部分。组织工作就是指为了实现组织的共同目标而确定组织内部各要素及其相互关系的活动过程，也是设计一种组织结构，并使之运转的过程。组织的目标确定之后，如何使这些目标得以顺利实现，就需要制定并保持一种职务系统，使组织中的每一个人清楚自己在集体工作中应有的作用以及他们相互之间是怎样的关系，使他们能十分有效地在一起工作。

周三多、陈传明等认为：“如果说一般意义上的管理是对人们从事的业务活动的计划、组织和控制，那么，管理中的组织职能则是（或主要是），首先对管理人员的管理劳动的管理。组织结构的设计就是要在管理劳动分工的基础上，设计出组织所需的管理职务和各个管理职务之间的关系。"[①] 杨文士等认为，组织工作作为一项管理职能，是指在组织目标已经确定的情况下，将实现组织目标所必需进行的各项业务活动加以分类组织，并根据管理幅度原理，划分出不同的管理层次和部门，将监督各类活动所必需的职能权授予各层次、各部门的主管人员，以及规定这些层次和部门间的相互配合关系。它的目的就是要通过建立一个适于组织成员相互合作、发挥各自才能的良好环境，从而消除由于工作或职责方面所引起的各种冲突，使组织成员都能在各自的岗位上为组织目标的实现作出应有的贡献。他们同时指出，组织工作这个职能是由人类在生产劳动中需要合作而产生的[②]。

组织工作是十分重要的。"三个和尚没有水吃"以及"三个臭皮匠，胜过诸葛亮"的典故均说明了组织工作的重要性。那么为什么会产生"整体小于部分之和"以及"整体大于部分之和"两种截然不同的效果呢？其根本的原因就在于要素组合在一起的特定方式不同，从而造成了要素间配合或协同关系的差异。组织工作做得好，可以形成整体力量的汇聚和放大效应，否则就容易出现"一盘散沙"，甚至造成力量相互抵消和"窝里斗"局面。正是因为这一原因，组织工作的重要性在各类组织中都受到了普遍重视。

一、组织工作的特点

（一）组织工作是一个过程

组织工作是根据组织的目标，考虑组织内外部环境来建立和协调组织结构的过程，一般有以下步骤：①确认为实现目标所必需的各项业务工作并加以分类；②根据可利用的人力、物力以及利用它们的最好方法来划分各种工作，由此形成部门；③将进行业务活动所必需的职权授予各部门的负责人，由此形成职务说明书，规定该职务的职责与权限；④通过职权关系和信息系统，把各部门的业务活动紧密地联系起来。通过反映组织内各机构、岗位、上下左右相互关系的图表——组织系统图，来达到对组织的整体认识。

（二）组织工作是动态的

组织内外部环境的变化，都要求对组织结构进行调整，以适应不断变化的内外部环境。由于环境是不断变化的，组织结构随时需要进行调整，因此组织工作也是动态的，不可能是一劳永逸的。美国著名的 AT&T 公司（美国电话电报公司）的组织发展与变革之路充分说明了组织工作的动态性。该公司在 1955 年只是一家销售额为 4.5 亿美元、同行业排名第 80 名的小公司，经过 20 世纪 60 ~ 70 年代的大规模兼并、重组和实施多元化经营战略，到 80 年代已经发展为一家规模庞大的大公司。1984 年该公司因遭反垄断法指控而被迫拆分为 7 家公司，该公司的组织规模和结构也经历了由复杂到简单的裂变，然而该公司的组织工作并未终止，而是不断地对公司的组织结构进行调整，以达到精简和效能的目的，最终该公司又重整旗鼓。

（三）组织工作要充分考虑非正式组织的影响

既然在组织中同时存在非正式组织，而且非正式组织对组织的目标有影响，那么

---

① 周三多，陈传明，等. 管理学原理［M］. 南京：南京大学出版社，2009：163.

② 杨文士，张雁. 管理学原理［M］. 北京：中国人民大学出版社，1994：171-172.

组织工作也要考虑非正式组织的影响，并在战略和策略上利用非正式组织的积极作用，避免或消除非正式组织对组织目标实现的消极影响。在考虑非正式组织的影响时：一是要设计与维持组织目标与非正式组织目标的平衡，不能一味关注组织的目标而对非正式组织的目标完全忽略；二是利用非正式组织对其成员的凝聚和影响作用，通过扶持非正式组织，进而使其成员为组织目标的实现发挥积极作用。

二、组织工作的任务和内容

管理学的奠基者之一法约尔在《工业管理与一般管理》中指出，在个体的初级企业里，一个人从事所有的各项活动，而国家机构则在任用几百万人。在这两种机构的社会组织之间，存在着种种中间过渡形式。在每种情况下，组织都应该完成下列管理任务：①注意行动计划是否深思熟虑地准备了，并坚持地执行了；②注意社会组织与物质组织是否与企业目标、资源和需要相适合；③建立一元化的、强有力的且强大的领导，并配合行动，协调力量；④作出清楚、明确、准确的决策，有效地配备和安排人员；⑤每个部门都应该在他能够最好地发挥作用的职位上；⑥明确地规定职责，鼓励首创精神与责任感；⑦对所做的工作给予公平而合适的报酬；⑧对过失和错误进行惩罚；⑨使大家遵守纪律；⑩注意使个人利益服从企业利益；⑪特别注意指挥的统一；⑫注意物品秩序和社会秩序；⑬进行全面控制；⑭与规章过多、官僚主义、形式主义、文牍主义等弊端作斗争。[①] 法约尔的这14项内容实际上指出了每个组织的全部管理任务，其中组织工作是全部管理的一个有机组成部分。

组织工作的任务总的来说，就是使组织结构合理，组织运转高效，资源配置优化，各种关系处理恰当，人的积极性得到充分发挥。根据组织工作的这一任务，组织工作的内容主要包括以下几方面：

（一）根据组织目标的要求设计一套与之相适应的组织机构

任何一个组织，都有其特定的任务和目标，组织的每一项工作都应以是否对实现组织目标有利为衡量标准。组织机构设计的根本目的是为了保证组织的任务和目标的实现，包括组织内横向管理部门的设置和组织纵向管理层次的划分。在进行组织机构设计时，一定要认真分析组织的任务和目标，对为了实现组织目标而需要做的工作进行内容的划分和归类，将那些性质相近或联系密切的工作合并为一类，成立相应的管理职能部门进行专业化管理，并根据适度的管理幅度来确定组织的纵向管理层次。建立的机构、设立的职务、选择的人员，都要与组织的目标相适应。

（二）明确规定各部门的职权关系

在确定了组织机构的形式之后，就应该进行适度的分权和正确的授权，也就是明确规定各单位和部门及其负责人对管理业务工作应负的责任以及评价工作成绩的标准，同时，还要根据搞好业务工作的实际需要，授予各单位和部门及其负责人适当的权力。确定各部门的职权关系，实际上也就是选择组织结构形态，即集权或分权的形态，确定组织结构。

---

① 法约尔．工业管理与一般管理［M］．周安华，林宗锦，等，译．北京：中国社会科学出版社，1998：67-68.

（三）明确规定各部门之间的沟通渠道与协作关系

对组织结构中的横向方面和纵向方面制定关于协调的规定，通过明确规定各单位、各部门之间的相互关系，以及它们之间的信息沟通和相互协调方面的原则和方法，把各组织实体上下左右联结起来，形成一个能够协调运作、有效地实现组织目标的管理组织系统。明确各部门之间的沟通渠道与协作关系，实际上就是规定组织内部的工作流程，确定沟通与协作的路径，以维持组织内部各机构的有序、高效运转。

（四）人力资源配置

根据各单位和部门所分管的业务工作的性质和对人员素质的要求，挑选和配备称职的人员及其行政负责人，并明确其职务和职称。“组织设计仅为系统运行提供了可供依托的框架。框架要能发挥作用，还需由人来操作。因此，在设计了合理的组织机构和结构的基础上，还需为这些机构的不同岗位选配合适的人员。人员配备是组织设计的逻辑延续，这项工作的主要内容和任务是：通过分析人与事的特点，谋求人与事的最佳组合，实现人与事的不断发展。”[①] 对高层主管来说是为各个部门委派管理人员来负责其事，对部门主管来说则是为非管理性职位配备人员。

（五）团队精神的培育和组织文化的建设

团队精神和组织文化的培育及建设是提高组织竞争力的重要方面，没有优良的团队精神及向上的组织文化，组织内的团结协作、良好的组织氛围便不会形成。因此，作为组织工作的一项重要内容，就是根据组织目标实现的需要，通过制度规范和有效的管理，在组织中建设富有特色的、为全体成员积极参与并认同的团队精神和企业文化。当然，团队精神与组织文化的建设，也不仅仅是组织工作的任务，实际上它贯穿于管理过程的各个阶段或管理过程的始终。

（六）组织变革与创新

任何组织都不会是一成不变的，任何组织也都不会是完美无缺的，随着组织内部条件和外部环境的变化，一个富有生命力的组织为了适应这种变化，必然会及时地对组织结构及相应的人员等进行调整，也就是进行组织的变革与创新，以达到组织的自我发展和自我完善，适应环境的变化和组织战略的发展对组织结构的要求。“组织变革是指组织管理者在组织内外部环境变化的影响下对组织中的要素进行结构性的变革，以适应组织未来发展的需要。组织变革可能涉及组织的各个方面，如工作进程、部门化原则、管理幅度、生产设备、组织设计、人员本身及组织文化，等等。组织变革管理是组织管理的重要组成部分之一。”[②] 一般说来，组织变革与创新的内容包括组织结构变革、技术装备及工艺流程等变革、组织人员变革、组织文化变革等。

本章小结

组织与管理密不可分，组织离不开管理，同时任何管理活动都是在组织当中进行

① 周三多，陈传明，等．管理学原理［M］．南京：南京大学出版社，2009：183.
② 谭力文，刘林青．管理学［M］．北京，科学出版社，2009：206.

的，因此，要做好管理工作，必须对组织有一个清晰的认识。本章主要从基础角度，概述了组织的概念、组织的要素与功能、组织的类型，以及组织工作的基本内容等。所谓组织，简单地说就是指完成特定使命的人们，为了实现共同的目标而组合成的一个有机整体。我们通常所称的组织一般有3重含义，即组织工作对象的组织、组织工作结果的组织和职能组织，其中实体组织和职能组织是人们最常指向的内容。组织的要素一般包括4个，即物质要素、形式要素、环境要素和目的要素。而组织的功能主要指人力汇聚功能、人力放大功能、满足人的某种需要、提高工作效率和学习功能。按不同的标准，可把组织分为不同的类型，现实中一般是按6个标准对组织类型进行划分，其中按是否具备完整的组织要素而划分的实体组织和虚拟组织是比较有现实意义的一种。组织工作是管理工作的重要组成部分，组织工作的特点包括过程性、动态性及考虑非正式组织的影响等3个方面，而组织工作的任务概言之就是使组织结构合理，组织运转高效，资源配置优化，各种关系处理恰当，人的积极性得到充分发挥。根据组织工作的这一任务，组织工作的内容主要包括设计组织结构、明确各部门的职权关系、明确各部门之间的沟通渠道与协作关系、人力资源配置、团队精神的培育和组织文化建设、组织变革与创新等。

复习思考题

1. 试述组织的概念及功能。
2. 组织工作有哪些基本内容？
3. 按性质通常将组织划分为几大类？
4. 组织工作有哪些特点？
5. 如何理解正式组织与非正式组织的异同？
6. 试结合彼得·圣吉的学习型组织理论，理解为什么组织要建成学习型组织及组织的学习功能。

案　　例

斯隆的4个绝招

通用汽车公司是世界上目前最大的汽车生产厂家，而在此之前，福特公司曾一度占据世界汽车市场的霸主地位。使通用汽车公司发生如此巨大变化的是阿尔弗雷德·斯隆。

斯隆1875年5月23日生于美国康涅狄格州的新港，1893年进入麻省理工学院学习。毕业后，他首先在海厄特滚珠轴承公司任制图员，其后通过父亲的资助，取得对该公司的控股权。1916年因为通用兼并了海厄特公司，斯隆进入通用汽车公司工作。

1918年，斯隆被聘为通用汽车公司副总经理，1923年为通用汽车公司总经理，1924年任公司总裁，直至1956年退休。纵览斯隆在通用汽车公司的工作历程，我们发现，尽管斯隆在就任总裁之前就对通用贡献甚多，但真正使通用超过福特的决定性贡献，还是发生在斯隆就任总裁之后。斯隆采取的措施主要体现在以下4个方面：

一、分散经营，协调控制

斯隆分析了通用汽车公司的组织现状，认为公司的领导权完全集中于少数领导人手中，造成权力过于集中，公司各部门难以控制。由此斯隆提出通用公司“分散经营、协调控制”的组织原则。根据这一原则，形成了斯隆式的组织结构设计计划。

斯隆计划的具体内容是针对各机构所要完成的任务而提出一种新的组织体制。他把公司的任务分成两类，即决策任务和执行任务。决策任务由公司董事会来担当，它和过去一样设立两个委员会，即财务委员会和执行委员会。执行委员会将继续保持它对公司业务经营活动的全面控制，财务委员会则对公司财务及财务人员进行总控制。斯隆建立了直线指挥部门的组织体系。直线指挥部门合成公司总管理处（或称总公司）、各事业部（过去称分公司）、各工厂3级，总管理处由“总执行经理”领导，下面分成4个事业总部，即汽车、零件、配件、杂品，分别由“事业总部执行经理”来兼管。此外，在各级还建立了必要的“职能部门”，以便一方面当顾问、做后勤，另一方面在其职能范围内参加日常管理活动。

二、部门集中，互为补充

斯隆在通用汽车公司创造了一个多部门的结构。在给予各经营单位自主权的同时，对于各部门的经营战略与方向在总公司层次上做统一安排，这样不但保持了一定程度的集中，又加强了各部门之间的相互补充。

斯隆把通用汽车公司出产的车从卡迪拉克牌往下安排到别克牌、奥克兰牌、奥尔兹莫比尔牌，最后到雪佛兰牌。在20世纪20年代的产品阵容基础上又有所改变：1925年增加了庞蒂艾克牌，以填补雪佛兰牌和奥尔兹莫比尔中间的缺口；奥克兰被淘汰了，增加了拉萨利，后来它也被淘汰了。这样，人们可以根据自己的消费能力购买通用汽车5种不同档次的汽车。

生产这些不同牌子汽车的单位，每个都有自己的产品和总经理管理人员。每个单位的总经理相互之间不得不进行合作和竞争。这意味着生产别克牌的部门与生产奥尔兹莫比尔牌的部门都要合作生产共同的零件，但式样和价格却要互相竞争。

这样，许多买别克牌汽车的顾主可能对奥尔兹莫比尔牌也感兴趣，反之亦然。斯隆希望在保留竞争有利之处的同时，也享有规模经济的成果。零件、卡车、金融和通用汽车公司的其他单位差不多都有较大程度的自主权，其领导人成功获奖赏，失败则让位。尽管通用汽车公司后来成为一架巨大的机器，但斯隆即给他注入了小公司所具有的那种活力。

三、汽车造型不断创新

为了使汽车车型年年翻新，斯隆在汽车行业首次建立了独立的设计部门，专门设计车型，并对设计部门给予一定的资金和权力。有时候斯隆想要变换车型时，甚至不管技术上是否能够做到。这时，老亨利·福特却忙着制造廉价的“T型”车，没有充分认识到设计部门的重要性。因此，在20世纪30年代，福特公司便失去了很多新的顾客。

在汽车式样创新上，斯隆的经营观念是："汽车越造越好、附件越来越全、革新越来越多，使汽车不仅仅是交通工具。"由于通用汽车经常更新换代，在通用汽车所有者心里激起了求新厌旧的不满足感，促使他们拿着自己还可以使用的旧车折价换取通用汽车公司的新产品。

四、提出新的销售原则

通用汽车公司在20世纪二三十年代引进和完善了以包装吸引顾客和进行汽车销售的方法，该方法后来在整个汽车工业产品销售中发挥了极为重要的作用。斯隆的伟大之处在于，他通过对该方法的详细研究，提出了汽车产品销售的4个诀窍，即分期付款、旧车折价、每车变换车型和车身密封条。

分期付款和折价销售减轻了消费者购买时的经济负担。年年更新车型，使得每年秋季，新型汽车与美国棒球联赛一样吸引新闻界和公众的注意。同时斯隆还根据人们的需求心理，把"通用"的产品系列化，从最豪华、最气派的卡迪拉克开始，至别克、奥尔兹莫比尔、庞蒂亚克，最后是雪佛兰。

通过斯隆上述四大措施的实施，通用汽车公司面貌焕然一新，通用产品在美国国内市场上的占有率从1923年的12%，提高到1956年的53%，1977年又上升到56%。从1928年以后，通用汽车公司成为全美和全世界最大的汽车制造企业。1997年，通用汽车公司又成为美国最大的公司。

资料来源 吴唐青．MBA典型案例评析［M］．合肥：安徽人民出版社，2002.

思考题

1. 斯隆所划分的4个事业部是何种类型的组织？

2. 你如何理解和评价斯隆提出的"分散经营、协调控制"的组织设计原则？

3. 通过斯隆的"绝招"，你如何认识和评价组织工作在管理中的地位及在组织发展中的作用？

第九章

组织结构设计

本章要点与学习目标

本章主要介绍和阐述组织结构设计的程序和内容、组织结构设计的基本要素、组织结构的形式以及组织结构变革的有关理论。通过本章的学习，要充分认识组织结构设计在组织工作中占有的重要地位，掌握组织结构设计的原则、内容以及基本要素，了解不同的组织结构形式及其适用的条件，探讨有关组织结构变革的新的课题。

第一节 组织结构设计的程序与原则

一、组织结构设计的程序

所谓组织结构就是组织中正式确立的使工作任务得以分解、组合和协调的框架体系。组织结构设计（organization structure design），就是把为实现组织目标而需完成的工作，不断划分为若干性质不同的业务工作，然后再把这些工作“组合”成若干部门，并确定各部门的职责和职权的过程。组织结构设计一般常涉及以下3种情况：一是新建的组织需要设计管理组织系统；二是原有组织结构出现较大问题或整个组织目标发生变化时，需对组织系统重新估价与设计；三是对管理组织系统的局部进行增减或完善。虽然情况不相同，但设计的基本程序大体相同，一般可分为以下6个程序：

（一）明确组织目标

组织目标是组织结构设计的基本出发点和依据。目标不明确，组织结构设计就失去了方向和意义。因此，组织结构设计的第一步，就是要明确组织的总目标以及支持总目标实现的各种具体的派生目标。

（二）明确业务活动内容

业务活动内容就是为实现组织目标所必须进行的业务管理工作项目。组织结构设计必须要明确各类业务活动的范围和大概的工作量，并在已定目标的引导下，将组织所有的业务活动按其性质适当分类，进行业务流程的总体设计，使总体业务流程达到最优化。

（三）确定组织结构形式

依据组织规模、业务活动特点和业务工作量的大小等因素，参考同类其他组织结构设计的经验和教训，确定应采取什么样的组织结构形式，需要设计哪些单位和部门，并把性质相同或相近的管理业务工作分归适当的单位和部门负责，形成层次化、部门化的结构。

（四）配备职务人员

根据各单位和部门工作量的需要和对人员素质的要求，挑选和配备相应数量的人员，尤其要确定岗位所需要人员的素质和特长。配备称职的人员及其负责人，并明确其职务和职称，这一点是非常重要的，因为这直接影响着工作效率。

（五）明确职责权限

根据组织目标的要求，明确每一部门或职务的职责范围并赋予其完成职责所必需的权力，同时，还要明确评价工作成绩的标准。

（六）连成一体

通过明确规定各单位、各部门之间的相互关系，以及它们之间的信息沟通和相互协调的方式及原则，把组织的上下左右联结起来，形成一个能够协调运作，有效实现组织目标的系统。

组织结构设计完成后，需要把它用组织图绘制出来。组织图是以图表的形式表现出组织的主要职能和权力关系。它不仅表示组织的结构形态，还将组织内上下级和同级关系表示出来，并说明权力及信息沟通的方向、渠道，给人以简洁清晰的印象。

二、组织结构设计的原则

组织所处的环境、采用的技术、制定的战略、发展的规模等情况不同，所需的职务和部门及其相互关系也不同。组织结构设计的原则尽管体现为变动性，但历经近百年的理论和实务的演化，还是可以找到一些需要共同遵守的基本原则。这些基本原则，为提高组织结构设计工作的效率提供了强有力的指导作用。当然，应该根据环境的变化需要灵活应用这些经典原则。

（一）任务目标原则

任何一个组织，都有其特定的任务和目标，组织结构设计的根本目的是保证组织的任务和目标的实现。因此在进行组织结构设计时，首先要明确组织确立的任务和目标是什么，然后确定完成组织的任务和目标而需要的结构类型，组织的增加、合并或取消都应该以是否对其实现目标有利为衡量标准。

（二）分工与协作原则

分工与协作是社会化大生产的客观要求。随着社会生产力的发展、科学与技术的进步，分工越来越细，这正是现代社会的一个主要特征，但是随之而来的，就是协调工作越来越难，也越来越重要。只有分工，没有协作，分工也就失去了意义。因此，在进行组织结构设计时，要同时考虑这两方面的问题，做到分工要合理，协作要明确。对于每个部门和每个职工的工作内容、工作范围、相互关系、协作方法等，都应有明确规定。

所谓分工合理，就是按照提高管理的专业化程度和工作效率的要求，把组织的任务和目标进行合理的分解，明确规定每个层次、每个部门乃至每个人的工作内容、工作范围，以及完成工作的手段、方式和方法，但分工时要注意粗细适当。一般来说，分工过细，专业化水平越高，责任越明确，效率也越高，但会出现机构增加、协调困难等情况，提高效率的要求会因此而无法实现；分工太粗，机构较少，协调较易，但专业化水平和效率就低，容易产生推卸责任的现象。因此，应根据实际情况加以确定。

所谓协作明确，就是要明确部门与部门之间、部门内人与人之间的协调关系与配合方法，找出容易发生矛盾之处，加以协调，并使协调中的各种关系逐步规范化和程序化，有具体可行的协调配合方法。

劳动分工是组织设计的前提和关键。亚当·斯密认为分工可以提高效率。在20世纪初之前，劳动分工被认为是提高生产效率的一个不尽的源泉，但随着劳动分工的深化，许多问题相继暴露了出来，厌倦、疲劳、压力、低生产率、劣质品、旷工和高离职率等现象对传统的分工理论提出了挑战，工作扩大化等新的管理思想应运而生。

（三）统一指挥原则

统一指挥原则是法约尔提出的管理14条原则之一，也是组织结构设计中的一条重要原则。组织内部的分工越细，这一原则就显得越重要。这一原则主张，每个下属应当而且只能由一个上级主管直接负责，否则，就会出现混乱局面。统一指挥原则对组织结构设计提出了下列要求：

（1）在确定管理层次时，要使上下级之间形成一条等级链，这一等级链必须是连续的，不能中断，并能明确上下级的职责、权力和联系方法。

(2) 任何一级组织只能有一个人负责，实行首长负责制。组织中正职领导副职，副职对正职负责。

(3) 下级组织只接受一个上级组织的命令和指挥，防止出现多头领导的现象。

(4) 下级只能向直接上级请示工作，不能越级请示工作，下级必须服从上级命令和指挥，不能各自为政，各行其是，如有不同意见，可以越级上诉；上级不能越级指挥下级，以维护下级组织的领导权威，但可越级进行检查工作。

(5) 职能管理部门一般只作为同级直线指挥系统的参谋，但无权对下属直线领导者下达命令和指挥。

只有在组织结构设计中贯彻统一指挥原则，才能建立起严格的责任制，消除多头领导和无人负责的现象，保证全部活动的有效领导和正常进行。但是，当外部环境变化多端时，要求严格遵照统一指挥原则行事，也会造成某种程度的不适应，降低组织的灵活性和工作效率。

（四）管理幅度原则

管理幅度（span of control）也叫管理跨度，是指一个领导者直接而有效地领导与指挥下属的人数。这一原则要求在进行组织结构设计的时候要确定好每一个管理者的管理幅度。一个领导者的管理幅度究竟以多大为宜，至今还是一个没有完全解决的问题。它的确定，受很多因素的影响，不能一概而论。有效的管理幅度问题，将在本章以后的内容中讨论。

（五）集权与分权相结合的原则

这一原则要求组织结构设计应该根据组织的实际需要来决定集权和分权的程度。所谓集权就是指决策权相对集中于较高的管理层次，统管所属单位和人员的活动；分权则意味着职权分散到整个组织中。集权与分权是相对的，两者是辩证统一的关系，没有绝对的集权，也没有绝对的分权，只是程度的不同。良好的管理是建立在集权与分权和谐一致的基础上。组织结构设计也应根据不同情况和需要对集权与分权的程度加以调整，使得组织在两者的相对平衡中得以发展。

（六）职、责、权、利相对应的原则

职、责、权、利相对应的原则告诉我们，进行组织结构设计时，要明确职务，并明确应该承担的责任，还要有与职务和责任相对等的权力，并享有相应的利益。这就要求进行组织结构设计时，职务要实在、责任要明确、权力要恰当、利益要合理，要避免有权无责或职责大于职权以及有责无利的现象发生。职务、责任、权力、利益4者如同正方形的4条边，它们之间存在着一种如图9-1所示的正方形的关系。

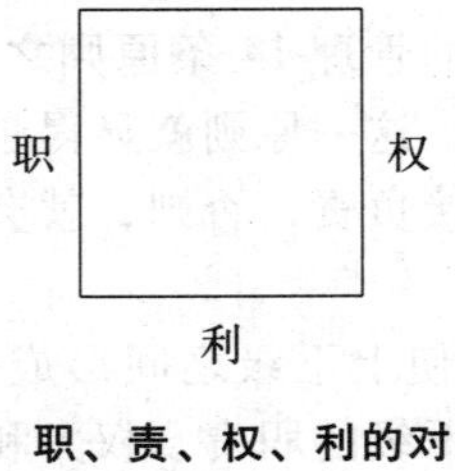

图9-1 职、责、权、利的对等原则

（七）精干高效的原则

科学地设计组织结构是为了提高组织工作的效率和效果，因此组织设计应遵循精干高效的原则。这也是组织联系和运转的要求。精干，不是说越少越好，而应是能够保证需要的最少。队伍精干，而不是机构臃肿、人浮于事，才能提高效率，才能以较少的层次、较少的人员、较少的时间达到工作的最佳效果。效能既包括工作效率又包括工作质量。精干高效的原则，要求人人有事干，事事有人管，保质保量，负荷都饱满。

（八）稳定性与适应性相结合的原则

为了保证组织的高效和各方面工作的正常运行，应当保持组织结构的相对稳定性。因为组织结构的变动，涉及人员、分工、职责、协调等各方面的调整，给人员的心理、工作方法、工作习惯等带来各种影响，这些影响短时期内很难消除。但稳定性是相对的，保持稳定，并不是要保持组织结构的一成不变，而应该随着组织所处的环境的变化、组织目标以及战略的调整而变革，以适应环境、目标和战略的需要。但是，强调组织结构的适应性，并不是说组织结构可以随意变化，一个经常变化的组织，是不容易创造佳绩的。

贯彻稳定性与适应性相结合的原则，就是在保持稳定性的基础上，进一步加强和提高组织结构的适应性。

（九）执行和监督分设的原则

这一原则要求组织中的执行机构和监督机构不能合二为一，而应该分开设置，这样才能充分发挥监督机构的监督作用。在这方面，当然，监督机构分开设置后，必须在加强监督的同时，增强对被监督部门的服务意识，做到既监督又服务。

第二节　组织结构设计的基本要素

组织结构设计的基本要素，就是影响组织结构设计的基本要素，也就是通过组织结构设计要解决的基本问题，主要包括以下几个方面：

一、组织结构的合理化

美国著名的管理大师德鲁克说："所谓组织，是一种工具，用以发挥人的长处，中和人的缺点，使其无害。"只有结构合理化的组织才能产生这样的效果，因此在组织结构设计中，我们要做到组织结构的合理化。

（一）组织横向结构的合理化

组织是由人的要素组成，即使对于同样的要素，如果采取不同的组合方式，也会产生不同的整体效果。而好的整体效果，来自于要素的整体互补，各取其长。

日本早稻田大学社会科学部教授冈泽宪芙在论及政党时曾说："一个充满活力，有战斗力的政党应该由这样一些人组成：有拉票能力的魅力型候选人，有信赖感的首相候选人，有政策能力的优秀政策家，有集资能力的资金筹措者，有谈判能力及议会运营专门知识、能达成妥协和合意的技术人员，能够使平凡的候选人和陈腐的政策产生有魅力的商品价值，并能向政治消费者加以提示说明的优秀宣传员，以及能制作使外界舆论有好感的舆论工作计划和善于同宣传媒介交往的报道员等等。”① 这里强调了对于一个现代的政治组织实现其成员的职能互补的重要性。不但政治组织，任何一个组织都是如此，都应力求组织结构中的职能互补，构造组织部门之间、人员之间的“你不会我会、我不会你会”的横向结构。

（二）组织纵向结构的合理化

任何一个组织都不是平面的，而是立体的。这就要求在组织结构设计时，不仅要注意横向结构的合理化，而且还要注意纵向结构的合理化。拿破仑曾经有一句名言：“一头狮子率领的一群绵羊能够打败一头绵羊率领的一群狮子。”这句话形象地说明了一个组织内部具有合理的纵向结构，即谁作为领导者、谁作为执行者的重要性。

在现实生活中，人各有所长，各具不同的自身素质。多谋、善断、善于组织动员下属有效实施决策并善于对决策和执行结果进行监督的“全才”是没有的。而依靠一个合理的纵向结构设计，就能将各具特色的人才汇聚在一起，发挥每一个人的特长，善于履行不同职能的人做到了素质互补，这样的人的要素组合发挥了“全才”的作用。

西方一些学者在谈到这个问题时认为：高瞻远瞩，有战略眼光的人可以断；思维敏锐，善于系统分析的人可以谋；能抛头露面、冲锋陷阵的实干家可以行。② 所以，一个优秀的组织要有合理的纵向结构，其成员要实现素质互补。

组织横向结构的合理化，即实现部门和个人职能的互补；组织纵向结构的合理化，即实现人员的素质互补，这是组织结构合理化的重要方面，也是使组织产生重大绩效的重要措施。

二、工作专门化

工作专门化即工作专业化，它是将组织的总任务分成有机相连的各部分，并据此而形成专业化组织。工作专门化实际上就是亚当·斯密提出的劳动分工概念的具体体现。

劳动分工（labor division）是指一项完整的任务不再由一个人独立完成，而是将其分割成几个步骤（程序），一个人单独完成一个步骤（程序）。现代的流水线生产就是高度劳动分工的产物，每个工人做着简单化、标准化的工作，它极大地提高了劳动效率。亚当·斯密在《国富论》中以制针业为例描述了劳动分工使工作效率大大提高的问题。亨利·福特发展了斯密的劳动分工思想，他将每一项工作再细分，并制定标准化的操作规范。自动流水线的发明将劳动分工理论运用到了极限。

古典组织理论认为劳动分工可以提高效率，因为它能有效利用员工技术方面的差异性。对绝大多数的组织来说，一些工作需要较高的技能，另一些工作则不需要培训即可胜任。如果组织不进行劳动分工，也就是说，所有的员工既从事高技能工作，又从事十分简单的工作，其结果便是当所有技术工人做着简单劳动时，就出现了资源的浪费。劳动分工就能有效解决这个问题。

---

① 韩岫岚．MBA 管理学：方法与艺术（中册）［M］．北京：中共中央党校出版社，1999：407.
② 韩岫岚．MBA 管理学：方法与艺术（中册）［M］．北京：中共中央党校出版社，1999：408.

随着劳动分工的不断发展，管理学者们发现，专业化又常常与组织内部增加的矛盾和冲突交织在一起。很明显，扩大的专业化使得一些组织成员有挫折感，因为这将限制他们的行为，阻碍他们个人的发展目标，有时候他们会把他们的不满以各种消极形式表现出来，因此，从高度专业化处获得的生产率的提高可能会被专业化带来的负面效应所抵消。现代组织理论把这种现象称为人的非经济性（human diseconomies）。劳动分工发展到一定程度后，人的非经济性带来的负面效应将会超过专业化分工带来的好处，如图 9-2 所示。

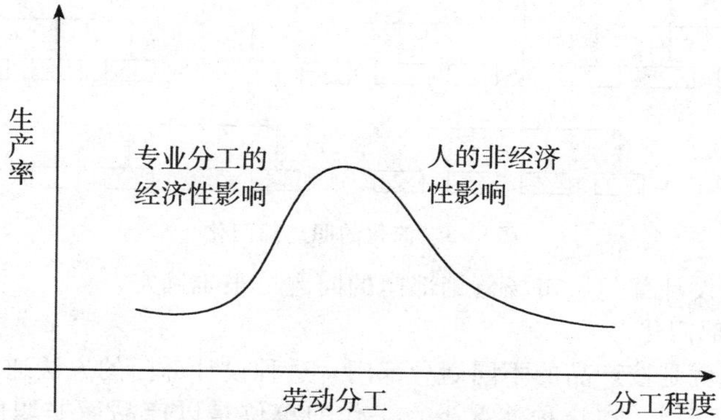

图 9-2　劳动分工的经济性与非经济性①

那么如何克服人的非经济性因素呢？现代管理学者主张员工工作丰富化、扩大化，让员工独立完成一项完整的任务，或组成工作小组或进行工作协助，以提高员工成就感，激发员工工作热情。尽管如此，劳动分工的概念已广泛应用于各类组织。

20 世纪 90 年代以来，席卷全球的组织再造工程理论更是对传统的分工理论提出了直接的挑战，人们对已经根深蒂固的分工思想重新提出了疑问。

三、部门化

部门化就是按照一定的方法把组织中的人与事划分成可管理单位的过程，其目的在于确定组织中各项任务的分配与责任的归属，以求分工合理、责任明确，从而有效地达到组织的目标。部门化的方法就是确定划分部门的标准，不同的组织划分标准有所不同，但主要有职能、产品、地区、顾客等。

（一）职能部门化

职能部门化就是按职能的不同进行部门划分，既根据生产专业化的原则，以工作或任务的性质为基础来划分部门。例如，把企业划分为生产、营销、财务、人事等部门，在此基础上还可以进行细分，如图 9-3 所示。

职能部门化的优势是：有利于专业化，能够减少稀少资源的重复浪费；有利于专家们职业生涯的发展，使得部门内部的交流变得容易。其劣势是：过于强调日常的任务，使得管理人员的监督观念变得越来越狭隘；既减少了部门之间的交流，又增加了部门之间的依赖；对涉及全局性的问题难于发现，例如，一个新产品的滞销是因为生

① 罗宾斯．管理学［M］．黄卫伟，等，译．4 版．北京：中国人民大学出版社，1997：230.

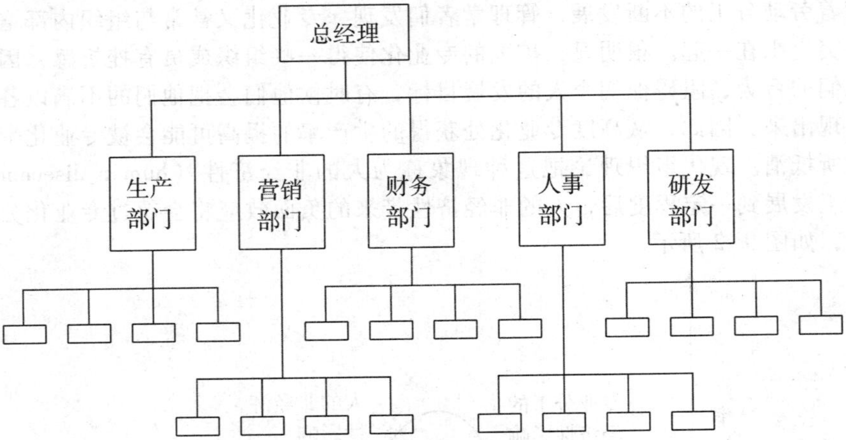

图 9-3 简化的职能部门化

产上的问题还是设计部门、市场营销部门的问题，很难确定。

（二）产品部门化

产品部门化就是按产品的不同划分部门。这种设计部门的方法通常被大的组织所提倡，即产品型部门。在这种情况下，工作的单位是以产品而非职能来建立的。图9-4提供的是一张简化的公司图表。该公司有两条生产线：一条生产消费品；另一条生产工业品，在每个产品小组里各自执行着大多数（如果可能甚至是全部）职能。

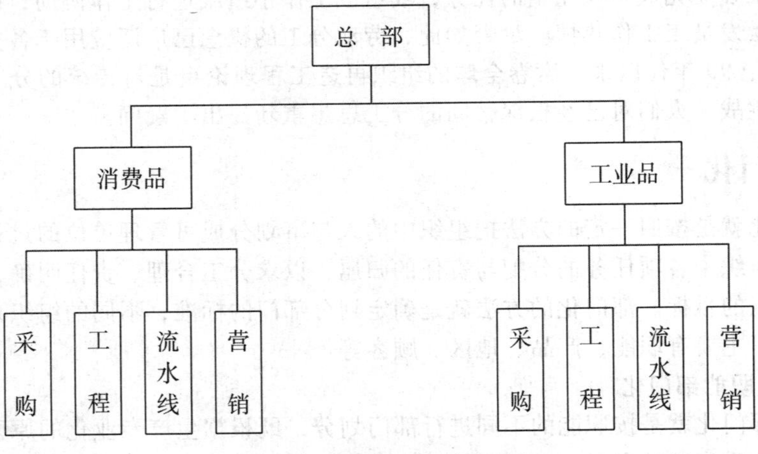

图 9-4 简化的产品部门化

在产品部门化的基础上，每个产品小组又变成了一家公司，或者确切地说是一个独立的费用中心，例如，通用汽车公司有制造轿车、卡车、长货车、水箱、汽车零部件等分部等。

产品部门化的优势是：可以提高决策的效率；有利于本部门内更好地协作；易于检查产品质量和监督职工，因此，有利于提高产品质量，有利于进行核算。其劣势是：各个部门的管理人员都把注意力集中在本部门的生产上面，因而对整个组织集体的关心就有所忽视；由于每个部门都有自己的市场调查和财务分析等方面的人员，因而导致行政管理人员队伍庞大，费用增加。

（三）地区部门化

地区部门化就是按区域的不同进行部门划分。如果组织要在有不同需求和价值观的地区或国家处理业务时，就可以考虑将工作按地区分组，设置不同的地区部门，将区域的业务工作集中起来，委派一个部门负责人全权负责。许多全国性或国际性的大公司常常采用这种部门划分方法，如图 9-5 所示。

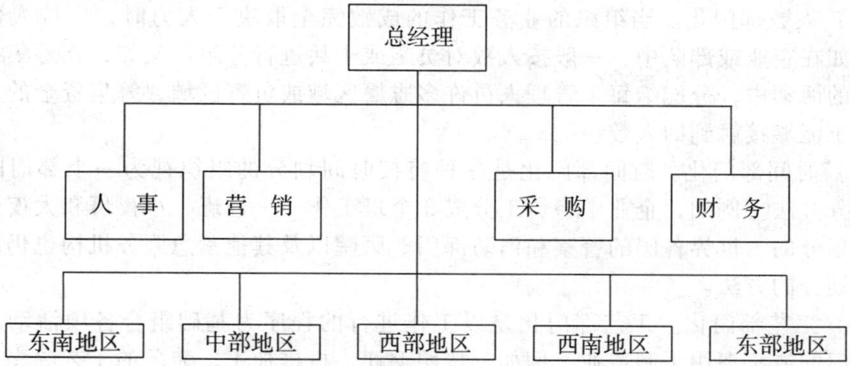

图 9-5 简化的地区部门化

地区部门化的优点是：有利于对本地区顾客和环境的变化作出迅速的反映并采取相应的措施；有利于培养独当一面的管理人才。其缺点是：由于地区和人员分散，增加了总部对各个分部控制的难度，而且区域之间的协调也不容易进行；存在机构重复设置，集中进行的经济活动也得不到很好地开展等问题。

（四）顾客部门化

顾客部门化，就是以被服务的顾客为基础来划分部门。如果组织有不同类型的顾客，而且各类顾客的需求与组织提供服务的方式有显著区别时，可以采取这种部门化方式，把为同类需求的顾客服务的所有工作组合在一个部门内，由一个部门来管理。例如，商业零售业部门通常包括男服装部、女服装部、儿童服装部等；教育机构的组织设置也可使用这一方法，如在校园里提供正规教育，又在校外或晚上进行补习和培训教育，以满足不同学员的各种需要。图 9-6 所示的是简化的银行按顾客进行部门划分。

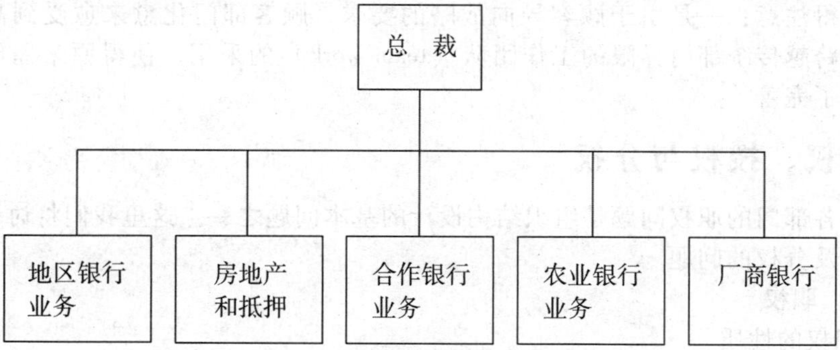

图 9-6 简化的顾客部门化

顾客部门化的最大优点是能满足各类服务对象的要求，社会效益较好，企业的对外适应能力较强，但是，有时候对顾客明确划分比较困难，因而，解决不同顾客的需求矛盾有时候存在一定的困难。

（五）部门划分的其他方法

以上只是常见的几种部门划分方法，还有许多其他形式的部门划分方法，包括按人数、按时间、按装备或过程划分部门。

（1）人数部门化。当组织的业务工作的成败完全取决于人力时，可按人数划分部门。如在企业或部队中，一般按人数对员工或士兵进行分组。又如，在筹集社会福利基金的活动中，分配给每个管理人员许多志愿区域或负责区域，筹集资金的多少主要取决于能够接触到的人数。

（2）时间部门化。时间部门化是一种将按时间划分的组织视为一个部门的传统部门划分方法。例如，企业中将员工分成3个班工作——日班、小夜班和大夜班就是按时间划分的。世界各国的警察和消防部门、医院以及其他紧急服务机构也仍沿用这种部门划分的方法。

（3）工艺部门化。工艺部门化是以工作进行的程序为基础组合各项活动。这种划分部门的方法多用于制造业，例如，按照毛坯、机械加工、装配的工艺顺序分别设立部门。这种部门划分方法能有效地提高工作效率。

此外，还可以按项目、序列等划分部门。这些部门划分的基本方法和形式不是彼此截然独立的，在实际组织结构设计中，组织往往根据自己的情况，采取一些特殊变化，将多种形式混合起来进行组织部门的划分。例如，一个基本上属于按职能划分的组织，也有按产品、装备或程序、用户或地区划分的部门。

在组织部门化过程中要注意以下几点：第一，避免无目的地设置部门。应使每个部门都有其他部门无法替代的工作，同时，又要避免任务的交叉和重复。第二，部门的设置应确保组织目标的实现，并具有弹性。各个部门的工作应涵盖组织的所有工作任务，以保证组织目标的实现，同时，应根据组织业务活动的需要适当增减部门。第三，各部门之间应达到协调平衡。一个组织的部门应上下左右很好地统一协调起来，避免忙闲不均、工作量分摊不均的现象。

传统的部门化原则现在大多数仍被许多组织所采用，但20世纪90年代以来有两种趋势值得注意：一是由于顾客导向战略的要求，顾客部门化愈来愈受到高度的重视；二是跨越传统部门界限的工作团队（team work）的采用，使得原来僵硬的部门划分得到了完善。

四、职权、授权与分权

建立各部门的职权问题是组织结构设计的基本问题之一。这里我们将讨论有关职权、授权及分权的问题。

（一）职权

1. 职权的性质

所谓职权就是指组织所赋予的合法的职责和权力。没有职权，就不可能有组织的管理活动，因此，职权是绝对不可缺少的、将组织活动结合在一起的“黏合剂”。组织的层次、部门越多，职权关系越复杂。

从职权的性质来看，职权是人们凭借较高的地位而拥有的权力。在正常情况下，下属要服从地位较高的人的命令，每一个管理职位都具有某种特定的、内在的权力，任职者可以从该职位的等级或头衔中获得这种权力。因此，职权与组织内的一定职位相关，而与担任该职位管理者的个人特性无关，它与任职者没有任何直接的关系。谁占有这一位置谁就拥有相应的职权，即使任职者并不具备胜任该职位的能力，也会产生权力。当某人从有权的职位上被辞退，他就不再享有该职位的任何权力。职权仍保留在该职位中，并给予新的任职者。

古典学者认为组织职位中所固有的权力是影响力的唯一源泉。他们认为，管理者都是充满权威的。在多年以前，这也许是正确的，因为，那时候的组织相对简单，参谋的重要性也不突出，管理者只是最低限度地依赖技术专家。在这种情况下，影响力是和职权同一意义的，管理者在组织中的职位越高，他所拥有的影响力也就越高。然而，现实的情况已经有了很大的变化，管理的研究者和实践者们发现，你不必成为一个管理者就可以拥有权力，权力也未必与一个人在组织中所处的地位完全相关。一位下属也许没有较高的职位，但如果他拥有某种专门的知识或具有某种良好的品质而受到别人的敬佩和尊重，他也可能有一定的权力，即他可以影响别人的行为。同理，如果管理者所具备的个人的才能或品质会使别人乐意接受他的影响，他的权力就可以远远超过由职位的权限所产生的职权。

职权和权力是密切相关的两个概念。权力是一种影响力，是指改变个人或团体行为的能力。某一个人或团体有能力影响另一个人或团体的行为，这种能力就是权力。因此也可以说，权力是引起他人或团体采取与原来不同行为的力量。职权是组织的一个重要概念，它只是更广泛的权力概念的一个要素。

美国学者约翰·弗伦奇（John French）和伯特伦·雷文（Bertram Raven）曾分析了权力的来源及构成基础，他们认为，权力的构成基础有以下 5 个方面：

（1）强制权。这是建立在惧怕之上的权力，下属认识到不服从上司的意志就会导致惩罚。拥有强制权的人有要求他人服从的权力，下属则有服从的义务。

（2）奖赏权。一个人能给他人施以他们认为有价值的奖赏的人，就对这些人拥有这种权力，与强制权相对称。下属认识到服从上司的意志会带来积极的奖励与赏识。这些奖赏可以是金钱的，也可以是非金钱的。

（3）合法权。这是与职权相同的概念。这种权力代表一个人在正式层级中占据某一职位所相应得到的一种权力。强制权和奖赏权也与职位相关，但合法权远比强制和奖赏的权力广泛，它尤其包含着组织成员对某一职位权力的接受。例如，当学校校长、银行总裁或陆军上尉发表讲话时（假定他们的指示被视为是其职位职权范围内的），学校的老师、银行的出纳员和陆军中尉都会听从且通常会遵照指示办。

（4）专长权。这是来自专长、特殊技能或知识的一种影响力。因为具有一种或多种的专门知识或特殊技能，会赢得同事、下级的尊敬和服从。这种专门知识或技能可以来自于教育，也可以来自于经验。近年来，随着技术知识的突飞猛进，专长权越来越成为组织中的一种有效的权力。当组织中的工作变得更加专门化以后，管理部门就越来越需要依靠“专家”的职能来实现组织目标，这样就形成了相应的“专长权”。

(5) 表率权。表率权，又称感召权力，它是建立在一个人对另一个人认可基础之上的。在一个组织中，总有某些人的行为、思想可以作为其他人的表率。他们成为别人认可的对象，或者是因为他们具有某种超人的禀赋，或者是因为他们的风度、品质、学识等被他人所敬佩。正是出于这种敬佩，他人才会接受其影响。

强制权、奖赏权和合法权是与职位相关的权力，属于职权范畴内的权力，这些权力的大小与地位的高低成正比，即地位高者权力大，地位低者权力小；专长权和表率权通常与职位无关，不是由管理者或领导者在组织中的地位产生的，因而被称为非职位权力。

2. 职权的类型

根据职权的性质，可以把职权分为指挥性的直线职权和参谋性的参谋职权，以及介于直线职权和参谋职权之间的职能职权。这种分类对维护组织的统一指挥体系，增强组织的力量具有重要意义。

(1) 直线职权。所谓直线职权，是指直线管理人员所拥有的作出决策、发布命令以及执行决策的权力。凡是管理者均对其下属拥有直线职权。直线职权是一种完整的职权，它由决策权、命令权、执行权 3 个部分构成，通常又称为决策指挥权。

直线职权是组织中一种最基本、最重要的职权，缺少了直线职权的有效行使，整个组织的运转就会出现混乱，乃至陷入瘫痪。

直线职权是掌握在直线人员手中的，从公司的总经理到最基层的班组长，他们都拥有各自相应的直线职权。但是，由于他们所处的管理层次不同，因而其职权大小及职权范围有所不同。在公司中董事长对总经理拥有直线职权，总经理对副总经理拥有直线职权，以此类推。这种指挥命令关系从组织的最高层一直延伸到最基层，形成一条“命令链”（或称“指挥链”）。作为命令链中的一个环节的管理者有指挥下级工作的权力，同时又接受他的上级的指挥。

(2) 参谋职权。所谓参谋职权，是指参谋人员所拥有的提出咨询建议，或提供服务与便利，协助直线机构和直线主管人员进行工作的权力，它是一种辅助性职权。

参谋职权是一种有限度的、不完整的职权。从性质上说，参谋职权是一种顾问性的或服务性的职权，拥有参谋职权的管理者可以向直线管理者提出建议或提供服务，但其本身并不包括指挥权和决策权。一个组织没有委派任何参谋人员也可以有效地工作，但当组织规模不断扩大，高层管理者所面临的管理问题日益复杂，仅凭直线主管人员个人的知识和经验已显得很不够的时候，就需要借助参谋专家的作用来帮助他们行使直线指挥权力。

参谋对直线主营人员提供服务是通过两种形式来实现的：一是聘请个人参谋，提供个人性质的服务，个人参谋专为最高层主管提供服务，最典型的例子是管理者的个人助理。二是设置专业化参谋，通常是指一些单独的组织或职能部门，比如智囊团、顾问委员会等，它们主要是从各自职能的角度行使职能权力。

(3) 职能职权。所谓职能职权是指参谋人员或某部门的主管人员被授予的原属于直线主管人员的那部分权力。

职能职权是伴随着组织规模的逐渐扩大和专业化程度的逐渐提高而产生的，其实质就是直线主管人员把本来属于自己的一部分直线权力分离出来，然后授予参谋专家或某个部门的主管人员，使他们也可以按照规定和程序，在其授权范围内有权作出决定，有权直接向下一级的直线组织发布指示，这种职权就是职能职权，实际上可以把它看成是直线上司职权的一小部分。之所以把它称之为“职能职权”，主要是因为这种职权的行使主要是以职能专家的专业知识为基础，行使这种职权的部门是由具有较丰富专业知识的职能专家所组成的。

职能职权只能根据业务分工和授权范围，并根据一定的程序和规定来行使，因而职能职权的范围是有限的，否则就会损害直线指挥系统的统一性和完整性，就会产生把职能职权无限扩张为直线职权的危险，由此而把参谋机构和参谋人员的性质改变为直线机构和直线主管人员的性质，这势必会导致整个组织的极大混乱。

职能职权的产生，有利于大大减少直线主管人员的日常事务性工作，从而减轻其工作负荷，这样就可以从组织权力的分配上保证高层领导有足够的时间和精力研究有关组织全局性、长远性的重大问题，而不致陷入事务堆中去；有利于充分发挥各职能专家在职能管理中的作用，从而加强专业管理，保证各项专业管理制度得到切实的贯彻执行；有利于大大提高日常程序性决策和执行的效率，提高决策的灵活性、及时性和有效性；有利于加快信息的传送与处理，缩短信息的传递路线，使信息传递更加快速和简捷。

（二）授权

1. 授权的性质

授权是指一个组织的较高一级的领导或组织通过某一种形式或程序把一部分工作的责任和职权交给某一个或其一下级组织。授权的含义包括以下3个因素：①职责的指派，即向被托付人交代任务；②权力的授予，即授予被托付人相应的权力，使他有权履行原本无权处理的工作，这就是“授权”一词的由来；③责任的建立，即要求被托付人对托付的工作负全责。负责不仅包括完成指派的任务，也包括向上级汇报任务的执行情况和成果。

由于授权，一方面，通过同事或下属分担一部分工作，减轻了工作负担和因工作带来的烦恼，使得某一组织的高层领导者能更集中精力处理好更多或更重要的工作。另一方面，某些专业性或特殊性的工作，通过专门训练的专业人员或特殊人员来完成，可能比总负责人更有针对性，做得更好。一些专业人员也可能比总负责人更能处理一些特殊的问题，同时，通过授权也可以发现并培养人才，为下属人员的提升打下基础。下属人员通过参加决策和解决问题，也可以更全面地了解全局的工作，提高自己的管理才能。

2. 授权的一般原则

（1）目的性原则。授权要体现出明确的目的性。首先，授权要以组织的目标为依据，分派职责和委任权力时都应围绕着组织的目标来进行，因为职权是帮助管理者实现组织目标的手段，所以授予某个人的职权就应该保证他能够实现目标。只有具备为实现组织目标所需的工作，才能设立相对应的职权。其次，授权本身要体现明确的目标。分派职责时要同时明确下属所需做的工作是什么，达到此目的的标准是什么，对于达到目标的工作应如何奖励等。只有具备目标明确的授权，才能使下属明确自己所承担的责任。

(2) 权责对等原则。授权要做到权责对等，下属履行其职责，必须要有相应的权力。责大于权，不利于激发下属工作的热情，即使是处理职责范围内的问题也需不断请示上级，这势必造成由于信息沟通不畅带来的浪费。权大于责，又可能会使下属不恰当地滥用其权力，这最终会增加高层管理者管理和控制的难度。

(3) 范围正确原则。授权只是针对属于本管理层的那部分管理权限而言的，不属于自己的管理权限，是不应授权的。对较高一层管理者委派给本管理层的职责既不能分派，也不能委任相应的权力，否则，将造成权责不清、越级管理的现象。

(4) 适度原则。所谓适度原则就是在授权时要注意度，不能什么权都向下授权，也不能什么事不论大小，都向下授权，一些重要的权力是不能向下属授权的。

一般地来说，授权的方法有充分授权、不充分授权、弹性授权和制约授权等几种。上级对下级的授权并不是一件容易的事情，有许多原因会造成上级领导不愿意对自己的同事或下级授权，同样一些下属因故不愿接受权力。关键在于，较高层次的管理者应有明确的授权意识，在充分认识授权的好处的同时，积极主动地授权，充分相信别人和下级人员，要满腔热情地支持他们去工作。而被授权人也要了解自己的责任、权利和义务，要为组织的发展尽自己最大的努力，作出最大的贡献。

为提高授权的效率，在授权时还要注意解决好以下几个问题：一是选好受权者，即要选择好授权的对象，如果接受授权的人选择有误，可能会出现授权失败；二是防止授权失控，即授权者在授权后不能失去对下属的约束力；三是防止反授权，即被授权者要切实履行上级赋予的权力，切实承担起相应的责任，不能在上级授权后又“把球踢给领导”，授权后如果再出现反授权，就失去了授权的意义。

(三) 分权

1. 分权的意义

分权是授权的一种形式。分权就是一个组织向其下属各级组织进行系统地授权，即决策权在组织系统的较低层次上一定程度的分散。分权与授权的关系是，授权是分权的一种实现形式，而分权是系统授权。正确适度的分权，对于组织来说具有重要的意义。

(1) 有利于组织决策的合理化。分权意味着组织的决策权不再完全集中在最高管理层，而是将某些决策权适当地分配给下属各有关单位，使它们有一定程度的自主权，能够根据各单位的具体情况和所面临的形势与任务作出决策，增强了决策的灵活性与及时性。特别是有些程序性、日常性的事务性决策，由有关单位自主决策，会决策得更科学、更好。因此，适度地分权，有利于明确地实行分级决策和分层负责。分权既能保证决策的合理性、科学化，又能从上到下更好地实现分工与协作，它可以使决策明确化，其相应的责任也可以更明确化。

(2) 有助于培养组织管理专家。分权意味着赋予中下层管理人员更大的自主权力，同时也交给他们更大的责任。对权力的运用本身就是一门管理艺术，也是一门很深的学问，这就迫使他们更快地走向成熟。因为，如果他们不能恰当地运用自己的权力，那就无法很好地完成他们所负的职责，他们就会被迫丧失领导者的身份和地位，这是一种巨大的压力。另外，职权分散后，更需要中下层管理人员独当一面地工作，因而他们可以有更多的机会施展才华，受到锻炼，积累经验。

2. 影响分权程度的因素

分权的对立面是集权。集权就是决策权力都由某一最高级领导人（如总经理）或某一上级负责人掌握与控制。其优点主要是：有助于加强组织的集中统一领导，提高管理工作效率；有利于协调组织的各项活动；有助于充分发挥领导者的聪明才智和工作能力；由于机构精干，用人少，还可以使管理的开支减少到最低限度。其主要缺点是：使领导者直接控制面缩小了，增加了管理层次，延长了纵向组织下达指令的时间和信息沟通渠道，不利于调动基层的积极性和创造性，难以培养熟悉全面业务的管理领导人员。

在组织管理中，集权和分权是相对的，绝对的集权或绝对的分权都是不可能的。如果最高主管把他所拥有的职权全部委派给下属，那他作为管理者的身份就不复存在，组织也就不复存在。因此，某种程度的集权对组织来讲是必要的，如果最高主管把权力都集中在自己手里，这就意味着他没有下属，因而也就不存在组织。因此，某种程度的分权同样是组织所需要的。

集权与分权的程度，是随条件变化而变化的，以下这些因素影响分权的程度：

（1）环境因素。一般说来，组织周围的环境越复杂，它采用分权的可能性就越大。因为只有分权，下属各组织才能及时地对环境变化作出反应并迅速采取有效的措施。

（2）决策的性质。决策的性质是决定分权程度的主要因素。一般来说，决策难度和危险性很大，一旦决策失误，对经济标准和信誉、士气等无形标准影响较大的决策，人们倾向于集权的形式。这不仅是因为高层主管的经验丰富，而且因为这类决策责任重大，也不宜授权。

（3）政策的一致性。如果组织高层管理者强调在组织内保持经营管理政策的一致性，即在整个组织中采用一个统一的政策，则势必趋向于集权化，因为集权是达到政策一致性的最方便的途径。如制造业公司内部保持产品的质量、价格、材料、销售等政策的一致要求，则要求有较大的集权程度，较小的分权程度。在这样的组织内部也要求有标准化的财务和会计记录，以便比较分析各部门各单位的工作绩效。

（4）组织的规模。组织规模越大，组织的层次和部门会因管理幅度的限制而不断增加。层次增多会使上下沟通的速度减缓，造成信息延误和失真，并意味着今后彼此间的配合工作也会迅速增加。因此，为了加快决策速度、减少失误，使最高主管能够集中精力处理重要决策，也需要适度分权。

（5）下级领导人的能力。如果下级领导人能力差，无法进行有效的决策，那么，这个组织就可能自上至下都采用集权形式。如果下级领导能力强，称职的话，上级领导就可能采用分权的形式。

此外，影响分权程度的因素还有组织的成长阶段、组织的管理哲学等因素。总之，到目前为止，尚没有理论能明确地告诉人们集权和分权哪种形式最能取得成功，即使是在同一环境中的两个相同行业的公司，也可能采用不同的权力形式而同样取得成功。

五、管理幅度

（一）管理幅度分析

1. 管理幅度的含义

所谓管理幅度（span of control）是指组织的上级领导能直接有效地领导或指挥下属人员的数量。

一名领导者，由于受个人精力、知识、经验等条件的限制，能够有效地、直接地领导的下级人数总是有限的，超过了一定的限度，就会降低管理的效率。因此，一名领导到底直接领导多少人才能保证管理是有效的，正是管理幅度所研究的问题，或叫管理跨度问题。

管理幅度的概念很重要，是因为它在很大的程度上决定了组织的层次和管理人员的数目。管理幅度和管理层次成反比的关系，管理幅度越大，管理层次越小，反之，管理幅度越小，管理层次越大。古典管理学家倾向于管理幅度小一些，认为最高管理者理想的直接领导人数是3～4人，而中低层管理者适宜的管理幅度是8～12人。美国管理协会曾对100家大公司进行一次调查，从调查的情况看，公司总经理的下属人员是1～24人不等。其中有26名总经理的下属人员在6人以下，总平均下属人员是9人。这些不同数字反映了各种不同因素对管理幅度的影响作用。这是受当时的历史条件限制的，在当时，组织生产的机械化、自动化程度比较低，管理人员需要花很多时间对下属的工作进行指导和示范，因此，受精力的限制不可能直接领导太多的人。另外，管理者自身的素质与能力、组织内部的信息沟通困难、组织的规模比较小等，也是管理幅度偏小的原因。

随着计算机技术的日益成熟和广为应用，以及外部环境的日益复杂化、多变性对组织结构提出了新的要求，有关组织结构中管理幅度和管理层次的理论也发生着革命性的变化，最为突出的体现就是组织中的中层功能逐渐由计算机来处理完成，使得管理幅度变宽和管理层次减少，组织结构也日益由垂直式走向扁平化。世界500强中的许多公司都在进行扁平化（扩大管理幅度）的实践，比如通用、松下都把组织的管理幅度进行了适度的扩大。

2. 管理幅度的确定方式

多大的管理幅度最为理想呢？这个问题一直是管理者和研究人员极感兴趣的研究课题，但很难有一个统一的标准。根据法国管理顾问格兰丘纳斯的研究，一个管理者的管理幅度不可能无限制扩大，这是因为随着下属人数的增加，组织内部的相互关系及其复杂性也会增加，而且增加的比例越来越大。管理者直接指挥的下属人数如果太多，管理工作的效率就会下降。因此在确定管理幅度时，管理者与下属人员之间发生的潜在的相互联系的次数，就成为一个重要的考虑因素。

格兰丘纳斯认为，在一个组织（如小组）内，管理者与直接领导的下属人员之间相互发生联系的最大可能数为：

$$C=N(2^{N-1}+N-1)$$

式中：C——管理者与其下属之间相互交叉作用的最大可能数；

N——下属人数（管理幅度）。

格兰丘纳斯认为，当直接指挥的下属人数呈算数级数增加时，管理者需要协调的关系呈几何级数增加。依据上面的公式，可以得到一个关系表（见表9-1）。

表9-1　**不同下属人数的可能关系数**

N	1	2	3	4	5	6	7	8	9	10	…
C	1	6	18	44	100	222	490	1 080	2 376	5 210	…

虽然格兰丘纳斯没有说明N以多少为宜，但是，这个关系式告诉我们，随着下属人数的增加，相互联系的总量急剧增加，组织内部的关系迅速变得错综复杂，管理者之间的协调工作就越来越复杂。因此，必须妥善处理方方面面的各种关系才能保持协调，这就需要科学地确定管理幅度问题。

（二）影响管理幅度的因素

在某一特定的情况下，管理幅度的大小受以下几个因素的影响：

（1）管理工作的复杂性和相似性。一般处于较高管理层次的管理者，应有较小的管理幅度。因为最高决策层进行决策时尽管必须依赖各种人才来解决各式各样的复杂问题，并提供决策咨询和信息，但统一指挥的原则决定了复杂的决策应由决策层确定，因此直接领导的下属人数不宜过多。而处于较低管理层次的管理者，因要处理大量的日常事务，因而有较大的管理幅度。

（2）工作能力的强弱。如果下属人员的工作能力很强，知识和经验都很丰富，技能水平也很高，不需要上级对其进行过多的业务指导，则主管人员的管理幅度可大一些；如果主管人员自身的工作能力很强，办事果断，决策迅速，则管理幅度在一般情况下也可大一些，但也不一定，还要看主管人员的领导风格。

（3）领导者的领导风格。领导风格对管理幅度有很大的影响。如果上级管理者属于集权的领导风格，不想更多地发挥下级人员的积极性，要求对下级人员进行严格的控制和管理，则只能有一个较小的管理幅度。

（4）工作本身的性质。首先，性质复杂的工作，需要管理者与其下属之间保持经常的接触和联系，一起探讨完成工作共同遇到的问题，因此，应设置较窄的管理幅度。其次，工作本身的性质对管理幅度的影响还体现在这些工作之间的相关性的强弱。如果组织的各项工作在性质上具有较强的相关性，则要求组织设置较宽的管理幅度。

（5）管理者的授权意识。如果领导者授权意识较强，设置较宽的管理幅度，更有利于组织内信息沟通和传递，而对于善于集权领导的上级，则不宜有较多的下级。

（6）工作条件。工作条件也是影响管理幅度的重要因素，一般包括助手的配备情况、信息手段的配备情况等。如果上层领导配备了得力助手，并能直接处理一些次要问题，这样上层领导的管理幅度就可以宽些，反之就应该窄些；如果上层领导配备有完善的处理信息的工具，则可使其及时全面了解下属人员的工作情况，并及时提出领导意见或建议，则其管理幅度就可宽些，反之则应该窄些。

除此以外，影响管理幅度的因素还有信息传递的效率、组织机构在空间的分散程度、组织所处的环境等。

（三）洛克希德公司定量分析方法

通过对管理幅度的影响因素进一步分析，美国洛克希德导弹与航天公司发展了一套帮助管理者确定管理幅度大小的定量分析系统。该系统将影响管理幅度的因素归纳为 7 个方面：①职能的相似性；②位置的相近性；③职能的复杂性；④指导与控制的工作量；⑤督导性协调的需要程度；⑥计划的工作量；⑦助手配备情况。

通过对前 6 个因素划分等级并确定相应的权数（见表 9-2），可以相加获得主管人员的监督和控制指数。

按助手配备情况，可以得到修正系数如下：配有直接助手时，修正系数为 0.7；配有负责行政、计划的助手时，修正系数为 0.75～0.85；配有 4 位助手时，修正系数为 0.4。监督和控制指数修正后的缩小，意味着主管人员的负担已被助理人员所减轻，所以可以相应地扩大管理幅度。

对照表 9-3 可得出其管理幅度建议数，进一步按助手配备情况加以修正，即可求出该主管人员的管理幅度。

表 9-2　**影响管理幅度的因素分级表**

影响因素	影响程度				
职能相似性	完全相同 1	基本相同 2	相似 3	基本不同 4	根本不同 5
位置相近性	完全在一起 1	同在一座楼内 2	在同一工厂不同楼内 3	在同一地区不同地点 4	不在同一地区 5
职能复杂性	简单重复的 2	日常公事 4	稍微复杂的 6	复杂多变的 8	非常复杂多变的 10
指导与控制工作量	管理训练工作量极少 3	管理工作量有限 6	适当的定期管理 9	经常持续管理 12	始终严密管理 15
协调的需要程度	与他人联系极少 2	明确规定的有限关系 4	便于控制的适当关系 6	相当密切的关系 8	接触面广但重复的关系 10
计划工作	范围与复杂性很小 2	范围与复杂性有限 4	中等规模和复杂性 6	要求相当努力，只凭广泛的政策指导 8	要求极大努力，范围与政策均不明确 10

注：数字表示权数。

资料来源　孔茨，等．管理学［M］．黄砥石，陶文达，译．7 版．北京：中国社会科学出版社，1987：400.

表 9-3　**管理幅度建议数**

监督与控制指数	管理幅度建议数	监督与控制指数	管理幅度建议数
40～42	4～5	28～30	6～9
37～39	4～6	25～27	7～10
34～36	4～7	22～24	8～11
31～33	5～8		

（四）两种类型的组织结构

根据管理幅度和管理层次的关系，我们可以设计出两种类型的组织结构。一种是管理幅度宽、组织层次少的扁平结构，如图 9-7 所示；另一种是管理幅度窄、组织层次多的陡峭结构，如图 9-8 所示。

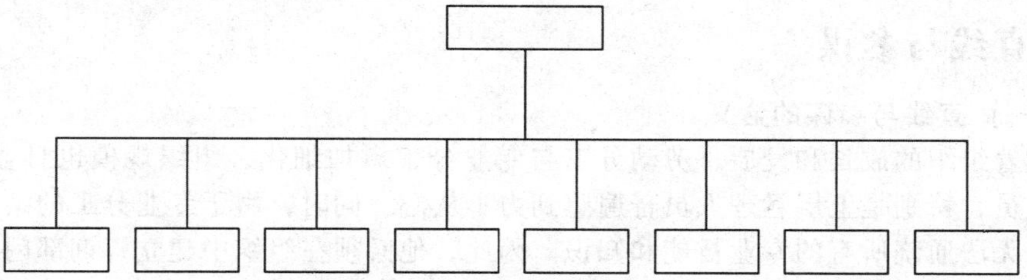

图 9-7　扁平结构

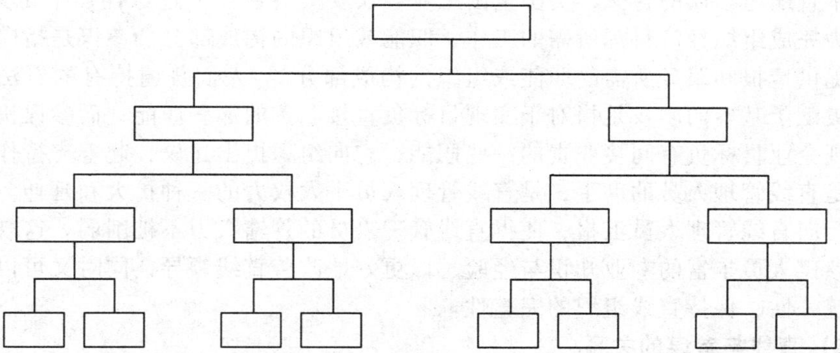

图 9-8　陡峭结构

两种结构形式各具优缺点：扁平式结构层次少，信息的传递速度快，从而可以使高层尽快地发现信息所反映的问题，并及时采取纠偏的措施；同时，由于信息传递经过的层次少，传递过程中失真程度也较小；此外，较大的管理幅度也有利于下属主动性和创新精神的发挥。但是，这种结构形式也存在一定的局限性，如，主管人员可能对下属指导监督不到位；众多的下属同时提供信息给主管人员，给分辨信息的重要性和价值性带来了困难，可能影响信息的及时使用等。陡峭式的结构形式其优缺点正好与前者相反，较小的管理幅度可以使主管人员仔细分析每个下属提供的信息，并对每个下属进行详尽的指导。但过多的管理层次不仅使得信息的传递速度慢，而且在传递过程中容易出现失真现象；过多的管理层次，使各层管理者容易忽视自己在组织中的地位和重要性，从而影响他们积极性和创造性的发挥。

显然，组织结构设计要依据实际情况和需要，尽可能综合两种组织结构形式的优势，克服它们的局限性。

六、人员配备

人员配备是组织设计的逻辑延续。这项工作的内容和任务是：通过分析人与事的特点，谋求人与事的最佳结合，实现人与事的不断发展。人员配备的任务是为组织的每个岗位配备适当的人，它不仅考虑满足组织的需要，同时也必须关注组织成员个人的特点、爱好和需要，以便为每个人安排适当的工作。通过人员配备，使每个人的知识和能力得到公正的评价和运用，使每个人的知识和能力不断发展。

人员配备工作一般包括岗位分析、人员选聘、人员考评和人员培训等工作，有关内容将在第十章中加以论述。

七、直线与参谋

（一）直线与参谋的含义

随着组织的成长和发展，劳动分工与专业分工愈加细化，组织规模也日益庞大。管理人员，特别是上层管理人员普遍感到力不从心。同时，由于专业分工的结果，管理人员无法通晓所有的专业技能和知识。因此，他必须在组织中建立咨询部门与辅助机构以形成直线指挥与辅助参谋相结合的体制。

关于直线与参谋的含义，美国全国工业会议委员会曾经下过这样一个定义："直线是指为完成组织经济目标所需的工作、职能或组织的构成部分。参谋是指向直线构成部分提供情报和服务所需的职能或组织的构成部分。"人们普遍持有的看法是，直线组织被赋予基本的职权是指对于实现目标负直接职责的那些职能，而参谋机构则是指为实现企业目标负有间接职责的一些职能，它向组织提出建议，起着支持作用。参谋人员是直线管理人员的助手，是直线管理人员个人权力的一种扩大和延伸。参谋人员只例行向直线管理人员汇报，使得直线管理人员的管辖权力不被削弱。这既可以充分利用参谋人员丰富的专业知识与经验，以更好地改善直线领导，同时又可以维护领导链的统一性，保持直线组织的完整性。

（二）直线与参谋的关系

在实际管理工作中，直线与参谋关系概括起来基本有7种。

（1）为直线上司提供咨询服务。参谋人员仅仅负责为其直线上司提供咨询性意见，对参谋人员的意见，直线管理人员可以采纳，也可以拒绝。但是，对参谋人员的强制性的建议（即来自上级参谋人员并受上级直线领导人认可的建议），直线领导人一般都必须采纳。由参谋的性质决定，他只对上司发生直接关系，而对下级不发生任何的直接关系，这是一种纯粹的参谋。

（2）按直线管理人员的要求提供服务。直线主管人员对服务的内容、服务的方式、服务的时间等作出具体要求和规定，然后参谋部门和参谋人员就按质、按量、按时提供相应的服务。这种情形下的服务往往具有专门活动的性质，如组织一个大型的会议等，它比一般性的咨询服务内容更广泛，更灵活。

（3）提供个人性质的服务。比如个人参谋中的经理助理，他是为经理本人提供专门服务的，即在直线经理的指派下，协助经理本人来处理某些问题。

（4）提供全方位的咨询服务。这与单纯只对直线上司提供咨询服务不同。参谋一方面要对其上司提供意见、建议与咨询，以及代为制定政策与计划；另一方面他也负责对下级直线人员提供咨询，并对下级参谋机构和参谋人员提供业务上的帮助与指导。

（5）提供特定的专门技术服务。主要是提供一些常规性的、专业性很强的、专门领域内的技术服务。他们在行政隶属关系上接受参谋部门主管的领导，而接受服务的单位无权直接指挥专家们的工作，但可以对专家们的工作提出自己的建议与要求，如果对专家们的服务不满，还可以直接向上一级直线领导或参谋组织的主管反映，以督促他们加以改进。

(6) 参谋行使职能职权。职能职权是指参谋人员和其他部门管理人员被授予的原属于直线管理人员的那部分权力。一般来说，职能职权较多的由参谋部门来行使，因为这些部门通常是由专业人员组成，他们具有获得这项职权的必要。

(7) 提供独立的监督服务。在现代大型企业里，建立起稳定、健康、严密的监督机制是十分必要的。为此，就需要设立独立的监督服务机构，如监事会、审计部门等。它们要负责对包括各级直线管理人员在内的所有机构和人员行使独立的审计、监督和检查权，这时候的直线-参谋关系就变成了一种监督与被监督的关系。这是一种特殊的直线-参谋关系，是为保证企业的依法经营所必需的。

此外，直线管理人员与参谋职能人员可以结合在一起而构成矩形结构关系，让参谋人员接受双重领导共同完成某个项目小组的工作。

(三) 直线与参谋的冲突

直线与参谋的冲突主要表现在以下几个方面：

(1) 年龄、教育等因素。与直线管理人员比较，参谋人员一般年龄较轻，受教育程度高，并对自己的专业过分关注，这些因素常常是产生冲突的可能来源。

(2) 知识、经验等因素。直线主管人员往往年事较高而学历并不高，他们依靠的是长期工作所积累的丰富经验；而参谋人员一般都接受过系统教育，知识丰富，但缺乏经验。当两者在知识、经验差距很大时，双方都会彼此产生怀疑，或者不满。直线管理人员认为参谋人员缺乏经验，只会纸上谈兵，或者觉得在知识上与他们的差距太大，听不懂他们的建议，因而产生怀疑；参谋人员则认为直线管理人员缺乏时代创新精神，老是凭一贯的经验办事，过于经验主义。

(3) 职权因素。通常，直线管理人员把参谋人员看成是对自身权力的威胁。当组织聘用各类专家时，直线管理人员会觉得他们丧失了某种职能权力，虽然他们也承认专业参谋有知识和专长，但他们不愿让这些专家来告诉自己“做什么”和“如何做”，所以直线管理人员可能决定不去利用参谋人员的专长，而参谋人员也因此常常抱怨他们没有充分发挥作用的空间。

(4) 观念因素。观念不同也是导致直线与参谋冲突的一个因素。要有效地解决直线管理人员与参谋人员之间的这些矛盾，可以尝试以下的方法：

首先，应当使参谋人员和直线管理人员的活动尽量相互结合起来。不应采取惯用的方法，即由参谋人员先提出建议，然后再由直线管理人员进行决定的方法；而应根据工作的需要，由参谋人员与直线管理人员组成一个小组，共同研究制订解决问题的方案。

其次，要加强教育，直线领导人对参谋人员作用的缺乏认识，是两者产生矛盾的主要原因之一。因此，应该加强对直线领导人的教育，以便使直线领导人对参谋人员的作用有充分的认识，这样才能尊重参谋人员，注意发挥参谋人员的作用。

再次，要分清各自的职责。对直线管理人员与参谋人员的工作职责范围应明确规定，这样才能避免相互的干扰与冲突。

最后，各自要对自己的工作负完全的责任。直线管理人员与参谋人员都必须对自己的工作负完全责任。如果参谋人员提出了好的建议而未被采纳，并给组织带来了严重的后果，就应追究直线管理人员的责任；如果参谋人员提出了不恰当的建议，或提供了不准确的情报，或有越权行为，给组织造成了严重的后果，参谋人员也应对此负责。

第三节　组织结构的类型

一、不同环境下组织结构的两种基本形式

组织结构设计是实现组织目标的一种手段，它包括两个方面的内容：一是使组织稳定、高效率、可控制地运行；二是确保组织在动态变化的环境中有应变能力，以求得长期生存与发展。稳定性是确保组织高效率运行和实现目标的客观要求，但是，稳定性并不是僵硬性，僵硬的组织在动态的环境中难以生存和发展。因此，面对环境的变化，组织结构的设计要有足够的弹性，以提高灵活应变能力，确保组织目标的实现。不同环境下的组织结构有以下两种基本形式：

（一）机械式组织结构

机械式组织，也称官僚行政组织，是按照传统组织设计原则设计形成的一种组织结构。传统组织坚持统一指挥的原则，并由此产生了一条正式的职权层级链，每个人只受一个上级的控制和监督。组织保持窄的管理幅度，并随着组织层次的提高而更加缩小管理幅度，这样也就形成了一种高耸的、非人格化的结构。这种结构使组织的稳定性、高效率达到了相当的水平，但是，也导致了组织的僵化、反应迟钝的弱点。采用这种结构形式的组织，往往通过增加规章制度的使用、工作的高度专业化和权威式的领导来安排组织的一切活动。

（二）有机式组织结构

有机式组织，也称适应性组织，是低复杂性、低正规化和分权化的组织。与机械式组织形成鲜明对比，有机式组织是一种松散、灵活的具有高度适应性的组织形式。这种组织结构没有高度的标准化程序和严格的规章制度，所以是一种松散的结构，能根据环境的变化和组织发展的需要迅速作出调整。

机械式组织结构和有机式组织结构代表着一个连续统一体的两个极端，它们之间实际上存在无数中间过渡状态，可以有多种变异，或者表现为多种不同的具体形式。不同环境下的组织，其结构选择不同。通常，处于相对稳定状态中的组织多采用机械式组织结构形式；而处在不稳定或不可测环境下的组织，则多采用有机式组织结构形式，以很好地适应环境的变化。不仅如此，就是同一组织内的不同部门，也可能因各自所处的环境不同，而采用不同的组织结构形式，如生产部门的组织结构可能更为机械化，而营销部门的组织结构则更为灵活化。

今天组织结构的发展，已不像过去那样重视职责的严格分工，而是越来越重视弹性设计，在一些组织里，机械式的结构已为有机式的结构所取代。这种变化的新趋势反映了组织结构设计的一种新观念，即组织结构设计必须与组织目标任务的要求、科

技或外在环境的要求，以及组织成员的需要等相符合才能有效。

二、影响组织结构类型的因素

组织的任何活动均是在其所处的内外环境中进行的，因此，组织内外的各种变化都会对其内部的组织结构产生重大的影响，如组织的战略、环境、规模、技术和权力控制等因素。

（一）战略对组织结构的影响

在影响组织结构的多种因素中，组织的战略是一个重要的因素。它决定着本组织在一定时期内的活动方向和水平。战略的变化必然会导致组织结构的变化。一个组织为了求得在竞争中取胜，争取本身在竞争中具有独特的优势，就要选择一个与自己条件相适应的战略，与此同时需要在组织结构上有所配合，才能令组织战略更有效地执行。在组织结构与战略的相互关系上，一方面，战略的制定必须考虑到组织结构的现实；另一方面，一旦战略形成，组织结构就应作出相应的调整，以适应战略的实施，这被称做组织支持并服从战略。战略与组织结构的关系见表 9-4。[①]

表 9-4 战略与组织结构的关系

战略	目标	环境	组织结构特征
防守型	追求稳定和效益	相对稳定的	严格控制，专业化分工程度高，规范化程度高，规章制度多，集权程度高
进攻型	追求快速、灵活反映	动荡而复杂的	松散型结构，劳动分工程度低，规范化程度低，规章制度少，分权化
分析型	追求稳定效益和灵活相结合	变化的	适度集权控制，对现有的活动实行严格的控制，但对一部分部门采用让其分权或相对自主独立的方式，组织结构采用一部分有机式，一部分机械式

（二）环境对组织结构的影响

任何组织都存在于一定的内外部环境之中，一个组织的组织结构与其所处的环境有密切关系，前面已提到，机械式组织结构适用于稳定的环境，有机式组织结构适用于动态的环境。权变组织理论的研究认为，没有一个最好的组织结构形式，企业内部组织结构与外部环境“适当地配合”，组织才会有效率。

组织的内部环境，特别是组织文化对组织结构也会产生一定的影响。例如，当组织强调对外应变的开放式、创新式文化时，组织便需要一个宽松而富有弹性的结构，减少规范程度和集权程度；相反，若组织具有重视内部稳定的文化特征时，则组织结构会趋于严谨，以较高的规范化及集权来加强内部控制，保证组织内部的稳定。

① 芮明杰．管理学：现代的观点［M］．上海：上海人民出版社，1999：91.

（三）规模对组织结构的影响

组织的规模对组织结构有一定的影响是容易理解的。例如，对于一个只有几个人或几十个人的小型组织来说，就不需要复杂的组织结构、严密的规章制度和分权决策；而对于一个数万人的大型组织而言，如果没有一个高度复杂的组织结构来组织数万人的活动，组织是无法生存的。一般而言，大型组织比小型组织更倾向于具有更高程度的专业化、标准化和分权化，其内部的规章制度也更健全，但是随着外部环境变化的要求，组织规模对组织设计的影响作用正在逐渐减弱。

（四）技术对组织结构的影响

技术不仅只是指机器设备和自动装配线等，严格地讲，一个单位的技术还包括其情报信息系统和教育培训人才等。在组织的生产作业过程中，采用什么样的技术和生产方式，将对组织结构产生一定的影响。企业的组织结构只有与采用的生产技术与方式相适应，才能使组织更有效率。通常情况下，技术愈是常规，结构就愈是标准化，机械式组织结构是与常规技术相配合的；愈是非常规技术，结构就愈应是有机式的。

（五）权力控制对组织结构的影响

斯蒂芬·罗宾斯在其长期研究基础上总结得出了一个结论：组织的战略、环境、规模和技术等因素组合起来，对组织结构产生较大的影响，但即使组合起来，也只能对组织结构产生50%的影响作用，而对组织结构产生决定性影响作用的是权力控制。罗宾斯认为，组织的战略、环境、规模、技术等因素对组织结构模式的备选方案起着限制性作用，但从诸个备选方案中选择哪一个方案，则最终由组织的权力控制者决定。

权变理论强调，组织结构必须配合上述因素。若配合得当，组织可以发挥优势，提高效率。因此，管理者需要明确这些因素与不同组织结构之间的关系，从而合理地设计组织结构。

三、组织结构的基本类型

（一）直线型组织结构

直线型组织结构又称简单结构（simple structure），在一个组织中，从最高层领导到基层一线人员，通过一条纵向的直接的指挥链连接起来，上下级之间关系是直线关系，即命令与服从关系，在组织内部不设参谋部门。直线结构的组织方式使得管理人员任务比较繁重，重大决策权都集中于高层管理人员，如图9-9所示。直线型组织结构是最古老的组织形式，最初在军事系统中广泛应用，后逐步推广到企业管理工作中。

直线型组织结构的优点：组织关系简明，便于统一指挥；组织中成员的目标明确，责权明晰，易于评价员工的业绩；组织灵活，易于适应环境的变化；管理成本低。

直线型组织结构的局限性：随着组织规模扩大，高层管理人员管理幅度过宽，易出现决策失误；权力过分集中，易造成滥用职权；另一方面，掌权者突然离去将会给组织造成重大打击。

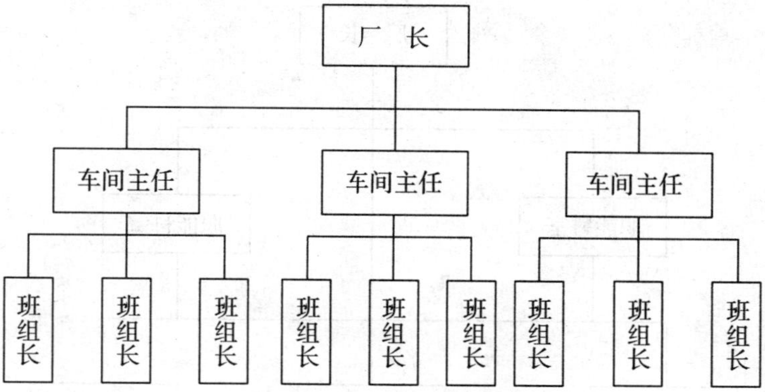

图 9-9 直线型组织结构

这种组织结构适用于雇员人数较少、刚刚设立不久、规模较小且分布集中、组织面临的环境简单的组织。

（二）职能型组织结构

职能型组织结构（staff organizational structure）的特点是采用专业分工的管理者代替直线制的全能管理者。在组织内部设立职能部门，各职能机构在自己的业务范围内，有权向下级下达命令和指示，直接指挥企业的生产经营活动；各级负责人除了服从上级行政领导的指挥外，还要服从上级职能部门在其专业领域的指挥。

职能型组织结构的优点：充分发挥专家的作用，由于这一结构对中低管理层的管理人员要求较低，因此可以节约成本。职能机构的作用若发挥充分，可以弥补各级行政领导人管理能力的不足。

职能型组织结构的明显缺陷在于：各职能部门各自强调自己的重要性，导致各部门之间的冲突会不断发生；组织中会因为追求职能目标而忽视全局利益；容易形成多头领导，削弱统一指挥原则。

职能型组织结构适合生产单一类型产品或少数几类产品，且面临相对稳定的市场环境的组织采用，如图 9-10 所示。这一结构最早由泰罗提出并加以试行，但由于职能工长制妨碍了统一指挥的原则，以后未被推广。

（三）直线职能制组织结构

直线职能制（line-staff organizational structure）是把直线制与职能制结合起来形成的。它是由法约尔在 20 世纪初总结设计出来的，并在许多国家中得到应用。直线职能制是目前采用较为广泛的一种组织结构形式，如图 9-11 所示。

直线职能制严格地说应该称做“直线参谋制”。这种组织结构的最大特点是在各级直线指挥机构之下设置了相应的职能机构或人员从事专业管理，作为该级领导者的参谋，实行主管统一指挥与职能部门参谋、指导相结合的组织结构形式。它既保持了直线制的集中统一指挥的优点，又吸取了职能制发挥专业管理的长处，从而提高了管理的工作效率。

直线职能制在管理实践中也存在着不足之处：各职能部门自成体系，不重视信息的横向沟通，造成工作重复，加大了管理成本；职能部门缺乏弹性，对环境变化的反应迟钝等。

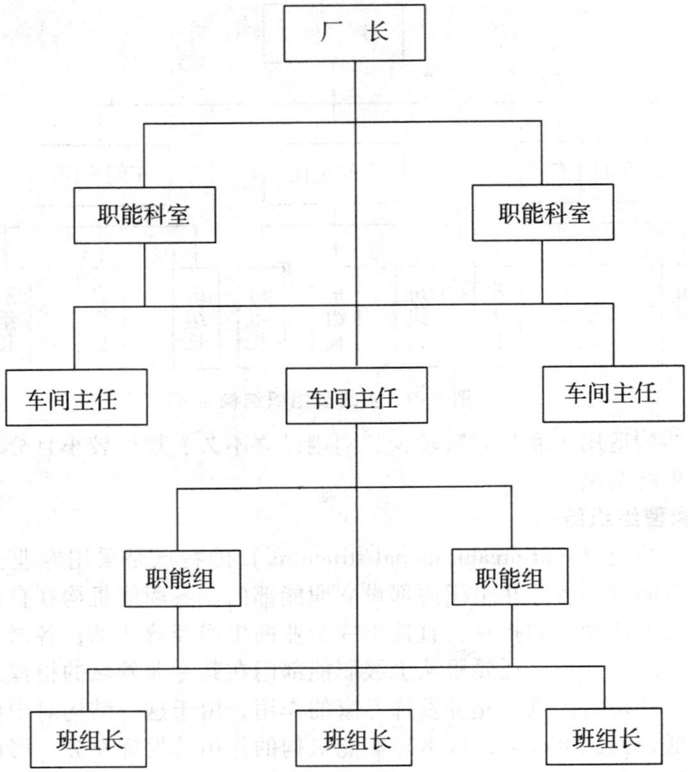

图 9-10 职能型组织结构

（四）事业部制组织结构

事业部制（divisional organizational structure），亦称“M 型”组织，它以目标和结果为标准进行部门的划分和组合。

事业部制是西方经济从自由资本主义过渡到垄断资本主义以后，在企业规模大型化、企业经营多样化、市场竞争激烈化的条件下，出现的一种分权式的组织形式。这种组织结构形式最初由美国通用汽车公司副总裁斯隆创立，故被称为“斯隆模型”，有时也被称为“联邦分权制”，因为它是一种企业分权制的企业内部组织形式。

事业部制的主要特点是“集中决策，分散经营”，即在集权领导下实行分权管理。这种组织结构形式，就是在总公司的领导下，按产品或地区分别设立若干事业部，每个事业部都是独立核算单位，在经营管理上拥有很大的自主权。总公司只保留预算、人事任免和重大问题的决策等权力，并运用利润等指标对事业部进行控制。宝洁公司按产品类别来划分事业部，麦当劳公司则将自身划分为几大地理区域，另一些企业如银行，则通常以顾客类型为依据来进行部门划分，如图 9-12 所示。

事业部制组织结构的优点：将某一产品或服务的责任全部明确由分部经理承担，解决了直线职能制中责任不明的问题，有利于总部集中精力考虑企业未来长期的发展战略，是培养高级管理人才的有效形式。

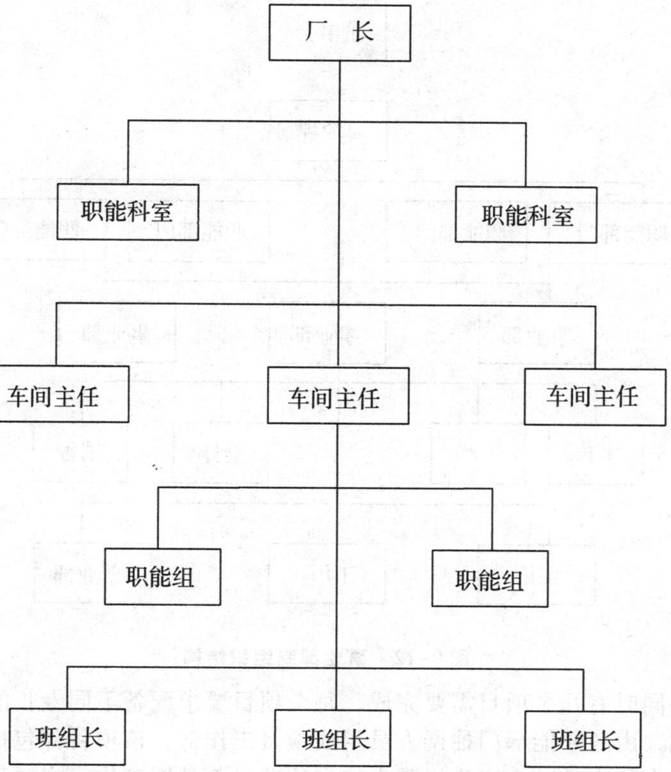

图 9-11　直线职能制组织结构

事业部制组织结构的缺点：管理费用高；每个分部相对独立，各分部的重复功能（例如，每个分部都设研发机构、财务部门等）使资源使用上出现浪费；各分部之间缺乏有效沟通，甚至激发矛盾。

在事业部制组织结构中，重要决策可以在较低的组织层次作出，因此，与职能型组织比较，它有利于以一种分权的方式来开展管理工作。事业部制组织结构适用于采用多样化战略、国际化战略的大型组织，该组织的产品或服务分散在各个市场，且规模较大。

（五）超事业部制组织结构

事业部制组织结构因其灵活的分权管理的特点使之成为多数西方国家的组织采取的一种组织形式，但也出现了各个事业部之间难以协调的管理问题。为此，有些公司和企业为了加强对各个事业部的有效管理，而在事业部上层又增设了一级管理层，从而形成了一种新的组织形式，即称为超事业部制。这种组织结构有助于协调各事业部的活动，减轻了最高管理层对日常事务的管理，也增强了企业对组织环境的适应性和调节能力。

（六）矩阵型组织结构

矩阵型组织结构（matrix organizational structure），是由纵横两套管理系统组成的组织结构，一套是纵向的职能领导系统，另一套是为完成某一任务而组成的横向项目系统。在直线职能结构的纵向领导系统的基础上，又出现了一种横向项目系统，形成纵横交错的矩阵结构。

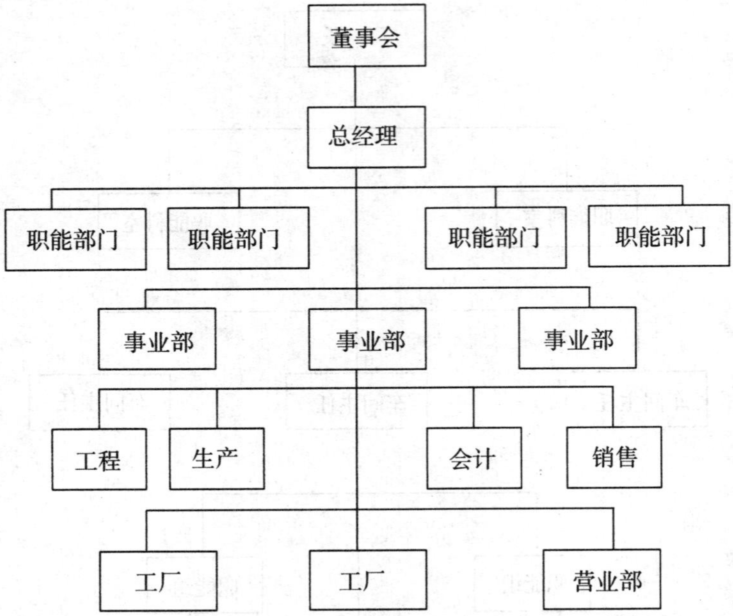

图 9-12 事业部制组织结构

有的企业同时有几个项目需要完成，每个项目要求配备不同专长的技术人员或其他资源。因此，由各职能部门抽调人员组成项目工作部，该项目部包括了完成该项目所必需的各类专业人员，大家为了某个特定的项目而共同工作；当项目完成后，各类人员各派用场，此项目工作小组也即不复存在。为了加强对项目的管理，每个项目在总经理或厂长领导下由专人负责，如图 9-13 所示。

矩阵型组织结构具有以下优点：加强了横向联系，克服了各职能部门相互脱节、各自为政的现象；专业人员和设备得到了充分的利用；各类专业人员集中在一起，有利于攻克各类复杂的技术难题，更加圆满地完成组织的目标。

矩阵型组织结构的主要缺陷表现在两个方面：一是稳定性差；二是权责不清，严重违背了统一指挥原则，潜伏着职权关系的混乱和冲突，造成管理秩序的混乱，降低了组织的效率。

矩阵型组织适合在需要对环境变化作出迅速而一致反应的企业中使用，如咨询公司和广告代理商就经常采用矩阵型组织设计，以确保每个项目按计划要求准时完成。在复杂而动荡的环境中，由于采取了人员组成灵活的产品管理小组形式，大大增强了企业对外部环境变化的适应能力。

（七）多维立体组织结构

这种组织结构是直线型、矩阵型、事业部制和地区、时间结合为一体的复杂结构形态，它是从系统观点出发所建立的一种能适应更复杂环境需要的组织结构，如图 9-14所示。

多维立体组织结构主要包括 3 类管理机构：一是按产品划分的事业部，是产品利润中心；二是按职能划分的专业参谋机构，是专业成本中心；三是按地区划分的管理

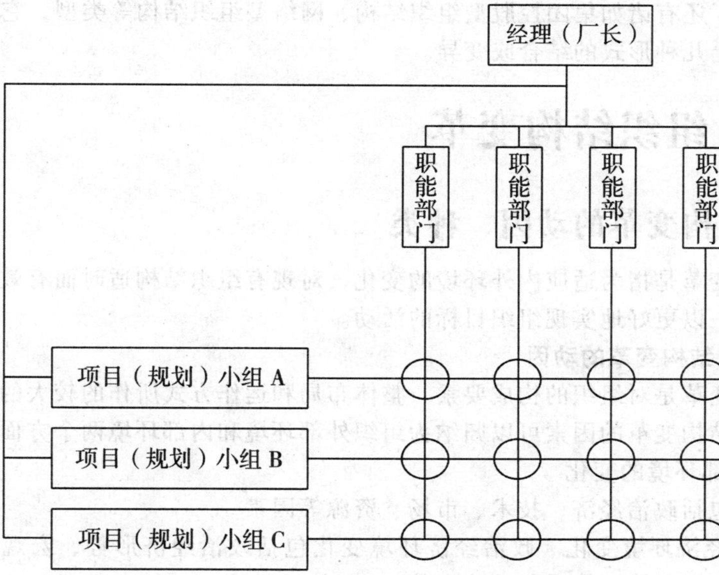

图 9-13　矩阵型组织结构

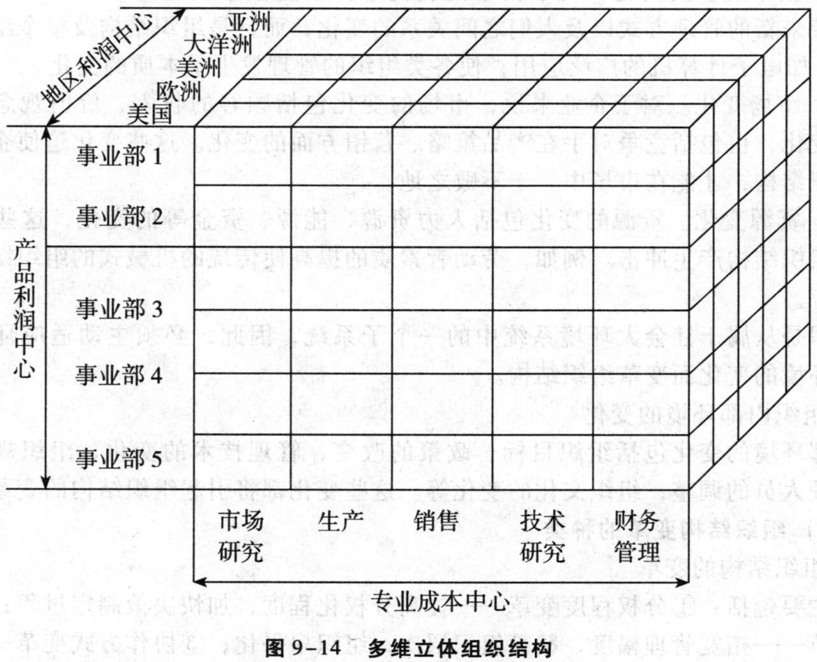

图 9-14　多维立体组织结构

机构，是地区利润中心。

通过多维立体组织结构，可使这 3 方面的机构协调一致，紧密配合，为实现组织的总目标服务。多维立体组织结构适用于多种产品开发、跨地区经营的跨国公司或跨地区公司，可以为这些企业在不同产品、不同地区增强市场竞争力提供组织保证。

在实践中，还有诸如集团控股型组织结构、网络型组织结构等类型，它们在一定程度上都是以上几种形式的结合或变异。

第四节　组织结构变革

一、组织结构变革的动因、种类

组织结构变革是指为适应内外环境的变化，对现有组织结构适时而有效地进行各种调整和修正，以更好地实现组织目标的活动。

（一）组织结构变革的动因

组织结构变革是对组织的构成要素、整体布局和运作方式所作的较大的调整。

导致组织结构变革的因素可以归纳为组织外部环境和内部环境两个方面。

1. 组织外部环境的变化

外部环境包括政治经济、技术、市场、资源等因素

（1）政治经济环境变化。政治经济环境变化包括政治经济形势、宏观经济政策的变化，国家宏观经济调控手段的改变等。

（2）技术进步的变化。科学技术的变化不仅会直接影响组织的效率、产生新的行业，带来新的管理方式以及人们之间关系的变化，而且是组织结构及整个组织形成的基础。如电子计算机的广泛应用，使各类组织的管理发生了本质的变化。

（3）市场变化。对于企业来说，市场的变化包括顾客的收入、价值观念、消费偏好的变化，也包括竞争对手在产品策略、营销方面的变化。这些变化迫使企业只有变革组织结构，才能在市场中立于不败之地。

（4）资源变化。资源的变化包括人力资源、能源、资金等的变化，这些都将对原有的组织结构产生冲击。例如，劳动者素质的提高使传统的机械式的组织结构越来越不适应。

组织是从属于社会大环境系统中的一个子系统，因此，必须主动适应环境的变化，依环境的变化而变革组织结构。

2. 组织内部环境的变化

内部环境的变化包括组织目标、政策的改变，管理技术的变化，组织规模的扩张，管理人员的调整，组织文化的变化等。这些变化都将引起组织结构的变革。

（二）组织结构变革的种类

1. 组织结构的变革

其主要包括：①分权程度变革——提高分权化程度，加快决策制定过程；②管理幅度变革——拓宽管理幅度，精简组织层次，组织扁平化；③协作方式变革——加强协作；④职务设计变革——职务轮换、职务扩大化、职务丰富化、工作团队；⑤工作进度变革——更合理的计划与安排。

2. 组织整体设计变革

其主要包括：①机械型组织与有机型组织的选择；②直线型、矩阵型、网络型、任务小组等组织形式的选择。

3. 其他变革

其主要包括：①报酬制度变革——关于工资、福利、精神等制度的变革；②考绩制度变革——对工作业绩作出更正确的评价；③控制系统变革——财务、投资、消费、预算等控制指挥系统方面的变革。

二、传统组织结构的不足

传统的组织设计关心的是组织的效率问题，即什么样的组织最有效率，最有利于组织目标的实现，其中，德国社会学家韦伯等人的官僚体制设计是最典型的代表。20世纪80年代以后，随着社会经济和科学技术的发展，这种组织结构日益暴露其不足的一面，主要存在以下问题：

（一）分工过细

由于过细的分工，一个经营过程往往要经过若干个部门、环节的处理，不仅整个过程运作时间长、成本高，而且，这种运作状态容易导致组织在快速多变的环境中陷入被动。

（二）机构臃肿，官僚作风严重

传统的组织结构下，各部门各自为政，因此，为了衔接组织内部各部门、各环节，需要很多管理人员，作为组织管理的信息储存器、协调器和控制器，容易导致机构臃肿的现象。此外，在执行任务时，由于各部门考虑过多的是本部门利益，这就不可避免地存在本位主义和出现问题相互推诿的官僚习气。

（三）无人对整个活动全过程负责，缺乏全过程服务意识

由于各部门按专业职能划分，每个部门只做“分内”的事情，以做好本部门工作、达到上级要求为准，而不关心整个组织活动的结果是否能满足顾客的需要，是否有个良好的社会效果。

（四）组织成员技能单一，适应性不强

过细的分工增加了工作的单调性，使得员工缺乏工作热情和责任感，工作的主动性和创新性也将受到影响。

传统组织结构的这些不足已经阻碍了组织的生存和发展。近年来，许多组织的管理层数量已经有所下降，管理幅度在有目的地加大，组织结构形式变得扁平。然而，仅仅靠减少组织层次是不够的，是不能将生产力提高到相应水平的。因此，许多组织开始尝试构建新的组织结构，以适应组织内外环境变化的需要。

三、当今组织结构变革实践

在当今瞬息万变的外部环境下，为了提高自身的适应性和应变能力，许多企业在实践中，纷纷进行组织结构的改革。这里我们介绍几种主要的组织结构发展趋势。

（一）组织结构扁平化

20世纪80年代以来，经济的全球化和信息化迅猛发展，使得快速、激烈与不确定性成为所有组织都必须面对的现实。因此，组织结构的变革呈现出扁平化的趋势。

组织结构扁平化，是指组织的管理幅度在扩大和管理层次在减少，组织结构形态由原来的金字塔形转化为圆筒形或扁平形。随着计算机在组织运作中的运用，组织的

信息搜集、整理、传递和控制的现代化，减少中间层次，加快信息传递速度，直接控制等，已经成为组织结构变革中的基本趋势。这种扁平化的组织结构形式，降低了管理费用，大大提高了管理效率。

（二）组织结构的网络化

网络结构又称虚拟组织，是利用现代信息技术发展起来的一种新型的组织结构，是一种目前流行的组织设计形式，它可使管理人员面对新技术、新环境显示出极大的灵活应对性。所谓网络结构，是一种只有很小的中心组织，依靠其他组织以合同为基础，进行制造、分销、营销或其他关键业务的经营活动的组织结构。网络结构的组织核心是一个较小规模的经理小组，公司的基本职能都交给了外部组织，经理小组的工作是直接监督公司内部的经营活动，并协调为本公司进行生产、销售及其他重要职能活动的各组织之间的关系。管理人员的大部分时间将花在协调和控制外部关系上，包括与外部组织进行合同的签订、履行，以及了解世界各地的文化、法律背景，以提高自身的商务谈判能力等，如图 9-15 所示。

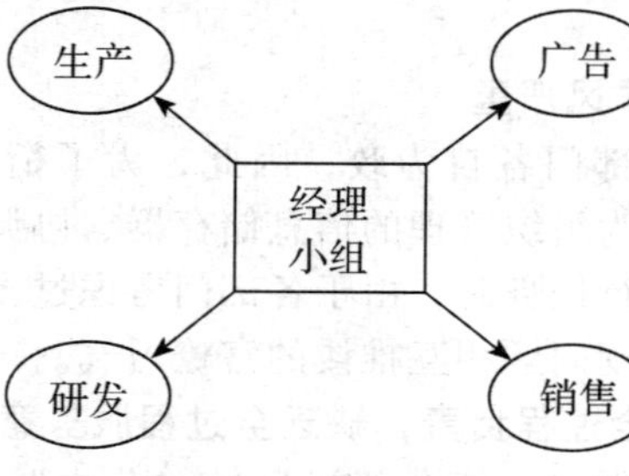

图 9-15 网络组织结构

在工业化时代，人们普遍意识到规模经济给企业组织带来的强大竞争优势。然而进入 20 世纪 90 年代之后，市场环境的不确定性大大增强，竞争的激烈程度达到前所未有的地步，消费者需求变得多样化和个性化，这使得巨型组织无力控制环境，其规模本身已不是竞争制胜的重要力量。相反这些庞然大物适应能力差、行动缓慢、效率低下的毛病在新环境下显得越发突出。随着信息技术的发展，工业社会开始向信息社会转变，于是管理学者们提出必须建立一个与信息社会相适应的经济模式，这就是网络经济。网络经济强调企业之间的联合，进行资源共享，这样一个企业就不必拥有所有职能，它可以将一部分职能"外包"出去，只保留一些有竞争优势的职能。

伴随着信息技术的发展而出现的虚拟公司（virtual corporation）就是一种网络型的组织结构。在这种组织形态下运作的企业有完整的功能，如设计、生产、营销、财务等功能，但在企业内部却没有执行这些功能的部门。企业只保留最关键的功能，而将其他的功能虚拟化，以各种方式借用外力进行整合，进而创造企业本身的竞争优势。建立在网络结构基础上的虚拟经营作为一种全新的经营理念，从其诞生之日起便显示出了强大的生命力。

网络结构精干、灵活，具有很强的应变能力和适应性，不存在庞大的员工队伍以及由此产生的管理问题，也不需要大规模的设备投资。组织在灵活对外的同时也有助于降低组织内部的运营成本。无论大规模的组织还是小规模的组织，都可以将精力集中于自己最有优势的专业领域，努力塑造和发挥自身的核心专长。

网络结构也有它的局限性，如，组织的最高管理者们难以保证对组织的生产和经营全过程实施严密的控制，而其中任何一个环节的失误，都会对整个组织造成极大的危害。因此网络型的组织结构并非适用于任何组织，它比较适用于服装、玩具、工艺品等受流行时尚影响大、消费者需求变化大的行业。

（三）组织结构团队化

所谓工作团队，就是指一种为了实现某一目标而由相互协作的个体组成的群体。团队这一概念是不断演进的。最初指的是一群有相同技能、共同完成一个部门的工作的人；以后团队的概念又扩展为由不同职能部门的人组成的项目小组；如今团队观念又融入了顾客的需求，强调一切以顾客为中心，团队不仅是跨职能的，更要为满足顾客需要而成立。当管理人员动用团队作为协调组织活动的主要方式时，其组织结构即为团队结构（teamwork structure）。这种结构与传统的部门不一样，它是自发形成的，是为完成共同的任务，建立在自发的信息共享、横向协调基础上的。这种结构形式的组织，打破了部门界限，可以快速地组合、重组、解散和促进员工之间的合作，提高决策速度和工作绩效。

当组织运作的元素由过去的个人、部门转变为团队时，传统的直线型、职能型的组织结构就向以"团队"为核心的扁平式的结构发展，权力结构从正金字塔变为倒金字塔，强调顾客至上的观念。在小型组织中，可以把团队结构作为整个组织形式。在大型组织中，团队结构一般作为典型的职能结构的补充，这样的组织既能得到职能结构标准化的好处，提高运行效率，又能因团队的存在而增强组织的灵活性。

在管理学中，组织职能的内容十分丰富，其中结构问题往往是最重要的和最基本的部分，它是一个组织的种种运营规则及其变动所依附的基础。德鲁克指出，不存在唯一的组织结构，与丰富、生动的组织现实相比，所有的组织结构类型的划分都是简化的、粗线条的，即便是被归于同一类型的不同组织在其具体结构上也存在着这样那样的差异。组织形态的多样性告诉我们，不存在某个特定的最佳的组织结构形式，传统的组织结构并非绝对一无是处，而现代的组织结构也不是绝对完美的。每一种组织结构都有其产生和存在的具体的环境背景。比较理想的组织结构设计，是随着环境的变化而对组织结构作出相应的调整。然而，许多新的组织结构往往是由一些基本结构转化分拆或融合而来的，随着科学技术和管理理论的发展，新的组织结构不断涌现，并将在一些新的领域成为主导结构，但它们并不会完全取代其他已有的组织结构形式。

因此，研究组织结构的设计与变革，不是设法找出可以适应任何情况的方案，而是研究组织的职能如何满足成员的需要以及怎样面对外来的压力。换言之，组织结构的设计与变革应着眼于任务、组织及人员3者的互相配合。在实践中，特定组织的组织结构的构建是长期的动态过程，组织结构设计的根本目的在于创造和保持组织的有效性，衡量其有效性的根本标准是稳定性与创新性的结合。每一个组织都必须从实际出发，在综合分析各种因素的基础上，选择一种或几种形式，以形成适合自身特点的组织结构，但是，组织无论采取何种组织结构形式，都会面临一系列客观存在的矛盾冲突，主要包括：

（1）效率与战略。战略强调长期的、面向外部环境，效率则强调短期的、面向组织内部，这两者之间会有矛盾的一面。管理者必须设计出既能满足组织战略要求，又符合提高效率要求的组织结构。

（2）集权与分权。集权有助于统一指挥、统一行动；分权有助于发挥员工的主动性和积极性，培养合格的管理人才。两者各有利弊。因此，绝对的集权或分权的组织结构是不存在的，而必须在集权和分权之间取得一定的平衡。

（3）稳定与创新。一种组织结构一旦确定，必须经过一段时间的稳定运行，才会发挥出其积极的作用。然而，无论在设计时是多么合理的组织结构形式，也会随着外部环境等因素的变化显现出它的不适应性。因此，组织必须在稳定与创新之间寻找到一定的平衡。

本章小结

组织结构设计，就是把为实现组织目标而需完成的工作不断划分为若干性质不同的业务工作，然后再把这些工作“组合”成若干部门，并确定各部门的职责和职权的过程。组织结构设计要坚持以下原则：任务目标原则；分工与协作原则；统一指挥原则；管理幅度原则；集权与分权相结合的原则；职、责、权、利相对应的原则；精干高效的原则；稳定性与适应性相结合的原则；执行和监督分设的原则。通过组织结构设计要解决以下问题：纵向、横向结构的合理化；工作专门化；部门化；职权、授权与分权；管理幅度；人员配备等。不同环境下的组织结构形式不同，常见的组织结构形式主要有：直线型、职能型、直线职能型、矩阵型、事业部制、多维立体型等，在实践中要依据环境的变化和组织任务目标的需要对组织结构进行变革。

复习思考题

1. 影响组织结构的因素有哪些？
2. 组织结构设计应遵循哪些原则？
3. 你认为在什么情况下设计矩阵制组织结构比较好？
4. 如何认识适度授权与分权的意义？
5. 请比较一下扁平式组织结构和陡峭式组织结构的优点和不足。
6. 为什么要设置权变的组织结构？
7. 如何理解当今的组织变革实践？
8. 试结合组织理论，谈谈你对网络型组织或虚拟公司这种新型组织结构形式的理解。

案　例

颠覆十年架构，中兴打响效率之战

成立26年的中兴通讯，经历了无数次技术演进和产业升级的变革，2012年年初，公司又进行了一次重大的调整。

中兴通讯执行副总裁何士友将目前面临的发展矛盾总结为两点：一是日益暴涨的流量需求却未带来运营收入的增长，使得运营商投资更加谨慎，连带包括中兴在内的设备供应商陷入低谷；二是由于互联网的加入，通信业的商业模式已被颠覆，造成产业发展的路径改变，单一的技术变革无法驱动产业升级，而这原本是中兴这样技术型公司的拿手好戏。现在，只有软硬件加上服务的整合型解决方案，才是买家所需要的东西。

在2012年4月23日举行的全球分析师大会上，中兴作出了战略调整，宣布为期3年的宏大蓝图，即变身解决方案供应商，并定义电信运营、终端、政企和家庭4类战略市场，以实现跻身全球前3的目标。

中兴的战略调整绝非口头文章。事实上，整个中兴已经运转在新的价值体系之中了。

中兴为此还成立了全新的架构流程部门，整合了原先的IT部门、流程管理、考核激励办公室、市场研究部、战略规划部等，以确保新体系的顺利运转，该部门负责人陈健洲高级副总裁由此也被称为"架构设计师"。

"架构设计部门在国内大企业中比较少见"，陈健洲说，"我们的任务就是从制度设计上保证公司战略落地，落实到每一位员工。"

陈健洲的第一个"设计项目"就是在2011年年底，他将与区域销售并存的产品线体系打破，分割为方案经营部和研发部门，形成销售、市场和研发的功能结构，并借此实现方案经营的新思路。

具体来说，方案经营部主要承担市场需求的调研和提出，结合销售部门的反馈，最终形成研发的方向和立项。每一个区域性销售部门也将获得专属的方案经营部支撑，能满足更加定制化的需求，而原先面向全球市场的产品线也由此变为更加聚焦区域市场。

此前，中兴的研发和产品立项主要由产品线来确定，不同产品线的整合需要经过复杂的程序，而现在，中兴可以灵活地根据客户需求，快速地提供融合性的解决方案。

此外，新架构中特别设立了政企方案经营部，并加强了终端、服务等方案经营的能力，以完善对新战略确定的战略市场的组织结构，保障销售目标实现。

新架构不仅满足了中兴的经营战略调整，而且减少了许多内部沟通成本，一切面向客户需求。陈建洲举例说，销售部门反馈了客户的需求是一个灯泡，但这距离研发语言还很远，常常就会出现结果与需求不符的情况，而方案经营部就能够很好地承担起这种语言转换。这也正是中兴这两年所倡导的DAR创新思路，即把用户的需要(Demand)变成研发人员的需求(Requirement)，再做好架构设计(Architecture)。

在成立之初，中兴按照事业部方式运营，每个事业部包办了从研发、生产到销售的全部过程，随着产品线的不断扩充丰富，中兴启用了面向全球市场的产品线与区域销售并行的运营体系，由产品线来决定对销售的资源支持，包括评估合同可行性和产品交付流程。

在技术驱动时期，这两套体系的运转相对融洽，特别是在高利润阶段，这两大体系之间的矛盾与冲突被掩盖，比如同样承担销售指标的产品线与销售的内部竞争，不同产品线对同一区域市场的重复需求调研等。

然而随着外部环境的激烈变化和竞争加剧，中兴感受到来自前端市场和客户越来越大的压力，旧体系下的内部矛盾也越来越突出，效率低下的问题也越来越明显。随着新战略的明晰，中兴高层也下决心进行内部架构变革。

陈健洲承认，公司内部许多人开始不是很理解，新的架构从提出到实施经历大约4个月之久。庆幸的是，新架构实施经受住了考验。根据评估，新架构已经基本达到第一阶段的两个目标：一是业务平滑过渡，结束了使用十几年的产品线经营方式，克服了许多内部效率低下的问题；二是实现了综合方案能力，包括在运营市场、政企市场等。

从人的角度来说，在其位谋其政，原先的产品线总经理由面向全球市场变为对区域性市场负责，大大加强了市场深度经营的执行力度，更贴近客户需求。

奉行稳健经营的中兴，在新架构变革上亦非冒进。近些年来，包括北电网络、摩托罗拉等通信巨头的没落，带给中兴的思考是如何做优秀的长跑选手，而非赌徒式的冒进。

多位中兴高管对《通信产业报》(网)频繁提及“用户体验”，这意味着中兴并不强调产品的某一项功能突出，而是讲求最优体验的均衡之道。

例如你很难听到中兴会推出一款所谓最薄手机，因为那会牺牲不少用户体验来换取。中兴会关注7寸屏PAD由于尺寸大而可能经常被滑落，从而采用最耐磨抗摔的屏幕材料。

新架构的实施也正是为了给用户带来最佳的体验，实现从发掘需求到满足需求的准确快捷。而中兴的方法并不神秘，这就是无限贴近用户。2011年，中兴已经在全球设立了15个联合创新中心，与市场和用户一起，开发满足需求的产品。

资料来源 http://www.c114.net/news/127/a686958.html.

思考题

1. 影响中兴公司组织结构变化的因素有哪些?
2. 中兴公司组织结构的变化给我们带来了哪些启示?

第十章

人力资源管理

本章要点与学习目标

本章主要阐述人力资源管理的含义与职能、人力资源规划的作用与实施、员工招聘与配置的程序与方法、员工培训与职业发展的意义与方法、绩效考核与薪酬管理的原则与工具等内容。通过本章的学习，应充分认识人力资源管理的重要意义；掌握人力资源管理的含义及职能构成；了解人力资源规划的作用与实施工具；理解员工招聘与配置的程序；掌握员工培训与职业发展的意义和基本方法；了解绩效考核与薪酬设计的原则和方法。

第一节 人力资源管理概述

一、人力资源与人力资源管理

（一）人力资源的含义及特征

现代管理科学普遍认为，经营好企业需要四大资源，即人力资源、经济资源、物质资源、信息资源。在这四大资源中，人力资源是最重要的资源，它是生产活动中最活跃的因素，也是一切资源中最重要的资源，被经济学家称为第一资源。

何谓人力资源（human resource），学者从不同角度给出了不同的定义。广义上讲，凡是具备劳动能力的人都是人力资源。从管理学上讲，人力资源指的是能够推动经济和社会发展的、具备智力劳动和体力劳动的能力的人们的总和。在企业管理者的眼中，人力资源的范畴主要是指企业组织内的员工。

人力资源作为国民经济资源中一个特殊部分，既有质、量、时、空的属性，也有自然的生理特征。人力资源的特征主要体现在以下几个方面：

1. 生物性

人力资源具有生物性。它存在人体之中，是有生命的“活”的资源，与人的自然生理特征相联系。

2. 能动性

这是人力资源区别于其他资源的最根本所在。许多资源在其被开发过程中完全出于被动的地位，人力资源则不同，它在被开发的过程中，具有主观能动性。人具有思想、感情，能够有目的、有意识地认识和改造客观世界。在改造世界的过程中，人能通过意识对所采取的行为、手段及结果进行分析、判断和预测。由于人具有社会意识和在社会生产过程中所处的主体地位，使得人力资源具有能动作用，如自我强化、选择职业以及积极劳动等。所以，人力资源具有能动性。

3. 时效性

人力资源具有时效性。它的形成、开发和利用都受到时间方面的限制。从个体角度看，作为生物有机体的人，有其生命的周期，如幼年期、青壮年期、老年期，其各阶段的劳动能力各不相同；从社会角度看，人才的培养和使用也有培训期、成长期、成熟期和老化期。

4. 智力性

人不仅具有能动性，而且还拥有丰富的知识与智力内容。人把物质资料作为自己的手段，在改造世界的过程中，创造了机器和工具，通过开发智力使器官等有效地得到延长，从而使自身的能力不断地扩大，改造数量巨大的物质资源。同时人的智慧还可以传播、深入，正是一代一代的人吸收了他们的先辈在生产和生活中积累起来的经验、知识，才形成了我们今天丰富的社会文化。所以，人力资源具有智力性。

5. 两重性

人是生产者，同时又是消费者，所以，人力资源具有两重性。这就要求我们既要重视对人口数量的控制，又要重视人力资源的开发和人才的培养。充分地利用、开发现有的人力，将会产生很大的经济效益和社会效益。

6. 可再生性

人力资源是在人口的再生产和社会的再生产过程中，通过人类总体内各个个体的不断替换更新和劳动力消耗→生产→再消耗→再生产的过程实现的。人力资源的再生性，不同于一般生物资源的再生性，除了遵循一般生物学规律之外，还受到人类意识的支配和人类活动的影响，受到新科技革命的制约。

7. 社会性

人类劳动以结合的方式进行，每个人都在一定的社会和组织中工作和生活，其思想和行为受社会和所在群体的政治、经济、历史和文化氛围等的影响。

（二）人力资源管理的内涵及意义

企业的人力资源管理是指在人本思想指导下，通过招聘、选择、培训、考评和薪酬等管理形式对组织内外相关人力资源进行有效运用，满足组织当前及未来发展的需要，保证组织目标的实现与组织成员发展的最大化。作为对人力资源这一特殊资源的管理活动，人力资源管理具有以下意义：

1. 有利于生产经营活动的顺利进行

组织中人与人、人与事、人与组织的配合与效率，直接影响组织生产经营活动的顺利进行。只有通过科学的人力资源管理，合理组织人力资源，不断协调人力资源同其他资源之间的关系，并在时间和空间上使人力资源同其他资源形成最优配置，才能保证组织生产经营活动有条不紊地进行。

2. 有利于调动员工的积极性，提高劳动生产率

组织人力资源管理的重要任务就是要设法为员工创造一个适合他们的劳动环境，使员工和工作岗位相匹配，充分发挥每个人的专长，并且正确地评价每个员工的贡献，根据员工的贡献和需要进行有效地激励，使员工安于工作，乐于工作，忠于工作，积极主动地奉献自己的全部能力和智慧，从而达到提高劳动生产率的目的。

3. 有利于开发人力资源，树立长期的竞争优势

组织人力资源管理的一个主要任务就是对企业员工的培训与开发。通过对员工的培训，不断提高员工的素质，使一线员工能够有效地掌握和运用现代化技术和手段，生产出一流的产品；使管理人员能够掌握现代化的管理理论与方法，提高企业管理的能力与水平，从而树立组织长期竞争的优势，促进组织的发展。

4. 有利于减少劳动消耗，提高经济效益

经济效益是指组织在生产经营活动中的支出和所得之间的比较。减少劳动消耗的过程，就是提高经济效益的过程。因此，通过科学的人力资源管理合理配置人力资源，可以促使组织以最小的劳动消耗取得最大的经济效益。

（三）人力资源管理与传统人事管理

现代意义上的人力资源管理是20世纪70年代后逐渐从传统的人事管理（personnel management）发展演变而来的，由人事管理转变为人力资源管理不仅是名称上和形式上的转变，而且是内涵上和基本观念上发生的根本转变。人力资源管理与

人事管理的差别不仅体现在字面上，更体现在两者的内涵方面。具体来说，现代人力资源管理与传统的人事管理的区别主要体现在以下几点：

（1）人力资源管理更具有战略性、整体性和未来性。它从被看做一种单纯的业务管理、技术性管理活动的框架中脱离出来，根据组织的战略目标而相应地制定人力资源的规划与战略，成为组织战略与策略管理的具有决定意义的内容。而传统的企业管理历来重视财务、销售、生产和组织问题，而不大重视人事管理，它仅在企业"需要"时发挥作用，如新人录用、职前教育和发放工资劳保福利等等，在企业管理中地位不高。

（2）人力资源管理把人看做是资源，是最重要的、最宝贵的"第一资源"，以人为中心进行管理，把人作为组织中最宝贵的资源来进行管理和开发，特别是注重对人的开发，设计出一套调动人的积极性和创造性的管理模式，因而更具有主动性，把人力资源利用到相当高的水平。而传统人事管理则把人看做是成本，把人事工作、人事管理看做是行政工作，属于日常行政事务，以事为中心，恪守"进、管、出"的管理模式。

（3）人力资源管理把人力投资作为谋求企业发展最有前途的投资，人力资源管理部门成为组织的生产效益部门。而传统人事管理则把人事管理部门视做非生产、非效益部门，是无足轻重的、属于执行层的职能部门。

（4）人力资源管理将企业现有的全部人员甚至包括有可能利用的企业外部的人力资源系统加以规划，制定恰当的选拔、培养、任用、调配、激励等政策，以达到尽可能利用人力资源为企业为社会创造财富的目的。而传统人事管理则使选拔、培养、任用、调配、激励等自成体系，互不干涉，未形成系统并加以规划，使人力资源得不到充分使用。

（5）人力资源管理更着眼于未来，将重点放在人才的使用、潜能的开发和创造力的发挥上，更多地注意在吸引人才、培养人才及激励士气方面的投入。而传统人事管理则着眼于人才的选拔和吸引，缺乏对人才使用的全面管理。

二、人力资源管理的5P模型

人力资源管理作为企业管理工作的重要组成部分之一，其管理的目标和任务可以概括为5P模型①。5P模型认为，人力资源管理是一项系统性的工作，它包括五项基本的工作即识人、选人、用人、育人、留人，是以识人为基础、选人为先导、用人为核心、育人为动力、留人为目的的工作，如图10-1所示。

（一）识人（perception）

所谓识人，就是要了解人的心理与行为规律，洞察人的心理需求的变化，它是人力资源管理工作的基础。以往的人事管理把人看成是机械的、被动的客体而加以管制，并没有把员工看成有能动性、自主性的主体来加以开发。因此，企业的各级管理者大都以自我为中心来管理员工，企业所制定出来的人事制度由于缺乏员工的参与，在实践中往往缺乏可操作性与可接受性，导致劳资矛盾、管理冲突。

① 郑晓明．现代企业人力资源管理导论［M］．3版．北京：机械工业出版社，2011.

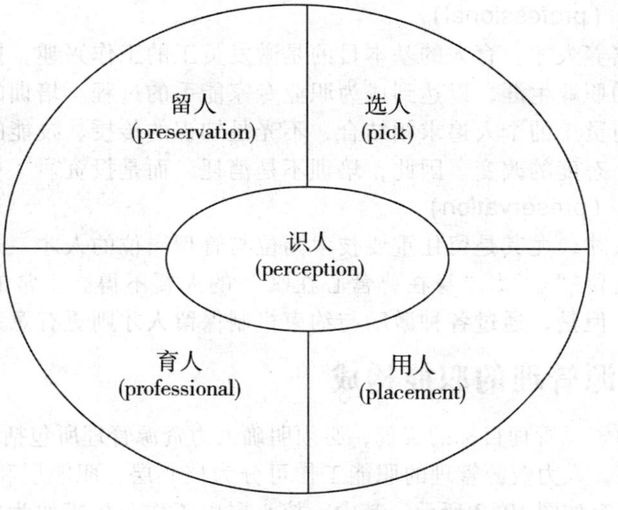

图 10-1 人力资源管理 5P 模型

资料来源 郑晓明．现代企业人力资源管理导论［M］．北京：机械工业出版社，2002：26.

而现代人力资源管理认为，企业的各级管理者都是人力资源管理者，要真正发挥员工的潜能、提高工作积极性，就必须深入了解员工的所思所想，分析员工心理与行为的变化，把握员工的个性差异。只有在此基础上建立与形成的各种人事规章、制度才能落到实处，达到规范与引导员工的目的，实现员工利益与企业组织利益的高度统一。

（二）选人（pick）

选人，是人力资源管理工作的首要环节，包括对人员的招聘与选拔。

（1）必须了解组织的宗旨、战略与业务的发展，必须制定较为详细的人力资源规划。

（2）要分析岗位要求，尤其是任职资格分析非常重要，只有这样才能做到人适其事、事得其人。

（3）要有一个好的选人标准，处理好德与才的关系。

（4）选人者本身要具有较高的素质，有相应的专业知识，才能更好地鉴别人才、发现人才、选好人才。

（5）要有科学的选人机制与程序。在选人机制上，要把握公平、公正、公开的原则，尤其必须力戒凭主观印象选人，要借助于科学有效的人事测评手段去招聘、挑选人员。

（三）用人（placement）

对各级管理者来说，如何科学合理地用人，是人力资源管理工作中最具挑战性，也是最具艺术性的工作。只有用好人，才能发挥人才的积极性和创造性。用人首先是安置好人，在最合适的时候把最合适的人放在最合适的岗位，找到“人”与“事”的最佳结合点，做到“事事有人做”，而不只是“人人有事做”。知人善任，量才录用，任人唯贤，用人所长。大材小用或小材大用都是不合适的。

（四）育人（professional）

育人，即培养人才。育人的基本目的是激发员工的工作兴趣，提高员工的工作素质，规划员工的职业生涯，以达到成为职业专家能手的过程。培训的出发点要将岗位和组织的需要与员工的个人追求相结合，不光是知识的传授、技能的提高，更重要的是观念的更新、态度的改变。因此，培训不是消耗，而是投资。

（五）留人（preservation）

如何留住人才，尤其是留住重要技术岗位与管理岗位的人才，是管理者颇为头疼的问题。留人要留"心"，"身在曹营心在汉"的人要不得。正常的人才流动是必要的也是积极的，但是，通过各种激励与约束机制保留人才则更有意义。

三、人力资源管理的职能构成

为保证人力资源管理目标的实现，必须明确人力资源管理所包括的工作任务和职能构成。归纳起来，人力资源管理的职能工作可分为核心层、职能层和战略层 3 个层次，各层次的具体内容如图 10-2 所示。其中，核心层以工作分析模块为主，解决人力资源最基础的问题，比如"工作是什么"；职能层包括招聘与选拔、安置与使用、培训与发展、考核与薪酬四个模块；战略层则包括人力资源战略与规划、企业文化等模块。

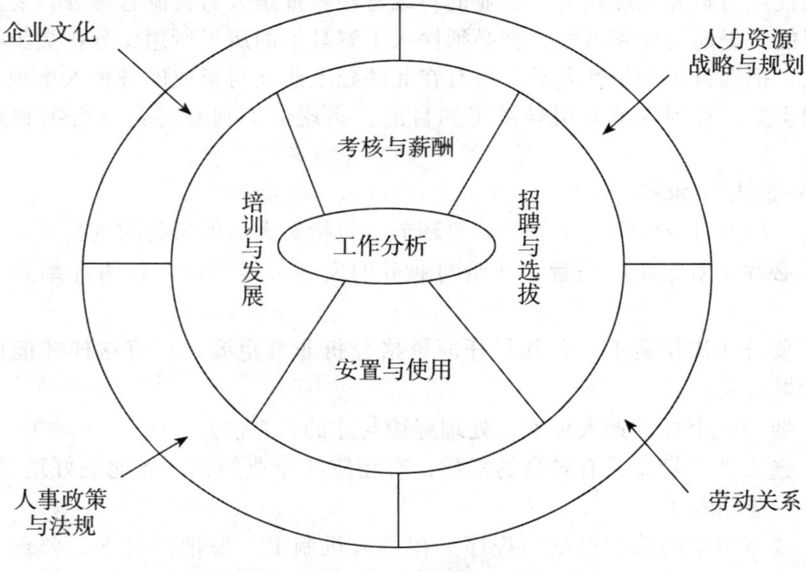

图 10-2　人力资源管理基本功能模块

资料来源　郑晓明．现代企业人力资源管理导论［M］．3 版．北京：机械工业出版社，2011.

第二节　工作分析与人力资源规划

一、工作分析的概念及作用

工作分析（job analysis）是对企业各类岗位的性质、任务、职责、劳动条件和环境，以及员工承担本岗位工作任务应具备的资格条件所进行的系统分析和研究，最后制定出工作说明书、工作规范等人事文件的过程。工作分析是人力资源管理的基础，其作用体现在以下几个方面：

（1）工作分析明确了工作任务的静态与动态特点，系统地提出上岗人员的生理、心理、技能、文化、思想等方面的具体要求，规定了岗位用人具体而详尽的标准，这就使企业人力资源管理部门在选人用人方面有了客观依据。

（2）工作分析为企业员工的考核、晋升提供了依据。根据工作分析的结果，企业人力资源管理部门可制定出各类人员的考核标准，以及晋升、提升的具体条件，从而加强员工考核、晋升的科学性。

（3）工作分析是企业改进工作设计，优化工作环境的必要条件。通过工作分析，可以揭示企业生产中的薄弱环节，反映工作设计、组织中不合理的地方，发现工作环境中有损员工生产安全、可能造成员工过度紧张或疲劳的不合理因素，并加以改进。

（4）工作分析是制定有效的人力资源规划，进行人才预测的重要基础。企业对于工作岗位的人员培养和配置，都需要制订有效的计划。根据工作分析所得到的岗位信息、结合生产任务和工作发展变化的趋势，能够使得人力资源规划更具有科学性。

（5）工作分析是工作评价的基础，而工作评价又是建立、健全企业薪酬体系的重要步骤，因此，工作分析为企业建立较为公平合理的薪酬制度准备了条件。

（6）工作分析还能够使员工通过工作说明书和工作规范，充分了解各个工作岗位在整个组织中的地位和关系，明确自己的工作目的、任务、职责及发展方向，以便更好地完成工作和获取职业发展机会。

二、工作分析的程序及结果

（一）工作分析的程序

工作分析是对工作的一个全面评价过程，这个过程可以分为 4 个阶段，即准备阶段、调查阶段、分析阶段和完成阶段。

1. 准备阶段

准备阶段是工作分析的第一个阶段，主要任务是了解情况、确定样本、建立关系、组成工作小组。其具体包括：①确定工作分析信息的用途；②由实际承担工作的员工、承担工作员工的直接上级以及工作分析专家共同组成工作分析小组，搜集工作分析信息；③确定调查和分析对象的样本，选择有代表性的样本进行分析。

2. 调查阶段

调查阶段作为工作分析的第二个阶段，主要任务是搜集工作分析的信息。通过搜集有关工作活动、工作对员工的行为要求、工作条件、工作环境、工作对员工个人的要求等方面的信息，来进行实际的工作分析。

3. 分析阶段

分析阶段的主要任务是对有关工作特征和工作人员特征的调查进行全面的总结分析。工作分析提供了与工作的性质和功能以及任职资格有关的信息，而这些信息只有与从事这些工作的员工及其直接主管人员进行核对才有可能不出现偏差。这一核对工作有助于确保工作分析所获得信息的正确性、完整性，同时也有助于确定这些信息能否被所有与被分析工作相关的人所理解。

4. 完成阶段

这是工作分析的最后阶段。此阶段的主要任务是依据前三阶段所得材料编制工作说明书与工作规范。有时候，工作说明书与工作规范分成两份文件来写，有时候则合并在一份工作说明书中。

（二）工作分析的结果

工作分析的结果可以归结为工作描述和工作规范两种表达形式，最后形成一份综合性的工作说明书。工作描述又称职务描述、工作说明，是指用书面形式对组织中各类职位的工作性质、工作任务、工作职责与工作环境等所做的统一要求。工作描述指出任职者应该做些什么、如何去做和在什么条件下履行其职责。工作规范又称岗位规范或任职资格，是指任职者要胜任该项工作必须具备的资格与条件。工作规范说明一项工作对任职者在教育程度、工作经验、知识、技能、体能和个性等特征方面的最低要求，而不是最理想的任职者的形象。表 10-1 就是一份关于护士岗位的工作说明书。

表 10-1　　**美国 Midway 医院护士工作说明（部分）**

工作职称：注册护士
工作概述： 负责病人从入院到转院或出院的全部护理，包括病情评估、治疗计划和实施、治疗效果的评价；对值班期间的护理和可以预见的患者和家庭将来的需要负责；在保证专业护理标准的前提下指导助手
工作职责与绩效标准： 1. 评估患者的体力、感情和心理与社会方面 标准：在患者入院 1 小时之内或至少每次值班出具一份书面诊断，按照医院规定把这份诊断交给该患者的其他医护人员 2. 撰写患者从入院到出院的护理书面计划 标准：在患者入院 24 小时之内设计短期和长期的目标，然后每次值班中根据心得诊断、检查和修改护理计划 3. 实施护理计划 标准：在日常护理中，按照但不局限于书面的《注册护士技能手册》在指定的护理区域应用这些技能，以一种系统的和及时的方式完成患者护理活动，并恰当地重新评判轻重缓急
工作联系： 报告工作对象：护士长 监督对象：注册见习护士、助理护士、勤杂工 工作合作对象：协助护理部 外部关系：医生、患者和患者家属
任职资格： 教育：授权护士学校毕业生 工作经历：关键护理要求一年的医疗/外科护理经验（有特殊护理经验者优先，应届毕业生可以考虑非重要职位） 证书要求：持有注册护士证书或被州政府许可
身体要求： 1. 能够屈体、运动或帮助转运 50 磅以上的重物 2. 能够在 8 小时值班中站立或行走 80% 以上的时间 3. 视力和听力敏锐

资料来源　林忠，金延平．人力资源管理［M］．大连：东北财经大学出版社，2009：73.

三、人力资源规划的概念及意义

任何企业的发展都离不开优秀的人才和人力资源的有效配置。如何为企业寻找合适的人才，留住人才，培养人才，为组织保持强劲竞争力提供可持续的人才支持，是人力资源管理部门面临的重要课题。人力资源管理部门对企业发展提供的战略性支持主要体现在人力资源规划方面。人力资源规划（human resource plan）是指一个企业为实现中长期发展战略目标，在对企业人力资源现状与未来供求进行科学分析的基础上，通过制定相应政策措施，使恰当数量的合格人员在合适的时间进入合适的工作岗位，与企业预期的空缺相匹配，使企业和个人都获得长期利益的系统。

（一）人力资源规划是企业制定战略目标的重要依据

任何企业在制定战略目标时，首先需要考虑的是组织内拥有的以及可以挖掘的人力资源。一套切实可行的人力资源规划，有助于管理层全面深入地了解企业内部人力资源的配置状况，进而科学合理地确定企业的战略目标。

（二）人力资源规划是企业满足组织发展对人力资源需求的重要保障

企业内部和外部环境是在不断变化的，任何企业的生存与发展都要受到内部和外部环境的制约。在日趋激烈的市场竞争环境中，企业如果不能事先对内部的人力资源状况进行系统分析，并采取有效措施，则很可能受到人力资源不足的困扰。普通员工短缺时，企业可以在短时间内从劳动力市场上招聘，也可以通过对现有员工进行有目的的培训以满足工作需要，但是，企业经营中面临的中高级管理人员和专业性较强的技术人员的短缺问题，则完全不同，必须要未雨绸缪。

（三）人力资源规划能使企业有效地控制人工成本

企业的人工成本中最大的支出是工资，而工资总额在很大程度上取决于企业中的人员分布状况。人员分布状况是指企业中的人员在不同职务、不同级别上的数量状况。当企业处于发展初期时，低层职位的人员多，人工成本相对便宜。随着企业的发展，人员的职位水平上升，工资的成本增加。在没有人力资源规划的情况下，未来的人工成本是未知的，难免会出现成本上升、效益下降的趋势。因此，通过人力资源规划预测未来企业发展，有计划地调整人员分布状况，把人工成本控制在合理支付范围内，是十分重要的。

（四）人力资源规划有助于满足员工需求和调动员工的积极性

人力资源规划展示了企业内部未来的发展机会，使员工充分了解自己的哪些需求可以得到满足以及满足的程度。如果员工明确了那些可以实现的个人目标，就会去努力追求，在工作中表现出积极性、主动性、创造性。否则，在前途和利益未知的情况下，员工就会表现出干劲不足，甚至有能力的员工还会采取另谋高就的方法来实现自我价值。如果有能力的员工流失过多，就会削弱企业实力，降低士气，从而进一步加速员工流失，使企业的发展陷入恶性循环。

四、人力资源规划的程序及内容

（一）人力资源规划的程序

人力资源规划制定与实施的程序可分为 4 个阶段（如图 10-3 所示）：第一阶段，

搜集信息，分析资料，为进行人力资源供给与需求预测提供资料；第二阶段，进行预测，在搜集和研究了与人力资源供求有关的信息之后，选择合适的预测方法对组织未来人力资源在数量及质量方面的供给和需求情况进行预测，得出人力资源净需求的数据；第三阶段，制定规划，包括制定人力资源总体规划和各项业务计划，并确定时间跨度；第四阶段，执行规划，具体包括规划的实施、审查与评价、反馈。

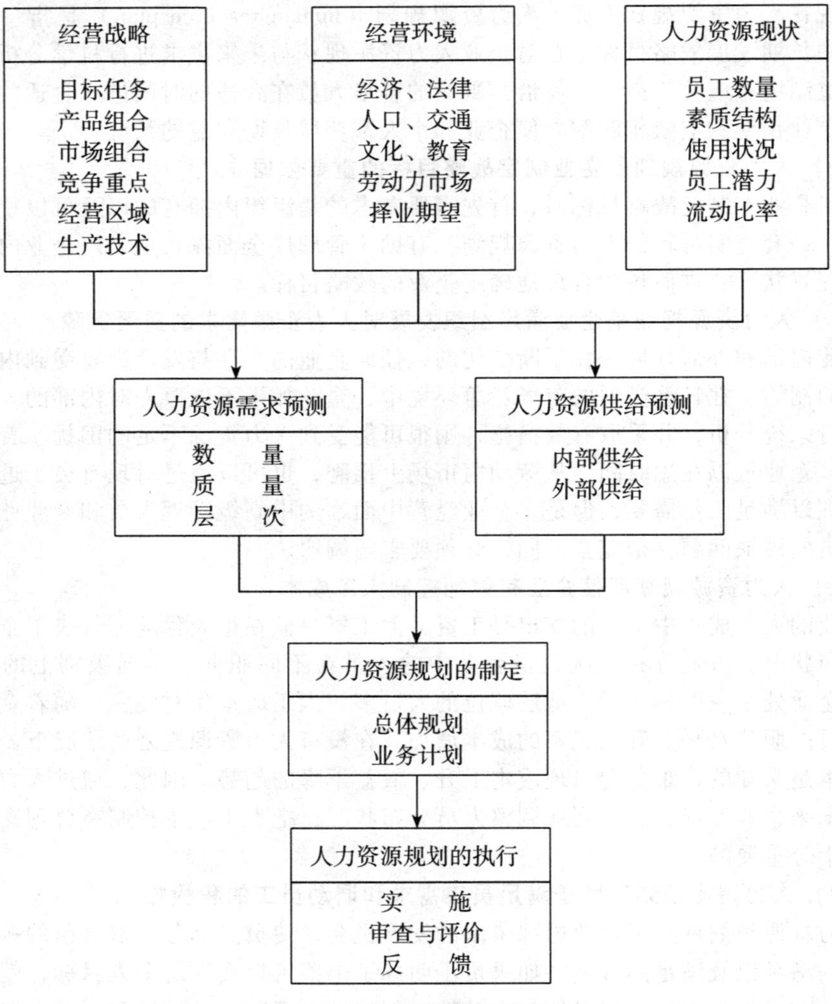

图 10-3 人力资源规划的程序

资料来源 林忠，金延平．人力资源管理［M］．大连：东北财经大学出版社，2009：32.

（二）人力资源规划的内容

人力资源规划可分为两大类，即人力资源总体规划与人力资源业务规划。

人力资源总体规划是以企业战略目标为基础，对规划期内人力资源管理的总目标、总方针与政策、实施步骤以及总费用预算等作出的总体安排。

人力资源业务规划是人力资源总体规划的展开和具体化，其执行结果应能保证人力资源总体规划目标的实现。它包括人员配备计划、人员补充计划、人员使用计划、人员培训开发计划、绩效考核计划、薪酬激励计划、劳动关系和员工参与及团队建设计划、退休解聘计划等。每一项业务计划也都由目标、政策或办法及预算等部分构成。制定人力资源业务规划应当注意内部的平衡，例如，人员补充计划与培训计划之间，人员薪酬计划与使用计划、培训开发计划之间的衔接和协调。当企业需要补充某类员工时，如果信息能及早到达培训部门，并列入人员培训开发计划，则这类员工就不必从外部补充。又如，当员工通过培训开发提高了素质，而在使用和薪酬方面却没有相应的政策和措施，就容易挫伤员工接受培训开发的积极性。

第三节　员工招聘与配置

一、员工招聘概述

员工招聘（recruitment）就是企业采取一些科学的方法寻找、吸引应聘者，并从中选出企业需要的人员予以录用的过程。它包括征召、筛选和录用3个阶段。

（一）员工招聘的目标

（1）获得企业需要的人员。新补充进来的员工就像制造产品的原材料，他们的素质高低对企业今后的生产经营活动会有很大的影响。如果不能招聘到合适的员工，企业在时间和资金等方面的投入都会有很大的浪费，并且可能影响企业员工的士气。因而，以获得企业需要的人员为招聘目标，有利于保证企业人员的素质，提高人员的使用效率，同时为增加企业员工满意度和凝聚力创造条件。

（2）减少不必要的人员流失。企业不仅要招聘到人更要留住人，能否留住有用的员工，招聘工作的好坏是一个关键因素。那些认可公司价值观、在企业中能找到适合自己兴趣和发挥自己能力的岗位的人，在短期内离开公司的可能性就比较小一些。

（3）树立企业形象。招聘过程是企业代表与应聘者直接接触的过程。负责招聘的工作人员的工作能力、招聘过程中对企业的介绍、面试程序以及拒绝的理由等，都会成为应聘者评价企业的依据。招聘过程既可能帮助企业树立良好的形象，吸引更多的应聘者，也可能损害企业形象，使应聘者失望。

（二）员工招聘的原则

（1）公开原则。招聘信息、招聘方法应公之于众。这样一方面可以给予社会上的人才以公平竞争的机会，达到广招人才的目的；另一方面可以使招聘工作置于社会的公开监督之下。

（2）竞争原则。对所有应聘者应一视同仁，不得人为制造各种不平等的限制。要通过考核、竞争选拔人才，以严格的标准、科学的方法对应聘者进行测评，根据客观结果确定人选。

（3）效率原则。以尽可能少的招聘成本录用到最合适的人员。选择最适合的招聘渠道、考核手段，在保证任职人员质量的基础上节约招聘费用，避免长期职位空缺造成的损失。

（4）能级原则。人的能力有大小，本领有高低，工作有难易，要求有区别。一方面要根据各个岗位的性质配备有关人员，人员的素质和能力要与其所负担的职责相吻合；另一方面要按照人员的能力水平及特长分配适当的工作，以求人尽其才、用其所长。

二、员工招聘的程序

招聘程序是指从出现职位空缺到候选人正式进入公司工作的整个过程。这个过程通常包括识别职位空缺、确定招聘策略、征召、筛选、试用、招聘评估等一系列环节。招聘流程图如图 10-4 所示。

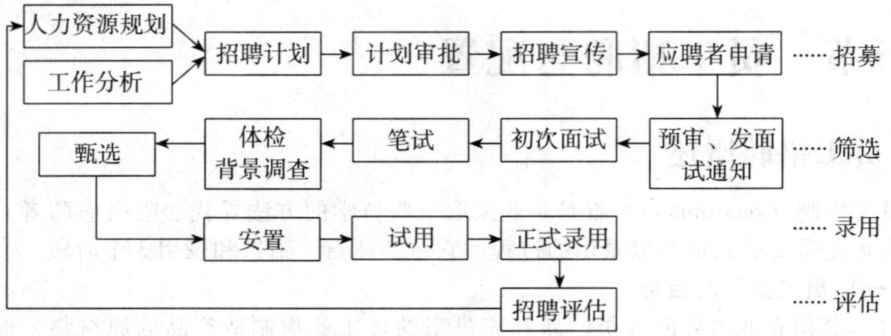

图 10-4 招聘流程图

三、员工招聘的来源与方法

（一）员工招聘的来源

在确定了岗位和所需人员情况并建立了招聘的工作程序后，招聘和选拔工作的下一步就是确定和评估各种应聘者来源。由于不同来源的应聘人员具有不同的特点，从适当来源挑选合适的人员是提高选拔工作有效性的关键。征召候选人的途径有内部来源和外部来源两种，即内部招聘和外部招聘。这两种来源各有优缺点（见表 10-2），在实际应用中要根据企业的战略计划、招聘岗位、上岗速度以及经营环境等综合考虑。

表 10-2 内部招聘与外部招聘的优缺点

	内部招聘	外部招聘
优点	①了解全面，准确性高 ②可鼓舞士气，激励员工进取 ③应聘者可更快适应工作 ④使组织培训投资得到回报 ⑤选择费用低	①人员来源广，选择余地大，有利于招到一流人才 ②新员工能带来新技术、新思想、新方法 ③当内部有多人竞争而难作出决策时，向外部招聘可在一定程度上平息或缓和内部竞争者之间的矛盾 ④人才现成，节省培训投资费
缺点	①来源局限于企业内，水平有限 ②容易造成“近亲繁殖”，出现思维和行为定势 ③可能会因操作不公或员工心理原因造成内部矛盾	①不了解企业情况，进入角色慢，较难融入企业文化 ②对应聘者了解少，风险较大 ③内部员工得不到机会，积极性可能受到影响

（二）员工招聘的方法

1. 内部招聘的方法

（1）工作职位公告。

工作职位公告是最常用的内部选拔方法，是一种向员工通报现有职位空缺的方法，它需要列出工作的特性，如资格要求、主管人员姓名、工作时间表、薪资等级等，并将公告置于企业人员都可以看到的地方，像组织的布告栏、组织的内部报刊、局域网，以便所有相关人员均有机会申请空缺职位。通过工作职位公告这种途径发布信息，既可以为有才能的员工提供成长发展的机会，同时又能体现公平竞争原则。

（2）人员信息记录卡。

人员信息记录卡，也称技能清单，也是组织内部招聘时可采用的一种方法，同时，较详细的职工档案也可用作参照。随着现代信息技术的普及，许多企业的员工信息资料都已经计算机化，越来越多的企业倾向于利用人员信息记录卡来进行内部招聘。人员信息记录卡对于维系组织的持续运转是十分重要的，它包括了诸如员工的资格、技能、智力、经历、健康状况、教育背景和培训方面的信息。由于这些资料是经常更新的，因此，能够全面、及时、动态地反映所有员工的最新情况。这些信息不仅能够帮助决策者获得职位申请者的相关信息，而且还可以帮助企业及时发现那些具备相应资格但由于种种原因没有进行申请的员工。

（3）人才继任计划。

人才继任计划是指在本岗位任职者正常任职的情况下，由企业着力发现并培养本岗位后备人选的行为。后备人选一般来自于下一级岗位，它是作为本岗位的储备干部，并非取而代之。企业在发现并确认继任者的情况下，结合企业人才发展与培养计划，给予后备人选更多的业务辅导、重点管理沟通和培训机会，使后备人选得到更大的提升，从而具备担任上一级岗位的资质和能力。人才继任计划实施的直接成果是形成企业人才梯队，即形成企业不同层级现任岗位的后备人选名单，它既能保证企业人才队伍的连续性，又可满足企业业务持续发展和不断扩大时对人才的需求。

2. 外部招聘的方法

（1）员工推荐。

员工推荐是指员工从他们的朋友或相关的人中引荐求职者。这种方法在缺乏技术人员的企业中特别有效。这种方法建立在组织员工对空缺职位说明以及对被推荐人均有深入了解的基础之上。由于员工对本组织的情况较为熟悉，因而他就会了解组织需要什么样的人才，什么样的人才更适合在组织担任该职位，同时，员工对被推荐人情况掌握得也比较全面，在推荐时就比较有把握。这种做法有利于节约人才招聘成本，有利于保证举荐人才质量。

（2）广告招聘。

广告招聘是指通过广播、报纸、杂志、电视等新闻媒体面向社会大众传播招聘信息，通过详细的工作介绍和资格限制吸引潜在的应聘者。广告招聘对任何职务都适用，它是现代社会非常普遍的一种招聘方式。广告的编写上要注意 AIDA 法则，即吸引注意（attract attention）、激发兴趣（develop interest）、创造愿望（create desire）、促使行动（prompt action）。一般情况下，招聘广告应包括组织的基本情况、政府与劳动部门的审批情况、招聘的职位与基本条件、薪资待遇、报名的时间及地点、其他有关事项等内容。

（3）校园招聘。

对于现代企业来说，面向校园招聘正式或临时人员是非常普遍的一种方式。现代企业在校园进行招聘的方式越来越多，每年我国都有大量的应届毕业生通过校园招聘的方式走向工作岗位。企业为了能吸引到更多的优秀毕业生，往往会在第一时间内到学校进行宣传、开招聘会。有些企业为了扩大企业影响，常常会通过赞助学校文艺、学术等活动的方式来扩大知名度；有些企业还通过设立奖学金的办法与学校建立长期的稳定关系，使学校成为组织中新员工的主要来源。

（4）中介机构。

人才中介机构是指那些为用人单位寻找合适的职业候选人，也为求职者寻找工作机会的服务性机构。人才中介机构的具体形式有两种：其一，各级劳务市场。职业介绍所这些机构提供的一般是非技术性或技术性不强的劳动力服务，所涉及的职业如保姆、钟点工、营业员和服务员等，还可以为企业提供临时雇用的员工。其二，各级各类人才市场。随着现代人才需求量的增加，各种人才市场越来越成为供职者和求职者满足各自需要不可缺少的中间环节。就我国目前情况来看，人才和劳动力市场一般是由政府人事、劳动部门主办的事业性服务机构；人才市场还定期或不定期地举办招聘会，或举办专门人才专场。其中，人才招聘会是一种比较传统的招聘方式，也是目前企业采用比较多的一种方式。

（5）猎头公司。

猎头公司是英文单词 head hunter 的中文翻译，它是适应组织对高层次人才的需求和高级人才对满意职位的渴望而发展起来的。这种性质的组织机构与中介机构之间的区别在于：中介机构是“为人寻找工作”，而猎头公司则是“为工作物色人”。可见，在工作内容、工作性质和工作目的方面，猎头公司确实与中介机构有所不同，它不是为求职者牵线搭桥，而是促使成功的人士另攀高枝。因此，在猎头公司工作的人被称为“猎头者”。在国外，通过猎头公司的服务为公司选拔高层次人才已经非常普遍。近年来在我国，猎头公司亦如雨后春笋般发展起来，同时也有越来越多的组织接受了这种方式来为自己选择急需的高级人才。

（6）网络招聘。

这是近年来随着计算机通讯技术的发展和劳动力市场发展的需要而产生的通过信息网络进行招聘、求职的方法。它是通过在互联网上发布招聘信息，征集应聘者，在网上对应聘者进行筛选、评估、测试等，并经过必要的面试，最终确定组织的招聘对象。由于这种方法信息传播范围广、速度快、成本低，供需双方选择余地大，且不受时间、地域限制，因而被广泛采用。招聘单位、求职者、就业媒体都可以通过信息网络来达成目的。

（7）海外招聘。

海外招聘，是向世界进军的企业不可忽视的获得境外人力资源的重要途径。在组织跨出国门向海外扩大经营时，海外招聘就成为组织补充人员的一种重要方式。进行海外招聘的优点是：可以在世界范围内进行人才的选择，候选人的数量与质量都与局限于国内的招聘不可同日而语。但是，在海外进行招聘也存在困难，要想证明和核查外国人的各种证书是很困难的，对其背景进行调查也是一项很难进行的工作，而且雇用外国人在手续上也较为繁琐。当然，这些问题可以通过选择合理的招聘渠道和筛选手段得到一定程度的解决。

四、人员配备的原则

（一）要素有用原则

在人力资源配置过程中，要遵循一个宗旨，即任何要素（人员）都是有用的。没有无用之人，只有没用好之人。而配置的根本目的是为所有人员找到和创造其发挥作用的条件。对于那些没有用好之人，问题之一是没有找到他的可用之处，没有正确地认识这个人。正确地对人加以识别是合理配置人员的主要基础。问题之二是没有创造人员可用的条件，只有条件和环境适当，人员才可能有用。创造良好的政策和环境是管理者的主要职责。

（二）能位对应原则

能位对应原则指的是，人与人之间不仅存在能力特点的不同，而且在能力水平上也是不同的。具有不同能力特点和水平的人，应安排在要求相应特点和层次的职位上，并赋予该职位应有的权利和责任，使个人能力水平与岗位要求相对应。

（三）互补增值原则

这个原则强调人各有所长也各有所短，以己之长补他人之短，从而使每个人的长处都得到充分发挥，避免短处对工作的影响，通过个体之间取长补短而形成整体优势，实现组织目标最优化。按照现代人力资源管理的要求，一个群体内部各个成员之间应该是密切配合的互补关系，互补的一组人必须有共同的理想、事业和追求，而互补增值原理最重要的是“增值”。

（四）动态适应原则

动态适应原则指的是人与事的不适应是绝对的，适应是相对的，从不适应到适应是在运动中实现的。随着事业的发展，适应又会变为不适应，只有不断调整人与事的关系才能达到重新适应，这正是动态适应原则的体现。从组织内部来看，劳动者个人与工作岗位的适应不是绝对和一定的，无论是由于岗位对人的能力要求提高了，还是人的能力提高要求变动岗位，都要求我们及时地了解人与岗位的适应程度，从而进行调整，以达到人适其位，位得其人。

（五）弹性冗余原则

弹性冗余原则要求人与事的配置过程中，既要达到工作的满负荷，又要符合人力资源的生理、心理要求，不能超越身心的极限，保证对人对事的安排要留有一定的余地，既要带给人力资源一定的压力和不安感，又要保持所有员工的身心健康。

五、员工解聘

如果人力资源使用过程中存在冗员、组织面临结构性收缩要求或者员工存在违反组织政策的行为，组织应当裁减一定的员工，这种人事变动就是解聘。解聘的方式有很多种，表 10-3 对这几种方案进行了对比说明。

表 10-3 员工解聘的方案

方　案	说　明
解雇	永久性、非自愿的终止合同
暂时解雇	临时性、非自愿的终止合同
自然减员	对自愿辞职或正常退休腾出的职位空缺不予填补
调换岗位	横向或向下调换员工岗位，通常不降低成本，但可减缓内部供求不平衡
缩短工作时间	让员工少工作一些时间，或者进行工作分担，或以临时工身份工作
提前退休	为年龄大、资历深的员工提供激励，鼓励其在正常年限前提早退休

资料来源　周三多．管理学［M］．3 版．北京：高等教育出版社，2010：185.

对于即将离开企业的员工，企业应组织专门的离职面谈。所谓离职面谈，是指在员工离开企业前与其进行的谈话。离职面谈通常由企业人力资源管理部门负责实施。面谈结束后，应将面谈记录进行整理和分析，并回顾面谈过程，从中发现员工离职的真正原因。针对发现的问题提出改善建议，以防类似事情再度发生。离职面谈也是企业将离职人员的知识和经验转移给其接任者的一次机会。企业甚至可以通过离职面谈，来邀请离职人员为现有团队就如何完成当前项目，解决现有问题，以及如何进行相互合作提供建议。离职面谈应该选择气氛轻松的地点。面谈前应准备与员工相关的资料，比如员工个人的基本资料、绩效回顾、参加的培训、经历的关键事件等。员工会觉得自己受到了重视，对公司不满者或许可以由此改变其对公司的消极看法。

第四节　员工培训与职业发展

一、员工培训及其内容

培训（training）是指企业令员工获得或改进与工作有关的知识、技能、态度和行为，更好地实现组织目标系统化的过程。培训的目的不仅仅局限在基本技能的开发上，更多地应看成是创造智力资本的途径，创造出一个有利于人与企业发展的学习型组织。管理者们越来越体会到，对组织中的员工进行恰当的培训，投资回报率是极高的。

合理确定员工培训的内容，对于实现培训的目标，提高组织绩效具有至关重要的意义。在组织中员工的培训是围绕工作需要和提高工作绩效展开的，而从大的方面说，影响工作绩效的因素可分为三类：一是员工所掌握的知识，包括理论知识和专业知识；二是员工的业务技能；三是员工的工作态度，包括责任心、敬业精神、奉献精神、对组织的忠诚度等。实际上，这 3 类因素也就构成了员工培训的内容结构，如图 10-5 所示。

二、员工培训的类型

根据不同的培训目的、培训对象和培训内容的要求，培训可以采取多种类型。

（一）岗前培训、岗位培训、转岗培训

岗前培训也叫职前培训或新员工培训，是对组织新进员工在任职上岗前给予的培

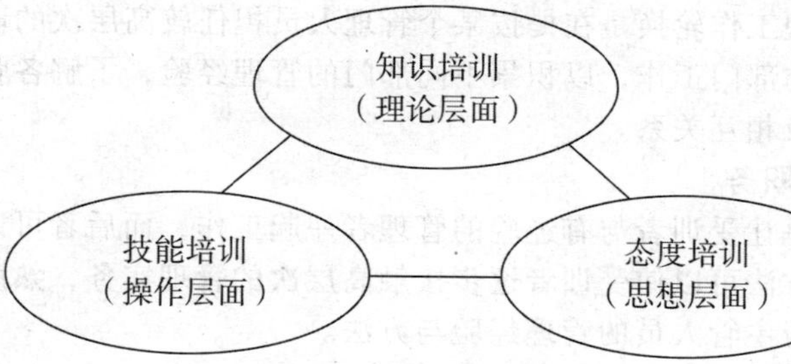

图 10-5 员工培训的内容结构

训，以使新员工对组织、组织文化、工作环境、拟担任的工作有基本的认识和了解。岗位培训就是针对员工在某一工作岗位的需要进行的在岗培训。岗位培训除了进行必要的理论知识、专业知识学习外，重点是对员工的业务能力进行培养和训练，以使员工熟练掌握操作技能。转岗培训就是针对员工工作岗位调动及新岗位工作需要进行的培训，主要是向转岗员工进行新岗位所必需的新知识、新技术和新能力培训，使其尽快适应新的工作岗位需要。

（二）长期培训、短期培训

长期培训是指根据组织现在特别是未来发展需要及员工未来的职业定向而进行的时间较长的培训。这种培训一般都具有综合性和未来导向，多采取脱产培训方式进行，主要是提高受训者的综合素质、学历水平、领导才能或业务技能。短期培训是根据工作岗位急需或其他原因而对员工进行的时间较短的培训。其特点是现在导向，专业性、针对性强，近期效益突出。

（三）脱产培训、在职培训

从受训者是否离开工作岗位划分，培训的形式可以分为脱产培训和在职培训。脱产培训是指企业为了组织发展和员工个人发展的需要，让在职员工离开现任岗位接受培训。在职培训是指在不离开自己的工作岗位的同时，一边工作一边接受培训。

（四）初级培训、中级培训、高级培训

从培训的层次划分，培训可以分为初级培训、中级培训和高级培训。不仅管理人员可以如此划分，一般员工也可分为初级、中级和高级 3 个层次。这 3 个层次的培训不仅组织形式应该有所区别，其培训内容及方法也要根据各层次不同的工作内容需要而有所区别。

三、员工培训的方法

随着现代管理教育和信息技术的发展，员工培训的方法也日益丰富。按照培训的不同形式、采用的不同技术等进行划分，培训方法可分为不同类型。下面主要对在职培训的常用方法进行介绍，如工作轮换、设立助理职务、临时性晋升、研讨会、案例研究、角色扮演、管理游戏、电子学习等。

（一）工作轮换

工作轮换包括管理工作轮换与非管理工作轮换。非管理工作轮换是根据受训者的个人经历，让他们轮流在公司生产经营的不同部门和岗位上工作一段时间，以熟悉公司的各种业务。管理工作轮换是在提拔某个管理人员担任较高层次的职务以前，让他先在一些较低层次的部门工作，以积累不同部门的管理经验，了解各管理部门在整个公司的地位、作用及相互关系。

（二）设立助理职务

设立助理职务是让受训者与有经验的管理者一起工作，而后者可以对其给予特别培养和考察。这种方法可以使受训者逐步接触高层次的管理实务，熟悉高层管理工作的内容与要求，学习主管人员的管理经验与方法。

（三）临时性晋升

临时性晋升又称为代理职务，是当某个主管人员因长期出差、生病或度假等原因出现临时职位空缺时，指派某受训者担任代理职务。临时性晋升既是一种培养管理者的方法，同时也给企业带来了便利，并且通过这一段时间的考察，还可以证明受训者是否真正具有承担该工作的能力。

（四）研讨会

研讨会是指各有关人员在一起对某些问题进行讲座或决策。通过举行研讨会，组织中的一些上层主管人员与受训者一道讨论各种重大问题，可以为他们提供一个机会，观察和学习上级主管人员在处理各类事务时所遵循的原则和具体如何解决各类问题，取得领导工作的经验。同时，也可以通过参加讨论，通过参与组织一些大政方针的讨论，了解和学习利用集体智慧来解决各种问题的方法。

（五）案例研究

这是一种培训管理人员作决策和解决问题的古老而有效的方法。受训者通过阅读描述完整的经营问题或组织问题，寻求一个适当的解决方法。案例研究的目的是培训受训者如何来分析信息、如何来提出一些方法，以及如何来评价这些方法。所用的案例多为企业实际工作中发生的真实、典型的事件，让受训者学习如何把一些原则和理论转移到现实的问题中去。

（六）角色扮演

这种方法往往在一个模拟的真实场景中，由两个以上的受训者相互作用，使其掌握必要的技能。这种方法比较适用于培训人际关系技能。受训者要扮演的角色常常是工作情景中经常碰到的人，如上司、下属、客户、其他职能部门经理、同事等。

（七）管理游戏

游戏可分为两种，即普通游戏和商业游戏。普通游戏是一些经过精心设计，表面上与其他游戏相差无几的活动，其实内含许多与管理或员工工作有密切关系的一类活动。商业游戏需要受训者作出一系列决策，每次作出决策不同，下一个情景也将变化，也可以看做是案例研究的动态化。

（八）电子学习

电子学习指运用电子技术，如多媒体技术，特别是通过因特网等形式进行的学习行为。企业依托现代化的技术将培训课堂搬到网络上，从而打破了时空的限制，使培训更自由、更快捷、更有效率。这种方法尤其适用于技术更新快的 IT 企业和机构遍布全球的大型跨国公司。

四、职业发展及其管理

（一）职业及职业选择

所谓职业，一般是指人们在社会生活中所从事的以获取报酬为目的的工作。人类社会的发展与文明的进步为人们提供了越来越多的职业，而人们通过职业活动又推动了包括企业组织在内的社会发展。从微观角度来看，职业不仅是谋生的手段，也是个人在社会的存在意义和价值的证明。对个人而言，选择一个合适的职业、度过一个成功的职业生涯，是每一个人一生的理想和追求；而对企业组织来说，组织的目标也要靠员工的职业活动实现。因此，职业的选择和职业体系的设计作为一种人力资源的配置方案，既关乎个人，又关乎企业，也是社会经济制度的重要组成部分之一。

美国约翰·霍普金斯大学心理学教授约翰·霍兰德（John Holland）是美国著名的职业指导专家，他于 1971 年提出了具有广泛社会影响的职业性向理论（Career Orientation）。他认为职业选择是个人人格的反映和延伸，职业选择取决于人格与职业的相互作用。

这一理论首先将职业归属为以下 6 种典型的“工作环境”中的一种。

（1）现实的：建筑、驾驶卡车、农业耕作；

（2）调查研究性的：科学和学术研究；

（3）艺术性的：雕刻、表演和书法；

（4）社会性的：教育、宗教服务和社会性工作；

（5）开拓性（企业性）的：销售、政治和金融；

（6）常规性的：会计、计算机技术、药理学。

根据自己对职业性向测试（vocational preference test，VPT）的研究，霍兰德认为职业性向（包括价值观、动机和需要等）是决定一个人选择何种职业的重要因素，进而提出了决定个人选择何种职业的 6 种基本的“人格性向”，即现实型、调研型、艺术型、社会型、企业型、常规型。由于不同类型的人的人格特点、职业兴趣各不相同，从而所选择和匹配的职业类型也不相同。因此，所能选择和对应的职业也相应分为 6 种基本类型，见表 10-4。

（1）现实性向。具有这种性向的人适合从事那些包含着体力活动并且需要一定的技巧、力量和协调性才能承担的职业，如机械维修、水工、烹饪、工程技术等。

（2）调研性向。具有这种职业性向的人喜欢从事那些包含着较多认知活动（思考、组织、理解等）的职业，而不是那些主要以感知活动（感觉、反应、人际沟通、情感等）为主要内容的职业。这类职业主要包括生物学家、大学教授、医师等。

（3）艺术性向。具有这种性向的人一般会从事那些包含着大量自我表现、艺术创造、感情表达以及个性化活动的职业，如艺术家、广告制作者及音乐家等。

（4）社会性向。具有这种性向的人会乐于从事那些包含着大量人际交往内容的职业，而不是那些包含着大量智力活动或体力活动的职业。其代表性职业有诊所的心理医生、外交工作者以及社会工作者等。

(5) 企业性向。具有这种性向的人往往会从事那些包含着大量以影响他人为目的的语言活动的职业，如管理人员、律师、推销员及公关人员等。

(6) 常规性向。具有这种性向的人会从事那些包含着大量结构性的且较为固定的活动的职业。在这些职业中，个人需要往往要服从于组织需要，如会计及银行职员等。

表 10-4 **霍兰德人格性向与职业类型对应表**

人格性向	人格特点	职业兴趣	代表性职业
现实型	真诚坦率、重视现实、讲求实际，有坚持性、实践性、稳定性	各类工程技术工作、农业工作，通常需要一定的体力，需要运用工具或操作机器	体力员工、机器操作者、农民、矿工、园艺工人、工程技术人员等
调研型	分析性、批判性、好奇心、理想的、内向的、有推理能力的	各项科学研究与科学实验工作	物理学家、化学家、生物学家、医学技术人员等自然科学与社会科学方面的研究与开发人员
艺术型	感情丰富的、理想主义的、富有想象力的、易冲动的、有主见的、直觉的、情绪性的	各类艺术创作工作	诗人、艺术家、文学家、音乐家、演员、画家、编辑、设计师等
社会型	富有合作精神的、友好的、肯帮助人的、和善的、爱社交和易了解的	各种直接为他人服务的工作，如医疗服务、教育服务、生活服务等	教师、行政人员、医护人员、社会工作人员、咨询师、精神健康工作者等
企业型	喜欢冒险的、有雄心壮志的、精神饱满的、乐观的、自信的、健谈的	那些组织与影响他人共同完成组织目标的工作	企业经理人、推销员、政府官员、律师、政治家等
常规型	谨慎的、有效的、无灵活性的、服从的、守秩序的、能自我控制的	各类与文件档案、图书资料、统计数据及报表等相关的行政工作	会计、出纳、银行职员、统计员、图书及档案管理员、邮递员、文秘等

(二) 职业生涯及其管理

职业生涯（career）是指一个人一生在职业岗位上度过的、与工作活动相关的连续经历。职业生涯是一个动态过程，它一方面反映人们参加工作时间的长短，同时也涵盖了人们职业的发展、变更的历程和过程。也有学者将职业生涯定义为：以心理、生理、智力、技能、伦理等人的潜能的开发为基础，以工作内容的确定和变化、工作业绩的评价、工资待遇、职称职务的变动为标志，以满足需求为目标的工作经历和内心体验的经历。

1. 职业生涯发展阶段

人的生命是有周期的，我们常常把人生分为幼年、少年、青年、壮年和老年几个阶段，而作为人生组成部分的职业生涯同样也要经历几个阶段，通常也将其称做职业周期。在职业周期的不同阶段，人的性格、兴趣、知识水平及职业偏好都有所不同。美国著名的职业管理学家萨柏（Donald E. Super）将人的职业生涯分为5个主要阶段：

（1）成长阶段（growth stage）。

大体上可以界定为0～14岁这一年龄段上。在这一阶段，个人通过对家庭成员、朋友、老师的认同以及与他们之间的相互作用，逐渐建立起了自我的概念。在这一时期，儿童将尝试各种不同的行为方式，这使得他们形成了对人们如何对不同行为作出反应的印象，并帮助他们建立起一个独特的自我概念和个性。到这一阶段结束的时候，进入青春期的青少年经历了对职业的好奇、幻想到兴趣，开始对各种可选择的职业进行带有现实性的思考。

（2）探索阶段（exploration stage）。

大体上界定为15～24岁这一年龄段上。在这一时期，人们将认真地探索各种可能的职业选择。人们试图将自己的职业选择与他们对职业的了解以及通过学校教育、休闲活动和业余工作等途径所获得的个人兴趣和能力匹配起来。在这一阶段的初期，人们往往作出一些带有试验性质的较为宽泛的职业选择，但随着个人对所选择职业以及自我的进一步了解，他们的这种最初选择往往又会被重新界定。待这一阶段结束的时候，一个看上去比较恰当的职业就已经被选定，他们也已经做好了开始工作的准备。人们在这一阶段及以后阶段需要完成的最重要任务就是对自己的能力和天资形成一种现实性的评价，并根据各种职业信息作出相应的教育决策。

（3）确立阶段（establishment stage）。

一般界定为25～44岁这一年龄段，这是大多数人职业生涯中的核心部分。人们一般希望在这一阶段尤其是在早期能够找到合适的职业，并随之全力以赴地投入到有助于自己在此职业中取得永久发展的各种活动中。然而，在大多数情况下，这一阶段人们仍然在不断地尝试与自己最初的职业选择所不同的各种能力和理想。

确立阶段本身又由3个子阶段构成：①尝试期（25～30岁）。在这一阶段，个人确立当前所选择的职业是否适合自己，如果不适合，就会重新作出选择。②稳定期（31～44岁）。在这一阶段，人们往往已经定下了较为坚定的职业目标，并制订较为明确的职业计划来确定自己晋升的潜力、工作调换的必要性以及为实现这些目标需要开展哪些教育活动等。③职业中期危机阶段（30～40岁之间的某个时段）。在这一阶段，人们往往会根据自己最初的理想和目标对自己的职业进步情况做一次重要的重新评价。人们有可能会发现，自己并没有朝着自己所梦想的目标靠近，或者已经完成了他们自己所预定的任务后才发现，自己过去的梦想并不是自己所想要的全部东西。在这一时期，人们还有可能会思考，工作和职业在自己的全部生活中到底占有多大的重要性。在通常情况下，在这一阶段的人们第一次不得不面对一个艰难的抉择，即判定自己到底需要什么，什么目标是可以达到的以及为了达到这一目标自己需要作出多大的努力。

（4）维持阶段（maintenance stage）。

此阶段约在45～65岁，这是职业的后期阶段。这一阶段的人们长时间在某一职业中工作，在该领域已具有一席之地，一般达到常言所说的“功成名就”，已不再考虑变换职业，并力求保住这一位置，维持已取得的成就和社会地位。重点是维持家庭和工作间的和谐关系，传承工作经验，寻求接替人选。

（5）衰退阶段（decline stage）。

一般地，人在达到65岁以上临近退休时，其健康状况和工作能力逐步衰退，即将退出工作，结束职业生涯。因此，这一阶段要学会接受权力和责任的减少，学习接受一种新角色，适应退休后的生活，以减轻身心的衰退，维持生命力。

2. 职业生涯管理

职业生涯管理（career management），又称职业管理，是对职业生涯的设计与开发的过程。它同样需要从个人和组织两个不同的角度进行。从个人角度讲，职业生涯管理就是一个人对自己所要从事的职业、要加入的工作组织、在职业发展上要达到的高度等作出规划和设计，并为实现自己的职业目标而积累知识、开发技能的过程。它一般通过选择职业、选择组织、选择工作岗位，通过在工作中技能得以提高、职位得到晋升、才干得到发挥等来实现。而从组织角度讲，则是指对员工所从事的职业进行的一系列计划、组织、领导和控制的管理活动，以实现组织目标和个人发展的有机结合。

根据职业生涯管理的内涵与特点，其管理流程如图10-6所示。

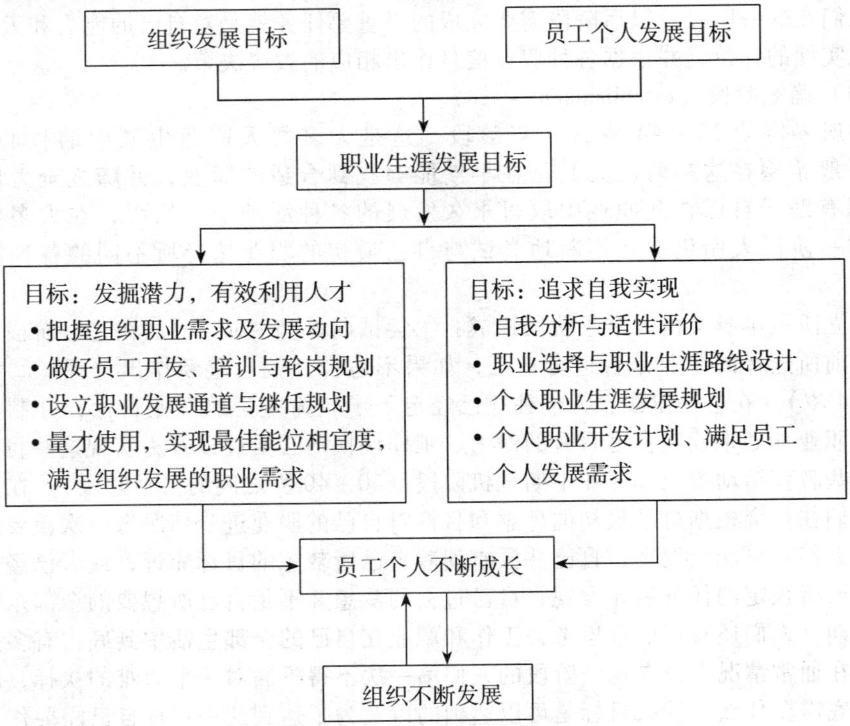

图10-6 职业生涯管理流程图

资料来源 张再生．职业生涯管理［M］．北京：经济管理出版社，2002：25.

第五节　绩效考核与薪酬管理

一、员工绩效考核

绩效考核（performance appraisal）是指按照一定的标准，利用科学的方法，搜集、分析、评价和传递有关员工工作行为和工作结果方面信息，并对其工作行为和工作过程进行考核和评估的过程。管理人员的绩效考核就是对组织内部管理者在计划、组织、领导、协调和控制等各方面的工作过程及其结果进行考核和评估的过程。员工的考核是人员配备的一项重要工作，通过考核，可以为员工的薪酬制定、职位变动提供信息，使人员的配备更加合理、有效。

（一）员工绩效考核的作用

1. 绩效考核是衡量管理水平、实施管理控制、进行工作改进的重要手段

通过对员工工作业绩的考核，可以了解完成工作目标的情况，发现存在的问题，进而分析问题产生的原因，通过管理控制，使其工作更加合理化，使得整个组织的工作趋向合理。同时，考核过程也是上下级之间的沟通过程，促进了对于组织目标与任务的理解，融洽组织成员特别是员工之间的关系，从而有利于组织活动的协调进行。另外，考核的结果也为生产、销售、财务等其他职能部门制定相关决策提供了参考依据。

2. 绩效考核是人力资源管理工作的重要依据

绩效考核列出了企业人力资源的清单，展示出企业管理队伍的基本状况。考核结果为企业员工的任用、调配和职务升降，薪酬制度的设立和调整，培训和发展规划的设计等提供了依据，有助于企业作出正确的人事决策。

3. 绩效考核是员工自我完善和发展的重要途径

通过绩效考核，员工可以明确自己工作的目标、职责和要求，了解组织对自己的期望和要求，认识自己的优势和不足，发现自己的潜在能力，调整工作方式，改进工作绩效，以更好地完成工作任务。同时可以明确自己的发展方向，争取得到组织的支持和帮助，以利于其个人的事业发展。

（二）员工绩效考核的内容

1. 贡献考核

贡献考核是指考核和评估员工在一定时期内担任某个职务的过程中对实现企业目标的贡献程度，即评价和对比组织要求某个管理职务及其所辖部门提供的贡献与该部门的实际贡献。

贡献往往是努力程度和能力强度的函数，因此，贡献考核可以作为决定员工报酬的主要依据。贡献的评估需要注意以下两个问题：首先，应尽可能把员工的个人努力和部门成就区分开来，即力求在所辖部门的贡献中辨识出有多大比重应归因于主管人员的努力；其次，贡献考核既是对下属的考核，也是对上级的考核，即考核上级组织下属工作的能力。

2. 能力考核

能力考核是指通过考察员工在一定时间内的管理工作，评估他们的现实能力和发展潜力，即分析他们是否符合现任职务的要求，担任现任职务后素质和能力是否有所提高，从而能否担任更重要的工作。

根据对管理者的工作要求来进行能力考核，不仅具有方便可行、能够保证得到客观结论的好处，而且可以促使被考核者注重自己的日常工作，根据组织的期望注意改进和完善自己的管理方法和艺术，从而起到促进管理能力提高的作用。

（三）员工绩效考核的基本流程

绩效考核的基本流程包括以下几个步骤：绩效计划、绩效实施、绩效评价、绩效反馈以及绩效改进与应用（包括绩效改进与导入以及绩效结果在其他人力资源管理环节的应用），其顺序与相互关系如图 10-7 所示。

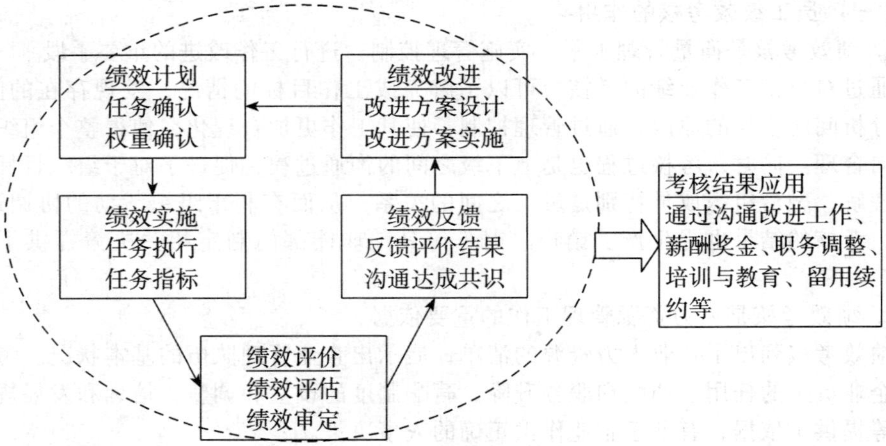

图 10-7　绩效管理流程

资料来源　李文静，王晓莉．绩效管理［M］．大连：东北财经大学出版社，2012：51.

1. 绩效计划

企业战略要付诸实施，必须先将战略分解为具体的任务或目标，落实到各个岗位上。管理者应该与员工一起根据本岗位的工作目标和工作职责来讨论，搞清楚在绩效计划周期内员工应该做什么工作、做到什么程度、何时应做完以及员工权力大小和决策权限等。

2. 绩效实施

制订了绩效计划之后，员工就开始按照计划工作。在工作的过程中，管理者要对员工的工作进行指导和监督，对发现的问题及时予以解决，并随时根据实际情况对绩效计划进行调整。

3. 绩效评价

绩效评价是一个按事先确定的工作目标及衡量标准，考察员工实际完成绩效的过程。绩效评价可以根据具体情况和实际需要进行月度、季度、半年度和年度考核评价。考核期开始时签订的绩效合同或协议一般都规定了绩效目标和绩效衡量标准。

4. 绩效反馈

通过绩效反馈与面谈，使员工了解自己的绩效，了解上级对自己的期望，认识自己有待改进的方面。与此同时，员工也可以提出自己在完成绩效目标中遇到的困难，请求上级的指导和理解。

5. 绩效改进与应用

现代绩效考核认为，员工能力的不断提高以及绩效的持续改进和发展才是其根本目的。所以，绩效改进工作的成功与否，是绩效考核过程是否发挥作用的关键。当绩效考核完成后，评估结果并不应该束之高阁，而是要与相应的其他人力资源管理环节相衔接。其结果主要可以用于以下方面：招聘和甄选、薪酬及奖金的分配、职务调整以及培训与开发。

（四）员工绩效考核的方法

根据绩效考核指标侧重不同可以将考核方法分为工作行为评价法和工作成果评价法。其中，工作行为评价法又可分为两类：主观评价体系，即将员工之间的工作情况进行相互比较，得出对每个员工的评价结论；客观评价体系，即将员工的工作与工作标准进行比较。

1. 主观评价

（1）排序法。在直接排序法中，上级主管按绩效表现的好坏顺序依次给员工排序，这种绩效表现可以是整体绩效，也可以是某项特定工作的绩效。这种绩效排序仅适用于小企业，当企业员工的数量比较多时，以这种方法区分员工的绩效就比较困难，尤其是对那些绩效中等的员工，这时，主管可以采用间接排序法。第一步是把最好的员工列在名单开首，表现最差的员工列在名单末尾；然后在剩下的员工中挑选最好的列在名单开首第二位，把表现最差的列在名单倒数第二位……这样依次进行，主管不断挑选出最好的和最差的员工直到排序完成，排序名单上中间的位置是最后被填入的。

（2）两两比较法。两两比较法是指在某一绩效标准的基础上把每一个员工都与其他员工相比较来判断谁“更好”，记录每一个员工和其他员工比较时被认为“更好”的次数，根据次数的高低给员工排序。这种方法较之排序法的优点在于：考虑了每一个员工与其他员工绩效的比较，更加客观。

排序法和两两比较法有一个共同的问题：在排序中每个人的位置唯一。这意味着任何两个员工的表现必能分出先后，但事实上这是不可能的。通常发生的情况是：某些员工的表现差不多，难分伯仲。

（3）等级分配法。等级分配法能够克服上述两种方法的弊病。这种方法由评估小组或主管先拟订有关的评估项目，按评估项目对员工的绩效作出粗略的排序，设立一个绩效等级并在各等级设定固定的分配比例进行分配，如“优”10%，“较优”20%，“中”40%，“较差”20%，“差”10%，按每个人的绩效排序分配进绩效等级。采用这种方法，绩效评估结果不再着重于具体排序，而着重于每个人的绩效等级。

这种方法的问题在于：员工的绩效可能不适于分配进设定的等级。如果大部分员工的绩效都比较好，一定要把30%的员工归入“较差”或“差”就不尽合理了；反之亦然。这是等级分配法的缺陷所在。

2. 客观评价

(1) 量表评定法。量表评定法是应用最广泛的绩效评估法。评定量表通常包括几项有关的评估项目，如评估中级管理人员的工作实绩时，一般制定的评估项目有政策水平、责任心、组织能力、协调能力、应变能力和社交能力等方面，对每项设立评分标准，最后把各项得分加权相加，即得出每个人的绩效得分。需要注意的是，每项评估项目都不应是对员工个性的评价，而应是对员工工作的行为方式的评价。

(2) 关键事件法。关键事件法是通过搜集明确易观察且对绩效好坏有直接关联的评估资料而对员工进行考核的一种客观方法。“关键事件法”共有3个基本步骤：第一步，当有关键性事情发生时，填在特殊设计的考核表上；第二步，摘要评分；第三步，与员工进行评估面谈。如果采用这种方法，主管必须确实能就正、反两面的事实着眼；否则，评估会有偏差，员工也无法接受评估。

(3) 行为评等法。行为评等法是关键事件法的深化和突破，它主要是通过行为事实方面的依据来评估员工，这些行为事实，就是平时记录下来的关键事件，但行为评等法作为一种员工评估的方法，比关键事件法更系统、更完善。

行为评等法首先要进行工作分析，搜集描述是否胜任该工作岗位的行为事实，把这些行为事实细分为多个方面（如管理能力、人际关系等），每个方面都设立具体的标准，并对每个方面的重要性进行量化，即分配权数。根据这些基于行为事实的等级标准和权重，可以形成一张含义明晰、衡量公正、易于使用的表格。主管可以利用这张行为评定表格进行员工评估。

(4) 混合标准评等法。混合标准评等法综合了关键事件法和行为评等法的长处，尽量避免了两者的弊端，作为一种实践发展的产物，它有较大的优越性。混合标准评等法使用混合标准量表，此表在设计的系统性方面与行为评等法很相似，但它不同于行为评等法对每一行为表现的精确量化，它是就某项工作的几个特定的方面分别作出三种行为描述表示绩效的高、中、低三档，而没有明确的分值。

混合标准评等法的优点在于使评估者的注意力不会过度集中在分值上，而同时也会注重被评估者的行为模式。因为，对某一个特定的工作来说，并非整体分值越高的员工越胜任，而应是在某一特定方面有专长或有特定行为模式的员工最胜任。此外，它还克服了关键事件法的缺点，即搜集和分析员工行为表现时的随机性和不确定性，而在评估表格设计时就体现了高度的系统性。

(5) 行为观察评等法。行为观察评等法是行为评等法的另一种发展。它亦是基于关键事件法，但与上述几种方法不同之处在于：行为观察评等法并非评估被评估者做某项工作的水平或优劣程度，而是观察被评估者做某项特定行为的频度，设定与频度相关的分值。例如，一名营业员在一个月之内没有与顾客发生争执得5分；发生1~2次争执得3分；发生3~4次争执得2分；发生5次争执得1分；发生5次以上得0分。这样，在每项行为方面评定的基础上，我们可根据实际需要将各个方面设定不同的权数，从而得出综合分。

二、员工薪酬管理

薪酬（payment）就是组织对员工所做的贡献，包括实现的绩效、付出的努力、时间、学识、技能、经验与创造所付给的相应的回报或答谢，它实质上是组织与员工之间的一种交易或交换。薪酬管理是人力资源开发与管理的重要一环，科学、合理的薪酬体系是激励员工卓有成效地工作、达成企业目标的主要手段；反之，如果运用不当又会严重制约甚至阻碍企业的发展。因此，建立行之有效的薪酬体系也是人力资源部门的一项重要任务。

（一）员工薪酬体系的构成

员工的薪酬可分为经济报酬和非经济报酬两方面。经济报酬包括直接付给员工的工资、奖金、津贴等直接经济报酬和不以现金形式直接付给员工的各种福利、保险等间接经济报酬。非经济报酬包括个人对工作本身或者对工作在心理或物质环境上的满足感。一般我们讨论的薪酬是指经济报酬而言的，大致有以下三类：

（1）工资，包括基础工资和津贴两部分。基础工资是报酬中相对稳定的部分，是劳动报酬的主体，通常由职务、岗位及工作年限决定。津贴是工资的政策性补充部分，如对有专业技术职称的人员给予职称津贴、给予劳动条件恶劣的地区及工种的津贴、国家规定的价格补贴等。

（2）奖励，是一种刺激性报酬，包括奖金和佣金等。奖金是由于员工的杰出表现或卓越的贡献，企业支付给员工的工资以外的金钱。佣金是由于员工完成某项任务获得的一定比例的金钱。

（3）福利，是一种补充性报酬，但往往不以货币形式直接支付，而多以实物或服务形式支付，如带薪休假、子女教育津贴、廉价住房、优惠购买本企业股票、保险。

（二）员工薪酬体系的设计原则

1. 公平性原则

员工对薪酬分配的公平感（或不公平感）是对组织影响巨大而又敏感的因素，也是组织人力资源管理部门在设计薪酬体系和进行薪酬管理时首先要考虑的因素。薪酬公平性可分为以下两个层次：

（1）外部公平性，是指同一行业或同一地区同等规模的不同组织中类似职务人员的薪酬应当基本相同。因为对他们的知识、技能与经验的要求相似，因此他们的贡献也应相似。只有做到薪酬外部公平的组织，同其他组织相比才有竞争力，否则就很难吸引或留住人才。

（2）内部公平性，是指同一组织内部不同职务所获薪酬与各自的贡献成正比。只要按贡献率比值一致，便是公平。

2. 激励性原则

薪酬体系也是组织激励员工的主要手段之一。合理的薪酬能满足员工的各种需要，使他们产生强烈的满意感，确保员工们做好当前的工作，实现优良的绩效。薪酬不仅表现了企业对其员工工作的承认和生活的关心，而且体现了企业对员工价值与地位的认可。科学的薪酬系统有利于培养员工对于企业的认同与归属感、忠诚与责任心，从而起到对员工的长期激励作用。操作时，在组织内部各类、各级职务的工资水准上，应适当拉开差距，真正体现按贡献分配的原则。

3. 经济性原则

提高企业的薪酬水准，固然可以提高其竞争性和激励性，但同时不可避免地造成人力成本的上升，所以薪酬制度不能不受经济性的制约。薪酬水平的高低要与员工工作绩效的质量水平相对称，也就是说，人力资源的成本和收益要能够配比，而不是仅仅看绝对数量的大小。作为企业重要成本之一的员工薪酬，其经济性是必须要考虑的。

（三）员工薪酬的影响因素

影响薪酬水平的因素大致可以分为两类，即外部因素和内部因素。

1. 外部因素

（1）劳动力市场的供需关系和竞争状况。根据需求定律，如果社会上可供本组织使用的劳动力大于企业需求，则薪酬水平可降低；反之，应提高。由于劳动力市场上的供需状况不断变化，因此组织的薪酬水平也随之上下起伏。

（2）产品市场的供需关系和组织生产率水平。当产品需求上升时，报酬水平会有所提高；组织生产率上升时，员工报酬水平亦可在组织收益上升的幅度之内按一定比例提高。反之，则下降。

（3）地区及行业的特点与惯例。一般来说，当地的经济发展处在一个较高水平时，组织内员工的薪酬水平会较高；反之，则较低。由于历史的原因和现实的需要，各行业的员工对薪酬的期望是不同的。沿海与内地、基础行业与高科技新兴行业、国有大中型企业密集地与外资企业集中地等等之间的差异也是客观存在的。

（4）当地生活水平。这个因素从两个方面影响企业的薪酬政策。一方面，生活水平高了，员工对个人生活的期望也高了，无形中对组织造成一种制定较高薪酬标准的压力；另一方面，生活水平高也可能意味着物价水平的上涨，为了保证员工的生活水平至少不致恶化及购买力不致降低，组织也不得不考虑适当调整薪酬水平。

（5）国家的有关法规政策。政府的许多法规政策都影响薪酬系统，例如，对最低工资的规定、员工的所得税比例、工厂的安全卫生规定、女职工的特殊保护，以及员工的退休、养老、医疗保险等。

2. 内部因素

（1）组织的经营状况与经济实力。一般说来，资本雄厚的大公司和盈利丰厚而正处在发展上升阶段的组织，对员工的付酬较为慷慨；反之，规模较小或不景气的组织则比较节俭，所付薪酬较低。另外，组织处于不同的发展阶段，经营战略不同，盈利能力不同，所采用的薪酬政策也会受到影响。

（2）组织文化。组织的文化与企业的价值观紧密相连，因此影响薪酬系统。例如，有的组织推崇个人英雄主义，因此薪酬更注重激励性，差别很大；有的组织提倡集体主义，因此更重视薪酬的公平性，差别较小。

（3）组织内员工的特征。员工个人的能力、学历、经验、自然状况等条件也是组织制定薪酬系统的重要参考因素。能力高、学历高、经验丰富、身体健康的员工，其报酬水平自然会相应高些。当然，这也必须要与其工作绩效相联系，以其所做贡献作为报酬分配的最终标准。

（4）工会。工会是组织或行业中代表员工利益的团体，工会力量的强弱对组织或行业薪酬水平的高低也有着相当的影响，因为工会的主要职责就是保护员工的权益，而报酬是员工权益的最重要组成部分。

（四）薪酬体系的设计流程

薪酬管理作为一个持续的组织过程，企业必须不断地制订薪酬计划、拟订薪酬预算、控制薪酬成本、沟通薪酬政策，同时要对薪酬体系的有效性进行评估并不断完善。薪酬管理的核心内容是设计一个科学合理的薪酬体系，而且这个体系的设计和管理应是动态的过程，应根据企业内部、外部环境的变化随时进行调整和优化。不同企业薪酬体系设计的方法、步骤不尽相同，但一些基本的步骤是必需的。企业薪酬体系设计的基本流程如图10-8所示。

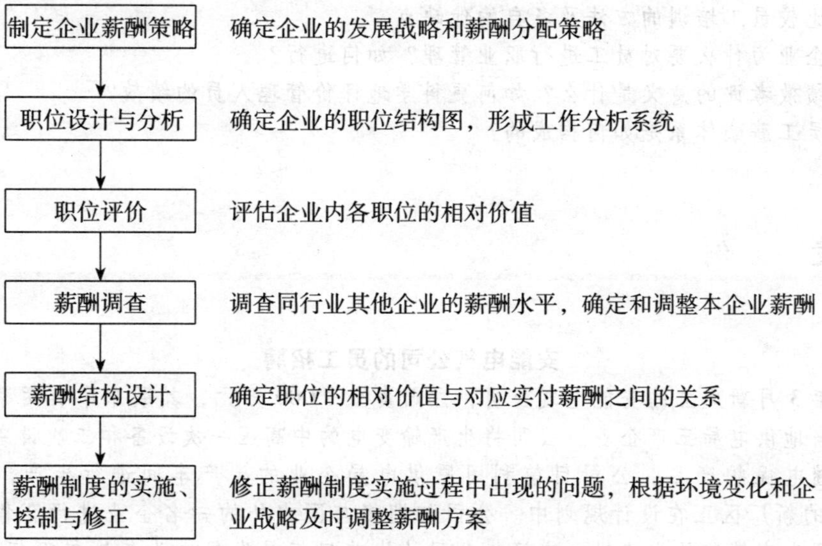

图10-8　企业薪酬体系设计流程

资料来源　林忠，金延平．人力资源管理［M］．大连：东北财经大学出版社，2009：224.

本章小结

人力资源管理是指在人本思想指导下，通过招聘、选择、培训、考评和薪酬等管理形式对组织内外相关人力资源进行有效运用，满足组织当前及未来发展的需要，保证组织目标的实现与组织成员发展的最大化。现代人力资源管理与传统人事管理的区别，不仅仅是名词的转变，两者在性质上已有了本质的差异。人力资源管理是以识人为基础、选人为先导、用人为核心、育人为动力、留人为目的的工作，其具体职能包括工作分析、人力资源规划、招聘与选拔、安置与使用、培训与发展、考核与薪酬等模块。本章对人力资源管理各个职能模块的内容、方法、步骤等都进行了详细的介绍和说明。

复习思考题

1. 如何理解人力资源管理的概念？它与传统的人事管理的区别何在？
2. 人力资源管理的5P模型的基本内容是什么？
3. 如何科学合理地制定人力资源规划？
4. 员工内部选聘与外部聘任各自的优缺点是什么？如何克服？
5. 比较员工培训的方法及各自的优缺点。
6. 企业为什么要对员工进行职业管理？如何进行？
7. 绩效考评的意义是什么？如何更科学地评价管理人员的绩效？
8. 员工薪酬体系是如何构成的？

案　　例

安能电气公司的员工招聘

某年3月新成立的安能电气公司，注册资金3 000万元，其股东中有两家为改制后的原当地供电局三产企业。公司将生产输变电的中高压一次设备和二次设备，如变电站和继电保护产品。公司目前利用原供电局企业的生产车间进行生产，其占地1 000亩的新厂区正在设计规划中。公司初期将与国内外的知名企业进行合作，采取产品代理生产销售的方式进入市场。公司的战略目标是发展成为年销售额超过10亿元，拥有自主知识产权，集研发、生产和销售为一体的全国知名的现代化电气公司，并争取上市。

目前，新公司一切都在构建当中，从公司的组织架构到公司管理制度、到厂区建设、到人员招聘。目前公司的员工只有10多人，包括总经理和4名部门经理：财务部经理、生产部经理、市场部经理和人力资源部经理，另有厂区基建的负责人以及几个部门职员。公司今年的目标是实现1.5亿元的销售额，其第一批产品计划于8月份下线生产。因此在未来的5个月内，公司管理和生产的员工人数要达到80人。摆在人力资源部经理面前的当务之急就是招聘人员。

招聘的日程安排非常紧张。目前最为急需上岗的职位是销售主管、技术支持和质量主管，其专业和行业的要求都很高，必须在5月份到岗。6月份要招聘到所有的生产线工人，7月份进行为期1个月的培训，这样才能保证8月份开始产品生产。

公司招聘的优势在于：行业前景较好，又有供电系统的背景，产品的销售有一定的保证；公司启动规模较大，有很好的发展前景，也为员工个人提供了广阔的发展空间。劣势在于：由于公司成立不久、尚未盈利，再考虑到预留员工薪酬水平的提升空间，因此当下提供的薪酬水平低于行业中实力较强的竞争对手；另外，公司的管理制度，特别是人力资源管理制度还不完善。

资料来源　伊万切维奇，赵曙明，程德俊．人力资源管理［M］．11 版．北京：机械工业出版社，2010.

思考题

1. 安能公司应该如何选择招聘渠道，不同岗位应有何差异？
2. 试为安能公司设计应聘人员的筛选程序。
3. 根据公司的现状和发展战略，为其人力资源管理工作的完善提出建议。

第十一章

领　导

本章要点与学习目标

领导是一种重要的管理职能。实践已经证明，有效的领导对于组织绩效的提高具有至关重要的影响。本章主要介绍领导的性质、人性假设理论及领导特质理论、领导行为理论、领导权变理论。通过本章的学习，要理解和掌握领导的实质、领导的作用以及有关的领导理论。

第一节 领导的性质

一、领导的含义

领导当名词用，是指实施领导的人，即领导者。斯蒂芬·罗宾斯教授认为，能够影响他人并拥有管理权力的人就是领导者。领导一词也可以作为动词使用，即领导工作、领导职能，通过该职能的行使，来促使被领导者努力地实现既定的组织目标。管理学中所研究的领导一般指后者。

关于领导的含义在管理学界有许多观点，它们各有长处与特点。其中以美国管理学家孔茨等人的观点最具有代表性。他们认为，领导是一种影响力，是对人们施加影响的艺术或过程，从而使人们心甘情愿地、满怀热情地为实现组织或群体的目标而努力。关于领导代表一种影响力的观点有3个要点：第一，它揭示了领导的本质，即影响力。这种影响力能够引导人们的行为。这里的引导，是指使人们以某种方式跟随一个特定的过程的行动。第二，它明确指出领导是一个过程，是引导人们行为的过程，不仅如此，它还是一个艺术过程。这是因为，领导者面临着千变万化的组织内外环境，特别是面对着身份不同、受教育程度不同、文化和经历背景不同的各种各样的人，这些人进入组织或群体的目的和需要各不相同，而且人们的需要、目的等都处在动态的变化之中。所以，对人的领导与其说是一种过程，不如说是一种艺术。越是高层次的领导行为，艺术的成分就越多。第三，它指出了领导的目的。领导的目的在于使人们心甘情愿地、满怀热情地为实现组织或群体的目标而努力，所以说，领导是一项目的性非常强的行为。使人们情愿地而非无奈地、热情地而非勉强地为组织或群体的目标而努力，这体现了领导工作的水平。

本书认为，领导（leading）是一种影响力，是对人们施加影响的艺术或过程，从而使人们努力地为实现组织的目标而努力。具体来说，所谓领导即一种人与人之间的交往过程，通过该过程来影响、激励和引导人们执行某项任务，以达到特定目标的一种行为。这个领导过程是由领导者、被领导者和其所处环境这3个因素所组成的复合函数，用公式表示就是：领导=F（领导者，被领导者，环境）。

二、领导的实质与领导者的角色

（一）领导的实质

领导的实质是影响力。因为这种影响力使得组织成员产生追随和服从，这种追随和服从使得领导人员在组织中的地位得以确定并使领导过程成为可能。而下属和组织的其他成员追随和服从领导者的原因，就在于这些被他们信任的领导者能够满足他们的愿望和要求。这不仅在很大程度上预示出领导与沟通、激励之间关系的发生，也揭示了领导作为一门艺术的性质。

正确把握领导的实质，还要弄清楚领导和管理的关系。领导是管理的一个职能，属于管理活动的范畴。在较平稳的时期，管理者的核心任务是维持现行的活动，他们可依靠制度、政策、规章来规范职工的活动；在加速变革的时代和动荡的环境中，领导的作用更显重要，有效的领导能指明前景，并引导组织成员共同努力去实现组织目标。管理强调的是计划和预算、组织各种资源（如人力资源和物质资源等）和控制和解决问题。领导强调的是提供方向、影响人和增强组织成员的凝聚力，以及激励与鼓舞人。

不能把领导者与管理者混为一谈，因为它们并不是完全相同的概念。领导者不一定是管理者，管理者也并不一定都是领导者。从领导的实质中我们知道领导者既存在于组织中，也存在于一定的群体中；既存在于正式组织中，也存在于非正式组织中。而管理者是组织中有一定的职位或负有一定责任的人，他存在于正式组织之中。有的管理者可以运用职权迫使人们去从事某一项工作，但不等于就是一个合格的领导者；有的人并没有正式职权，却能以个人的品质、学识等去影响他人，他是一位领导者。为了使管理工作更加有效，应该选取有一定影响力的人员来从事管理工作，也应该把每个管理者都培养成好的领导者。

（二）领导者的角色

在带领、引导和鼓舞组织成员为实现组织目标而努力的过程中，领导者要扮演以下角色：

1. 引导和指挥者

人们的集体活动中，需要有头脑清晰、胸怀全局，能高瞻远瞩、运筹帷幄的领导者帮助人们认清所处的环境和形势，给员工指明方向，指明活动的目标和达到目标的路径。领导者只有站在群众的前面，用自己的行动带领人们为实现企业的目标而努力才能真正起到引导和指挥者的作用。

2. 激励者

领导者为组织成员指明了活动的目标和达到目标的路径，但人们的组织活动中难免会遇到各种困难、挫折或不幸，或者人们所追求的某种物质的、精神的需要得不到满足时，就必然会影响工作的热情。如何使每一个职工都保持旺盛的工作热情，最大限度地调动他们的工作积极性，这就需要领导者以高超的领导艺术激发下属的事业心和献身精神，激发和鼓舞他们的斗志，发掘、充实和加强他们积极进取的动力。

3. 协调者

现代组织，是一个许多人协同工作的集体，组织虽有明确的目标，但因各人的才能、性格、作风、地位、理解能力、工作态度、进取精神等不同，再加上外部各种因素的干扰，不可避免地会出现思想上的各种分歧，在行动上偏离目标，因此就需要领导者来协调人们之间的关系和活动，把大家团结起来，朝着共同的目标前进。

总之，领导者要给予员工明确的方向，率领大家一起工作，追求共同的目标，作重大的决策，并激励下属人员等。

引导和指挥者、激励者、协调者是一般意义上的领导的角色。根据学习型组织理论，在学习型组织中，领导的工作的实质和领导者的角色都要发生新的变化，他们将专注于更奥妙、更为重要的工作。第一，在领导工作方面：领导者要引导人们进行学习，为下属学习创造机会和条件，要让组织成员不断增进了解复杂性、理清愿景和改善心智模式的能力。第二，在领导者角色方面，领导者不只是引导和指挥者、激励者、协调者等，更主要的是要成为设计师、仆人和教师[①]：

1. 领导者是设计师

彼得·圣吉在《第五项修炼》一书中这样写道：如果把组织想象成一艘游轮，而你是这艘船的领导者，你的角色是什么？圣吉曾向许多管理者提出这个问题。最常听到的回答是：船长；还有人说是：设定方向的领航员；其他的答案还有：实际控制方向的舵手、甲板下面添加火力的工程师、团体的组织者，使每个人都支持、参与和沟通。显然这些都是一般的领导者的角色，但还有一个很重要的角色，却很少有人想到它。

这个被忽略的领导者的角色就是轮船的设计师。设计师的影响力是无与伦比的。如果船长下令向右转舵30度，而设计师所设计的舵只会向左转，或花5小时才能完成转舵，船长能发挥他的功能吗？如果组织设计不良，担任这个组织的领导者必将徒劳无功。可见，设计师的角色的重要性。但是，因为设计师是属于"幕后英雄"，所以，他的贡献经常被人们所忽视。圣吉认为，领导者设计师的角色，就是设计组织的政策、策略和系统。此外，还有一项重要的工作就是整合，即把组织的各部分整合到一起，使之成为一个整体。

2. 领导者是仆人

圣吉通过"使命故事"，讲明领导者要做个人意愿的仆人，即永远忠实于自己的意愿，要为自己的意愿而奋斗。

3. 领导者是教师

领导者是教师的含义是指，作为领导者，要"教导"组织中所有的人都把目光放在焦点事件、行为变化形态、使命、系统（整体）结构这4个层次上，特别是应放在使命和系统结构这两个层次上。也就是说，作为领导者，要引导、教会组织成员朝向什么目标努力，帮助他们了解形成改变的系统力量，教会、促进每一个人学习。

三、领导的构成要素

领导者是领导工作的主体，在群体或组织中，应该能够把其他成员吸引到自己的周围，以职务、权力和责任以及自己的威望等来引导和影响别人完成组织的目标。进行领导工作时，既要讲科学也要讲艺术，领导者的领导艺术可以说至少是有四个主要组成部分的综合才能：①有效地并以负责的态度运用权力的能力；②对人在不同时间和不同情景下有不同的激励因素能够了解的能力；③鼓舞人们的能力；④以某种活动方式来形成一种有利的气氛，以引起激励并使人们响应激励的能力。由此可见，领导的构成要素有以下4个：

（一）权力

权力是构成领导的第一个要素。通过第九章中的学习我们已经知道，权力一般有两个来源，即来自于职位的职位权力和与职位无关的非职位权力。人们往往出于压力和习惯不得不服从和接受职位权力的影响；而非职位权力对人的影响是发自内心的、长远的，例如，领导者具有高尚的品德、丰富的经验、卓越的工作能力、良

---

① 圣吉．第五项修炼：学习型组织的艺术与实务［M］．郭进隆，译．上海：上海三联书店，1998.

好的人际关系、善于体贴关心他人等，不仅能完成组织目标，而且还能创造一个激励的工作环境，以满足群众的需要等等。我们已经知道与职位有关的权力通常包括强制权、奖赏权和合法权等；而与职位无关的权力通常包括专长权和表率权等。这几种不同的权力对下级所产生的影响效果和个人满意程度是不同的。管理人员要学会领导，也就应学会有效地使用各种权力，但是，职位权力不能滥用，领导者必须正确对待职权。

首先，要追求和使用积极的权力。权力按其属性可分为消极的权力和积极的权力两种。所谓消极的权力，是以个人的需要和目标为导向，一般产生消极的后果。它来源于个人的权力欲。权力欲膨胀的人，会不择手段争权夺利。这种人多的话，组织会陷入无穷无尽的争夺权力的旋涡，影响组织的正常流畅运转。以消极的权力为目标的人一旦掌权，还会为满足自己的利益而损害组织和集体的利益。积极的权力是以组织或群体进步为导向的，一般产生积极的后果，它能在组织中把个人的长处组合起来，创造一种民主的氛围，促使组织飞速发展。领导者追求和使用的是积极的还是消极的权力，是衡量他追求权力的动机和使用权力的目的是否正确的标准。作为领导者必须意识到，权力只是管理活动中的一种工具，为实现组织目标服务，而不是为个人利益服务的私人财富。

其次，不可滥用权力。滥用权力，不但会阻碍组织目标的实现，还会导致人际关系恶化、组织凝聚力下降，最终会导致领导者权力的丧失。为避免滥用权力，领导者应遵循以下使用权力的原则：不炫耀自己的权力；客观一致地使用权力，让大家知道在何时何种情况下使用权力和始终一贯遵守这种行事方式，牢记使用权力的目的是为了建立所期望的行为模式。

（二）对人有基本的了解

了解激励理论、各种激励因素和激励制度的性质固然重要，但是，针对不同的人和情境如何运用这类知识的能力却显得更重要。作为领导者，如果能懂得激励理论的现状和理解的要素，那么他也能更理解人的需要的性质和强度，也就更能界定和设计满足这类需要的方法，激发影响组织成员，以便实现组织目标。

（三）鼓舞能力

所谓鼓舞能力就是指激发和鼓舞追随者全力以赴工作的能力。这个构成要素也是很重要的。激励因素的使用似乎主要围绕着下属及其需要，而鼓舞力量则来自于群体的领导者。他们或许具有超人的魅力，能够激发起追随者的忠诚、献身精神和热情，来推动实现领导者的目标。下属接受领导者的鼓舞，不仅仅是满足自己的需要，而且是对领导者的无私的支持，鼓舞人心的领导作用越是在绝望和恐怖的境地中越能体现出来。

（四）领导者的作风和领导者所营造的组织气氛

良好的工作作风和组织气氛是领导构成的又一个要素。领导者的一个主要任务就是设计和保持一种优良的工作环境。由于人们一般是追随那些他们认为有助于达到个人目标的人，因此，领导者越是了解什么最能激励其下属，这些激励因素如何发挥作用，并把这些认识体现在管理活动中，那他们就越能成为有效的领导者。

四、领导工作的作用

领导就是要通过指挥、带领、引导和鼓励组织成员，来实现组织的既定目标，因此，领导工作具有指挥、协调、激励、沟通的作用。

（一）指挥作用

有效的领导者具有很好的概念能力，能够敏锐洞察外部环境的变化，合理使用组织的内部资源，制订组织的战略，并帮助组织成员认清所处的环境和形势，为组织成员指明组织的目标和达到目标的路径。

（二）协调作用

在组织目标实现的过程中，组织内部的各个单位之间、组织成员之间因内外各种因素的干扰，经常会出现各种矛盾和冲突，使得组织活动出现偏离目标的状况，这就需要领导者来协调各方面的关系和行动。一个善于协调的领导者总能让自己的工作顺畅、有序地进行，并同时获得上级的支持、同级的配合、下级的拥护，使自己的领导工作更加有效，带领组织成员朝着共同的目标前进。

（三）激励作用

人是组织中最主要的因素，组织成员是由具有不同的需求、欲望和态度的个体所组成的。尽管绝大多数人都有积极工作的愿望和热情，但是有时候愿望不一定能转化成积极的行动，热情也不一定能长久保留。这就需要领导者运用科学的激励方法，把人们的精力引向组织的目标，充分调动组织成员的力量，使他们满腔热忱地投入到工作当中去，热情地、满怀信心地为实现目标作出贡献，并使他们把自己与组织紧紧联系在一起，从而始终保持高昂的士气。

（四）沟通作用

有效的沟通是组织实现既定目标的保证。由于各种障碍的存在，经常使组织出现沟通不畅的情况，影响了组织工作的效率。领导者是组织的各级首脑和联络者，在沟通过程中发挥着重要的作用。有效的领导工作能够起到上情下达的作用，消除一切有碍沟通的障碍，使组织成员之间相互信任、相互了解，保证管理决策和管理活动顺利进行。

第二节 人性假设及有关理论

一、人性假设理论

领导者为了有效地影响个人或群体达到组织的目标，就要运用他所具有的权力，但是，对于不同的人权力的利用方式应该是不一样的。为了研究各种领导方式的效果，必须以人性的研究为基础。关于人性假设的理论很多，归纳起来有4种，即经济人假设、社会人假设、自我实现人假设和复杂人假设。

（一）经济人假设

这种观点认为，组织中人的行为的目的是追求自身利益，工作动机是为了获得经济报酬，人的行为主要是由经济因素推动和激发的，个人在组织中处于被动的、受控制的地位。这是对人性的一种早期的、传统的认识。在这样的认识下，管理者激励下属的主要手段就是“胡萝卜加大棒”，即运用奖励和惩罚的手段来激发和诱导人们按组织或管理者所期望的方式来行事，作出组织或管理者所要求的行为。需要指出的是，亚当·斯密最先提出了经济人假设的思想，泰罗则把经济人假设作为其科学管理体系的基石，他的一切管理制度，都着眼于如何根据工人的劳动量给予恰当的报酬。

（二）社会人假设

这种观点认为人不只是为经济利益而存在，而且有社会方面的需求，即人是“社会人”。所谓社会人是指人在进行工作时，将物质利益看成次要的因素，人们更重视的是和周围人的友好相处，满足社会和归属的需要。把人看做社会人是根据霍桑试验提出来的，是一种初期的人际关系论的思想。其基本内容为：交往的需要是人们行为的主要动机，也是人与人的关系形成整体感的主要因素。如果工人在企业、家庭、社会中与他人关系不协调，其工作情绪就会受影响。因此，管理者应重视工人在社会交往方面的需要，应当满足职工归属、交往和友谊的需要，工人的效率随着管理人员满足他们社会需要的程度的增加而提高，管理者应该关心和体贴下属，重视人们之间的社会交往关系，通过培养和形成组织成员的归属感来调动人的积极性，以此促进生产率的提高。应该说社会人假设比经济人假设更贴近组织中员工的心理现状。

（三）自我实现人假设

这种观点认为，人除了有社会交往需要外，还有充分发挥自己能力等多种不同层次的需求，具有自我激励、自我指导和自我控制的特征，人们要求提高自己和发展自己，期望获取个人的成功。因此，管理者的任务就是把人当作宝贵的资源来看待，通过提供富有挑战性的工作，使人的个性不断成熟并体验到工作的内在激励。而一旦工作被设计得富有意义、具有吸引力，足够引起人们的成就感，那么按照自我实现人假设，人就可以在高强度的自我激励之下，不需要借助其他外来的激励，自动、自愿地将自己的才能发挥出来，为组织作出贡献。

（四）复杂人假设

上述3种假设对人的本性的看法过于简单化和一般化，其实人性是复杂多变的。复杂人假设是20世纪60年代末70年代初以后出现的一种体现权变思想的人性观。这种观点认为，现实组织中存在着各种各样的人，不能把所有的人都简单化和一般化地归类为经济人、社会人或自我实现人。相反应该看到人是千差万别的、不同的人，以及同一个人在不同的场合会表现出不同的动机和需要。因此，管理者对个人进行激励的措施和领导方式也应该力图灵活多样，做到因人、因问题和因环境等的不同而采取相应的策略。

二、从X理论和Y理论到K理论

对人性不同的看法和假设，引出了各种管理理论和方法。著名的X理论和Y理论是关于人的本性的另一种观点，即从考察管理者和其他人关系这一基本问题着手来探讨领导行为，在此基础上，后人又对X理论和Y理论作了检验和修正，并发展出一些新理论，如Z理论、超Y理论、S理论、K理论等。

(一) X 理论和 Y 理论

著名的 X 理论和 Y 理论是由在美国哈佛大学和麻省理工学院长期从事心理学与科研工作的教授道格拉斯·麦格雷格（Douglas M. McGregor）提出的。他围绕人的本性论述了人类行为的规律及其对管理的影响。

麦格雷格把传统的观点称做 X 理论。X 理论认为：①人生而好逸恶劳，所以常常逃避工作；②人生而不求进取，不愿负责，宁愿听命于人；③人生而以我为中心，漠视组织的需要；④人习惯于保守，反对改革，把个人安全看得高于一切；⑤只有少数人才具有解决问题所需的想象力和创造力；⑥缺乏理性，易于受骗，随时被煽动者当做挑拨是非的对象，作出一些不适宜的行为。

X 理论实际是以悲观、否定的观点来看待人，把人放在被动的位置上进行严密控制，认为严格管理能出效益。实际上，这种对工人严加监督和控制的方式，体现在泰罗科学管理思想的奉行者及其以前的传统的管理方法上。然而在物质条件已经改善、人的基本的生理需求已经获得满足、工作环境已经有较大改进的现代社会中，再用 X 理论对待人并施以严格的管理，显然就难以收到预期的效果，于是麦格雷格又提出与 X 理论相反的假设，即 Y 理论。

Y 理论认为：①人并非天生懒惰，要求工作是人的本能，人们从事体力和脑力工作如同游戏和休息一样自然；②一般人在适当的鼓励下，能接受而且能够承担责任；③外力的控制与惩罚，并不是唯一使人朝向组织目标而努力的方法，只要管理适当，人们就会把个人目标与组织目标统一起来；④个人目标与组织目标的统一，使人们对组织目标有了承诺，他就能运用自我指导和自我控制来使两者协调；⑤所谓承诺，与达到目标后获得的报酬直接相关，它是达成目标的报酬的函数；⑥一般人都具有相当高的解决各项问题的想象力和创造力，只是一般人的智力潜能往往只有部分发挥，没有得到充分的利用。

Y 理论实际是以积极的态度来看待人，注意发挥人的主观能动作用。基于这种对人性的乐观的认识，持有 Y 理论的管理者就倾向于在管理工作中实行以人为中心的、宽容的、民主的管理方式，以使员工个人目标同组织目标很好地结合起来，并为员工发挥其智慧和潜能创造有利的条件。Y 理论实际与民主的管理方式或领导方式相对应。

麦格雷格认为，Y 理论是管理人员应坚持的哲学，他指出，按 X 理论来进行管理的传统方式，需要向体现 Y 理论观点的新模式转变。需要指出的是，尽管麦格雷格认为管理方式应向新模式转变，但他并不是否定 X 理论，不是说 X 理论和 Y 理论哪一个绝对正确或哪一个绝对错误，一切取决于管理对象和环境的特点。

(二) 超 Y 理论

根据麦格雷格的研究，显然 Y 理论优于 X 理论，但通过验证人们发现 Y 理论不一定处处比 X 理论优越，无论组织采用的是 X 理论还是 Y 理论，其效率都有高与低。人们认识到，组织中有效的领导方式应该因组织成员的素质而定。管理学家莫尔斯（John J. Morse）和洛希（Jay W. Lorsch）试图以“超 Y 理论”来回答这个问题。超 Y 理论的主要内容如下：

(1) 人们加入组织的需要和目的是不同的。有人需要明确的规章制度，不喜欢参与决定和承担责任；有人却不怕承担更多的责任，需要有更多的发挥个人创造性的机会。

(2) 组织的目标、工作性质、员工的素质等影响组织的结构和管理方式。所以应采取权变的方式确定组织结构和管理层次、员工的培训和工作分配、工资报酬和控制程度等，使之与工作性质和员工素质相适应。

(3) 要使工作性质与从事工作的人们的需要相结合，采取适当的组织形式和领导方式。

(4) 一个目标达到后，会激起员工的胜任感和满足感，激发他们为达到新的更高的目标而努力。

(三) Z 理论

1981 年，日裔美籍教授威廉·大内（William Ouchi）把美国型的企业组织和日本型的企业组织做了对比，综合美、日企业的长处后设计了所谓 Z 型企业组织模型，并相应地提出了"Z 理论"。其基本出发点是，以前的理论都是假设管理部门和员工分离，甚至对立这一前提提出的，而 Z 理论则认为企业管理当局同员工的利益是一致的，所以能把两者的积极性融为一体，其理论要点如下：

(1) 采取长期雇佣制度。虽无正式规定，但基本上是终身雇佣或至少是长期的，当企业不景气时，可以通过减少员工工作时间、削减奖金津贴等来渡过难关，一般不解雇员工，使得员工职业有基本的保障，员工流动率也低。

(2) 缓慢地评价和提升制度。经过长时间的考察，对员工作出全面的评价，再予以提升，而不是仓促地对员工的工作表现及业务能力作出评价，目的是培养员工的长期观点和协作态度。

(3) 扩大职业发展道路。培养员工"一专多能"，即掌握必要的专业知识和技能，又注意多方面的能力培养。

(4) 含蓄的控制机制。建设高度一致的企业文化，利用集体的压力等非正式控制，但检测手段明确而又正规。

(5) 集体参与决策。在作重大决策前，鼓励一线员工提出建议和不同意见，经过反复协商、统一思想后，才由上级作出决定。

(6) 分工负责制。每人都有明确的职责分工，自觉对集体作出的决定负责。

(7) 全面关心员工，建立上下级之间的融洽的关系，强调通过员工参与管理来提高生产率，改善工作及生活品质。

(四) S 理论

1982 年，美国又有两位管理学家理查德·帕斯卡尔和安东尼·阿索斯撰写了《日本的管理艺术》一书，书中提出了所谓的"S 理论"，主张在"Z 理论"基础上进行改组，通过 7 个"S"求得协调一致。它们分别是：

(1) 主动灵活的战略（strategy）。

(2) 既集中又分散的组织结构（structure）。

(3) 务实的管理制度（system）。

(4) 实事求是的企业风格（style）。

(5) 同心同德的全体成员（staff）。

(6) 全面发展的才能 (skill)。

(7) 作为精神价值准则的崇高目标 (spirituality)。

以上7方面的因素中，战略、结构和制度被称为“硬”因素，而才能、风格、成员和崇高目标则为“软”因素，企业主管应抓好这7个方面的因素，使之配合融洽，形成一个强有力的网络。

(五) K理论

汤姆·彼得斯和鲍勃·沃特曼的《追求卓越》于1982年问世，在企业界引起了轰动。该书探讨和总结了美国杰出公司的成功经验，再次强调了管理中人的因素的重要性，冲击了一些传统的管理观念。《追求卓越》一书在世界上也引起了广泛的反响，并由此派生出许多“卓越”理论。K理论即是从该书派生出的一种新理论。

K理论是新西兰的4位学者——克尔·英克森 (Kerr Inkson)、布赖恩·亨谢尔 (Brian Henshall)、尼克·马奇 (Nick Marsh) 和吉尔·埃莉丝 (Gill Ellis) 共同提出的。K理论的“K”字取义于KIWI (新西兰的国鸟)。作者调查了新西兰的一些优秀公司，总结出了导致企业成功的8个“K因素”，并形象地用图来表示 (如图11-1所示)。

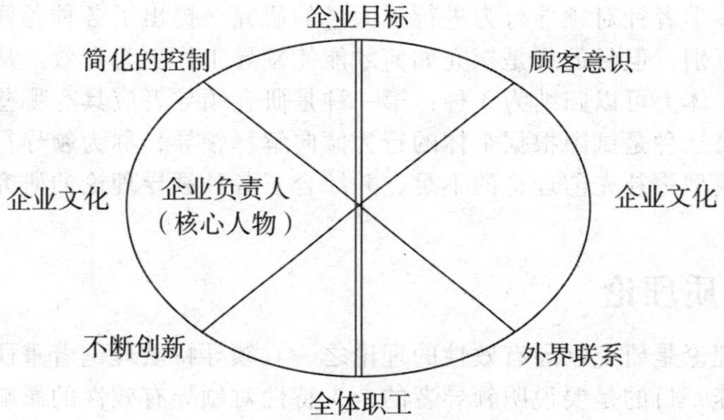

图11-1 K理论示意图①

图11-1以两个背靠背的大K及外围加上一个圈构成，8个因素选用字的首字母都发“K”音，以便于记忆，并使复杂的因素简化。中心的K因素主要是指企业中的核心人物 (key holder)，即企业中的主管人员。在成功的企业中，核心人物或主要负责人都具有成功领导人的个人特性，往往成为企业的有形象征，影响他人自觉地为实现企业的目标而努力。核心人物的战略眼光或公司的发展方向应转化为明确的目标。作者用风筝 (kite) 一字来代表企业目标，以示众目注视的中心。在核心人物之下是企业的全体职工，他们执行和实施着组织的日常活动和工作，他们必须团结一致热情地支持核心人物去达到目标，目标、核心人物和全体职工组成了K理论模型的轴心，并构成了两个背对背大K字的主干。其他因素在它们周围分为两类，公司的外部环境和内部机制。外部环境又由两大要素构成，外界的联系交往 (contact) 和顾客意识

① 周临健. 管理学教程 [M]. 上海：上海财经大学出版社，2001：264.

(customer consciousness)，即用户至上的观念。这两个因素和核心人物相连，即与主干组成了一个大的 K 字。另两个由内部机制引出的因素，是企业全体成员用以对外部威胁和机会作出反应的必要手段。通过不断地关注和研究外部环境，促使企业不断创新（continuous innovation），创造出新的产品和新的战略。另外，控制系统也是必不可少的，但它们不能抑制主动性和创造发明。在有效的组织中，这些系统特别简明，所以用简化的控制（keep-it-simple-control）来表示这一因素。这样，内部机制的两个因素又和主干组成了一个反向的大 K 字。由于成功的企业往往都隐含一个强有力的企业文化，如价值观、英雄人物、习俗仪式和文化网络等，并贯穿于其他各因素，所以模型外围对内外因素用一线相连，它代表了企业文化（culture）。

K 理论的作者认为，K 理论是一种行之有效、简明易懂的思想，所有组织都能学习与领会。该理论没有冗长的论证，但由于高度概括了前人的各种管理思想，并作了清晰和强有力的说理，因此有人认为该理论更为新颖，使人更信服。

第三节　领导特质理论

国内外很多学者针对领导行为进行了大量的研究，提出了各种各样的理论。尽管这些理论千差万别，但目的都是探究如何才能使领导工作更为有效。从研究的角度来看，这些理论大体上可以归纳为 3 种：第一种是研究领导者应具有哪些人格特征的领导特质理论；第二种是试图根据个体的行为倾向解释领导，称为领导行为理论；第三种是运用权变模型弥补先前理论的不足，并综合了各种领导理论的研究成果，称为领导情境理论。

一、领导特质理论

领导特质理论是研究领导有效性的理论之一。领导特质理论着重研究领导者的品行、素质、修养，目的是要说明领导者的个人特性对领导有效性的影响。

对领导特质的研究最初是由心理学家开始的。他们的出发点是，根据领导效果的好坏，找出好的领导者与差的领导者在个人品质或特性方面有哪些差异，由此确定优秀的领导者应具备的素质。研究者认为，只要找出成功领导者应具备的特点，再考察某个组织中的领导者是否具备这些特点，就能断定他是不是一个优秀的领导者。这种归纳分析法是领导特质理论研究的基本方法。

领导特质理论按其对领导特性来源所作的不同解释，可分为传统领导特质理论和现代领导特质理论。传统特质理论认为，领导者所具有的品质是天生的，是由遗传因素决定的，而不是后天培养的，他们具有一种超凡的神授能力与魅力。这就是所谓的伟人论或天才论。现代领导特质理论则认为领导者的品质与特性是在实践中形成的，是可以通过教育、训练培养的。

二、对伟人论的否定

伟人论认为成功的领导者是天生的，领导者特性是生而具有的，他们和普通的人有很大的差别，只有这些与众不同的人才能发挥杰出的领导作用。因此，其研究重点在于确认天才领导者所具有的个性特征。为了尽早发现那些天生就注定能成为领导者的人，很多心理学家寻找一些成功的领导者和不成功的领导者进行研究，目的是要找出天才的领导者所具有的特性。研究者把一些重大的政治、经济、社会变革，都与伟人联系在起来，认为历史仅是伟大人物的传说。当代的研究者不仅对历史人物详加研究，还把重点放在一些大企业的领导者身上，介绍他们的身世、事业、个性，试图辨析他们在身体与精神上的先天内在品质。这类文献分为两大类：一类是主要介绍管理人员的家庭、教育、社交、事业、个性等；另一类属于对个别管理人员的案例研究。

现代特质论对伟人论是持否定态度的，认为伟人论的研究是与事实不符的。研究者认为，先天的素质只是人的心理发展的生理条件，它是可以在社会实践中得以培养与发展的。因此，现代特质论主要是从满足实际工作需要和胜任领导工作所需的要求方面来研究领导者应具有的能力、修养、个性等。

德鲁克也认为，一般而言，管理者都具有很好的智力、想象力和知识水准，但是一个人的有效性，与他的智力、想象力之间，几乎没太大的关联。有才能的人往往最为无效，因为他们没有领略到才能本身并不就是成就。他们不知道，一个人的才能，唯有透过有条理、有系统的工作，才能最为有效。所以，德鲁克认为，有效性是一种后天的习惯，是一系列实践的综合。领导才能是一种成就，是通过努力达到的，而不是与生俱来的。每一位渴望成为领导者的有志者和每一位希望提高自身领导水平的领导者，都可以结合自己的下属情况与环境态势，在上述的各种领导者特性理论中找到最有同感的那几条，把它们作为目标，引导自身素质的不断完善。虽然改变自身的身体、智力、个性和社会等特性非常困难，但是你迈出一步，就离理想的领导境界近了一步。

三、国外学者对领导者应具有的素质的研究

20世纪70年代以来，有关领导者应具备的素质，国外学者进行了大量的研究。各种研究，因为角度不同，得出的结论也包罗万象，各有特色，甚至相互矛盾。下面简单介绍几种研究结果。

（一）斯托格第的观点

斯托格第（R. M. Stogdill）通过调查，总结出领导者的品格包括：

（1）5种身体特征，如精力、外貌、身高、年龄、体重等。

（2）两种社会性特征，如社会经济地位、学历等。

（3）4种智力特征，如果断性、说话流利、知识广博、判断分析能力等。

（4）16种个性特征，如适应性、进取心、热心、自信、独立性、外向、机警、支配、有主见、急性、慢性、见解独到、情绪稳定、作风民主、不随波逐流、智慧等。

（5）6种与工作有关的特征，如责任感、事业心、毅力、首创性、坚持、对人的关心等。

（6）9种社交特征，如能力、合作、声誉、人际关系、老练程度、正直、诚实、权力的需要、与人共事的技巧等。

（二）鲍莫尔的观点

美国普林斯顿大学的鲍莫尔（W. J. Baumol）提出了作为一个企业家应具备以下十个条件：合作精神、决策能力、组织能力、精于授权、善于应变、敢于求新、勇于负责、敢担风险、尊重他人和品德高尚。

（三）皮奥特维斯基和罗克的观点

在皮奥特维斯基（Piotwisky）和罗克（Robe）两位管理学家1963年出版的一本名为《经理标尺：一种选择高层管理人员》的著作中，对成功领导者的个人特性列举如下：

（1）能与各种人士就广泛的题目进行交谈的能力。

（2）在工作中既能"动若脱兔"地行动，又能"静若处子"地思考问题。

（3）关心世界局势，对周围生活中发生的事也感兴趣。

（4）在处于孤立环境和困难局势时充满自信。

（5）待人处事机巧灵敏，而在必要时也能强迫人们拼命工作。

（6）在不同的情况下根据需要，有时幽默灵活，有时庄重威严。

（7）既能处理具体问题，也能处理抽象问题。

（8）既有创造力，又愿意遵循惯例。

（9）能顺应形势，知道什么时候该冒险，什么时候谋求安全。

（10）做决定时有信心，征求意见时谦虚。

（四）德鲁克的观点

美国管理学家德鲁克（P. Drucker）在《有效的管理者》一书中指出了5种有效领导者的特性，并指出它们是可以通过学习掌握的，这5种特征包括：

（1）知道时间该花在什么地方，领导者支配时间常属于被动地位，所以有效的领导者都善于系统地安排与利用时间。

（2）致力于最终的贡献，他们不是为工作而工作，而是为成果而工作。

（3）重视发挥自己的、同事的、上级的和下级的长处。

（4）集中精力于关键领域，确立优先次序，做好最重要的和最基本的工作。

（5）能作出切实有效的决定。

四、我国学者对领导者素质的研究

我国学者从20世纪80年代初开始，也对领导者的素质进行了一系列的研究，许多专家学者都撰写文章，提出领导者应具备的素质。概括起来，领导者应具备以下四方面的素质：

（一）精神素质

作为一个组织的领导者，应具备良好的精神品质和工作作风。具体地说，就是要具有强烈的事业心和责任感；要有创新精神、拼搏精神、奉献精神；要有竞争意识、人才观念、效益观念；要具有良好的生活作风，遵纪守法，品行端正，不搞特殊化等。

（二）知识素质

作为一名领导者，在从事管理工作的时候，面对的是各种各样的人和复杂的工作，而人和管理工作都具有很多不确定性，涉及多方面的知识，这就要求领导者具有广博的知识，要求掌握有关法规和政策，具备经济和管理知识以及心理学、社会学、领导学及某些必备的科技专业知识。对于不同层次的领导人在知识方面的要求是不同的，越是高层次的领导人，知识面要求就越要宽。

（三）能力素质

能力在领导者素质中占有重要地位，一个人能否成为优秀的领导者，除了精神素质外，主要取决于其能力。能力来源于学习、实践和经验。作为领导者，起码应具有良好的决策能力、与人共事能力、识人用人能力和较强的自我控制能力。

（四）身体素质

领导者要体魄强健，精力充沛，能够负荷繁忙的工作。

有人认为，领导特质理论不是一种研究领导的好方法，因为并非所有成功的领导者都具备上述特质理论所描述的品质，而且许多非领导者可能具备上述的大部分甚至全部品质，而且几乎没有一种品质是所有领导者所共有的。所以，领导特质理论无法指出哪些素质是领导者必需的，而且也无法对各种品质的相对重要程度作出评价。各研究者所列的领导者特性，大都是描述性的，并没有说明领导者应在多大程度上具有某种品质，并且，各种领导特质理论所显示的结果相当不一致，这是因为领导特质理论忽略了被领导者和环境的作用，事实上，一个领导者作用发挥得如何，与被领导者、环境有很大的关系。把领导活动割裂在被领导者因素和环境因素之外，仅从领导者自身研究，就会产生相互重叠甚至相互矛盾的结果。尽管如此，这些理论并非一无用处，一些研究表明了个人品质与领导有效性之间确实存在着相互联系。此外，领导特质理论系统地分析了领导者应具备的条件，向领导者提出了要求和希望，这对于我们培养、选择和考核领导者也是有帮助的。

第四节　领导行为理论

由于运用特质理论未能更好地描述领导的本质究竟是什么，也没有揭示领导者的个人特性对领导有效性的影响如何，于是，研究者的目光就转向了领导者的行为身上，试图从揭示领导者的行为是否有什么独特之处来更深刻地认识领导者和领导工作，领导行为理论应运而生。领导行为理论认为，作为一个领导者是否成功，最重要的不是领导者个人的性格特性，而是领导者采用什么领导方式，形成怎样的领导作风，领导者具体怎么做。这里简单介绍几种最具代表性的理论。

一、三种典型的领导方式

关于领导行为的研究最早是由德国心理学家勒温（P. Lewin）进行的，他以权力定位为基本变量，通过试验研究不同的领导方式对下属群体行为的影响，他认为存在着3种极端的领导方式，即专制型、民主型、放任型，勒温提出的这3种典型领导方式也被称做勒温模式。

（一）专制型领导方式

专制型领导方式是靠权力和强制命令让人服从的领导方式，它把权力定位于领导者个人手中。其主要特点是：独断专行，所有的决策由领导者自己作出，从不考虑别人的意见；领导者亲自设计工作计划、指定工作内容和进行人事安排，下属没有参与决策的机会，只能察言观色、奉命行事；主要靠行政命令、纪律约束、训斥和惩罚进行管理，只有偶尔的奖励；领导者很少参加群体活动，与下属保持一定的心理距离，没有感情交流。

（二）民主型领导方式

民主型领导方式是指以理服人、以身作则的领导方式，它把权力定位于群体。其主要特点是：领导者总是将拟采取的行动和决定与下属商量，并且鼓励他们参与管理；所有的政策是在领导者的鼓励协助下由群体讨论决定的；分配工作时尽量照顾到个人的能力、兴趣，安排下属工作时给予较大的自由度、较多的选择性和灵活性；主要以非正式权力和威信，而不是靠职位权力和命令使人服从进行管理；领导者积极参与团体活动，与下属无任何心理上的距离，沟通顺畅。

（三）放任型领导方式

采用放任型领导方式的领导者极少运用自己的权力。其主要特点是：对组织成员的工作基本上是事先无布置，事后无检查；权力定位于组织中的每一个成员；他们给予下级从事业务活动的高度的独立性，让下级设置自己的目标和实现目标的方法；领导者的作用主要在于为下属提供信息和做好与外界的联系工作，即为下属的工作创造有利条件。

勒温认为在实际工作中，3 种极端的领导方式并不常见，大量的领导人采纳的往往是处于极端类型之间的混合型领导方式。

为了分析不同领导方式对群体成员所产生的影响，勒温于 1939 年进行了不同领导方式对群体影响的实验。他把一群 10 岁的儿童分成 3 个小组，由 3 个经过专门训练、代表 3 种典型的领导方式的成人轮流在各小组担任领导，组织儿童从事制作面具的活动。实验结果表明，3 种不同的领导方式对群体产生的影响差别很大。放任型领导方式工作效率最低，只达到社交目标而完不成工作目标，产品的数量和质量都很差。专制型领导方式，虽然通过严格的管理，使群体达到了工作目标，但群体成员没有责任感，情绪消极，士气低落，争吵较多。民主型领导方式的工作效率最高，他所领导的群体不但达到了工作目标，而且达到了社交目标，儿童们表现得很生动、很成熟，并显示出较高的积极性。

勒温的实验研究虽然带有很大的人为性，但他首先以权力定位为基本变量，对领导方式进行了分类，并提出了不同领导方式对群体产生的不同影响，为后人进行领导心理的研究、选择理想的领导方式提供了一定的依据，开辟了一条新的途径，具有一定的积极意义，但是究竟哪一种领导方式最理想，并没有最后的结论。

二、领导行为连续统一体理论

在人类历史上，记载了领导人的各种不同的领导行为方式，从强制、威胁和要求到花言巧语、恳求、贿赂和乞讨，从彻底的独裁到完全的民主，各种领导行为形成了一个连续统一体（continuum）。该理论的代表人物是美国学者坦南鲍姆（R. Tannenbaum）与施密特（W. H. Schmidt）。他们在 1958 年发表的《怎样选择一种领导模式》一文中，提出了领导行为连续统一体理论。他们把领导行为视作一条连续带，如图 11-2 所示。

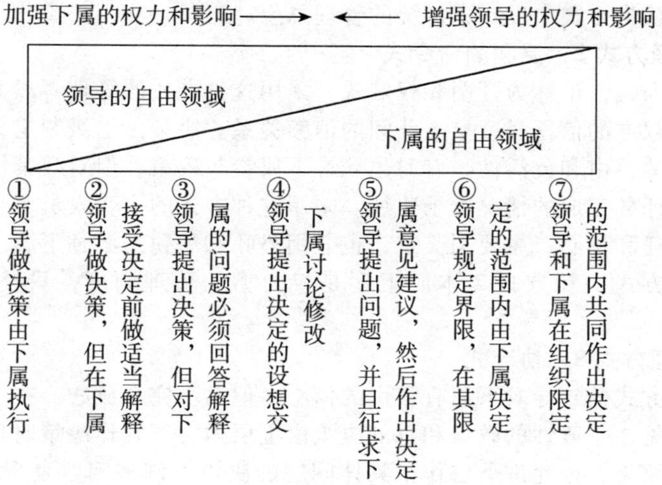

图 11-2 领导行为连续统一体

坦南鲍姆和施密特认为，民主与独裁仅是两个极端的情况，这两者中间还存在着许多种领导行为，图 11-2 列举了 7 种有代表性的领导方式，这些方式构成了领导行为的连续统一体。从左至右，领导人员运用职权的程度渐减，而部属享有的自由度渐增。左端是独裁的领导行为，这种领导人通常自己决定一切政策，严密控制部属，只告诉人们工作所需的事项。反之，右端是民主的领导行为，采用这种领导方式的管理者，允许部属发表意见，对部属控制宽松，鼓励部属回馈信息。

领导行为连续统一体理论对于管理的意义在于他可以帮助管理者判别自己的领导风格，启发管理者根据具体情况对其行为进行不同的选择。虽然不能断然决定哪一种模式是最好的领导行为模式，但可参考以下因素去选择：①领导者本身因素，包括价值观、对下属的信任程度、个性等；②被领导者素质，包括工作责任感、工作独立性、理解问题的能力、工作经历等；③其他因素，如组织结构、组织计划、工作性质等等。只有对上述各种因素进行综合考虑，才能在领导行为连续统一体中选择与具体情况相适宜的领导方式。

三、利克特模型

美国密歇根大学社会研究所前所长伦西斯·利克特（Rensis Likert）等在对领导行为连续统一体理论做了进一步的推演后，提出了领导的四种基本行为方式。他们以数百个组织机构为对象，对领导人员的领导类型和作风做了长达 30 年之久的研究，认为在所有管理工作中，对人的领导是最重要的中心工作。为此，他们提出了四种领导方式，也称做利克特模型。

（一）管理方式 1：专权命令式

专权命令式，也称为压榨和权威式，采用这种方式的主管人员非常专制，对下属很少信任。所有决策由管理者自己制定，他决定做什么，由谁去做，如何做以及何时完成。下属的意见也很难与上级沟通。下属如不能按指令完成任务，将会受到威胁及惩罚。利克特认为方式 1 反映了传统的管理思想。

（二）管理方式 2：温和的命令式

温和的命令式，也称为开明和权威式，采用这种方式的管理者以家长式的恩赐态度对待下属，双方的信任程度呈主仆间的信赖关系。决策由上级制定，但下属在执行中有不同程度的自由和灵活性，有时也允许下属参与决策，但对政策性的控制绝不放手，根据下属任务完成的情况给予奖惩。采用这种方式的主管人员对下级抱有一种屈尊就教式的信任和信心，主要用奖赏，也兼用恐吓和惩罚来激励下属。

实际上，方式 1 和方式 2 本质上还是权力型的管理制度，只是在程度上有所差别。

（三）管理方式 3：协商式

采用这种方式的领导对下属有很大的信心，但又不完全放心。在工作中下属可较自由地发表意见，一般性的政策和总的决策由上层做，领导作决策时也设法积极采用下级的看法和意见，也允许下层作出具体问题的决策，许多问题是采取协商的态度。他们的思想沟通方法是双向的。在奖惩方面，管理当局以奖励为主，惩罚则偶尔用之。

（四）管理方式 4：集体参与式

这是最富于参与性的管理方式。在这种领导方式中，管理者对下属在一切事务上都抱有充分的信任，上下级处于平等地位，共同协商讨论问题，下级广泛参与重大决策过程。例如，在确定目标和评价所取得的进展方面，让群众参与其事，并给予物质奖励。这种方式的领导者使上下级和同级之间信息畅通，鼓励各级组织作出决策。

所谓参与管理包含 3 方面含义：①管理人员要创造条件让员工真正体验到自己受到上级和各方面的支持，认识到自己的价值。也就是说，领导必须拿出行动和事实来，使职工体会并感受到领导的支持和重视。这也就是利克特论及的“支持关系理论”。②应用集体决策和集体监督。一个完整的组织，应由一系列群体交叉重叠组成，以各群体为单位开展工作。各群体单位的领导是上一级群体单位的成员，即由各级管理人员担任各群体间的联系。此概念即所谓“连针理论”（linking-pin theory）。③为组织树立高标准的目标。一个组织的领导及其成员都要有高标准的志向，确立高标准的目标，并通过目标的实现过程来满足组织成员个人的需要，利克特认为参与管理方式效率最高。

选择恰当的管理方式是很重要的。根据有关领导的研究成果，有较多人喜欢采用管理方式 3、4，人们似乎在管理方式 3、4 下工作得更好。

利克特的调查研究发现：①一个部门领导在管理工作中如果不仅关心员工的工作，而且还关心其需要和愿望等，则该部门的生产率愈高；反之，如果领导主要关心员工的工作，而较少考虑员工的需要和愿望等，则该部门生产率愈低。②一部门领导注意向下授权，倾听下属意见，并让他们适当参与决策，该部门的生产效率就高；反之，愈是专权独裁，则生产效率就愈低。③一部门领导与员工接触愈频繁，则生产率愈高；同员工接触时间愈少，则生产率愈低。

四、二维理论

20 世纪 40 年代起，美国俄亥俄州州立大学工商企业研究所发起了对领导行为研究的热潮。在斯托迪尔和沙特尔等对大型组织的领导行为做了一系列深入研究，他们用高度概括的方法，通过对 1 000 多种描述领导行为的因素进行筛选，最后将领导行为的内容归纳为两个方面，即以人为重还是以工作为重。

以人为重，是指领导者注重建立与被领导者之间的友谊、尊重和信任的关系，关心并考虑下属的意见和感情，包括尊重下属的意见，给下属以较多的工作自主权，通过参与管理来调动人的积极性。这种领导方式的管理者体察下属的思想感情，注意满足下属的需要，平易近人，平等待人，关心群众，作风民主。

以工作为重，是指领导者往往过多重视的是工作的技术、任务的完成，他们主要关心的是任务目标的完成情况，而组织成员则被视为达到目标的工具。如领导者建立明确的组织模式、意见交流渠道、工作程序和制度，明确上下级的职责、权力和相互关系，严格要求下属，确保其努力工作，实现组织目标。

（一）领导行为四分图理论

以人为重和以工作为重两种不同的领导方式常常同时存在，只是强调的侧重点不同，两者互相结合可形成四种基本领导方式，即领导行为四分图，如图 11-3 所示。

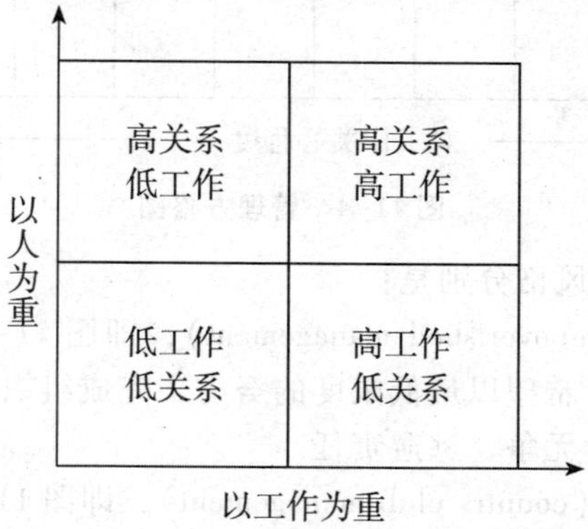

图 11-3　领导行为四分图

该项研究的研究者认为，以人为重和以工作为重这两种领导方式不应是相互矛盾、相互排斥的，而应是相互联系的，一个领导者只有把这两者相互结合起来，才能进行有效的领导。一位管理者可能是高工作兼高关系，也可能是低工作兼低关系，或此高彼低。领导行为是这两类行为的具体结合。一个两方面都高的领导人，其工作效率及领导有效性必然较高。用四分图研究领导行为是从两个角度考察领导方式的首次尝试，为研究领导行为指出了一个新的途径。

（二）管理方格理论

在俄亥俄州州立大学提出的领导行为四分图的基础上，美国得克萨斯州州立大学心理学家布莱克（R. Blake）和莫顿（S. Mouton）于 1964 年提出了管理方格理论。他们用一张九等分的方格图组成一个两维矩阵。横坐标表示管理者对工作的关心程度，纵坐标表示对人的关心程度。纵横共组成 81 个小方格，每一小方格代表一种领导方式，其中有 5 种典型的领导风格，如图 11-4 所示。

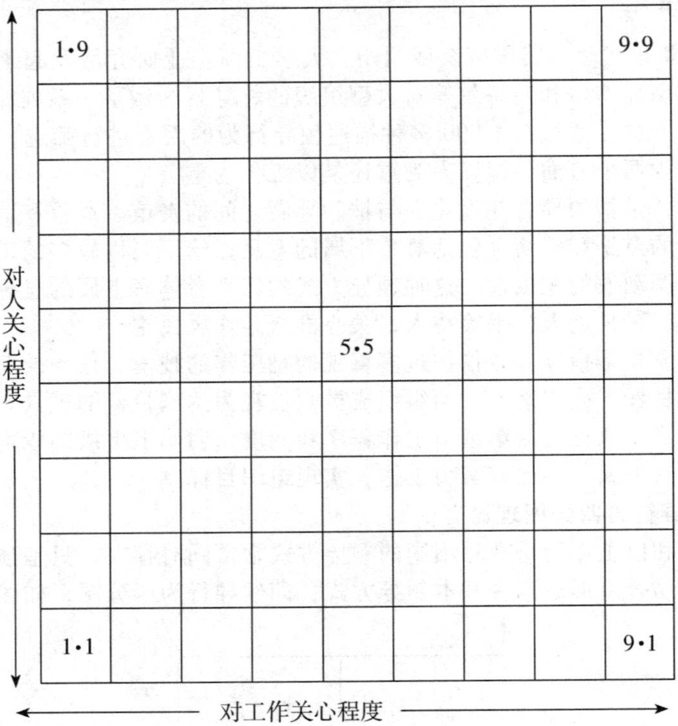

图 11-4 管理方格图

5 种基本典型的领导风格分别是：

(1) 贫乏型管理（impoverished management），即图 11-4 中 1 · 1 管理方式。采取这种领导方式的管理者希望以最低限度的努力来完成组织的目标，对员工和工作均不关心，缺乏主见，与世无争，逃避责任。

(2) 俱乐部型管理（country club management），即图 11-4 中 1 · 9 管理方式。管理者只注重搞好人际关系，友好待人，态度温和，以创造一个舒适的、友好的组织气氛和工作环境，而不太注重工作效率，这是一种轻松的领导方式。

(3) 任务型管理（task management），即图 11-4 中 9 · 1 管理方式。管理者对工作高度关心，全神贯注于任务的完成，但对人则很少关心，很少关心下属的成长和士气。在安排工作时，尽力把人的因素的干扰减少到最低限度，以求得高效率。

(4) 团队型管理（team management），即图 11-4 中 9 · 9 管理方式。管理者对工作和人的关心都有高标准的要求，管理者既重视人的因素，通过与员工的互敬互信，依靠群体的协作来取得成果，又十分关心工作，努力协调各项活动，使它们一体化，从而提高士气，促进生产。这是一种协调配合的管理方式。

(5) 中间型管理（middle-of-the road management），即图 11-4 中 5 · 5 管理方式。管理者对人和工作都有适度的关心，在关心人和关心工作两者间取得平衡，既有正常的效率完成工作任务，又保持一定的士气，实行的是中间式管理。

到底哪一种领导方式最好呢？布莱克和莫顿组织了很多研讨会，绝大多数参加者都认为9·9型最佳，也有不少人认为9·1型好，其次是5·5型。布莱克和莫顿也认为9·9型领导方式最为有效。

需要指出的是，布莱克和莫顿所主张的9·9型领导方式只能说是一种理论上的理想模式，现实中要达到这样一种理想的状态并不容易，但他们提出的对人的关心与对工作的关心应当结合的观点在现实中具有重要指导意义。因为现实中的领导者虽然不一定都能够达到对工作与对人的同等的高强度的关心，但在一定程度上使两者结合起来，不仅是必需的，也是可能的。管理方格理论还为领导者正确评价自己的领导行为及培训管理人员掌握最佳领导方式提供了有效的指导。

第五节 领导权变理论

领导权变理论是20世纪60年代以来在西方国家处于主导地位的理论。该理论认为，领导者的有效性不仅取决于他的素质和某种领导行为，而且受环境因素的影响很大。换言之，没有一成不变的和适用于一切情况的最好的领导风格，领导的有效性依赖于领导者所处的情境因素或条件。

这意味着，有效的领导行为应当随着被领导者的特点和环境的变化而变化。领导权变理论从时间上来说，比领导特质理论和领导行为理论晚，从内容上来说，是在前两类理论的基础上发展起来的。它所关注的是领导者与被领导者及环境之间的相互影响。在诸多权变理论中，以下几种是比较有影响的。

一、菲德勒的权变领导模型

现代领导的权变理论是由菲德勒（F. E. Fiedler）创立的。他经过长期的研究认为，任何形态的领导方式都可能有效，关键是要与环境情境相对应。所以，他认为对领导研究的注意力应该更多地放在环境变量上，虽然不存在一种普遍适用的最佳领导风格，但在每种情况下都可以找到一种与该特定环境相适应的有效领导风格。

（一）领导风格的确定

德勒提出了两种领导风格：一种为任务导向型，即以工作为中心，任务分配结构化，严密监督，依照详尽的规定行事；另一种为关系导向型，即以人为中心，利用群体实现目标，给予成员较大选择的空间。为此，菲德勒设计出了一种“最难共事者”（least-preferred co-worker，LPC）的调查表，要求领导者对他目前的和过去的同事中最难共事的同事作一番描述，以此来测定领导者的领导风格。一个领导者如果用表示赞许的词句评价他最不喜欢的同事，那么他对人是宽容、体谅的，是关系导向型；反之，若一个领导者对他最不喜欢的同事以很低的评价，说明他惯于命令和控制，更多地关心工作，是任务导向型。菲德勒还认为领导风格是由领导者的个性决定的，基本上无法改变。

（二）领导情境的确定

德勒分析了环境因素。他认为影响领导有效性的情境因素主要有3个：

（1）上下级关系，指领导者和被领导者互相接受的程度。

(2) 任务结构，指任务的明确程度和人们对这些任务的负责程度。

(3) 职位权力，指领导者所处职位及其权力的大小。

菲德勒利用上面3个权变变量来评估情境，将3种主要的情境因素加以组合，得出8种不同的情境类型，每个领导者都可以从中找到自己的位置。

(三) 领导风格与领导情境的匹配

菲德勒认为，领导者风格与领导情境匹配时进，会达到最佳的领导效果。菲德勒研究了1 200个工作群体，找出了不同环境类型下最适合、最有效的领导类型，其结果见表11-1。

表11-1 **菲德勒权变领导模型**

环境状况	最有利的环境←——→最不利的环境							
上下级关系	好				差			
任务结构	明确		不明确		明确		不明确	
职位权力	强	弱	强	弱	强	弱	强	弱
环境类型	1	2	3	4	5	6	7	8
有效的领导风格	任务导向型			关系导向型				任务导向型

从这些研究中，菲德勒得出两个结论。

第一，当环境处于有利的（即第1、2、3类）及最不利的（第8类）状态时，采用“任务导向型”领导风格，效果比较好；而当环境处于中间状态（第4、5、6、7类）时，采用关系导向型较为有效。所以，不能说哪种领导方式好或不好，而必须把环境、领导者和下属的情况、工作类型等方面的因素综合起来考虑，不同的情况采用不同的领导方式。

第二，要提高领导效率，可以从决定领导效率高低的两个方面来着手：①替换领导者以适应领导工作特定环境的要求；②改变领导工作环境以适应现有的领导者风格。

二、路径-目标理论

路径-目标理论是加拿大多伦多大学的组织行为学教授罗伯特·豪斯（Robert J. House）等人提出的。他们把激发动机的期望理论和领导行为理论结合起来，创造了这种理论模型。该理论认为，领导者的工作是通过指明实现目标的途径来帮助下属实现他们的目标，领导者的行为只有在能够帮助下属实现他们的目标时才会被下属接受。领导者应该根据不同的情境因素（下属特征和任务特征）来调整自己的领导方式。在不同的情境中，对不同的下属要选用不同的领导风格。领导风格应该适合于下属特征和任务特征。

(一) 4种领导风格

在豪斯看来，领导者在履行其职能时，存在4种领导风格供其选择，总有适合于他与他所领导的组织的一种领导风格。

1. 指令型领导风格

这种风格的领导者为了减少不确定性事件的发生，会通过正式权力控制下属的行为，对下属明确任务目标和职责，并严密监督。当任务目标不明确，组织的规章和程序不清楚，或下属对工作不十分熟悉时需要这种领导风格。

2. 支持型领导风格

这种风格的领导者关心、尊重下属，平易近人，以奖励为主支持下属，能够满足下属归属的需要。当工作高度程序化，任务结构比较清晰，工作比较枯燥、缺乏刺激性时需要这种领导风格。

3. 参与型领导风格

这种风格的领导者与下属分享信息，并让他们参与决策。当组织任务复杂而不明确，需要下属参与协作或下属能力较强、具有一定独立性时需要这种领导风格。

4. 目标导向型领导风格

这种风格的领导者鼓励下属设定挑战性目标，信任下属，并加强对成就的奖励。当下属能够自我控制、自我激励、具有完成目标所需要的技能时需要这种领导风格。

（二）领导情境因素

情境因素包括下属特征和任务特征。

下属特征包括下属的受教育程度、对成就的需要、领悟能力、愿意承担责任的程度、对独立的需求程度等，他们的需要随着这些因素的不同经常发生变化。当他们受教育程度比较高、领悟能力强、对自身才能和能力的知觉上升时，对指导性领导的需要就会下降；当他们感到工作内容已经很明确并且自己有能力完成工作任务时，他们就会认为领导行为没有存在的必要了，这时他们需要的是领导者给予生活等方面的关心，使个人需要得到满足。

任务特征包括组织的正式权力系统、下属的任务结构设计、工作群体等，这些特征共同对下属起着激励作用。在已经建立了权力系统并且已经具有明确的具有结构层次的任务和存在严格的团体规范时，可以不强调领导行为。反之，则需要领导者对下属的工作作出明确的规定和安排来组织、支持、帮助下属达成目标。

（三）领导风格与领导情境的匹配

路径-目标理论虽然不能确定最佳领导方式是什么，但是，它告诉我们，领导者应根据下属特征和任务特征来具体选择较为合适的领导风格，以便通过指明实现目标的途径来帮助下属实现他们的目标。一般来说，下属能力水平越高，领导者的指导越少。同样，任务非结构性越强，领导者应有的指导越多。因此，豪斯等人认为，为了提高效率，领导者应该做到以下几点：认清下属的需要，并努力给予满足；奖励达成目标的下属；帮助下属识别用于达成特定目标的最好的路径；扫清路径上的障碍以便下属达成目标。

三、不成熟-成熟理论

不成熟-成熟理论是由美国学者阿吉里斯提出的，其目的在于探索领导方式对个人行为和下属在环境中成长的影响。

阿吉里斯认为，一个人由不成熟转变为成熟，主要表现在以下 7 个方面：由被动转为主动；由依赖转为独立；由少量的行为转为多种行为；由错误而浅薄的兴趣转为较深和较强的兴趣；由只知眼前到能总结过去、展望未来；由附属地位转为同等或优越的地位；由不明白自我到能明白自我、控制自我。阿吉里斯认为，每个人随着年龄的增长，会逐步从不成熟走向成熟，但成熟的进程不尽相同。领导方式是否得当对人的成熟进程有很大的影响。如果把成年人当小孩对待，总是指定下属从事具体的、过分简单或重复性的劳动，使其无法发挥也不必发挥创造性、主动性，就会束缚他们对环境的控制能力，从而阻碍下属的成熟进程；反之，如能针对下属不同的成熟程度采取不同的领导方式，对不成熟的人适当指点，促其成熟，对较成熟的人创造条件，增加其责任，给予更多的机会，则能激励其更快地成熟。

四、领导生命周期理论

领导生命周期理论是由美国著名管理学家科曼（A. K. Korman）把领导行为四分图理论和阿吉里斯的“不成熟-成熟理论”结合起来首先提出，后来经保罗·赫西和肯尼思·布兰查德发展建立起来的一种三因素的权变领导理论，也被称做情境领导理论。他们认为，只依据“对工作的重视程度”和“对人际关系的重视程度”还不足以决定领导效率的高低。对工作和人际关系都很强调的“高工作、高关系”领导方式不一定经常有效，对工作和人际关系都不大强调的“低工作、低关系”领导方式也不一定肯定无效，实际都要看下属的成熟程度如何来具体加以决定。成熟度是指人们完成某一具体任务的能力和愿望的大小，成熟度是对某一特定情况而言的。该理论认为，有效的领导方式，应该把工作行为、关系行为和被领导者的成熟程度结合起来考虑，要根据下属不同的年龄、不同的成就感、不同的责任心和能力等条件，采取不同的领导行为。当下属成熟度提高时，领导行为也需相应的改变，从以工作为主逐渐转变为以关系为主。

工作行为、关系行为与成熟度之间是一种曲线关系。领导方式应由工作行为、关系行为、下属成熟程度这3个因素来决定，随着下属成熟度由低到高，形成一个领导生命周期，一般为“高工作、低关系—高工作、高关系—低工作、高关系—低工作、低关系”。工作行为、关系行为与成熟度之间的关系，可由图11-5来表示。

（1）高工作、低关系。这是命令式的领导方式，适用于下属成熟度低，经验和自觉性都较差的情境，这时的有效领导方式应该是多强调工作行为，明确规定其工作任务并加强指导，不应该让下属有较多自主的权力。

（2）高工作、高关系。这是说服式的领导方式。适用于下属工作经验和自我控制能力都逐渐增加，进入稍成熟阶段。这时有效的领导方式是：一方面在工作指导方面不能放松，但不是采取简单命令的方式，而是通过说服方式，使工人加强自我控制来完成工作任务；另一方面应加强对工人的思想教育和沟通，鼓励他们努力工作。

（3）低工作、高关系。这是参与式的领导方式，它适用于那些有能力做领导者交给的工作，但又不愿意服从其命令的部属。这种领导者应该鼓励下属参与管理，才能赢得下属的信任。

（4）低工作、低关系。这是授权式领导方式，适用于那些既有能力又愿意负责的下属。他们不需要领导人的指导就可以独立地、成功地完成工作。所以，有效的领

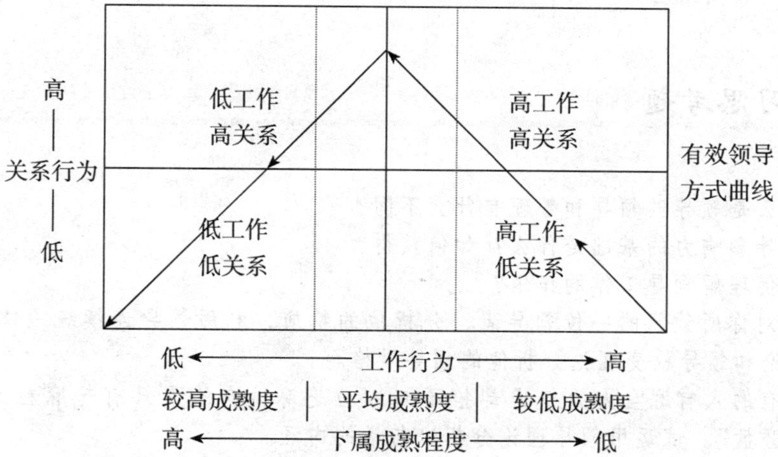

图 11-5　领导生命周期曲线图

导方式应该是向他们授权，让他们自己独立地去负责或承担某一方面的工作，而不必多加干预。

概括地说，领导行为应随着下属由不成熟向逐渐成熟过度，领导行为应当按高工作、低关系—高工作、高关系—低工作、高关系—低工作、低关系逐步推移，这种推移变化就形成了领导方式的生命周期。领导生命周期理论说明，没有一成不变的普遍适用的领导方式，而只有对特定情况最为适合的领导方式。

本章小结

所谓领导即一种人与人之间的交往过程，通过该过程来影响、激励和引导人们执行某项任务，以达到特定目标的一种行为。这个领导过程是由领导者、被领导者和其所处环境这3个因素所组成的。领导的实质就是影响力，包括职权影响力和非职权影响力。领导者要担当组织的引导和指挥者、激励者、协调者；彼得·圣吉认为，在学习型组织中，领导者还是设计师、仆人、教师。领导的构成要素有四个，即权力、了解人、鼓舞能力、领导作风和营造好的组织氛围。领导的作用体现在3个方面，即有效实现组织目标、调动人的积极性、将个人目标与组织目标相结合。人性假设从“经济人”假设到“复杂人”假设，引出了不同的理论：从X理论、Y理论到K理论。领导特质理论着重研究领导者的各人特质，以便发现、培养和使用合格的领导者。人们逐步认识到领导者的个性特征是在实践中形成的。领导行为理论认为：领导工作是否有效，最重要的不是领导者个人的性格特征，而是领导者采用什么样的领导方式，形成什么样的领导作风，领导者具体怎么做。权变理论认为：领导者的有效性不仅取决于他的素质和某种领导行为，而且受环境因素的影响很大。没有一成不变的和适用于一切情况的最好的领导风格，领导的有效性依赖于领导者所处的情境因素或条件。

复习思考题

1. 什么是领导？领导和管理有什么不同？

2. 领导影响力的基础是什么？如何获得？

3. 如何理解领导工作的作用？

4. 针对你所钦佩的一位领导者，分析他的特质，利用领导连续统一体理论、管理方格理论和领导权变理论分析他的领导风格。

5. “有的人有磨盘大的权力却拾不起一粒芝麻；有的人只有芝麻粒大的权力，却能推动磨盘”。试运用领导理论分析这句话的内涵。

6. 在国有企业改革进程中，各级政府都把加强国有企业领导班子建设作为重要工作来抓，提出“选好企业的一把手”。请运用领导理论评述这种做法的实际意义。

7. 什么是无为而治？你认为这种领导境界是可以达到的吗？

案　例

哪种领导类型最有效

ABC 公司是一家中等规模的汽车配件生产集团。最近，董事长对该公司的 3 个重要部门的经理进行了一次有关领导类型的调查。

一、安西尔

安西尔对他所在部门的产出感到自豪。他总是强调对生产过程、出产量控制的必要性，坚持下属人员必须很好地理解生产指令以得到迅速、完整、准确的反馈。安西尔当遇到小问题时，会放手交给下级去处理，当问题很严重时，他则委派几个有能力的下属去解决问题。通常情况下，他只是大致规定下属的工作方针、完成怎样的报告及完成期限。安西尔认为只有这样才能导致更好的合作，避免重复工作。

安西尔认为对下属采取敬而远之的态度对一个经理来说是最好的行为方式，所谓的“亲密无间”会松懈纪律。他不主张公开谴责或表扬某个员工，相信他的每一个下属都有自知之明。

据安西尔说，在管理中的最大问题是下级不愿意接受责任。他讲到，他的下属可以有机会做许多事情，但他们并不是很努力地去做。

他表示不能理解以前他的下属如何能与一个毫无能力的前任经理相处，他说，他的上司对他们现在的工作运转情况非常满意。

二、鲍勃

鲍勃认为每个员工都有人权，他偏重于管理者有义务和责任去满足员工需要的学说。他说，他常为他的员工做一些小事，如给员工两张下月举行的艺术展览的入场券。他认为，每张门票才15美元，但对员工和他的妻子来说却远远超过15美元。他也通过这种方式，对员工过去几个月的工作予以肯定。

鲍勃说，他每天都要到工场去一趟，与至少25%的员工交谈。鲍勃不愿意难为别人，他认为安西尔的管理方式过于死板，安西尔的员工也许并不那么满意，但除了忍耐别无他法。

鲍勃说，他已经意识到在管理中有不利因素，但大都是由于生产压力造成的。他的想法是以一个友好、粗线条的管理方式对待员工。他承认尽管在生产效率上不如其他单位，但他相信他的雇员有高度的忠诚与高昂的士气，并坚信他们会因他的开明领导而努力工作。

三、查里

查里说他面临的基本问题是与其他部门的职责分不清。他认为不论是否属于他们的任务都安排在他的部门，似乎上级并不清楚这些工作应该由谁来做。

查里承认他没有提出异议，他说这样做会使其他部门的经理产生反感。他们把查里看成是朋友，而查里却不这样认为。

查里说过去在不平等的分工会议上，他感到很窘迫，但现在适应了，其他部门的领导也不以为然了。

查里认为纪律就是使每个员工不停地工作，预测各种问题的发生。他认为作为一个好的管理者，他没有时间像鲍勃那样握紧每一个员工的手，告诉他们"你正在从事一项伟大的工作"。他相信如果一个经理声称为了决定将来的提薪与晋职而对员工的工作进行考核，那么，员工会更多地考虑他们自己，由此产生很多问题。

他主张，一旦给一个员工分配了工作，就让他以自己的方式去做，取消工作检查。他相信大多数员工知道自己把工作做得怎么样。

如果说存在问题，那就是他的工作范围和职责在生产过程中发生的混淆。查理的确想过，希望公司领导叫他到办公室听听他对某些工作的意见。然而，他并不能保证这样做不会引起风波而使情况有所改变。他说他正在考虑这些问题。

资料来源 芮明杰. 管理学原理［M］. 上海：格致出版社，2008.

思考题

1. 你认为这3个部门经理各自采取了什么样的领导方式？这些模式都建立在什么假设的基础上？试预测这些模式各将产生什么样的结果？

2. 每一种领导方式在特定的环境下都有效吗？为什么？

第十二章

激 励

本章要点与学习目标

激励是激发和鼓励人们朝着所期望的目标采取行动的过程。组织的生命力来自于组织中每一个成员的热忱，因此如何对员工进行激励，以激发他们的创造性和积极性，是管理人员所必须解决的问题。本章主要介绍激励的基本概念、有关的激励理论、激励的技巧和激励理论发展的新趋势等。通过本章的学习，要理解激励的内涵，掌握有关的激励理论及其应用与技巧。

第一节 激励概述

一、激励的含义

激励（motivation）在组织管理过程中被广泛运用，但要给出一个确切的定义却并非易事。从字面上理解，激励就是激发和鼓励的意思。在管理工作中，可以把激励定义为调动人们积极性的过程，即为了特定目的而去影响人们的内在需要或动机，从而强化、引导或改变人们行为的反复过程，它含有激发动机、鼓动行为、形成动力的意思。理解激励的含义应该把握以下3点：

（一）激励具有鲜明的目的性

任何激励行为都具有目的性，这个目的可能是一个结果，也可能是一个过程，但必须是一个现实的、明确的目的。所以从这个意义上讲，虽然一般来说激励是管理者的工作，但任何希望达到某个目的的人都可以将激励作为手段。

（二）激励是对人的需要或动机施加影响，从而强化、引导或改变人们的行为的过程

人是激励的对象。人们的一切行为都是由某种动机引起的，而人类有目的行为的动机都是出于对某种需要的追求。激励活动正是对人的需要或动机施加影响，从而强化、引导或改变人们的行为。因此，从本质上说，激励所产生的人们的行为是其主动、自觉的行为，而不是被动的、强迫的行为。

（三）激励是一个持续反复的过程

激励是导向满足某些需要或动机的行为。未满足的需要是产生激励的起点，进而导致某种行为。行为的结果，可能使需要得到满足，之后再发生对新的需要的追求。满足了一个需要可能会引起满足更多需要的愿望。激励是一个由多种复杂的内在外在因素交织起来持续作用和影响的复杂过程，而不是一个互动式的即时过程。

二、激励机制

激励机制是激励活动的各项要素在运行过程中的相互联系、相互作用、相互制约及其与激励效果之间内在联系的综合机能，主要包括激励时机、激励频率和激励程度。激励机制运用的如何，对激励的成败有着决定性的影响。

（一）激励时机

激励时机是指为取得最佳激励效果而进行激励的时间。激励在不同时间进行，其作用和效果是不一样的。超前的激励，可能导致人们对激励的漠视心理，影响激励的功效。过迟的激励，则会削弱激励的作用，使奖励失去意义。因此，正确选定激励的时机是充分发挥激励效果的重要环节，抓住适当的激励时机，才能有效地发挥激励的作用。一般说来，根据工作的业务性质、复杂程度和完成周期的长短，可把激励时机分为期前、期中和期末3种形式。

（1）期前激励。期前激励是指在工作开始之前，明确任务指标和相应的奖惩措施。这种形式主要适用于工作周期长、任务比较明确的项目。其优点在于使工作人员

在开始工作之前就知道任务完成的程度与好坏跟个人利益之间的关系，使他们能明确奋斗的目标，对工作作出妥善的计划与安排；其缺点在于缺乏反馈调节。

（2）期中激励。期中激励是指在工作进行过程中，分阶段规定任务指标及相应的奖惩措施。它主要适用于内容庞杂、需要分阶段完成的工作。其优点是及时、有针对性；缺点是整体性不强。

（3）期末激励。期末激励是指在工作任务完成以后，总结完成情况，进行激励。它主要适用于任务复杂性强，开始时难以确定指标的项目。其优点在于有一定的反馈调节，能使激励更为正确；缺点是激励不及时，容易影响激励效果。

在实际工作中，要把 3 种激励时机结合运用，使它们相互补充，收到更佳的成效。

（二）激励频率

激励频率是指在一定时间内进行激励的次数。这里的"一定时间"，一般是指工作任务的周期，激励频率对激励效果有着非常显著的影响。并不是激励频率越高越好，有时激励频率过高，反而会起不到激励应有的作用，影响激励效果。必须根据不同情况，采取与之相应的激励频率，才能有效地达到激励的目的。

激励频率如何确定才能收到应有的激励效果，目前没有统一的模式，应该视工作的内容、性质及复杂程度、任务目标的明确程度、激励对象的素质状况及对工作的满意程度、劳动条件及人际环境等因素加以确定。

（三）激励程度

激励程度是指激励量的大小。激励量过小，难起作用；激励量过大，不仅增加管理成本而且很可能事与愿违，适得其反。所以，要有效地发挥激励的作用，就必须正确确定激励程度。在激励工作中应该遵循实事求是、公正合理的原则，根据个人的实际表现，予以适当的激励，根据具体情况，恰如其分地把握好激励的程度。这里所说的适当，包括两层含义：一是在激励中应该根据任务的繁重程度及完成程度为人提供对其来说效用最大的需要满足；二是在激励中应该努力以较小的激励成本取得最大的激励效果。只有这样，才能发挥激励的作用。

正确运用激励机制，领导者的首要工作便是要识别、了解和掌握下属的需要与动机。被激励对象的需要与动机是千差万别、千变万化的，因此，他们的需要与动机也可能各不相同。准确判断被激励对象在某个特定场合下需要与动机的类别、组合状态、强弱程度以及变动和替代的可能性，是正确运用激励机制的必要前提。

正确运用激励机制，必须考虑可供运用的激励方式。激励方式多种多样，并在不断发展变化。激励方式的不断演变发展，是企业和社会发展的一个缩影，也是人的需要不断发展的反映。

三、激励过程

激励是对人的需要或动机施加影响，从而达到强化、引导或改变人们的行为的目的的过程。因此，要提高激励效果，就必须了解有关人的行为的基本概念和周期模型。激励的基本组成因素是需要、动机、行为、奖励。图 12-1 是一个简单地描述激励过程的模型。人的行为的始点是需要。所谓需要就是人们对某种事物或目标的渴求和欲望。人的需要很复杂，一方面，人的需要分为基本需要（如衣、食、住、空气等生理需要）和第二位需要（如社交、自尊、地位、成就、自我实现等）；另一方面，人的需要受到后天环境的影响。当人的需要未得到满足时，心理上会产生一种不安和紧张状态，这种状态会促成一种导向某种行为的内在驱动力，这就是动机。所谓人的动机，就是诱发、活跃、推动并指导和引导行为指向目标的一种内在状态。动机在条件成熟的情况下驱使人们采取某些具体行动，以期达到能够满足这些需要的奖励目标。如果人的行为达到了目标，就会产生心理和生理上的满足，也为新的需要提供强化。原来的需要满足了，新的需要又会产生，从而又引发人的新的行为，如此周而复始。

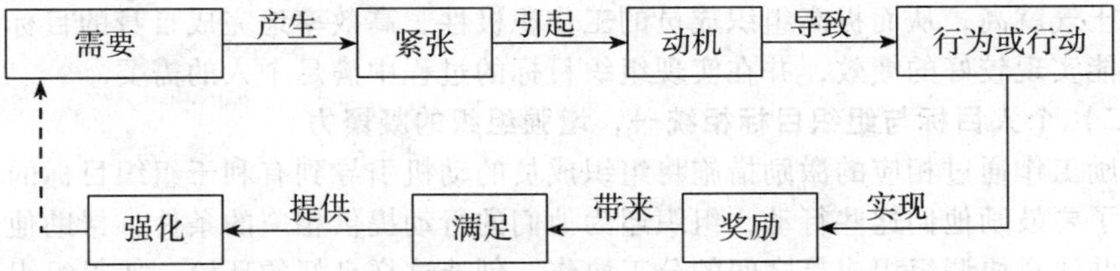

图 12-1 激励过程模型

综上所述，激励的过程就是需要引起动机，动机产生行为的过程。在此过程中，如果获得奖励，即达到目标，满足需要，产生“满足感”或“成就感”，紧张心理就会得到放松，得到应该重复以前的行为的反馈；否则，就会产生“不满足感”，产生紧张心理，得到否定以前的行为、不应重复以前行为的反馈，而反馈的结果直接影响下一周期的行为。当一个目标实现后，新的需要又会产生，接着就会又产生心理紧张、引起动机等。因此，激励是一种持续的周期性过程。

了解了激励过程，还必须理解人为什么需要激励的问题。行为科学家认为，现代领导与管理的一个核心问题就是对人的管理，而管理人就需要调动人的积极性和创造性，发挥人的聪明才智，让人积极主动、自觉自愿、心情舒畅地工作。人的行为有巨大的能量、积极性、创造性都要通过人的行为才能实现。我们经常可以看到两个能力相同的人会作出不相同的成绩，有时一个能力差的人可能比一个能力强的人工作干得好。美国哈佛大学的威廉·詹姆斯通过对员工激励的研究发现，在按时计酬的制度下，一个人要是没有受到激励，仅能发挥能力的 20% ~30%，如果受到正确而充分的激励，就能发挥能力的 80% ~90%，甚至更高。可见，在能力不变的条件下，工作绩效的大小，取决于激励程度的高低。激励的真实意义就是要开发人的行为资源，强化人的能动行为，推动行为方向朝着组织目标接近，从而改造世界、创造世界，也改造人、创造人。

四、激励的作用

激励的作用主要表现在以下 3 个方面。

(一) 有利于调动组织成员的积极性，高效率实现组织目标

通过激励工作，一方面能够强化人们有利于组织目标实现的需要，导致积极的行动，另一方面能够在实际工作中通过满足需要调动人们的积极性，从而有利于组织目标的实现。

人的需要是复杂的，有时还是相互矛盾的。不仅多种多样的需要之间存在着矛盾，而且同类需要之间有时也存在着矛盾，而激励工作就是要强化人们那些有利于组织目标实现的需要。例如，下属人员可能既想好好地去干一番事业，又想多花点时间享受家庭生活，对于处在这种矛盾状况中的人员，管理者通过制定奖励措施，利用说服等手段来激发其事业心，强化其前一种需要，从而使其产生有利于组织目标的行为。事实上，人们作出的选择往往是多种需要的调和与相互妥协。如何能在这种调和中去强化最有利于组织目标的需要，这就涉及激励的艺术技巧问题。

管理者通过科学的方式激励下属人员，满足其当前的最迫切的需要，满足程度高，其士气就高，从而提高组织成员的工作积极性，高效率地完成自身的目标，组织活动才能实现较好的绩效，并在实现组织目标的过程中满足个人的需要。

（二）个人目标与组织目标相统一，增强组织的凝聚力

激励工作通过相应的激励措施将组织成员的动机引导到有利于组织目标的行动上来，为了要鼓励他们这些行动，组织还为他们的行动提供相应的条件，帮助他们实现目标，并注意协调组织成员之间的分工协作，创造这样良好的环境，使得组织成员之间关系融洽，在共同的活动当中齐心协力，形成一种凝聚力，实现组织目标，进而满足组织成员的多方面的需要。

（三）形成良好的竞争氛围，有利于开发人的巨大潜能

科学的激励制度能够在组织中建立一种良好的竞争氛围，激发组织成员的积极性，进而形成一种良好的竞争机制。除了日常所表现的能力外，人力资源还具有很大的潜力可以挖掘，如果能把注意力放在运用激励手段来开发人力资源上，最大限度地激发员工的工作热情和潜能，必将释放出巨大的能量。

第二节　激励理论

激励是激发和鼓励人朝着所期望的目标采取行动的过程。组织的生命力来自于组织中每一个成员的热忱，如何激发和鼓励员工的创造性和积极性，是管理人员所必须解决的问题。本节对有代表性的激励理论作一介绍。

一、"胡萝卜"加"大棒"激励法

"胡萝卜"与"大棒"可以说是两种最为传统的激励手段和管理工具。前者指的是物质和精神上的奖励等，后者通常是指惩罚的威胁、饥饿的恐惧或其他类似的力量。"胡萝卜"加"大棒"激励法源于一个古老的故事，即要使一头毛驴向前走的最好办法是在它前面放一根胡萝卜引导它，或在它的后面用一根棒子捅它，简言之，即用奖惩的办法来激发所要求的行为。

在很多激励理论中，都承认某种形式的"胡萝卜"可以激发起一个人的动机，但应用的前提是管理者相信增加少量收入就能对人产生巨大的激励。过去对于收入微薄的人们是行之有效的。如今，随着人们生活水平的提高，要使"胡萝卜"产生真正的影响，太少的奖励显然是行不通的，而收入必须增加得越多越好。但是，假如职工收入的增长速度过快，使人们对提高物质奖励的期望值不断提高，迫使管理者过量或滥用物质奖励来作为激励的手段，其后果将是严重的，最后很有可能导致高通货膨胀的压力和对经济的全面的冲击。应该看到，“胡萝卜”一直是并将继续是一个重要的激励因素，但它并不是唯一的激励因素。

“大棒”令人望而生畏，它也一直并将继续是一个强有力的激励因素，但它不是公认的一种最好的激励因素。过分使用它，会引起人们的厌倦心理和报复行为，起到与管理者期望相反的作用，如进行对抗、消极怠工、生产劣质产品、对工作漠不关心，主管人员在决策时不敢冒任何风险、弄虚作假等。

第二次世界大战后，随着人们价值观念的变化，管理人员发现，在管理中不仅使用“大棒”，就连“胡萝卜”方式也不再像过去那样行得通了。对于利益问题人们有了新的认识，既不像过去那样害怕“惩罚”，也不像过去那样羡慕“奖励”。正如德鲁克所说，棍棒已在丧失其威慑的力量，而“胡萝卜”方式却变得越来越器张。管理者必须不断学习运用一些新的激励理论，掌握激励的技巧，针对不同的群体、个体采取不同的激励措施，纯粹以一种理论来指导管理实践已不再会收到好的效果。

二、内容型激励理论

需要和动机是推动人们行为的原因，也是激励的起点和基础。内容型激励理论是侧重研究需要的内容和结构以及如何推动人们的行为的理论。比较有代表性的理论有需要层次理论、双因素理论、成就需要理论、ERG 理论等。

（一）需要层次理论

美国心理学家亚伯拉罕·马斯洛（A. Maslow）在 1943 年所著的《人的动机理论》一书中，提出了需要层次理论（hierarchy of needs theory）。他提出，人类都是有需要的，其未满足的需要产生他们工作的动机，也是激励他们工作的因素。这些需要又是以层次的形式出现的，由低级到高级分为 5 个层次。1954 年马斯洛又在《激励与个性》一书中提出了求知和求美两个层次的需要，进而把人的需要层次划分为 7 个层次，但一般在提到需要层次理论时，主要都强调 5 个层次。

第一层需要为生理需要，是一个人对生存所需要的衣、食、住等基本的生活条件的追求。在一切需要中，生理需要是最优先的，当一个人什么也没有时，首先要求满足的就是生理需要。在组织环境中，这些需要表现为对足够的热量、空气和基本工资的需要，以维持人的生存。

第二层需要为安全需要，是指人们对安全的、有保障的物质环境和情绪环境的需要以及人身不受威胁等的需要。在组织环境中，安全需要体现为人们对工作的安全性、额外福利和工作保障的需要。当一个人生活或工作在惊恐和不安之中时，其积极性是很难调动起来的。

第三层需要为社交需要，也称感情和归属方面的需要，是指包括对社会交往、友谊、情感以及归属感等方面的需要。人是社会人，他需要与社会交往，希望成为“社会的一员”，否则就会郁郁寡欢。在组织里，社交需要表现为人们希望与同事建立良好的人际关系，参与团队工作，与上级友好相处等。这种需要比前两种需要更细致，需要的程度因每个人的性格、经历、受教育程度不同而不同。

第四层需要为尊重需要，是指希望自己有稳固的地位、得到别人高度的评价或为他人所尊重。这包括两个方面：一是内在的尊重要求，如自尊、自主等；二是外在的尊重要求，如社会地位、社会认可、受他人尊敬等。在组织中，这种需要体现为期望有一定的地位以及职责的扩大、对组织有一定的贡献并获得相应的荣誉等。

第五层需要为自我实现需要，是促使其潜在能力得以实现的愿望，即希望成为自己所期望的人，在工作上有所成就，在事业上有所建树，实现自己的理想或抱负。当人的其他需要得到基本满足之后，就会产生自我实现的需要，甚至会有“人生在世，了此心愿足矣”的念头。组织可以通过多种途径来满足员工自我实现的需要，如，提供良好的职业规划、给予发挥创造力的机会、加强培训等等。自我实现需要会产生巨大的动力，使其努力去实现目标。

马斯洛认为，人的这5种需要是由低到高依次排列的，呈阶梯式逐级上升。人的最基本的需要是生理需要。一般来说，只有在低层次的需要满足以后，人才会进一步追求较高层次的需要；而且低层次的需要满足的程度越高，对高层次需要的追求就越强烈。因此，只有当较低层次的需要得到充分的满足后，后面的需要才具有激励作用。

需要层次理论告诉我们，需要的存在是促使人产生某种行为的基础。当一个人无所求时，也就没有什么动力与活力；反之，若一个人有需要时，就必然存在着激励的因素。5个层次的需要是人生来就有的，但不同的人的需求强度、显露程度可能不同，即使是同一个体，在不同的情况下优先考虑的某种需要也是不同的。正因为如此，所以要调动人的积极性，就必须针对不同的人，满足其不同层次的需要。对大多数人的共同需要，可以采用共同的方法来激励，而对不同的需要则要采取不同的方法，切忌“千篇一律”、“一刀切”。

需要层次理论是影响最大的有关研究人类需要的理论，该理论得到了人们的普遍认可，其理论简单明了，易于理解，也符合人类自身的认识规律。虽然该理论存在着许多的缺陷，如对于需要层次的划分过于简单、机械，没有提出衡量各层次需要满足程度的具体标准，也没有考虑到一种行为结果可能会满足一种以上的需要的情况（如适当的薪酬不仅能满足生理和安全的需要，也能满足自尊的需要）；也有人认为，人的需要是复杂的，不会出现如此明显的阶梯层次，实践的研究成果也未能给该理论提供验证性的支持，也就是说，需要层次理论缺乏实证基础等，但它对我们正确认识人的需要，并在激励工作中正确掌握激励的尺度，做到以较小的激励成本取得较大的激励效果仍然具有重大的启发和指导作用。

（二）双因素理论

双因素理论（motivation-hygiene theory）是由美国心理学家弗雷德里克·赫茨伯格（F. Herzberg）提出的。他在对200多名工程师和会计师的调查研究后发现，使员工对工作感到满意的因素和使员工感到不满意的因素是不同的。使他们感到满意的因素通常是由工作本身所产生的，他将这些因素称为激励因素；使他们感到不满意的因素多与他们的工作环境有关，他将这些因素称为保健因素（见表12-1）。

表 12-1 激励和保健因素①

激励因素	保健因素
成　　就	监　　督
承　　认	公司政策
工作本身	与监督者的关系
责　　任	工作条件
晋　　升	工　　资
成　　长	同事关系
	个人生活
	与下属的关系
	保　　障

赫茨伯格认为，满意的对立面是没有满意，不满意的对立面则是没有不满意，从而修正了传统的认为满意的对立面就是不满意的观点，认为满意与不满意存在质的差别（如图 12-2 所示）。

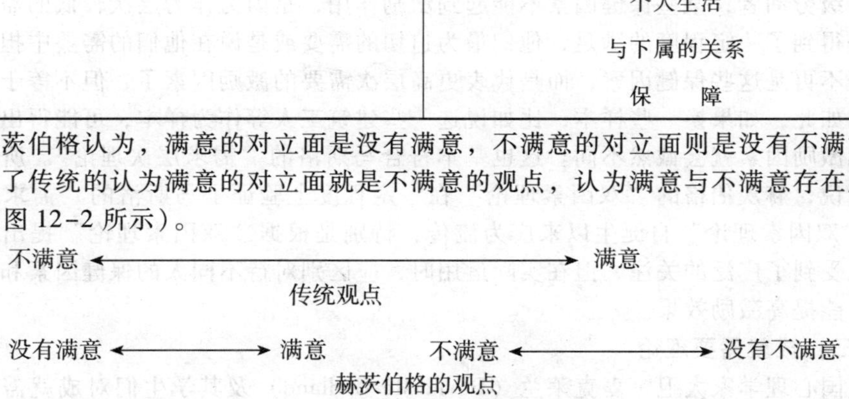

图 12-2 满意-不满意观点的对比

按照赫茨伯格的观点，改善保健因素只能起到安抚职工的作用，带来的是“没有不满意”，可以消除不满及怠工，而不一定能起到激励作用；而激励因素得到满足以后，则可促使一个人充分发动自己，使内因发挥作用，走向成熟。因此，作为管理者，首先必须确保职工在保健因素方面得到满足，要改善他们的工作环境和条件，建立良好的工作关系，消除职工的不满；其次要充分利用激励方面的因素，为职工创造作出贡献和成绩的工作条件和机会，丰富工作内容，加强职工的责任心，使其不断在工作中取得成就，得到人们的赏识。这样才能调动职工的积极性，促使其得到不断进步与发展。

从内容来看，赫茨伯格的双因素理论与马斯洛的需求层次论是相容并蓄的。马斯洛的理论是研究需要的阶梯，而赫茨伯格的理论是研究满足这些需要的目标和诱因。赫茨伯格的保健因素相当于马斯洛的较低层次需要，而激励因素则相当于其高层次的需要，只是马斯洛是针对需要本身而言，而赫茨伯格则是针对这些需要的目标和诱因而言。需求层次理论和双因素理论的关系可用图 12-3 来表示。

赫茨伯格的双因素理论也存在着许多缺陷。例如，其研究方法的可靠性问题、满意和不满意的评价标准问题，特别是他的研究样本的选择，显然不具有普遍性。对于

① 芮明杰．管理学：现代的观点［M］．上海：上海人民出版社，1999：277.

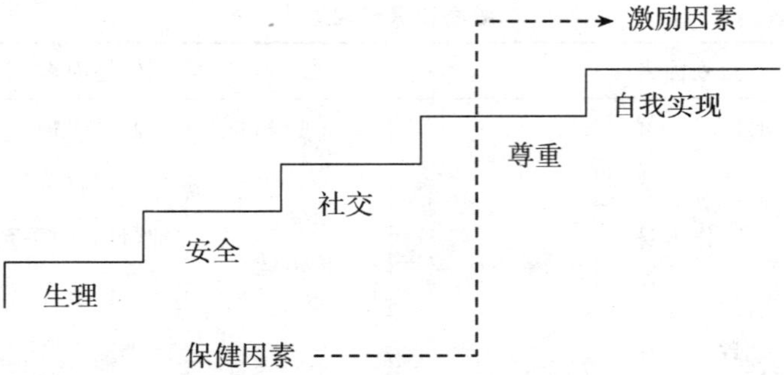

图 12-3　双因素理论与需求层次理论

这些高级劳动者，某些保健因素不能起到激励作用，是因为作为层次较低的需要，他们已经得到了一定程度的满足，他们最为迫切的需要或是说在他们的需要中担当主角的已经不再是这些保健因素，而是代表更高层次需要的激励因素了，但不等于对其他员工也如此，如果换一些样本，比如说选一些建筑工人等作为样本，可能得出的保健因素和激励因素就会截然不同。这也基本符合马斯洛的"需求层次理论"。所以从这个角度说，赫茨伯格的"双因素理论"在一定程度上验证了马斯洛的"需求层次理论"。"双因素理论"自诞生以来广为流传，特别是根据"双因素理论"提出的工作丰富化受到了广泛的关注，但在实际运用时，应区别对待不同人的保健因素和激励因素，才能提高激励效果。

（三）成就需要理论

美国心理学家大卫·麦克莱兰（David Mc Clelland）及其学生们对成就需要这一因素做了大量研究，提出了成就需要理论（three needs theory）。他们认为成就需要具有挑战性，引发人的快感，增加奋斗精神，对行为起主要影响作用。该理论主要研究在人的生理需要基本得到满足的条件下，人还有哪些需要。麦克莱兰认为，人们在生理需要得到满足后，还有 3 种基本需要，即成就需要、权力需要和社交需要。经过大量研究，麦克莱兰对这 3 类基本需要作了以下的描述：

1. 成就需要（need for achievement）

成就需要是指达到标准、追求卓越、争取成功的需要。有高度成就需要的人有以下主要特征：①有个人承担责任、解决问题、寻求答案的需要；②寻求挑战，并为自己设立既有一定难度又不是高不可攀的目标；③希望自己所做的事情能得到快速且明确的反馈；④对工作热诚，执著于所从事的工作。

2. 权力需要（need for power）

权力需要主要是指影响或控制他人且不受他人控制的欲望。具有高度权力欲的人对施加影响和控制他人表现出极大的关切。这类人有以下主要特征：①对领导地位有强烈的渴求，要求取得并行使权力；②喜欢争辩，很健谈，直率、头脑冷静并善于提出要求；③竞争意识很强，喜欢支配、教训人。

3. 社交需要（need for affiliation）

社交需要主要是指希望和他人建立友好亲密关系的愿望。有高度社交需要的人有以下主要特征：①寻求建立并保持和他人的友谊和亲密的感情关系；②希望自己获得他人的好感；③喜欢参加各种社交活动，结交知心朋友；④乐于帮助和安慰危难中的伙伴。

实际上，人们在不同程度上都有以上3种动机，但各种需要的强弱程度则因人而异，理想的管理者应是3种需要兼备的。

麦克莱兰认为，具有高成就需要的人对于组织和国家都有重要的作用。组织拥有这样的人越多，发展就越快，效益就越高；国家拥有这样的人越多，就越发达。人的成就需要是可以通过教育和培养逐步发展的，甚至对于身处不同文化环境的人们也可同样传授。

怎样才能增进个人的成就需要呢？麦克莱兰提出了4个办法：①以成功人士为楷模，大力加以宣传，就会刺激起每个人也想取得成功的动机。②有意识地安排一些成功反馈。这也是计划工作的艺术。每过一个阶段，对已取得的成绩和进步应加以肯定，对每次成功都给予一定的奖励。③通过增强人的自信，促使人们相信通过个人的不懈努力都能取得成功，从而改变心态，成为一个有高度事业心和责任感的人。④经常用正面的思想鼓励自己，当人处于紧张状态时，可采用不断和自己对话的方式来克服消极的意识。

麦克莱兰以后的研究又发现，权力需要对管理人员来说是最为重要的。最为有效的管理者通常是那些有高度权力需要、适度成就需要和低度社交需要的人。

(四) ERG理论

在马斯洛提出需要层次理论以后，美国耶鲁大学的著名学者奥尔德弗又提出了另一种需要层次理论，被称做ERG激励理论（existence——生存，relatedness——关系，growth——成长）。

该理论把马斯洛的需要层次理论压缩为3个层次：生存的需要包括一切物质和生理上的欲望，它和马斯洛的生理和安全需要相对应；关系需要强调了人们和社会环境的联系，包括与感兴趣的人发展关系，它和马斯洛理论中的社交和尊重需要相对应；最高层次的成长需要主要是指所有努力改善自身环境的需要，它包括了自尊的需要和自我实现的需要。这些需要，不仅有先天因素，也有后天因素。

ERG理论假设激励行为是遵循一定的等级层次的，在这点上虽和马斯洛提出的论点相类似，但它又有两个重要的区别：

第一，ERG理论认为在任何时间里，多种层次的需要会同时发挥激励作用。所以它承认人们可能同时受赚钱的欲望（生存的需要）、友谊（关系的需要）和学习新技能的机会（成长的需要）等多种需要的激励。

第二，ERG理论明确提出了“气馁性回归”的概念。马斯洛理论认为人的低层次需要得到满足后，就会上升出现更高层次的需要，受高层次需要的激励。可是奥尔德弗认为，如果上一层次的需要一直得不到满足的话，个人就会感到沮丧，然后回归到对低层次需要的追求。如，有人在工资水平达到一定程度后（生存需要得到了满足），就希望能和同事伙伴们建立更深层的友谊来满足关系需要，但不管什么理由，假如他发现在单位中不能成为他人的好朋友，最终他会有受挫感而回归到追求更多的金钱，满足自己生存的需要。所以人类的行为很难预测。

ERG理论较之马斯洛理论来说相对更灵活、更有效地解释了组织中的激励问题。

当然，管理人员不应只局限于用一两个理论来指导他们对职工的激励工作，但通过对内容型激励理论的学习，应该看到个人的需要重点是不同的，当某种需要得到满足后，人们可能会改变他们的行为。因此，激励时应注意人的不同需要，注意激励手段的多样化。

三、过程型激励理论

过程型激励理论注重从组织目标与个人目标的一致性的角度，研究激励实现的过程和机制，使管理者了解人们在实际中是如何选择其所要进行的行为过程，以及行为是怎样产生的，是怎样向一定的方向发展的，如何使这个行为保持下去，以及怎样结束行为的发展过程。其主要代表理论是期望理论、公平理论、波特-劳勒的激励模型等。

（一）期望理论

1964 年，美国心理学家维克多·弗洛姆（Victor H. Vroom）在他的《工作与激励》一书中，首先提出了期望理论（expectancy theory），这种理论一出现，就受到国外管理学家和实际管理工作者的普遍重视。目前，人们已经把期望理论作为最主要的激励理论之一。

这一理论认为：人是理性的人，对于生活与事业的发展，他们有既定的信仰和基本的预测；一个人决定采取何种行为与这种行为能够带来什么结果，对他来说是否重要，人就是根据他对某种行为结果实现的可能性和相应奖酬的重要性的估计来决定其是否采取某种行为的。也就是说，某一活动对某人的激发力量或激励力取决于他所能得到结果的全部预期价值乘以他认为达成该结果的期望概率，用公式表示为：

$$M = V \cdot E$$

式中：M——激发力量，这是指调动一个人的积极性，激发出人的内部潜力的强度；

V——效价，指活动的结果对个人的价值大小；

E——期望值，指个人对实现这一结果的可能性的主观判断。

这个公式是整个期望理论的核心内容。它指出了影响激励力的两个关键因素即效价和期望值。所谓效价是指与组织目标连接的个人目标所能带来的个人需要满足的程度。这里的期望值包括两个方面：一是个人经过努力后能达到组织目标的概率；二是组织目标能实现个人目标的概率。期望值是这两个概率的乘积。

这一理论告诉管理者在进行激励时要处理好以下 3 方面的关系：

第一，努力——绩效的关系。人总是希望通过一定的努力能够达到预期的目标，一个人往往是根据过去的经验来判断一定行为能够导致某种结果或满足某种需要的可能性大小的。如果个人主观认为通过自己的努力达到预期目标的概率较高，就会有信心，就可能激发出很强的工作力量。但是如果他认为目标太高，通过努力也不会有很好的绩效时，就失去了内在的动力，导致工作消极。所以，作为管理者在制定目标时，要注意目标实现的期望值。

第二，绩效——奖励的关系。人总是希望取得成绩后能够得到奖励，这种奖励是广义的，即有多方面的物质奖励，也包括精神方面的奖励，还包括像提拔到较重要的工作岗位上去等物质与精神兼而有之的奖励。如果他认为取得绩效后能够获得合理的奖励，就有可能产生工作热情，否则就可能没有积极性。

第三，奖励——满足个人需要的关系。人总是希望自己所获得的奖励能满足自己某方面的需要，然而由于人们在年龄、性别、资历、社会地位和经济条件等方面都存在着差异，他们对各种需要得到满足的程度就不同。从效价这个指标可以反映这个问题。某人对某种结果越是向往，此结果对该人而言其效价就越接近于1；如果这一结果对他来说无足轻重，他对结果也漠不关心，那么此结果的效价对他来说接近于0；如果他害怕这一结果的出现，那么效价就是负值。因而对于不同的人，采用同一种办法给予奖励能满足的需要程度不同，能激发出来的工作动力也就不同。

后两方面关系告诉管理者，要有效地进行激励就必须提高活动结果的效价，要提高效价就必须使活动结果能满足个人最迫切的需要。

在学术界，期望理论已经成为解释工作激励过程广为流传的理论，并引起了大量的调查研究，一般认为，此模式避免了马斯洛和赫茨伯格研究方法中某些简单化的缺陷，更切合激励过程的实际情况。它有助于管理者理解和分析职工们的激励状况，并识别有关的变量因素。

期望理论同时也引起人们的质疑，这种质疑主要来自于这一理论难以付诸实践等。弗罗姆假定个体对价值的感知会随着时间、地点的不同而有所变化，这样的假设更为接近现实情况，而且与管理者的职责内容不谋而合。但是，由于人们认识上的局限性，习惯于把各种简单的策略用于决策过程，而避免使用如此复杂的决策。

（二）公平理论

公平理论（equity theory）又称社会比较理论，是美国心理学家亚当斯（J. S. Adams）于20世纪60年代首先提出来的。该理论侧重于分析报酬对于人们工作积极性的影响。

公平理论的基本观点是，当一个人作出了成绩并取得报酬以后，他不仅关心自己所得报酬的绝对量，而且关心自己所得报酬的相对量。所以，他要进行种种比较来确定自己所得报酬是否合理，比较的结果将直接影响今后的工作积极性。这种比较可以用以下的公式来说明：

$$\frac{Q_p}{I_p}=\frac{Q_x}{I_x}$$

式中：Q_p——对自己所获报酬的感觉；

I_p——对自己所付出的感觉；

Q_x——对参照系的报酬的感觉；

I_x——对参照系的付出的感觉。

这里的报酬通常包括工资、晋升机会、工作地位、工作兴趣、上级赏识、人际关系及其心理上的报酬（如感到被承认，更安全，更快乐）等等；付出可以包括时间的耗费、教育、经验、努力程度和负责精神等等。应该指出的是，这里的报酬与付出都是个人的主观感觉，都是客观事物经过主观的加工处理后所得到的印象。因为不同个体的感知精确度不同、判定标准的差异，所以，对于同一种报酬和付出会产生不同的感觉。

这里的参照系通常选择“他人”、“制度”、“自我”等。“他人”包括同一组织中从事相似工作的其他个体，还包括朋友、邻居和同行等。员工通过口头、媒介等渠道获得了工资标准、最近的劳工合同等方面的信息，并在此基础上将自己所获的报酬与他人进行比较。“制度”是指组织中的薪金政策与程序以及这种制度的运作。对于组织层面上的薪金政策，不仅包括明文规定，还包括一些隐含的不成文规定，如组织中有关工资分配的惯例。“自我”是指员工自己在工作中付出与所得的比率。它反映了员工个人的过去经历及交往活动，受到员工过去的工作标准及家庭负担程度的影响。

在权衡比较中，可能出现以下 3 种情况。

（1）比率相等，心里就比较平静，认为自己的报酬是合理的，自己得到了公平的待遇，从而心情舒畅，努力工作。

（2）等式取小于号，心里就产生紧张与不安，认为自己的报酬不合理，太低了，从而会采取行动以消除或减少引起心理紧张不安的差异，如要求增加报酬或减少贡献，还有可能放弃自己的工作，要求调走。

（3）等式取大于号，即发现自己的报酬太高了，也会产生不平等感而引起思想上的压力，但这种不公平感不像报酬过低时那样普遍，但这时也会采取相应的行动，如增加贡献或要求减少报酬等。

公平理论不仅就员工对自己所得报酬比较后的心理状态做了详尽的描述，而且还对比较后可能引起的行为变化进行了预测，给管理者带来很多启示。

（1）员工是否满意，除了取决于所得报酬的绝对量以外，还取决于他们比较的参照系。所以，作为管理者在进行激励时，除了对员工进行纵向比较，还要注意横向比较，才能起到真正的激励效果。这对于组织留住人才、吸引人才是有很大借鉴作用的。

（2）管理者用报酬或奖励作为激励手段的时候，一定要使每个员工都感到公平合理。个人内部或外部报酬只有和其绩效相称，并且本人也认为这些报酬公平，才能使员工感到满足，提高大家的积极性。

（3）公平与否源于个人的感觉。人们在心理上通常会低估他人的贡献，高估别人的所得，这样的感觉，使得心态不平衡。这种心态对组织对个人都是不利的。所以，管理者应该有敏锐的感觉来体察职工的心情，如确有不公，应尽快解决，否则的话，也应进行必要的解释，做好思想工作。

（三）波特–劳勒的激励模型

美国心理学家和管理学家波特（L. W. Porter）和劳勒（E. E. Lawler）在期望理论和公平理论的基础上发展出了一个更全面的激励模型，如图 12–4 所示。

从这个模式可以看出：

（1）努力来自于效价（报酬、奖励的价值）和期望值（通过努力达到高绩效的可能性及该绩效导致特定结果的可能性）。而期望值也受到过去经验和实际绩效的影响，如果人们确切知道，他有把握完成任务或者过去曾经完成的话，他将愿意付出努力并对奖励的概率更加清楚。

（2）工作的实际业绩取决于能力的大小、努力程度以及对特定任务理解的程度，

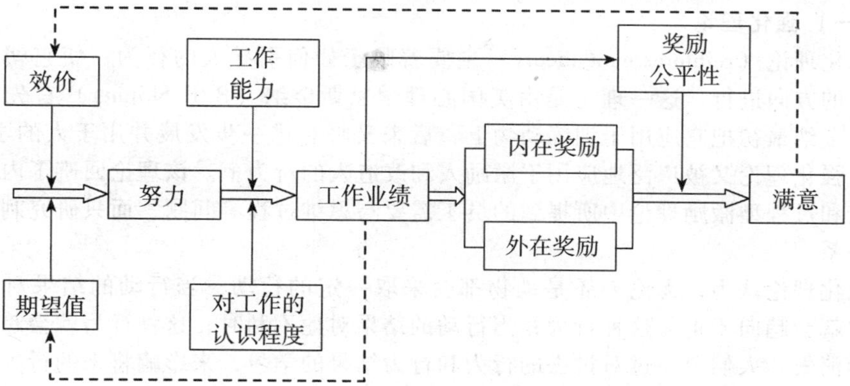

图 12-4 波特-劳勒的激励模型①

如对完成任务所需从事的活动，以及影响任务完成的其他因素的理解和掌握。

（3）奖励要以工作业绩为前提，必须先完成组织任务才能导致精神的、物质的奖励。奖励包括内在的奖励（如成就感和自我实现感等）和外在的奖励（如工作条件和身份地位的提高等）。当职工看到他们的奖励与成绩很少有关系时，这样的奖赏将不能成为提高工作业绩的刺激物。

（4）激励措施是否会产生满意，取决于受激励者认为获得的奖励是否公平。

（5）满意程度又会影响到下一轮工作中对效价的认识。

波特-劳勒的激励模型是激励系统一个比较恰当的描述，较先前的激励理论更为复杂。它告诉我们激励并不是简单的因果关系，而是需要管理者全面评价报酬系统，综合考虑到奖酬内容、制度、组织分工、目标设置、公平考核等综合因素以及人的满意度在激励过程中的反馈，依据组织目标的详尽计划，明确各岗位权责，将整个管理系统与努力-绩效-奖励-满意系统进行协调与整合。

波特和劳勒曾就如何激励职工来实现他们的期望目标，提出了几个具体的步骤：①管理者应具体描绘出每个职工的行动成果的强度，即效价。②管理者应具体规定要实现期望时所要求的行动表现的标准和要求。③要说明所需要的行动表现的标准和要求是可以达到的。④要使职工的行动表现与期望（目标）的实现紧密地结合起来。⑤要认真分析妨碍职工实现目标过程中整个环境的各方面有关的因素，并为其创造有利的环境和条件。⑥要确定优厚的报酬。⑦有关制度对每个人都应该是公平合理的。

波特和劳勒的观点虽然被相当一部分人接受和采用，但要真正按其步骤去做还有许多具体困难。例如，要具体说明每个职工行动成果的强度和期望值等并不是件容易的事，同时对每个人的工作和报酬等都要进行平衡才能达到激励大家的作用等等。

四、行为改造型激励理论

行为改造型激励理论是研究如何改造和转化人的行为，变消极为积极的一种理论，主要有强化理论、归因理论和轨迹控制理论，以及挫折理论。

---

① 冯国珍，王云玺．管理学［M］．上海：复旦大学出版社，2006：382.

（一）强化理论

强化理论（reinforcement theory）主要着眼于如何引导人的行为，使它朝着组织所希望的方向进行。这一理论是由美国心理学家斯金纳（B. F. Skinner）首先提出来的。斯金纳最初把它应用于训练动物上，后来又将它进一步发展并用于人的学习上。现在，强化理论又被广泛地应用于激励人和改造人的行为上。该理论回避了内容型激励理论和过程型激励理论中所提到的员工需要与思维过程等问题，而只研究刺激和行为的关系。

强化理论认为，无论人还是动物都会采取一定的行动，当行动的结果对他有利时，他就会趋向于重复这种行为；当行动的结果对他不利时，这种行为就会趋向于减弱或者消失。人们会通过对过去的行为和行为结果的学习，来影响将来的行为，依据以往的经验来"趋利避害"。因此，可以通过合理地运用奖励和惩罚等手段来改变或者修正员工的工作行为。研究者提出了以下几种行为改造策略。

（1）正强化。正强化是指对正确的行为及时加以肯定或奖励。正强化可以导致行为的继续，条件是所给予的奖励必须是员工所喜欢的。

（2）负强化。负强化是指通过消极加强和惩罚来制止不良行为的重复出现。当某人作出了那些不利于组织目标实现的行为时，管理者利用惩罚手段，立即给予他反刺激，以达到终止或弱化该种不良行为的目的。在有些情况下，尽管有必要使用这种行为修正方式，但它是一种消极的手段，虽然制止了一种不希望的行为，但它并没有鼓励任何所期望的行为。

（3）不强化。不强化是指对某种行为不予理睬，既不奖励也不惩罚，表示对该种行为的轻视或某种程度的否定，这是一种消除不合理行为的策略。因为倘若一种行为得不到强化，那么这种行为的重复率就会下降，直至自然消失。如果一个人老是抱怨分配给他的工作，但却没人理睬他，也不给他调换工作，也许过一段时间他就不再抱怨了。

（4）综合策略。综合策略是指对某人的不同行为采取一种以上的策略。如当有两种互不相容的行为，即一种合理另一种不合理时，可采用综合策略强化合理的行为，减少或消除其他不合理的行为。

强化理论是影响和引导员工行为的一种重要方法，通过表扬和奖励可以使动机得到加强，行为得到鼓励；通过批评、惩罚等可以否定某种行为，使不好的行为越来越少。"奖"起着正面引导的作用，"惩"则起着劝阻和警告的作用，奖与惩就好像一条航道上的左右两个航标，是保证船只正确航行所必不可少的。在运用强化理论进行表扬、批评时，要注意以正强化为主，并要及时准确，方式因人而异。

（二）归因理论和轨迹控制理论

归因理论是美国心理学家海德（Heider）首先提出的，后由美国斯坦福大学的罗斯（L. Ross）等人加以发展。罗斯认为个人会观察行为，并随之归结该行为的原因。在管理工作中管理者应用该理论来改变人的认识，从而达到改变人的行为的目的。归因理论的主要研究对象有以下 3 个方面：①对人们心理活动的归因，即研究人们产生某种心理活动的原因是什么；②对人们的行为归因，即根据人们外在的行为和表现，对其心理活动作出推论；③对人们未来行动的归因，即根据人们过去的行为表现，来预测他们在以后有关的情景中将会产生什么行为。

归因理论主要想解决的问题是一个人的认识与其行为之间存在什么样的关系。尽管决定人们产生某些动机和行为的起因无法被直接观察到，但人们的行为是和他的认知，尤其是知觉密切相关的。这样，我们可以通过分析人们的认识过程，来说明内在力量和外在力量（内因与外因）与人们所产生行为之间的关系。

一般来说，人们对过去的成功或失败，一般会有4种归因，即努力程度（相对不稳定的内因）、能力大小（相对稳定的内因）、任务难度（相对稳定的外因）以及运气和机会（相对不稳定的外因）。

轨迹控制是指人们对自己行为所造成的结果究竟主要是受外因，还是受内因控制的一种认识。罗斯等人认为，把以往工作和学习的失败原因，归于内、外因中的相对稳定因素还是相对不稳定因素，是影响今后工作、学习的关键。也就是说，如果把失败的原因归于相对稳定的内、外因素，就会使人动摇信心，会认为行为的结果非自己所能控制，从而不再坚持努力行为；但是，当把失败的原因归于相对不稳定的内、外因素，他们会觉得通过自己的努力、能力或技巧可以影响行为的结果，人们会继续保持努力行为。当职工感到主要受内因控制，他们会觉得可以通过自己的努力、能力或技巧来影响行为的结果；当职工感到主要受外因控制，他们会觉得行为的结果非自己所能控制，而是受到外力的摆布，正是这种被感知的轨迹控制会对人们的满足和绩效带来不同的影响。

归因理论和轨迹控制理论给管理者很好的启示，即当下属在工作中遭受失败后，如何帮助他寻找原因，引导他继续保持努力行为，争取下一次行为的成功。在激励过程中，归因过程是起很大作用的，这种理论的研究目前不是很多，但有关概念及已完成的工作对管理者而言还是很有意义的。

（三）挫折理论

挫折理论专门研究人们遇到挫折后会有一些什么行为反应，研究阻碍人们发挥积极性的各种因素，了解挫折产生的原因、挫折的表现以及应对挫折的方法，管理者应如何针对员工挫折采取相应措施，引导员工行为，走出挫折阴影，积极努力地对待工作。

挫折有两种含义：一是指阻碍个体动机性活动的情况；二是指个体遭受阻碍后所引起的心理状态。总的来说，挫折可表述为：当个体从事有目的的活动时，在环境中遇到阻碍或干扰，致使其动机不能获得满足时的情绪状态。

引起挫折的原因是多种多样的，人们受挫折的程度也各不相同，但归纳起来不外乎有两种原因，即客观原因和主观原因。由客观原因产生的挫折是指由于外界事物或情况阻碍人们达到目标而产生的挫折，包括自然环境和社会环境两个方面。主观原因产生的挫折则是指个人所具备的条件以及个人动机的冲突。例如，由于个人体力和智力条件的限制，不能达到目标；或由于个人健康不佳或生理上有缺陷，不能胜任某种工作；或知识经验不足和智力水平较差，在工作中遭到失败等等。

挫折是一种普遍存在的社会心理现象，任何人一生中不可能事事一帆风顺，因而挫折的产生是不以人的意志为转移的。通常一个人在受到挫折后，心理上、生理上都将产生种种反应，从而影响人的生活和工作的正常进行。面对挫折，有的人采取积极态度，但有的人却采取消极态度，甚至是对抗态度。挫折理论提出采用改变环境、分清是非、心理咨询等多种方法引导人们在挫折面前避免消极的，甚至是对抗的态度，而采用积极的态度，以改变人的行为朝积极方向发展。

挫折理论对管理工作实践有较强的实用价值，作为管理者应耐心细致地帮助受挫折者分析挫折原因，及时给予他们关心、劝慰和鼓励，使他们重新振作精神，以利再战；当受挫折者的行为不理智时，要有容忍的态度，弄清事实真相，先缓解挫折因素，再分析他的防卫机制，以理服人；对犯错误的职工要创造一种情境，使他们感到集体的温暖，感到自己不会受到集体的排斥，可以成为集体的成员；可采取精神发泄方法，还可通过谈心活动等，使受挫折者自由表达他们受压抑的情感，从而摆脱阴影，由紧张情绪恢复到理智状态等。

第三节　激励理论的应用

激励就是要调动人的内在潜力，发展人的能力，充分发挥人的积极性，从而使组织成员为有效地实现组织目标而努力工作。管理者不仅需要了解和研究激励理论，在运用这些理论时还需掌握激励的方法与技巧。

一、激励的方法与技巧

常见的激励方法与技巧主要有以下 3 大类，即薪酬激励、工作方式激励、精神激励。

（一）薪酬激励

薪酬是指组织成员通过完成组织所安排的工作任务而获得的经济方面的报酬，一般包括基本工资、奖金、津贴和补贴等。薪酬对员工很重要，不仅因为它是员工谋生的一种手段，而且它能满足员工的价值感，在很大程度上决定了员工的满足度。所谓薪酬激励就是通过合理设计薪酬体系，对员工进行激励的方法。相对于其他激励方法，该方法是最直接最常用的方法。常见的薪酬激励方法如下：

1. 直接增加薪酬量

直接增加薪酬包括增加工资、津贴、货币性福利等。在人们生活达到宽裕水平之前，金钱的激励作用是十分明显的，将金钱激励同员工的工作业绩挂钩，其激励作用应该能持续相当长的时间。但是，管理者在运用金钱进行激励时，要注意因人而异；要注意分派的公平性，反对平均主义；要将该激励手段与其他激励手段相结合。

2. 间接增加薪酬量

这是一种通过间接方式增加薪酬收益的方法，在实践中也受到了员工的欢迎。

（1）带薪休假。这种方法对很多员工都有一定的吸引力，特别是对那些追求丰富精神生活的员工来说，激励效果更好。

（2）员工持股。这种方法的主要形式是员工持有一定数量的股票和股票期权等。这是一种有效的长期激励方式，特别是对于一些重要的管理者，有的公司采取期权激励方式，用未来的股权代替金钱分配，以此来激励管理者，促使公司股价提高。通过该激励措施，能克服员工的短期行为，保证组织的持续发展。

(3) 在职消费。这是针对管理人员的激励方法。比如，为其配备高档办公室、到风景名胜地做经常的商业旅游、增加手下的员工等。但要注意激励的度的问题，不能激励强度过高。

(4) 特别福利。这也是针对管理人员采用的激励措施。一定职位上的管理人员享有一些特别的福利待遇，如无偿使用组织的车辆、从组织获得无息或低息贷款等。

薪酬激励作为常用的激励方法，也存在一定的缺陷，如，长期的金钱刺激会助长人们的自私心理、以自我利益为中心等。

(二) 工作方式激励

根据赫茨伯格的双因素理论，对人最有效的激励来自于工作本身，即满足于自己的工作是最大的激励。因此，为了更好地发挥组织成员的工作积极性，管理者要善于调整和运用各种工作因素，如对工作进行再设计或多样化地安排工作时间等，并创造良好的工作环境，从而激发组织成员的工作积极性。

1. 工作再设计

工作再设计就是运用激励理论来设计工作结构，从而提高员工的工作效率和工作满意度。正确运用此种激励方法，管理者首先应该了解工作的哪些方面可以为员工带来激励。工作再设计的主要方法通常包括工作扩大化和工作丰富化。

(1) 工作扩大化。工作扩大化是通过让工人增加工作种类，同时承担几项工作，以增加他们对工作的兴趣。工作扩大化与工作简单化正好相反，它是一种横向扩大组织成员的工作范围，让他们感到工作的多样性，以满足他们成长和发展需要的有效激励方法。具体形式有：

①兼职作业，即同时承担几项工作或几个工种的工作。

②工作轮换，即通过员工定期地承担不同的工作来增加工作的多样性，是一种改进工作简单化的有效方法。

③工作延伸，即前向或后向地接管其他环节的工作。

(2) 工作丰富化。工作丰富化是纵向扩大组织成员的工作范围，增加工作完整性的方法。工作丰富化通常是让员工参与一些具有较高技术或管理含量的工作，即提高其工作层次，改变工作任务的数量和额度，将高效的激励因素融合到工作中。因为工作丰富化使员工需要更复杂的技能才能完成其工作，而且还要承担更大的责任，要有更多的工作主动性，所以，是一种较好的激励方法。

2. 多样化地安排工作时间

随着社会的发展和科技的进步，在工作安排上，出现了许多能够兼顾工作和生活需要的为人们所欢迎的方法。

(1) 灵活的工作日程安排。灵活的工作日程安排就是取消组织原来惯用的工作时间安排，而采用灵活的时间安排，这样不仅能满足那些想得到闲暇时间或需要照顾的员工的需要，也消除了员工因长期从事某种工作而导致的枯燥和单调感。

(2) 弹性工作时间。这种方法是给员工更多的权利来选择自己每天工作的时间。在每天保证工作时间的情况下，员工可以任意安排自己的时间，如晚来晚走、早来早走等。这种工作方式，使得员工在完成工作任务的同时，有时间处理更多的事情，满足了员工的某些需要，增强了他们的满意度，也增强了他们对组织的好感。

(3) 远程办公。远程办公是指在不同电子通信形式的支持下，电子计算机媒介将客户和中心办公室联系在一起。远程办公跨越了区域的限制，可以节省时间和费用等。

(三) 精神激励

精神激励是通过使员工在精神和心理上得到满足而对员工进行激励的激励方法。这里介绍几种主要的精神激励方法。

1. 目标激励

人的需要产生动机，动机决定人的行为，人的行为都是为了达到一定的目标的。人们经常把自己的行动与目标加以对照，当知道自己在不断缩小达到目标的距离时，他的行动积极性就持续和高涨。所以，管理者应制定切合实际的、科学的目标，作为激励的手段和方法。

2. 员工参与管理

员工参与管理是调动员工积极性的有效办法。创造一切机会满足他们参与管理的要求和愿望，是对他们关注和信任的一种体现，有利于提高他们的主人翁意识，增强他们的归属感，也有利于组织决策的顺利执行。

3. 荣誉激励

这种激励能够满足员工自尊和自我实现的需要，是激发他们积极性的很重要的手段，主要包括奖励、表彰、授予荣誉称号、晋升职务等。运用这种激励方法时要注意求实、及时，要根据正确的标准和价值观念，以及人的需要的不同层次和同一需要的不同阶段，给予不同类别的评判。引导人们分清正确与错误，追求光明、进步、高尚。

4. 榜样激励

榜样是人们行为的参照系。作为领导者如果能够建立起科学、合理、吸引人的参照系，就会激励人们，使其行为导向有利于组织目标的实现。我们常说榜样的力量是无穷的，就是这个道理。

5. 文化激励

组织文化是组织成员共同认可的特有的价值观念、行为规范等的总和。有什么样的组织文化就有什么样的组织成员，因此，一个良好的组织文化能够起到调动组织成员的积极性、主动性和创造性的作用。

6. 培训

这是给予员工基本训练和再教育的机会，以激励员工积极性的方法。除了必要的岗位基本需要培训外，能够根据外部环境和员工进一步成长的需要，采取多种形式及时进行培训，充实员工的知识，增强其工作的适应能力，满足员工自我实现的需要。

二、美国企业的5种激励方法

在长期的管理实践中，美国企业逐渐形成了5种常用的激励方法。实践证明，这5种方法均起到了比较好的激励效果。

(一) 轮换工作

轮换工作的做法因工作因人而异。有的工作可每1~2小时或1~2天或1~2个月轮换一次，使员工对工作产生新鲜感，克服厌倦感。此办法实行后，员工缺席、病假及辞职现象大大减少。

（二）让能人挑重担

为了让员工能有机会施展自己的才能，组织应采取让能人挑重担的做法。如，某一产品分为6道程序，原来需要6个人负责，而现在只需要任何1个有责任感、素质好的人负责全部程序。这样，既节约了人力，又使有能力的员工适应了工作的需要，发挥了自己的聪明才智，还激发了下岗人员奋起直追，增强了竞争意识。

（三）工作自治

工作自治就是让工人自己管理自己，让“作业组”自己负责工作日程和工作分配，管理人员只充当教练或顾问的角色。实行这种制度以后，能够更好地提高工作效率，降低成本费用。

（四）参与管理

这种方法主要使劳资双方加强合作。具体实行时，有的企业由工会选举工作人员参政或加入董事会；也有的企业设立职工管理委员会，每届有2名主席，劳资双方各一名，双方代表数相同。在管委会上，职工可随时提出意见并参与决策，实行这种制度后，职工对情况更加了解，发挥其主观能动作用，增强主人翁感。

（五）开展质量小组活动

参加质量小组的工作都是义务的，通常在下班后每周开会一次，讨论改进建议，并制定可行措施。有的企业往往有上百个小组。质量小组活动的开展，激发了员工的责任感和创造精神。

本章小结

激励是为了特定目的而去影响人们的内在需要或动机，从而强化、引导或改变人们行为的反复过程。激励过程的基本组成因素是需要、动机、行动、奖励。“胡萝卜”加“大棒”激励法在今天仍可发挥一定的激励作用，但管理者应慎用之，并应将其与其他的激励理论结合起来才能收到好的激励效果。内容型激励理论是侧重研究需要的内容和结构以及如何推动人们的行为的理论，比较有代表性的理论有需要层次理论、双因素理论、成就需要理论、ERG 理论。过程型激励理论主要注重从组织目标与个人目标一致性的角度，来研究激励实现的过程和机制，主要包括期望理论、公平理论和波特-劳勒的期望模型。行为改造型激励理论是研究如何改造和转化人的行为，变消极为积极的一种理论，主要包括强化理论、归因理论和轨迹控制理论、挫折理论，激励思想的运用主要体现在激励方法和技巧的选择上。随着管理学、信息经济学、制度经济学的飞速发展，现代激励理论出现了一系列突破性的进展，成为令人振奋的现代管理理论和实践的前沿。

复习思考题

1. 如何理解激励的概念及激励在管理中的作用？

2. 内容型激励理论、过程型激励理论和行为改造型激励理论各有哪些代表性理论？它们的主要内容是什么？

3. 请完整地描述激励过程。

4. 试结合实际谈谈管理者应如何在实践中应用激励理论及激励技巧以提高激励效果。

5. 如何理解激励理论的新发展？

6. “胡萝卜”加“大棒”的激励法在现代管理中还起作用吗？为什么？

案　　例

固定工资还是佣金制？

小白在大学时代成绩不算突出，老师和同学都不认为他是很有自信和抱负的学生，他的专业是日语，毕业后被一家中日合资公司招为销售员。他比较满意这个工作岗位，不仅因为工资高，而且公司给销售业务员发的是固定工资，而不是佣金制，这点是他十分希望的，因为他担心自己没受过这方面的训练，比不过别人，若拿佣金，肯定比别人拿的少。

刚上岗位的头两年，小白虽然兢兢业业，但销售成绩一般。可是随着他对业务较熟练起来，又跟那些零售商客户们搞熟了，他的销售额渐渐上升了。到第3年年底，他觉得自己应该是进入了全公司几十名销售员中头20名之列了。下一年，根据跟同事们的接触，他估计自己当属销售员中的冠军了。不过公司的政策是不公布每人的销售额，也不鼓励互相比较，所以他还不能很有把握认定自己一定是坐上了第一把交椅。

去年，小白干得特别出色。尽管定额比前年提高了25%，到了9月初他就完成了销售定额。虽然他对同事们仍不露声色，不过他冷眼旁观，没发现什么迹象说明他们中有谁哪怕已接近完成了自己的定额了。此外，10月中旬时，日方销售经理召他去汇报工作。听完他用日语做的汇报后，那日本经理对他格外客气，祝贺他已取得的成绩。在他临走时，那经理对他说：“咱公司要再有几个像你一样棒的推销明星就好了。”小白只微微一笑，虽然没说什么，但是他觉得这些都意味着承认他在销售员队伍中出类拔萃、独占鳌头了。

今年，公司又把他的定额再提高了25%。尽管一开始不如去年顺手，他仍是一马当先，比预计干得要好。他根据经验估计，10月中旬前他准能完成自己的定额。

不过他觉得自己心情不舒畅。最令他烦恼的事，也许莫过于公司不告诉大家谁干得好坏，对于员工的表现也没个反应。他听说本市另两家也是中外合资的企业，它们都在搞销售竞赛和奖励活动，其中一家是总经理亲自请最佳销售员到大酒店吃一顿饭；而且人家还有内部发行的公司通讯之类小报，让人人知道每人销售情况，还表扬季度和年度最佳销售员。想到自己公司这套做法，他就特别恼火。其实，在刚来公司他干得不怎么样时，并不太关心和在乎排名第几的问题，可如今觉得这对他越来越重要了。不仅如此，他开始觉得公司对销售员实行固定工资制是不公平的，一家合资企业怎么也搞大锅饭？应该按劳付酬嘛。

上星期，他主动去找了那位日方销售经理，谈了他的想法，建议公司改行佣金制，至少实行按成绩给奖金制。不料那日本上司说这是既定政策，拒绝了他的建议，本公司一贯就是如此，这正是本公司文化特色。昨天，令公司领导吃惊的是，小白辞职了，听说他给挖到另一家竞争对手那儿去了。

资料来源 http://www.docin.com/p-302634473.html.

思考题

1. 为什么小白一开始对自己的工作很满意，而最后却辞职了？
2. 你认为该公司的管理存在什么问题？

第十三章

人际沟通

本章要点与学习目标

本章主要阐述作为管理活动和管理过程一个重要方面的人际沟通的概念与过程、目的与作用、沟通的障碍，以及沟通的方式、形式与方法等。通过本章的学习，要掌握作为一个管理者在管理过程中如何克服沟通障碍并与他人进行有效沟通的方法与技巧，以便为有效地激励员工和实现管理目标服务。

第一节 沟通概述

一、沟通的概念与过程

（一）沟通的概念

大多数管理者的工作活动内容一般都包括办公室的工作、参加会议、审批报告及电话联络或与外单位联系等，他们的日常工作中的大部分都与沟通有关联。沟通一般被理解为把信息以可以理解的方式从一方传递给另一方，把一个组织中的成员联系在一起、以实现目标的手段。美国管理学家孔茨等认为，沟通是“信息从发送者转移到接收者那里，并使后者理解该项信息的含义”。西蒙认为“信息沟通系指一个组织成员向另一个组织成员传递决策前提的过程”。纽曼和萨默则认为“沟通是指在两个或更多的人之间进行的在事实、思想、意见和情感等方面的交流”。斯蒂芬·罗宾斯和玛丽·库尔特则把沟通看做是意义的传递和理解。

其实，沟通（communication）一词来源于拉丁语的动词 communicare，意为分享、传递共同的信息。在英文中，沟通一词也可直译为交际或社交，指人与人之间使用语言等进行的思想、观念、感情等的交流和联系。目前人们比较公认的定义是，所谓沟通就是指人与人之间的交流，即通过两个或更多人之间进行的关于事实、思想、意见和感情等方面的交流，来取得相互之间的了解，以及建立良好的人际关系的过程。也有学者认为：“沟通，就是我们通常所说的信息交流……沟通可以是通信工具之间的信息交流……也可以是人与机器之间的信息交流；沟通还可以表现为组织之间的信息交流，人与人之间的信息交流。”[①] 其含义至少包括以下 3 方面：

1. 沟通必须涉及两个人或两个人以上

凡沟通一般都涉及两个人或两个人以上，是两方或多方主体之间的信息或情感等交流，没有双方谈不上沟通。当然，也有人对“两个人或两个人以上”有不同的理解，认为两个人在办公室交谈是沟通，但一个人在图书馆阅读200年前某一作家的文章也是沟通。既然沟通发生在人与人之间，因此信息沟通一般又称人际沟通，人的心理因素有着重要意义，同时在人与人之间的沟通过程中，会出现特殊的沟通障碍，这是人际沟通的特殊性所在。

2. 沟通必须有一定的客体

凡是沟通，必须有沟通的客体，即沟通的内容。人际沟通不仅包括消息的交流，而且还包括情感、思想、态度、观点的交流。对所沟通的客体，只要双方互相理解了对方的观点和见解，就算实现了有效的沟通，而并非像有人错误理解的那样——必须达到意见一致。

3. 沟通必须通过一定的方式

人与人之间的沟通，必须通过一定的方式，这些方式主要包括口头语言、书面及电子媒介等，此外还包括非语言的方式，如身体动作、语调等，但主要是通过语言进

---

① 王筱萍，薛耀文．管理学基础教程［M］．北京：清华大学出版社，北京交通大学出版社，2009：245.

行沟通的，这也是人际沟通的一个特殊性。

当然关于沟通的具体内涵，有不少学者认为，应包括人际沟通（interpersonal communication）和组织沟通（organizational communication）两大方面，并把人际沟通和组织沟通两大方面统称为管理沟通。人际沟通指两人或多人之间的沟通，而组织沟通是指组织中沟通的各个方面，如沟通方式、沟通网络、沟通系统等。本书没有把沟通细分为人际沟通和组织沟通，考虑到沟通都是在人与人之间进行的，因此就统一按人际沟通来展开内容，实际上这些基本就是所谓的管理沟通的最主要内容了。

（二）沟通的过程

一般地，沟通都有一个完整的沟通过程（communication process），这个过程主要包括7个环节，而这7个环节是由3个要素相连的，即信息发送者（信息源）、接受者和信息。信息首先是被转为信号形式，即编码，然后通过媒介物即通道传送至接受者，最后由接受者将收到的信号进行转译，即解码。沟通过程如图13-1所示。

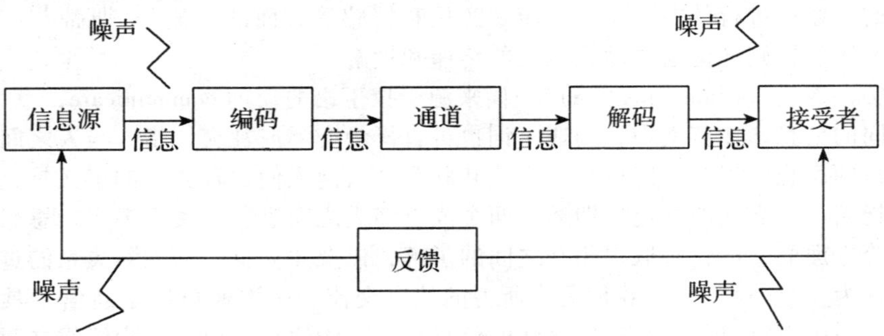

图13-1　沟通过程

沟通过程包括以下7个环节：

（1）信息源，即发送者，他把头脑中的想法进行编码进而生成了信息。被编码的信息受4个条件的影响，即技能、态度、知识和社会——文化系统。

（2）信息，即沟通的客体。

（3）编码，即把想法等加工成信息的过程。

（4）通道，即传递信息的媒介物，如传递书面信息的纸张等。

（5）接受者解码，即接受者把信息译成接受者可以理解的形式。

（6）接受者，即信息接收的一方。

（7）反馈，这是沟通的最后一个环节，即把信息返回给发送者，并对信息是否被理解进行核实。

此外，在信息沟通过程中，还要不断受到噪声（noise）的干扰，这里的噪声主要是指信息传递过程中的干扰因素，典型的噪声包括难以辨认的字迹、电话中的静电干扰、接受者的疏忽大意等。噪声包括内部噪声和外部噪声，内部噪声如说话人或发送者的声音过低；外部噪声如同事在临近的桌旁高声喧哗等。噪声可能在沟通过程中的任何环节造成信息失真，特别是外部噪声，对沟通有效性的影响是显而易见的。

二、沟通的目的与作用

（一）沟通的目的

对于组织来说，进行人际沟通是组织活动必不可少的，其目的主要有以下几个：

1. 设置并传播组织目标

组织目标的内容要通过沟通传达到每个成员，使其知道、理解，这样才能明确每个成员的工作方向、工作重点和工作目标，缺乏沟通特别是有效的沟通，会导致组织成员对组织目标的不了解、不理解，从而就无法做到方向明确和步调一致地努力工作。

2. 以最有效的方式来组织人力资源及其他资源

组织人力资源的指挥、引导、调动和激励，在很大程度上要靠领导者通过沟通的方式来进行，要通过良好的人际沟通，使组织成员明确任务和目标，以及在组织中被重视。

3. 控制组织目标的实现

组织目标的实现程度及效果，要通过逐级的沟通来反馈，缺乏沟通，管理者便无法对工作进度及完成情况有准确的掌握和了解，也就无法控制组织目标的实现。

（二）沟通的作用

1. 沟通是管理职能得以实施和完成的基本条件

管理的职能包括计划、组织、领导和控制，这一完整的管理过程的实现，需要通过沟通来创造基本条件，如计划的制订、行动方案的被理解与执行、组织目标的沟通等。离开组织内部上上下下良好的信息沟通，想做好管理工作是不可能的。

2. 沟通是领导者最重要的日常工作

沟通是管理者和领导者最重要的日常工作，正是通过沟通，领导者把组织内部的成员联结起来以实现共同的目标，没有沟通就不可能进行群体或组织的活动。

3. 形成良好的组织运行内部和外部环境

组织运行及目标的实现，要靠良好的内部环境，而这种和谐、融洽的内部环境的形成主要通过有效的沟通来实现，只有通过良好的沟通，组织内管理者与被管理者及他们相互之间才能做到关系融洽、互相理解，才能齐心协力地为组织目标的实现努力工作。同时，只有通过与外界良好的沟通，才能为组织创造良好、和谐的外部发展环境。组织作为一个开放系统，沟通是联系组织与外部环境的桥梁。

三、有效沟通的障碍

人际间的信息沟通每时每刻都在发生，但并不是所有的沟通都是有效的，如我们经常会遇到有的信息虽然发出去了，但对方并没有或并不完全理解你的意思。完美的沟通应该是信息发送出去之后，接受者感知到的信息与发送者发出的信息完全一致，意思能够被充分理解。在实践中，有效沟通的障碍主要有以下几方面：

（一）信息发送方面的障碍

有效的沟通首先要求发送者能够把心中的想法以合适的语言编码，使之成为可传递的信息，而这一编码过程的质量如何将会极大地影响信息沟通的总体效果和水平。

具体地说有4个因素制约信息发送者生成高质量的编码信息。

1. 缺乏语言表达技能

语言是通过人的思维反映客观事物的符号，它与事物之间是一种间接反映关系。在沟通过程中，必须要求信息发送者具备良好的口头或书面表达语言的能力及逻辑推理能力，把要传递的信息通过口头或书面语言准确地表达出去。而缺乏这方面的技能，就势必造成所传递的信息“先天性缺陷”。如信息发送者在发送信息时口齿不清、词不达意，或字体模糊、用词用字不当，这样都会使信息失真，更无法使接受者准确理解信息内容。

2. 发送者的情绪和态度不适当

在发送信息过程中，除了通过语言表达信息外，往往还需要借助语调及手势、眼神、面部表情等肢体语言表达信息内容，增强接受者对信息的理解能力，但有时发送者在发送信息时，情绪不佳（如狂喜、抑郁、面无表情等）或态度不正确（如高喊或大声训斥等），都会使这些辅助手段不能帮助接受者准确理解信息，从而导致沟通出现障碍。

3. 社会文化系统的负面影响

社会文化系统会通过对信息发送者的地位、威信、信仰或价值观的影响而影响人际沟通行为与过程。比如在“报喜不报忧”现象盛行的社会文化环境中，信息发送者可能会对信息进行有意识的过滤、选择，故意操纵信息，从而导致所发送的信息失真，进而影响沟通过程。例如，在我国有些地方，当下级向上级汇报工作时，有意选择上级领导爱听的话进行汇报，或为了表白自己的政绩，有意隐瞒对自己政绩不利的信息，结果导致沟通障碍。再如，由于文化传统或风俗习惯的差异，发送者发送信息时用了在接受者看来可能与真实意思相反的词语，结果导致沟通出现障碍。

4. 信誉不佳或地位差异

有时在信息沟通过程中，由于信息发送者的信誉不佳，结果导致接受者对其人品、经验或能力等不信任，甚至厌恶，使发送者发送的信息不被接受者所重视，结果导致沟通出现障碍。广为流传的“狼来了”的故事，正充分说明了信息发送者的信誉在沟通过程中的重要性；另外，有时信息发送者和接受者的阶级地位、政治地位、职位或年龄阶段存在较大差异，也会使沟通出现障碍。如，两个人分属不同政党或不同阶级，会导致对同一事件持不同的观点，也会影响其有效沟通；老年人与年轻人在人生阶段的差异，更是影响了这两个群体之间沟通的有效性。

（二）信息传递过程的障碍

信息传递往往要通过合适的通道并通过特定的网络连接方式进行，而在信息传递过程中，往往因为通道问题而使信息传递失真。

1. 时机不适当

信息发送的时机会增加或减低信息的沟通价值。在不适当的时机发送信息，对于接受者的理解将产生严重影响，从而影响沟通的有效性。

2. 媒介障碍与方式不当

这是指传递信息的媒体选择不适当，导致信息不能准确、及时地被接受者所接受，如向不懂英语的人用英语表达信息，向盲人用书面通知发送信息等。

3. 地理位置过远或分散

如果信息发送者与接受者之间的地理位置过于遥远或接受者所处的地理位置过于分散，都会影响信息在其间的有效传递，从而使沟通变得困难。

4. 信息超负荷

这是指所传递的信息量过大，导致有些信息在传递过程中被丢失或被损坏；同时信息量过大，有时也会使信息接受者无视某些信息，使人晕头转向、拖延处理或干脆不处理等。

5. 缺乏沟通网络

有时信息沟通需要借助一定的沟通网络，如在组织内部上级与下级之间的沟通就需要借助一定的沟通网络。有研究表明，组织中的许多决策信息都来自组织的较低层次，如果沟通过程出现障碍，许多基层的信息就很难传递到组织上层，因此，在组织内部建立良好的沟通网络就成为一项十分重要的管理工作。

（三）信息接收过程的障碍

即使发送者发送的信息准确无误，信息传递过程也不存在任何问题，但在信息接收过程中也会出现问题，从而影响沟通的有效性。

1. 接受者缺乏技能

这是指信息接受者由于知识、语言、经验等的欠缺，导致在信息解码、逻辑推理、理解等方面出现问题。如信息接受者不具备相当的知识水平或对字词的理解存在程度上的差异，都会导致其对信息的正确理解。

2. 接受者的选择性知觉

这是指在信息沟通过程中，接受者有时会根据自己的需要、动机、态度、经验、背景或主观好恶有选择地接收信息，从而影响有效沟通。

3. 接受者的态度偏差

有时，信息接受者可能对信息发送者或信息本身先入为主、怀有成见、缺乏信任或嫉妒、恐惧等，都会导致其对信息的误解，甚至是故意曲解，这种沟通就会影响信息沟通的效果。

此外，接受者与发送者的地位、职位、社会文化传统等存在差异，也会影响其对信息的理解，进而影响沟通的有效性。

第二节　人际沟通的类型与方法

一、人际沟通的类型

人际沟通按不同的标准可以划分为不同的类型，主要包括以下几种：

（一）正式沟通与非正式沟通

一般地，信息的沟通总是循着一定的路径、通道或渠道进行的，按照沟通渠道是否是组织过程中所正式规定的，可相应地将组织中发生的人际沟通区分为正式沟通与非正式沟通。

1. 正式沟通

所谓正式沟通就是按照组织设计中事先规定的结构系统和信息流动的路径、方向、媒体进行的沟通。如组织中规定的汇报制度、定期或不定期的会议制度、上级的指示按组织系统逐级下达，或下级的情况逐级上报等。这种沟通的优点主要是正规、严肃、富有权威性、参与沟通的人员普遍具有较强的责任心等，从而易保持所沟通信息的准确性及保密性；缺点主要是比较刻板，缺乏灵活性，信息传播范围受限制，传播速度比较慢等。

2. 非正式沟通

所谓非正式沟通是指正式组织途径以外的信息沟通方式。这类沟通主要是通过个人之间的接触，以小道消息传播方式来进行的，不受规定程序或形式的限制。优点是比较灵活方便；缺点主要是随意性强、信息扭曲和失真可能性大等。在一定程度上说，非正式沟通对于促进信息的更快、更好、更全面的沟通具有积极意义，但也要注意非正式沟通的负面影响。因此，在管理工作中，组织都非常重视非正式沟通。

（二）下行沟通、上行沟通与横向交叉沟通

按组织内信息的流向，可将沟通分为下行沟通、上行沟通与横向交叉沟通，如图13-2所示。

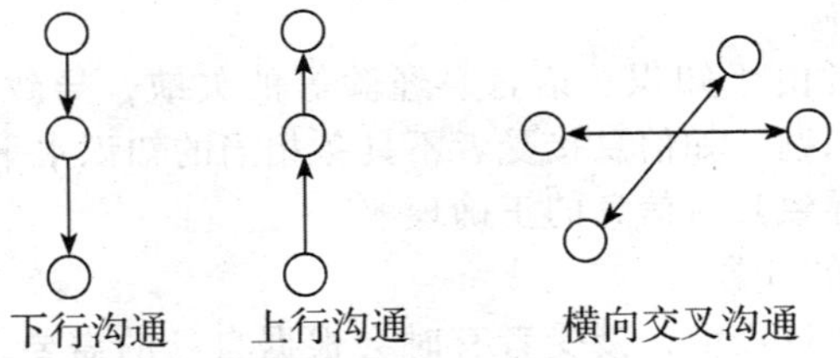

注：图中的圆圈代表信息传递者，箭头代表信息传递方向。

图 13-2 下行沟通、上行沟通与横向交叉沟通

1. 下行沟通

下行沟通即自上而下的沟通，信息从高层次成员向低层次成员流动。其表现形态是，在组织职权层级链中，信息由高层次成员向低层次成员流动，如上级向下级发布各种指令、指示、命令、指导文件和规定等。这种自上而下的沟通在实行专制领导的组织中尤为突出。

2. 上行沟通

上行沟通即自下而上的沟通，信息从低层次成员向高层次成员流动，其一般表现是下级向上级提出自己的意见和建议等。它通常存在于参与式或民主式管理的组织环境之中。

3. 横向交叉沟通

横向交叉沟通是指在同一职级之间，或对角线即处于不同层次的没有直接隶属关系的成员之间的沟通。这种沟通往往具有业务协调作用，能促进理解，并为实现组织的目标而协调各方面的努力。

（三）单向沟通与双向沟通

按沟通是否存在可逆性，沟通可分为单向沟通和双向沟通。

1. 单向沟通

单向沟通是指信息朝向一个方向前进，信息发送者与接受者之间不发生双向交流与沟通，如作报告、发布指示、发表讲演等。这种沟通的优点是速度快、秩序好；缺点是实收率低，同时缺乏反馈和逆向沟通，接受者易产生挫折、抵抗、埋怨等，因而影响沟通效果。

2. 双向沟通

双向沟通是指在信息沟通中发送者不仅要发出信息，而且还要听取信息接受者对信息的反馈，如交谈、协商、谈判等。双向沟通具有准确性高、接受者有反馈的机会，并使接受者有参与感等优点，因而沟通效果较单向沟通要好；缺点是接受者有心理压力，信息传递速度慢、易受干扰等。

（四）言语沟通与非言语沟通

根据沟通所使用的媒介不同，可把沟通分为言语沟通和非言语沟通。

1. 言语沟通

言语沟通是指使用正式的语言符号的沟通，可分为口头沟通和书面沟通。

（1）口头沟通。口头沟通是指通过口头表达进行的信息传递与交流，如交谈、讨论、讲演、电话联系等。这种沟通的优点是简便易行、灵活迅速，特别是交谈和讨论，有时借助手势、体态等肢体语言，可以直接进行情感交流，增加亲切感，提高沟通的效果；缺点是沟通范围受限制、随机性强、增加心理压力等。

（2）书面沟通。书面沟通是指借助文字进行的信息交流与传递，如布告、通知、书面、刊物、电子媒介等。这种沟通的优点是受时间和空间的限制较小，有利于长期保存，具有一定的权威性等；缺点是沟通效果受沟通双方的态度、知识、技能、情感等影响较大，因而效果相对较差。实证研究表明，口头沟通与书面沟通相结合的混合沟通效果最好，口头沟通次之，效果最差的就是书面沟通。

2. 非言语沟通

非言语沟通是指借助语言以外的符号等进行的沟通，可分为有声沟通和无声沟通。

（1）有声沟通。有声沟通指通过声调或语音、语调方式进行的非言语沟通。有时人的语音或语调尽管没有直接的语言内容，但却能表达微妙的语言内容，能够起到沟通的作用。

（2）无声沟通。无声沟通指通过体态语言（身体动作，如手势、皱眉、做鬼脸等）以及示范、以身作则、微笑、惊叹等进行的沟通。这种沟通尽管也没有语言、没有声音，但通过体态和动作等也可以实现人与人的沟通，这是因为这些体态或动作可以表达一定的意思，而这些意思能为人们所了解。一项实证研究表明，无声的非言语沟通的效果要好于有声的非言语沟通，甚至好于言语沟通。

（五）直接沟通与间接沟通

按照沟通是否需要通过第三者介入或传递，可把沟通分为直接沟通和间接沟通。

1. 直接沟通

直接沟通是指发送信息与接收信息无需第三者传递，如面对面交谈、电话直接对话等。这种沟通的优点是双方可以充分交换意见，获得准确信息；缺点是受时间、地点等客观条件的限制较多等。

2. 间接沟通

间接沟通是指发送信息与接收信息之间有第三者的传递，有时甚至有两个或两个以上的第三者。这种沟通的优点是不受时间的限制、应用机会多等；缺点是有时会导致信息传递失真、传递速度慢、费时费力等。

二、人际沟通的方法

(一) 发布指示与请示汇报

在组织中，上级管理者向下级人员发布指示或命令是一种比较常见的沟通方法，上级管理者一般是要把传递的信息变成指示或命令，通过组织的层级职权隶属关系，并借助于组织内部的信息传递网络向下级传递，从而达到沟通的目的。作为发送信息的上级管理者，在发布指示时要注意指示或命令内容的准确性、可理解程度，还要注意发布的方式。

请示是下级向上级表达要求的一种常用的沟通方法，它可采用书面与口头两种方式。一般简单的内容可采用口头方式，但如果内容比较复杂且涉及面较广，一般应采用书面形式。

汇报是下级在执行上级指示及完成工作任务过程中，将其所遇到的困难与问题、工作的进展情况等向上级反映或提出设想的一种沟通方法。汇报可采用口头汇报或书面汇报两种方式。一般内容比较复杂、影响面较宽或涉及比较重要的内容，应采用书面形式。

(二) 会议制度与个别交谈

会议沟通方法，就是通过召开各种会议（如座谈会、讨论会等），进行信息的沟通。会议是自古以来就有的一种沟通方法。人们之所以要聚会，是因为会议可以满足人们的某种需要，通过开会，人们可以沟通信息、交流思想、统一认识。即使在人类步入信息时代的今天，会议这种沟通方法也没有被完全取代，这主要是因为会议作为一种交流思想、统一认识的场所、机会与机制的作用是无法取代的。

个别交谈是指在组织内或组织外，人们利用正式的或非正式的形式，同沟通对方进行面对面的直接交谈。这种方法由于是面对面且参加者极少，因而比较直接，也容易达到沟通目的，但在个别交谈时，要注意不能带有个人成见，不要先入为主，要善于启发诱导并耐心听取对方的意见，同时最好营造一种融洽、亲和的谈话氛围，这样会使谈话的效果更佳。

(三) 建立沟通网络

在组织中要实现有效的沟通，必须建立信息沟通网络，构建信息传递通道，明确信息传递的方向、参与传递的人及环节，这些人、环节及传递路径即构成了沟通网格。美国心理学者莱维特最早通过实验提出了 5 种沟通网络形式（如图 13-3 所示）。随着管理实践的发展，目前组织中的沟通网络形式已经多种多样。

有学者认为，以上 3 种方法可以称为人际沟通通道，而具体方法则可分为以下 16 种，即面对面、电话、小组会议、正式演讲、备忘录、传统信件、传真、公司出版物、告示板、音像带、热线、电子邮件、计算机会议、音频邮件、电话会议、可视

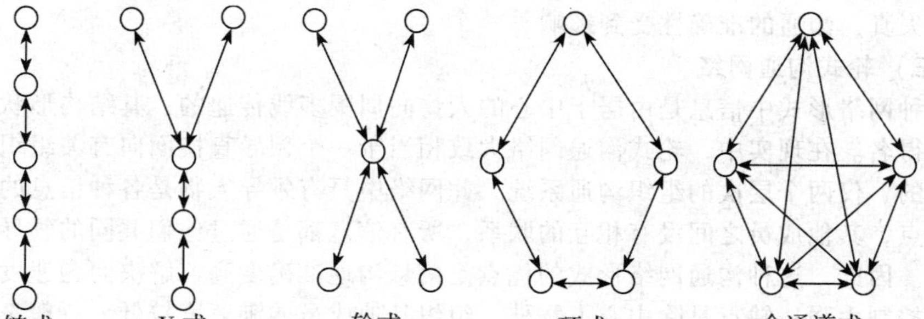

图 13-3 5 种信息沟通网络

会议。而对这些方法的效果可从以下 12 个方面进行评价，即反馈能力、复杂性能力（即能否有效地处理复杂性的信息）、潜在宽度（即采用这一方面能同时传递的不同信息量）、私密性、编码容易度、解码容易度、时空限制、费用、人情味、正规度、信息可得性、信息消费点（即信息发送者与接受者哪方面对何时收到这一信息拥有更大的控制权）。管理者最终选择哪一种方法进行沟通，要根据发送者的需要、所沟通信息的特性、沟通通道的性能以及接受者的需要等多方面进行考虑①。

三、人际沟通网络

以 5 位成员间的沟通为例构建的沟通网络形式是最早的沟通网络形式，这里仅就这种网络形式做一介绍。图 13-3 表示的就是 5 种不同的沟通网络形式，即链式、Y 式、轮式、环式、全通道式。图 13-3 中的圆圈代表信息的发送者、接受者或传递者，箭头方向代表沟通的方向。

（一）链式沟通网络

链式沟通网络是信息在组织成员间只进行单线、顺序传递的犹如链条状的沟通网络形式。在这种形式中，居于两端的成员只能与其内侧的一个人联系，居中的成员则可分别与两侧的两个人联系。这种网络形式的缺点是成员间的联系面很窄，平均满意度较低。信息经层层传递、筛选，容易失真，最终一个环节所收到的信息往往与初始环节发送的信息差距很大。在现实组织中，严格按直线职权关系和指挥链系统而在各级主管人员间逐级进行的信息传递就是这种沟通网络形式的实例。

（二）Y 式沟通网络

Y 式沟通网络实际是轮式与链式相结合的纵向沟通网络形式。它与轮式一样，也有一个成员位于沟通网络的中心，成为网络中因拥有信息而具有权威感和满足感的人。组织中的直线指挥系统，就是一种变形的 Y 式网络，它大致相当于主管领导从几位参谋人员处搜集信息和建议，形成决定后再向下级人员传达的一种信息沟通系统。通常主管人员工作任务繁重，需要有人协助筛选信息和提供决策依据，同时又要组织实行有效的控制时，适合采用这种网络沟通形式。其缺点是网络中组织成员的士气比较低，同时与轮式相比较，因为增加了中间的过滤和中转环节，容易导致信息被

① 罗宾斯，库尔特．管理学［M］．英文 9 版．北京：清华大学出版社，2009：296-298.

曲解或失真，沟通的准确性受到影响。

（三）轮式沟通网络

这种网络形式中信息是由居于中心的人物向周围多线传递的，其结构形状因为像轮盘而得名。在现实中，轮式沟通网络大致相当于一个领导直接面向有关组织成员进行沟通的、仅两个层次的组织沟通系统。此网络中只有领导人物是各种信息的汇集点与传递点，其他成员之间没有相互的联系，所有信息都是通过他们共同的领导人进行交流的。因此，这种沟通网络形式的优点是信息沟通准确度高，解决问题速度快，主管人员控制力强；缺点是除中心人物外，组织其他成员的满意度较低。一般来说，轮式沟通网络形式适合于组织接受紧急任务、常需要进行严密控制，同时又要争取时间和速度的情形。

（四）环式沟通网络

环式沟通网络可在看做是把链式两头沟通环节联结在形成的一种封闭式结构，它表示组织所有成员都不分彼此地依次取得联络和传递信息，网络中的每个人都可以同时与两侧人的沟通信息，因此大家地位平等，不存在中心人物。其优点是组织成员的满意度较高，集中化程度比较低；缺点是沟通渠道窄、环节多，信息沟通的速度和准确性难以保证。

（五）全通道式沟通网络

全通道式沟通网络是一个全方位、开放式的沟通网络系统，所有成员之间都能进行相互的不受限制的信息沟通与联络。这种沟通网络的优点是成员间地位差异小，成员的士气和满意度最高，同时由于成员间可以直接、自由而充分地发表意见，因此有利于集思广益，提高沟通的准确性；缺点是由于沟通的渠道太多，易造成混乱，且讨论过程常常费时，影响工作效率。一般地，委员会方式的沟通就是全通道式沟通网络的应用实例。

表 13-1 反映的是这 5 种沟通网络形式的特点及优缺点。

表 13-1　　**5 种沟通网络形式的特点及优缺点比较**

特点及优缺点 / 网络类型	解决问题速度	信息准确度	集中化程度	领导预测度	士气	工作变化弹性
链式	较快	较高	中等	中等	低	慢
Y 式	较快	较低	高	高	不一定	较快
轮式	快	高	很高	很高	很低	较慢
环式	慢	低	低	低	高	快
全通道式	最慢	最高	很低	很低	最高	最快

第三节　提高沟通的有效性

一、人际沟通的原则与要求

（一）人际沟通的原则

在人际沟通中，要遵循一定的原则，有学者把之概括为 7 个“C”，即可依赖性

(credibility)、一致性(context)、明确性(clarity)、持续性与连贯性(continuity and consistency)、渠道(channels)、被沟通者的接受能力(capability of audience)、内容(content)。[①] 概括地说，沟通的原则有以下几个：

1. 明确性

明确性是指用来沟通的信息内容必须是明确的、清楚的、完整的，能够表达出发送者的真实意思，同时信息能够被接受者所理解，信息不能有含混或可能致人误解的用语。

2. 利用有效的沟通渠道

信息沟通必须借助于一定的沟通渠道，渠道不畅或对渠道的选择出现偏差，都可能对沟通效果产生影响。因此，要考虑渠道的不同特点，有针对性地选用不同渠道，以达到向目标公众传播信息的作用。

3. 战略上利用非正式沟通渠道

非正式组织是组织中普遍存在的具有较大影响的团体，非正式沟通通常也是组织中一种主要的沟通形式，它往往具有传播速度快的特点。正像在战略上要利用非正式组织的作用一样，组织也应在战略上利用非正式沟通渠道，把其作为正式沟通的一种必要补充，加快信息传递的速度，同时营造有利于组织发展的氛围。但在利用非正式沟通渠道时，要注意克服非正式组织的负面作用，防止不利于组织目标实现的小道消息传播。

（二）人际沟通的要求

（1）信息发送者必须对想要传递的信息有清晰的想法。这就意味着进行沟通的第一步必须阐明沟通的目的，并制订实现预期目的的计划，同时这一目计划不能脱离实际。

（2）传递的信息必须内容明确、具体。所传递的信息能够真实表达出发送者的想法和意见，语意要确切，尽量通俗化、具体化和数量化，要尽量避免笼统含混的语言，更不是空话、套话和废话。

（3）要考虑信息接受者的需要。无论在何时所传递的信息都要适用，对接受者来说要有价值。有时短期内会影响员工的不受欢迎的措施，如果从长远来看对他们有利的话，也比较容易被他们所接受。比如，只要公司明确表明这一措施在长期内将增强公司的竞争地位和不致解雇员工的话，那么缩短一周工时可能更容易为员工所接受。

（4）沟通时要有诚意，要取得对方的信任。沟通的职能不只是传递信息而已，它还涉及感情问题，感情在沟通过程中起着十分重要的作用，特别是在组织内上下级和同事之间的人际关系方面有非常重要的作用。因此，在沟通过程中，信息发送者要特别注意讲诚信，要树立自己的威信，让对方信任你，这样信息接受者才能认真接收信息，并完全按对方的要求去做。

（5）要注意尽量进行直接沟通、双向沟通、口头沟通及平行沟通。在上述各种沟通类型中，直接沟通较之于间接沟通、双向沟通较之于单向沟通、口头沟通较之于

---

① 芮明杰. 管理学：现代的观点［M］. 上海：上海人民出版社，1999：315.

书面沟通、横向或平行沟通较之于垂直沟通在效果方面要好得多，实践也充分证明了这一点。同时直接沟通、双向沟通、口头沟通及平行沟通在沟通实践中的应用也分别较其相对应的沟通类型要多。因此，在沟通过程中应尽量使用沟通效果好的沟通方法。

二、提高人际沟通的有效性

（一）克服沟通障碍

沟通障碍是客观存在的，同时会影响沟通的效果，那么如何克服这些障碍就成为管理的一项重要任务。根据美国管理学者斯蒂芬·罗宾斯和玛丽·库尔特的研究，要克服沟通障碍，要注意以下问题[①]：

1. 运用反馈

实践证明，很多沟通问题是直接由于误解或理解不准确造成的，如果管理者在沟通过程中使用反馈，则会减少这些问题的发生。所谓运用反馈，就是在沟通过程中注意反问对方是否明白信息的内容并倾听对方的意见。

2. 简化语言

由于语言可能成为沟通障碍，因此管理者应选择措辞并组织信息，以使信息清楚明确，易于被接受者理解，同时管理者还要考虑到信息所指向的听众，以使所使用的语言适合于接受者。

3. 积极倾听

沟通常常是沟通双方互动的过程，在这一过程中，沟通双方或数方能够认真倾听对方所述问题和意见，就能减少许多因不够认真倾听所致的误解，从而减少沟通过程中的障碍。所谓积极倾听（active listening），就是对信息进行积极主动的搜寻，并理解信息的真实含义，也就是不带先入为主的判断或解释，接受信息完整的意义。在积极倾听中，要求听者全神贯注。

美国管理学者斯蒂芬·罗宾斯和玛丽·库尔特认为，提高积极倾听的效果，一个有效的办法就是发展对信息发送者的共情、移情或入神（empathy），也就是让自己处于发送者的位置，这有助于信息接受者准确、完整地理解信息发送者传递的信息。一般来说，一个共情的听者，并不急于对信息作出自己的判断，而是先认真地聆听他人所说的话，这就使得接受者不至于因为过早不成熟的判断或解释而使听到的信息失真，从而提高自己获得所沟通信息完整意义的能力。除共情外，提高积极倾听的效果的手段还包括不要多说、目光接触、赞许性的点头及恰当的面部表情、向信息发送者提问、避免分心的举动或手势、复述信息内容、避免中途打断说话者等[②]，如图 13-4 所示。

4. 抑制情绪

一般来说，在沟通过程中，信息发送者和接受者的情绪能使信息严重受阻或失真，如当一个人处于生气或情绪严重失控的时刻，他极容易对接受的信息给予误解，

① 罗宾斯，库尔特．管理学［M］．英文 9 版．北京：清华大学出版社，2009：301-303.
② 罗宾斯，库尔特．管理学［M］．英文 9 版．北京：清华大学出版社，2009：302.

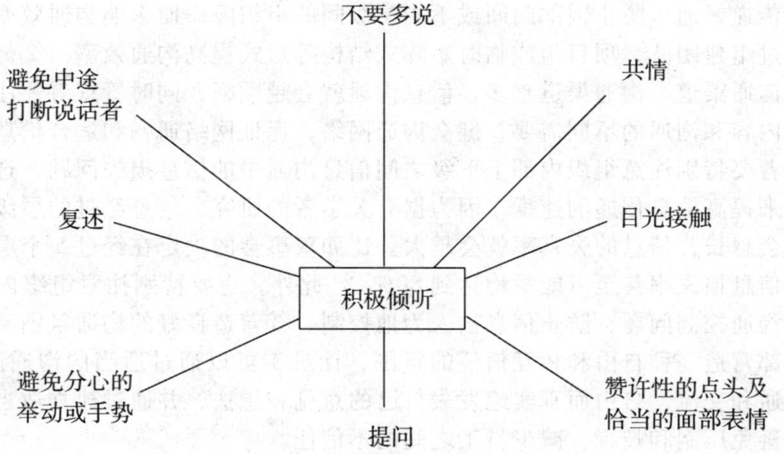

图 13-4 积极倾听的行为

如认为别人在讽刺或火上浇油，此时对于提高沟通的有效性十分不利。因此在传递信息和接收信息时，都要注意使自己的情绪恢复平静，尽量不要让情绪影响信息的发送和传递。

5. 注意非语言提示

由于非语言沟通在沟通中占有十分重要地位，它有时可以有效地弥补语言沟通的不足，提高沟通的效果，因此在沟通过程中，沟通双方一定要注意多使用非语言提示，如在语言沟通过程中用表情、手势等肢体语言作为补充，并确保它们和言语相匹配并起到强化言语的作用，这样可大大提高沟通的效果。

（二）提高发送者传递信息的技能

信息发送者传递信息的技能在整个沟通过程中具有至关重要的作用，对沟通效果也有重要影响，因此，必须提高发送者传递信息的技能，主要包括以下几方面：①正确地编码，即把信息内容进行有效地整理，并编成信息码；②有效地发布信息，即在沟通过程中，要根据情况来发布信息，掌握合适的发布频率；③正确地使用语言和符号，要做到让信息接受者理解、明白信息的意思；④提高信任度，即提高信息接受者对发送者的信任程度，缩短“信任差距”，建立相互信任的氛围。

（三）提高信息接受者接受信息的技能

作为信息接受者具备较高的接收技能，也是提高沟通效果的重要环节。提高信息接受者接受信息的技能包括以下几方面：①要有较强的信息解码技能，即能准确无误地把所传递的信息译成自己能理解的信息；②要了解沟通者可能使用的媒介，掌握多种媒介沟通技术；③在信息反馈方面，学会正确地反馈信息，使发送者知晓接受者准确无误地接收到了信息；④提高接受者的知识、语言及符号技能，确保其能正确理解信息的内容。

（四）改善沟通环境

沟通都是在一定的环境中进行的，因此要提高沟通的有效性，必须改善沟通环境。改善沟通环境包括：①要不断完善组织结构，保证信息在组织内部各部门、各层级之间的传递畅通，防止因部门间或不同层级间的组织障碍而影响沟通效率，在必要时可以通过组建团队、项目组或临时矩阵式结构等形式提高沟通效率。②健全沟通网络，拓宽沟通渠道。沟通渠道越多，信息沟通就会越顺畅，同时管理者要注意根据信息的不同内容和沟通的不同需要，健全沟通网络，保证网络通畅和适合信息沟通的需要。管理者要特别注意组织内部上下级之间信息沟通中的信息损失问题，选择有效的沟通工具来提高信息传递的速度，因为据有关学者的研究，信息经过的层级越多，传递时间就会越长，信息的失真率就会越大。比如董事会的决定在经过5个层级的沟通后，有时信息损失率甚至可能平均达到80%。[①] 此外，也要特别注意组织内部横向部门之间的沟通控制问题，防止信息被人为地控制。③营造良好的沟通氛围。管理者要在组织内部营造一种自由和相互信任的氛围，让员工可以通过适当的沟通网络自由，坦诚地沟通和交流，自由而真实地发表自己的意见和想法，并通过建立适当的机制鼓励交流并避免压制和歧视，减少员工之间的不信任。

（五）注意研究信息技术对沟通和组织的影响

在科学快速发展、技术进步速度日益加快的今天，技术特别是信息技术，正以前所未有的方式对人们和组织产生影响，改变着人们生活和工作的方式，更改变着组织成员的沟通方式。人们通过计算机网络和无线通信技术，可以随时随地进行沟通，快速地获取有关的信息，而不再受制于时间和空间的影响；组织或管理者可以借助计算机网络和无线通信技术，快速、及时、准确地把需要沟通的信息传递给组织成员，因而信息技术也提高了管理者控制员工和团队绩效的能力。也就是说，在信息技术快速发展的新形势下，原有的沟通方式、沟通渠道（包括沟通网络）等都已经随着信息技术在沟通中的广泛应用而发生着改变。因此，要提高沟通的有效性，就要特别注意研究信息技术对沟通和组织的影响。一方面，要积极运用现代信息技术为沟通提供的极大便利，积极利用现代信息技术进行人际沟通，提高沟通的速度和效率；另一方面，要注意克服现代信息技术对组织、员工及沟通效果可能产生的负效应，如小道消息传播速度加快、一些需要控制的信息变得不可或不易控制、互联网及无线通信技术对人们的心理影响等。管理者尤其应注意管理好互联网时代人际沟通的渠道及方式，管理好组织的知识资源，充分发挥沟通在客户服务体系中的作用与功能。此外，对管理者来说，也要注意沟通中的歧视、偏见及政治倾向等对沟通效果的影响，这也是管理者面临的沟通课题[②]。

本章小结

沟通是管理工作的重要内容，有效的人际沟通能够增进员工之间的联系、更有效地激励员工，进而对于提高管理效果、更好地实现组织目标至关重要。本章主要阐述

---

① 周三多等．管理学：原理与方法［M］．4版．上海：复旦大学出版社，2005：551.
② 罗宾斯，库尔特．管理学［M］．英文9版．北京：清华大学出版社，2009：313-314.

了沟通的基本原理、人际沟通的类型与方法，以及提高沟通的有效性3方面内容。沟通就是指人与人之间的交流，即通过两个人或多人之间进行的关于事实、思想、意见和感情等方面的交流，来取得相互之间的了解，以及建立良好的人际关系的过程。沟通过程包括信息源、信息、编码、通道、接受者解码、接受者、反馈等7个环节。沟通的目的与作用主要体现在设置并传播组织目标、组织人力资源和其他资源以及实现管理职能、更好地激励员工、实现组织目标等。沟通过程中经常发生障碍，从而影响沟通效果，这些障碍主要来自信息发送方面、信息传递过程、信息接收过程等3个环节。人际沟通包括：正式沟通与非正式沟通，上行沟通、下行沟通与横向沟通，单向沟通与双向沟通、语言沟通与非语言沟通、直接沟通与间接沟通等5个方面。人际沟通的方法包括发布指示、会议制度与个别交谈、建立沟通网络等。人际沟通网格可分为链式、Y式、轮式、环式、全通道式等5种，全通道式沟通网络则是相对来说比较好的一种沟通网络形式。要提高沟通的有效性，必须首先正确运用沟通的原则和要求，并在克服沟通障碍、提高信息发送者传递信息的技能、提高信息接受者接受信息的技能等3个方面作出努力。

复习思考题

1. 人际沟通对一个组织来说作用体现在何处？
2. 在沟通过程中会出现哪些障碍？如何克服这些障碍？
3. 试比较5种不同沟通网络的特点及优缺点。
4. 试结合实际谈谈如何提高沟通的有效性。

案　　例

沟通差错导致了悲剧

当管理者或员工出现了信息沟通失误时，可能给组织和工作带来一些问题，但在大多数情况下不会因为这一沟通错误造成严重的或空难性的后果。然而，在航空业，沟通失误会造成致命性的灾难。有太多的航空事故说明了这一点。请看下面几个例子：

2002年2月，阿拉斯加航空公司的261航班在加利福尼亚海岸上失事，导致该航班上的88名乘客全部死亡。事故调查结果表明，失事原因是有关维修记录填写得不详细。事实上，1997年，对该飞机的一个水平飞行稳定器检查的结果已经警告该飞机不能再进行飞行了。

1997年9月，加鲁达（Garuda）航空公司的一架飞机撞入了苏门答腊岛梅达（Medan）机场南部20英里的丛林中，导致该飞机上的234名乘客全部死亡。该事故的原因是在当时恶劣的天气条件下，当飞机降落的时候，飞机驾驶员和空中交通指挥员混淆了"左"和"右"。

1995年12月20日，美洲航空公司（American Airlines）的965航班在接近哥伦比亚卡利机场时，飞机驾驶员希望听到"按计划飞行"或者"直接飞行"的指令，但是空中交通指挥员却把"按计划飞行"误说成"飞向卡利"。结果飞机驾驶员认为是直接飞行。当他复查的时候，交通指挥员却说"确定"。最后，当飞机接近机场时，该飞机撞到了一座山上，导致160名乘客死亡。

1993年的一个大雾天气，中国的一架麦道-80飞机试图降落在乌鲁木齐机场时，驾驶员被来自地面指挥系统的电波信号弄糊涂了，这个信号告诉他该架飞机接近地面时太快了。但是，飞机驾驶员的黑匣子则显示了一个机组成员对另外一个人说："爬升是什么意思?"结果，该飞机撞在了高压线上，导致12人死亡。

1990年，当哥伦比亚航空公司的一架波音707飞机正在接近纽约肯尼迪机场时，该飞机的飞行员告诉机场空中交通指挥员，在当时的恶劣天气条件下作了几次着陆尝试的该飞机的燃料快耗尽了。然而，由于空中交通指挥员经常听到这些话语，他们对该架飞机的情况没有采取特殊的措施。尽管该飞机的机组成员都清楚这是一个严重的问题，但是他们却没有向空中交通指挥员发送"燃料情况紧急"信号，而这个信号却可以迫使空中交通指挥员安排该飞机在其他飞机之前降落。而且，该架飞机飞行员的声音和语调也没有显示出燃料问题的紧迫性。肯尼迪机场的空中交通指挥员没有意识到这架飞机的真实情况不佳。最后，当该架飞机的燃料耗尽时，它坠毁在了距离机场16英里远的地方，导致73人死亡。

还有，1977年，加那利群岛的特内里费岛机场发生了一场历史性的航空灾难。在一个雾天的晚上，KLM航空公司的一架波音747飞机的机组长认为已经听清楚机场空中交通指挥员给出的该架飞机起飞的信号了。但是，空中交通指挥员却仅仅给了该飞机准备起飞的信号。尽管该机组长和西班牙空中交通指挥员都说的是英语，但是由于重音不同和不正确的术语系统导致了信号混乱。最后该飞机在跑道上撞在了泛美航空公司的一架波音747飞机上，导致583人死亡。

所有这些例子都证明了，沟通失误可能导致悲剧性的后果。尽管大多数管理沟通的情形不像这些事件那样后果严重，但是，事实依然是，对任何小组或组织来说，有效的沟通是其工作绩效的基本保障。

资料来源　罗宾斯，库尔特．管理学[M]．孙健敏，黄卫伟，王凤彬，等，译．7版．北京：中国人民大学出版社，2004.

思考题

1. 这些事例在沟通中存在哪些障碍？如何克服这些障碍？

2. 在飞机飞行员和空中交通管理员之间的沟通失误中，非语言沟通因素起了什么样的作用？请解释。

3. 请具体说明积极倾听怎样有助于防止这些事件的发生。

第十四章

管理控制

本章要点与学习目标

本章介绍和阐述控制的概念、类型和要求、控制的过程以及基本的方法。通过本章的学习，要理解控制这一管理职能的含义和要求、控制的过程、控制的基本方法，掌握有效控制的特征及有效控制系统的构建。

第一节　控制概述

一、控制与管理控制

（一）控制的含义

控制（controlling）是管理的一项重要的职能，它与计划、组织、领导工作是相辅相成、互相影响的，它们共同被视为管理链的4个环节。计划提出了管理者追求的目标；组织提供了完成这些目标的结构、人员配备和责任；领导提供了指挥和激励的环境，而控制则提供了有关偏差的知识以及确保与计划相符的纠偏措施。

所谓控制，就是监督各项活动，以保证它们按计划进行并纠正各种重要偏差的过程。有学者认为，所谓控制就是为了保证组织目标以及为此拟订的计划能够实现，各级主管人员根据事先确定的标准或因发展需要而重新拟订的标准，对下级的工作进行衡量、测量和评价，并在出现偏差时进行纠正，以防止偏差继续发展或今后再度发生。也有学者认为，控制是根据组织内外部环境的变化和组织发展的需要，在计划的执行过程中，对原计划进行修订或制订新的计划并调整整个管理工作的过程，即控制的结果可能有两种：一种是纠正实际工作与原有计划及标准的偏差；另一种是纠正组织已经确定的目标及计划与变化了的内外环境的偏差。

控制的概念包括以下3方面内涵：①控制有很强的目的性，即控制是为了保证组织中的各项活动按计划进行；②控制是通过“监督”和“纠偏”来实现的；③控制是一个过程。在实践中几乎所有的管理者都必须完成控制的职能，因为要保证组织的活动按照计划进行，控制是必不可少的。

控制和计划的关系相当密切，具体有以下5个方面：

（1）计划起着指导性作用，控制则是为了保证组织的产出与计划一致，控制到什么程度、怎么控制都取决于计划的要求。

（2）计划预先指出了所期望的行为和结果，而控制则是按计划指导实施的行为和结果。有时会导致计划的改变。

（3）制订有效的计划需要信息，而这些信息多数是通过控制得到的。

（4）如果没有计划来表明控制的目标，管理者就不可能进行有效的控制。计划和控制都是为了实现组织的目标，两者是互相依存的。

（5）一些有效的控制方法，如预算、政策、程序、规则以及“计划评审法”等，同时也是计划方法或计划本身。

一个组织缺少了有效的控制就会产生错乱，甚至偏离正确的轨道。一般来说，组织之所以需要控制，主要基于以下4点原因：①需要对个人和组织的活动进行控制是“责任”这一基本概念的本质体现，即要使人们负责，他们必须确切知道他们的职责是什么，他们的绩效是如何考核的，以及在评估过程中有效的绩效标准是什么。离开了某种形式的控制，也就无所谓责任了。②控制工作日显重要的第二个原因是环境的日益动态化和复杂化。③组织的复杂性，即当今组织的规模及活动内容日益扩大和复杂，要保证组织活动的有序进行，必须加强控制。④防微杜渐，即发现错误及时纠偏，防止错误的积累。

（二）管理控制与一般控制

管理学中所讲的控制指的是管理的控制职能，是管理者监督和规范组织及其成员的行为，使他们高效地完成实现组织目标所需要的各种行动的过程。其目的既包括确保活动得以按计划完成，又包括纠正各种重要的偏差①。管理控制与一般控制既有区别，又有联系，两者的关系如下：

1. 相同点

（1）管理控制同一般控制一样，需要具备两个前提条件：一是计划指标转化为控制标准；二是实施活动的相应的机构和人员。

（2）管理控制同一般控制一样，都是一个反馈过程：一般控制体现的是反馈，管理控制也是通过信息反馈，发现管理中的不足，进行不断调节和变革，达到优化状态。

（3）管理控制同一般控制在实施过程中都需要 3 个步骤：确定标准；衡量成效；纠正偏差。

（4）管理控制同一般控制一样，也是一个组织系统，它根据系统内外条件的变化而进行相应的调整，克服不确定性，使系统保持稳定状态。

2. 不同点

（1）复杂程度不同。一般控制的实质是一个简单的信息反馈；管理控制则是把实际执行情况与计划任务相比较，分析产生偏差的原因，并纠正偏差，这就需要一定时间、人力、物力、财力等相应支出，因此，管理控制更复杂一些。

（2）要求达到的目的不同。一般控制的目的是要求体系运行偏差不超出允许的范围，使活动维持在一定的平衡点上；管理控制目的不仅要使组织按计划平衡地正常运转，实现组织目标，还要力求使组织活动有所创新，追求更高层次的新的目标。

二、管理控制在组织中的地位

如果把组织看做是一个由若干子系统组成的开放系统，那么控制就是其中的一个非常重要的子系统。它与组织中其他活动的关系如图 14-1 所示。

组织的最高层首先根据组织所面临的外部环境和组织的内部条件制定组织目标，计划子系统根据目标和环境状况而制订管理计划。这些计划一方面下达给运行系统，付诸实施；另一方面要送到控制系统储存起来，作为与实际绩效进行比较的依据。运行系统的有关投入、运行过程以及产品的信息要反馈给控制系统，控制系统在搜集了这些资料之后，结合外部环境的资料后进行分析，并同所储存的计划进行比较，最后决定是否更正运行活动或是提出修改计划。在控制的过程中，可能会根据内外环境或其他因素的变化，导致对目标与计划的修改、改变组织机构、更换人员以及领导方式方法作出重大改变等等，这实际上是开始了新一轮的管理过程。

① 高良谋，等. 管理学［M］. 大连：东北财经大学出版社，2014.

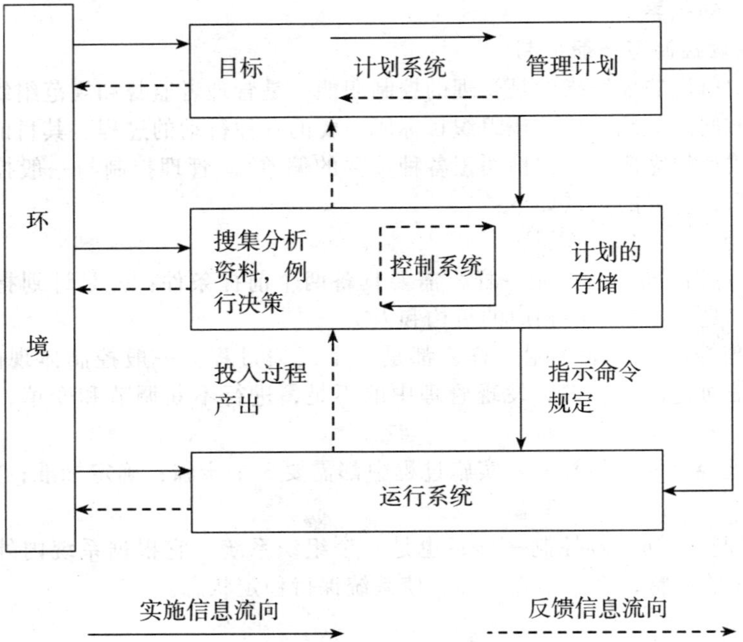

图 14-1 控制子系统在组织中的位置

资料来源 张德．现代管理学［M］．北京：清华大学出版社，2007.

三、管理控制的类型

管理控制的种类很多，采取不同的分类方法，可以把控制划分为不同的类型。最为常用的有以下几种分类方法：一是根据控制的性质，把控制分为预防性控制和更正性控制；二是根据控制点位于整个活动过程中的位置，把控制划分为预先控制、过程控制和事后控制；三是根据实施控制的来源，把控制划分为正式组织控制、群体控制和自我控制；四是根据控制信息的性质，把控制划分为反馈控制和前馈控制；五是根据控制所采用的手段，把控制划分为直接控制和间接控制。

（一）预防性控制与更正性控制

1. 预防性控制

使用预防性控制是为了避免产生错误又尽量减少今后的更正活动。一般说来，像规章制度、工作程序、人员训练和培养计划都起着预防控制的作用。在设计预防性控制措施时，人们所遵循的原则都是为了更有效地达成组织目标。然而，要使这些预防性的规章制度等能够真正被遵从，必须有良好的监控机构作为保证。

2. 更正性控制

在实际管理工作中更正性控制使用得更普遍一些。其目的是当出现偏差时，使行为或实施进程返回到预先确定或所希望的水平。例如，审计制度增强了管理部门采取迅速更正措施的能力，因为定期对企业进行检查，有助于及时发现问题、解决问题。

（二）预先控制、过程控制与事后控制

控制职能可以按照控制活动的位置，即侧重于控制事物进程的哪一阶段，而划分

为3种类型，即预先控制、过程控制与事后控制。3者之间的关系如图14-2所示。

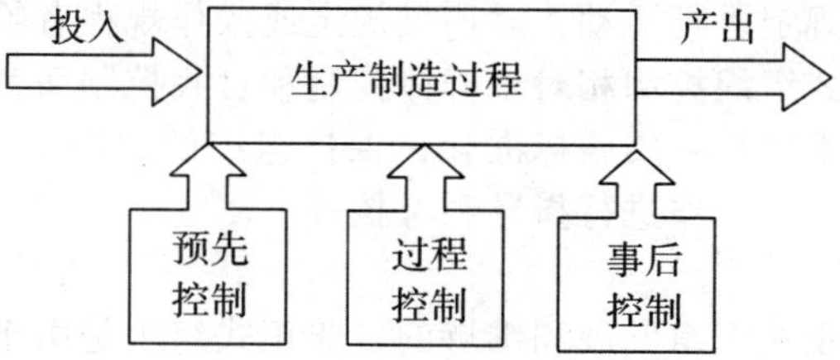

图14-2　控制活动的位置

1. 预先控制

预先控制，位于工作过程的初始端，投入与工作过程的交接点就是控制活动的关键点。这一点既是整个活动过程的开始点，又是整个活动时间的开始点，所以，它具有特殊的意义。

预先控制是先于计划执行的控制。当组织计划对为实现组织目标的所需活动规定了具体的目标和实施方案后，为了预防未来在计划执行过程中出现偏差，应预先规定计划执行中应遵守的规则和规范等。预先控制的中心是使管理者正确地理解计划，执行计划，围绕如何执行计划制定政策、规章以及各种说明书，提出执行计划和完成任务的各项要求等。所以，预先控制的重点是组织的资源，即系统的各种输入，主要是人力、财力、物力、技术等所有与活动有关的因素，通过预先控制，达到在计划执行之前的合理配置，使其达到标准状态，从而保证计划目标的实现，如在成本控制中的标准成本法、预算控制法等都属于预先控制。

2. 过程控制

过程控制是计划执行过程中的控制，又称做业控制，即通过对计划执行过程的直接检查和监督，而将作业结果与计划相比较，找出偏差并纠正偏差，以保证活动按计划进行。

过程控制有两种不同的情况：其一是管理者亲临现场进行控制，发现问题，提出纠正偏差的措施；其二是将作业的结果与事先规定的标准进行比较，发现和纠正偏差。通过过程控制，解决问题的针对性较强，但其控制的效果与控制者的个人素质密切相关。

3. 事后控制

事后控制位于活动过程的终点，其目的是把好最后一关，以防止错误的态势扩大，有助于保证系统外部处于正常状态。事后控制是历史最久的控制类型，传统的控制办法几乎都是属于事后控制。

事后控制的最大缺陷在于整个活动已经结束，活动过程中出现的偏差已经在系统内部造成损害，而且无法补偿。

（三）正式组织控制、群体控制与自我控制

1. 正式组织控制

正式组织是为了实现某一共同的目标而明确规定各成员之间职责范围的一种结构。正式组织控制是通过管理者设计和建立起来的机构或规定来进行控制。例如，组织可以通过规划、指导组织成员的活动，通过预算来控制消费，通过审计来检查各部门或各成员是否按照规定进行活动，对违反规定或操作规程者给予处理等等，都属于正式组织的控制。正式组织控制相对于群体控制和自我控制而言具有更多的刚性和强制性。控制的内容通常包括：实施标准化；保护组织的财产不受侵犯；质量标准化；防止滥用权力；对员工的工作进行指导和考核等。

2. 群体控制

群体控制是由非正式组织发展和维持的。非正式组织是由于人们相互联系而自发形成的个人和社会关系的网络，成员之间以共同的感情、爱好以及价值观为纽带。群体控制就是基于成员之间不成文的价值观念和行为准则进行的控制。非正式组织有自己的一套行为规范，尽管这些规范并没有明文规定，但是组织中的成员都十分清楚其内容，都知道如果自己遵守这些规范，就会得到其他成员的认可，可能会强化自己在非正式组织中的地位；如果违反这些行为规范就会遭受惩罚，这种惩罚可能是遭受排挤、讽刺，甚至被驱逐出该组织。群体控制在某种程度上左右着员工的行为，如果处理得好，则有利于达成组织目标，如果处理不好将会给组织带来很大危害。

3. 自我控制

自我控制是指个人有意识地去按某一行为规范进行活动。自我控制能力取决于个人本身的素质。例如，一个员工不愿把企业的东西据为己有，可能是因为他具有诚实、廉洁的品质，而不单单是怕被抓住受惩罚。具有良好修养的人一般具有较强的自我控制能力，顾全大局的人比看重个人局部利益的人具有较强的自我控制能力，具有较高层次需求的人比具有较低层次需求的人具有较强的自我控制能力。自我控制的这一特点对有效的管理系统提出的要求，就是要尽量雇用高素质的人才，以提高组织整体的控制水平。

正式组织控制、群体控制和自我控制有时是相互一致的，有时又是相互抵触的。如何使它们尽可能和谐，防止互相冲突和抵触，这取决于组织对其成员的教育和吸引力，或者说取决于组织文化。有效的管理控制系统应该综合利用这 3 种控制类型，以利于组织目标的实现。

（四）反馈控制与前馈控制

1. 反馈控制

反馈控制（feedback control）就用过去的情况来指导现在和将来。传统的控制办法几乎都是属于这种类型。它在控制作用发生在行动作用之后，其特点是把注意力集中在行动的结果上，并以此作为改进下次行动的依据。其目的并非要改进本次行动，而是让人们“吃一堑，长一智”，力求改进下一次行动的质量。

反馈控制的过程是从预期和实际工作绩效的比较开始的，通过比较，找出偏差，并分析产生偏差的原因，最后制订纠正偏差的计划并进行纠正。纠正的结果可以大大改进下一次的实际工作的成效或者将改变对下一次工作成效的预期。

反馈控制具有许多优点。首先它为管理者提供了关于计划执行的效果究竟如何的真实信息。如果反馈显示计划与实际之间只有很小的偏差，说明计划的目的是达到了；如果偏差很大，管理者就应该利用这一信息及时采取纠正措施，也可以参考这一信息使新计划制订得更有效。其次，反馈控制可以增强组织成员的工作热情，因为人们希望获得评价他们绩效的信息，而反馈正好提供了这样的信息。

反馈控制的主要缺点是它只能在事后发挥作用，对已经发生的对组织的危害却无能为力。从偏差发生和发现并得到纠正之间有很长一段时滞，在进行更正的时候，实际情况可能已经有了很大变化，而且往往是损失已经造成了。时滞现象对系统的危害极大，它可以使系统的输出产生剧烈波动和不稳定，导致系统的状况继续恶化甚至崩溃，因此反馈控制与亡羊补牢类似。但是在许多情况下，反馈控制是唯一可用的控制手段。

2. 前馈控制

前馈控制（feed-Forward control）是管理者最渴望采取的控制类型，因为它能避免预期出现的问题，防患于未然。

前馈控制的控制作用发生在行动作用之前，在不利影响产生以前，通常应立即采取纠正措施，来加以避免。

前馈控制的最大优点是克服了时滞现象。在实际问题发生之前就采取管理行动，可以减小系统的损失，而且可以大大改善控制系统的性能，因此在现实中得到了广泛的应用。例如，进厂材料和设备的检查、验收，招工考核，入学考试等都属于前馈控制。

前馈控制需要对系统输出的未来变化趋势进行预测，并要分析可能对系统产生影响的主要扰动量。这一点往往会给管理工作带来很大困难。而且前馈控制系统一般比较复杂，一个可以操作的前馈控制系统一般应满足以下几个必要条件：

（1）必须对计划和控制系统做透彻、仔细的分析，确定重要的输入变量。

（2）必须建立清晰的前馈控制的系统模型。

（3）经常对模型进行检查，以便了解所确定的输入变量及其相互关系是否仍能反映现实情况。

（4）必须定期搜集输入变量数据并将其输入系统。

（5）必须定期评估实际输入量和计划输入量之间的差异，并评估其对最终结果的影响。

（6）必须有措施保证。在管理过程中，前馈控制系统像其他计划与控制技术一样，只能向管理者显示问题的存在，管理者必须采取措施才能使这些问题得到解决。

前馈控制与反馈控制的主要区别在于，它是在控制产生偏差的原因，而不是控制行动结果，这是前馈控制在现代化管理中的一个很重要的特点。

（五）直接控制与间接控制

1. 直接控制

直接控制认为，计划实施的结果取决于执行计划的人，管理者及其下属的素质越高，就越不需要间接控制，因此，直接控制着眼于培养高素质的管理人员，使他们能熟练地应用管理的概念、技术和原理，能以系统的观点来看待管理问题，从而防止出现因管理不善而造成的不良后果。

直接控制有许多优点：第一，由于直接控制比较重视人的素质的研究，因而能因人而异地委派任务，并能经常对管理人员进行评价、培训，消除他们在工作中暴露出的缺点及不足。第二，直接控制可以及时采取纠正措施并使其更加有效，它鼓励用自我控制的方法进行控制。第三，由于提高了管理人员的素质，减少了偏差的发生，可以减轻损失，节约开支。第四，直接控制可以获得较好的心理效果。

但需要注意的是，直接控制的采用也需要一定的条件，并且，管理人员一定要充分理解管理的原理、方法、职能等等。

当然，上述各种分类方法不是孤立的，有时一个控制可能同时属于几种类型。例如，企业招聘员工时要进行面试，这既属于预防性控制，又属于预先控制。

2. 间接控制

间接控制着眼于发现工作中出现的偏差，分析其产生的原因，并追究管理者个人的责任，使之改进未来的工作。

在实际工作中，管理人员往往是根据计划和标准来对比或考核实际的结果，研究造成偏差的原因和责任，然后加以纠正。实际上，在工作中产生偏差的原因是很多的，有的是标准制定不正确；有的是未知的不可控的因素；还有一种原因，就是管理人员缺乏知识、经验和判断力等。在这种情况下可运用间接控制来纠正。同时，间接控制还可以帮助管理人员总结并吸取经验教训，丰富他们的知识、经验和判断力，提高其管理水平。

间接控制最明显的缺点是：控制是在出现了偏差、造成损失之后才采取措施，因此其花费的代价比较大。另外，间接控制要想取得实效，需要一定的条件配合，因此，间接控制尚存在一些局限性，还不是普遍有效的控制方法。

第二节　控制过程

控制工作的过程大致包括 3 个基本步骤（如图 14-3 所示）：第一步，为应完成的任务制定标准；第二步，通过对照这些标准来衡量绩效；第三步，如果绩效与标准不相符合，则应采取相应的措施。严格按照以上 3 个步骤去实施，才能更好地提高控制的有效性，取得良好的控制效果。

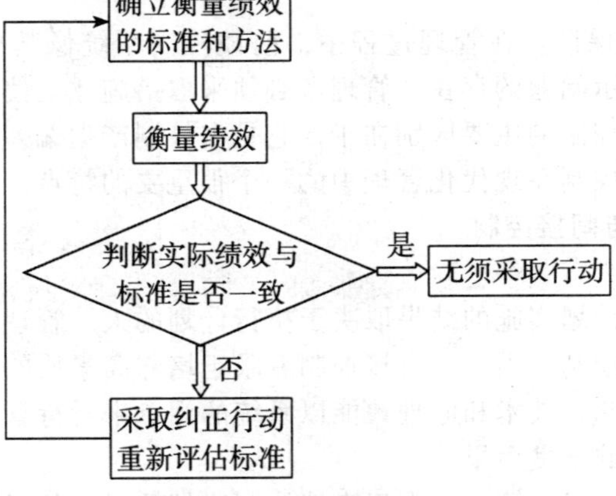

图 14-3　控制过程示意图

资料来源　陈传明，周小虎．管理学管理［M］．北京：机械工业出版社，2009：257.

一、制定标准

所谓标准，就是衡量绩效的尺度。由于计划及其相应的各项工作指标是管理人员设计控制工作所要依据的标准，所以，从逻辑上说，控制工作的第一步总是制订计划。然而，由于各种计划的明细程度和复杂性都不一样，对于许多需要控制的工作，计划常常没有具体的规定。这时，就需要制定具体的工作标准。建立具体的标准是衡量实际绩效的依据，是进行控制的前提，没有标准就无法进行控制。

（一）标准的种类

标准的类型很多，有定量的，也有定性的。一般情况下，标准应尽可能量化，以保持控制的准确性。在工商企业中，经常使用以下几种类型的标准。

（1）质量标准，是指工作应达到的要求，或是产品或劳务所应达到的品质标准。

（2）生产率标准，是指在规定时间里所完成的工作量。

（3）时间标准，是指完成一定工作所需花费的时间限度。

（4）消耗标准，是指完成一定工作所需的有关消耗。

（5）行为标准，是对员工规定的行为准则要求。

在实际工作中，不管采取哪种类型的标准，都需要按照控制对象的特点来决定。

（二）制定良好标准的条件

（1）标准应恰当，既切合实际情况，又给员工一些新的工作挑战。

（2）标准应运用科学的方法加以制定，保证其制定过程的客观、合理、科学。

（3）标准应精简，使员工容易了解及掌握工作要求；同时，管理人员应该协调各部门的活动，使其能共同完成工作目标。

（三）制定标准常用的方法

（1）统计分析法。它以组织的历史数据资料或与同类组织对比的水平为基础，运用统计方法进行分析，据以确定现在的控制标准。这种方法常用于拟定与组织的经济效益有关的标准。

（2）技术分析法。它是以对具体工作所作的客观定量分析为基础制定的准确的技术参数和实测的数据作为控制标准，主要应用于测量生产者个人或组织的产出定额标准。这种方法订立的标准一般是更科学、更可靠的，因为它以实际测量为基础，但这种方法也有一定的局限性，即有些实际工作测量的难度是很大的，而且，现在的实际情况又难以反映未来的可能变化。

（3）经验估计法。它是在缺乏充分资料数据的情况下，由有经验的管理人员以过去的经验和判断为基础进行估计、评价以确定控制标准。这种方法比较重视新的情况，有利于发挥管理人员的主观技能。这种方法是对以上两种方法的补充。

标准的制定是全部控制工作的第一步，一个周密完善的标准体系是整个控制工作的保证。

二、衡量绩效

标准一旦建立，控制的第二个基本步骤就是对绩效的衡量，即用标准去衡量活动的成效，揭示偏差，为纠正偏差提出要求，指明方向。衡量绩效其实也是控制中信息反馈的过程。衡量绩效关系到控制是否准确、是否有效的问题。控制是沿着一个方向继续前进，还是调整方向，调整幅度有多大，全靠绩效评定中提供的信息来确定。所以，衡量绩效在整个控制过程中，具有重要意义。

在衡量工作中，主要解决两个问题，即衡量什么以及如何去衡量。

事实上，当标准确立时，计量对象、计算方法以及统计口径等也随之确定下来了，所以说衡量什么的问题在衡量工作开始之前就已经得到了解决，简单地说是要衡量实际工作中与已制定的标准所对应的要素。

如何衡量的问题，在实际工作中有很多种方法，常用的有以下几种：

（一）个人观察法

个人观察提供了关于实际工作的最直接和最深入的第一手资料。这种观察可以包括非常广泛的内容，因为任何实际工作的过程总是可以观察到的，而这些又是常常被其他来源忽略的信息。个人观察的显著优势是未经过第二手而直接反映给管理者，避免了可能出现的遗漏、忽略和信息的失真。

但这种方法也有它的局限性，如费时费力；只是简单的观察，不能全面了解各个方面的工作情况，还容易造成假象等等。

（二）统计报告法

统计报告就是将在实际工作中采集到的数据以一定的统计方法进行加工处理后而得到的报告。计算机的广泛应用使统计报告的制作日益方便。这种报告不仅有计算机输出的文字，还包括许多图形、图表，并且能按管理者的要求列出各种数据。尽管统计数据可以清楚有效地显示各种数据之间的关系，但它们对实际工作提供的信息是有限的。统计报告只能提供一些关键的数据，它忽略了其他许多重要因素。

（三）口头报告和书面报告法

信息也可以通过口头汇报的形式来获得，如会议、一对一的谈话或电话交谈等。这种方式的优点是快捷方便，而且能够得到立即的反馈。其缺点是不便于存档查找和以后重复使用，而且报告内容也容易受报告人的主观影响。书面报告要比口头报告更加精确全面，且易于分类存档和查找，报告的质量也更容易得到控制。

书面报告与统计报告相比要显得慢一些，而与口头报告相比要显得正式一些。

（四）抽样检查法

抽样检查法是从整体中随机抽取一部分工作进行深入细致的检查，以此来推测全部工作的质量，在工作量比较大而工作质量又比较平均的情况下常采用的方法。这种方法最典型的应用是产品质量检验，在产品数量极大或者产品检验具有破坏性时，这是唯一可以选择的衡量方法。此外，对一些日常事务性工作的检查来说，这种方法也可采用。

这 4 种形式各有其优缺点，管理者在控制活动中必须综合使用方能获得较好效果。

三、采取措施

控制过程的最后一项工作就是根据衡量和分析的结果采取适当的措施。衡量工作的结果是获得了工作实际进行情况的信息，要将标准与实际工作的结果进行对照，并分析其结果，为进一步采取措施做好准备。

（一）寻找发生偏差的原因

在衡量绩效之后，若没有发生偏差，或偏差在规定的“可容忍”的范围之内，则该控制过程只需要前两个步骤就可以完成，但是若偏差是在计划估量范围之外的，则管理者应该考虑采取纠偏行动，使绩效符合标准。

导致某项工作产生偏离标准的原因是多种多样的，主要有以下几个方面：

（1）标准本身是基于错误的假设和预测订立的，从而使此标准无法达成。

（2）从事该项工作的员工不能胜任此项工作，或者是管理者没有给予适当的指令。

（3）和该项工作有关的其他配套工作发生了问题。

因此，采取纠偏行动的第一步是分析事实，以确定产生偏差的原因，只有对问题作了彻底的分析之后，管理人员才能采取适当的行动。

（二）采取措施

找出偏差的原因后，还要采取措施予以纠正，才能实现控制的目的，使工作的实际执行情况不断与计划取得一致，以使组织最终实现自己的目标。

常见的纠正偏差的方法如下：

（1）调整原计划。如果在查找偏差的过程中，发现是原有的计划或者标准的安排不当造成的，或者由于外部环境的变化，计划已不再适应，就需要对计划进行调整。

（2）改进组织工作。如果偏差是由于组织机构设置的不合理、人员配备不当造成的，就需要根据计划重新进行组织的设计和人员的调配。

（3）改进生产技术。在管理过程中达不到控制标准，通常生产技术原因占很大比例，因此，采取措施提高各方面的技术水平，才能及时处理出现的技术问题，纠正偏差，完成目标。

在控制措施的选择与实施过程中，管理者需要注意的问题如下：

（1）保持纠偏方案的双重优化。既要提高控制措施的效用，又要降低纠偏方案的成本。通过对各种可行的纠偏方案的比较分析，找出其中相对最优的方案，以实现追加投入最少、成本最小、解决偏差效果最好的目的。

（2）充分考虑原有计划实施的影响。管理控制的实施将会使企业经营活动方向发生或大或小的调整，这类似于“追踪决策”，因此，管理者在制订和选择控制方案的时候，就需要充分考虑组织由于原有计划的实施已经造成的种种影响以及人员思想观念的转变等问题。

（3）长期目标与短期目标兼顾。短期目标治标，长期目标治本。管理者采取纠正偏差的措施，可以针对所出现的问题立即采取应急行动，也可以从“问题症状-问题原因-问题根源”层层深入分析，找到彻底解决问题的突破口。

（4）注意消除组织成员的疑惑。管理控制措施的实施会在不同程度上引起组织结构、人员关系和活动方式的调整，会触及某些组织成员的利益。管理者在控制工作中要充分考虑和处理组织成员对准备采取的纠正措施的各种态度，特别是注意消除执行者的疑虑，争取更多的人理解、赞成和支持纠正措施，避免可能出现的人为障碍。

第三节 控制方法

有效地运用控制技术和方法是成功地进行控制的重要保证。控制的技术和方法多种多样，以下介绍一些常用的控制技术和方法。

一、预算控制方法

(一) 预算的概念与作用

预算是以财务术语（如收入、费用以及资金等），或者以非财务术语（如直接工时、材料、实物销售量和生产量等）来表明组织的预期成果，它是用数字编制的反映组织在未来某一个时期的综合计划。预算是政府部门和企业使用最广泛的控制手段。预算可以称做是“数字化”或“货币化”的计划，它通过财务形式把计划分解落实到组织的各层次和各部门中去，使主管人员能清楚地了解哪些资金由谁来使用、计划将涉及哪些部门和人员、多少费用、多少收入，以及实物的投入量和产出量等。

预算控制是通过编制预算，然后以编制的预算为基础，来执行和控制组织的各项活动，并比较预算与实际的差异，分析差异的原因，然后对差异进行处理。预算的编制和控制过程是密切相关的。通过编制预算，可以明确组织及其各部门的目标，协调各部门的工作，评定各部门的工作业绩，控制组织日常的活动。因此，预算从战略和全局的角度保障组织计划顺利地执行。

(二) 预算的种类

预算的种类很多，概括地分为以下几种：

(1) 收支预算。这是指组织在预算期内以货币单位表示的收入和经营费用支出的预算，收入预算必须尽可能准确地估计各项收入的数量和时间，并努力提高其实现的可靠性。由于各个组织的费用支出项目往往比组织的收入项目多而且复杂，因此在支出预算中，应尽可能地考虑各种可能产生的费用开支。

(2) 实物量预算。这是一种以实物单位来表示的预算，是货币量收支预算的重要补充。较为常用的实物量预算的单位包括直接工时数、台时数、原材料数量、面积、重量、体积等等。对于大多数企业来说，都需要对原材料的供应量、产品的产出量、劳动力需要量、劳动工时等编制实物量预算，以便对企业生产过程进行有效控制。

(3) 资本支出预算。资本支出预算概括了专门用于厂房、机器、设备、库存和其他一些类目的资本支出。由于资本通常是企业最有限制性的因素之一，而且这类预算数额大、回收周期长，因此需要慎重考虑，单独列支，并将它与组织的长期计划密切结合起来。

(4) 负债预算。这是指考虑一定时期的资产、债务和资本等账户的情况，设计筹资方式、途径和数量以及还款时间、方式和能力，防止出现“资不抵债”的情况，保持财务收支的平衡。从某种意义上说，这种预算是组织中最重要的一种控制。

(5) 总预算。通过编制预算汇总表，可以用于公司的全面业绩控制。它把各部门的预算集中起来，反映了公司的各项计划，从中可以看到销售额、成本、利润、资本的运用、投资利润率及其相互关系。总预算可以向最高管理层反映出各个部门为了实现公司总的奋斗目标而运行的具体情况。

尽管预算是一种普遍使用的、行之有效的计划和控制方法，但它也存在着一些不足之处：一是容易导致控制过细。二是容易导致本位主义。有些管理者只把注意力集中在尽量使自己部门的经营费用不超过预算，而忘记了自己的首要职责是实现组织的目标。三是容易导致效能低下。预算通常是在上年度成果的基础上按比例增减来编制的。四是缺乏灵活性。这也许是预算最大的缺陷，因为实际情况常常会不同于预算，情况的发展变化可以使一个刚编出来的预算很快过时，若这时管理者还受预算约束的话，那么预算的有效性就会减弱或者消失，甚至会有碍于组织目标的实现。

为了克服预算存在的不足，使预算在控制中更加有效，有必要采用可变的或灵活的预算方案，可采用以下几种方法：

（1）弹性预算。弹性预算就是在编制费用预算时，考虑到计划期业务量可能发生的变动，编制一套能适应多种业务量的费用预算，以便分别反映各业务量所对应的费用水平。由于这种预算是随着业务量的变化作机动调整，本身具有弹性，故称为弹性预算。编制弹性费用时，把所有的费用分为固定费用和变动费用两部分。固定费用在相关范围内不随业务量变动而变动，变动费用随业务量变动而变动。因此，在编制弹性预算时，只需要按业务量的变动调整费用总额即可，不需重新编制整个预算。

（2）滚动预算。滚动预算，或称永续预算，其特点是预算在其执行中自动延伸，当原预算中有一个季度的预算已经执行了，只剩下 3 个季度的预算数，就把下一个季度的预算补上，经常保持一年的预算期，或者是每完成一个月的预算，就再增加一个月的预算，使预算期永远保持 12 个月。

编制滚动预算的优点是根据预算的执行情况，调整下一个阶段的预算，使预算更加切合实际和可行，并且使预算期保持一年，使企业保持一个稳定的短期目标，以免等预算执行完再编制新的预算。

根据滚动预算的编制原理，企业可以把长远规划与短期目标结合起来，并根据短期目标的完成情况来调整长期规划，使企业的各项活动能够及时反馈，及时发现差异，及时处理。

（3）零基预算。零基预算是以零为基础编制的预算，其原理是：把组织的计划分为由目标、业务和所需要的资源等所组成的几个“分计划”，然后从零开始计算每个分计划的费用。由于每个分计划的预期费用都是以零为基础开始重新计划的，因而避免了预算控制中只注意前段时间变化的倾向。这种方法的优点在于：它迫使管理者重新安排每个分计划，这样可以从整体出发，连同新计划及其费用一起来考察现有的计划及其费用。但是，这种方法一般仅应用于一些辅助性业务领域而不适用于实际生产性企业。这是因为在辅助生产，例如，销售、人事、计划、财务和研究与发展等方面的大多数计划，对各项费用的安排都拥有一定的自主权。

（三）预算控制的步骤

实施预算控制的步骤一般包括以下几步：

（1）编制预算，即从确定预算编制方针开始，到编制部门预算和综合预算为止的阶段。

（2）执行预算。预算的执行过程，就是根据预算，及时或定期地检查预算的执行情况，观察其实际发生额是否限制在预算范围之内，估计预算执行之后可能达到的预算收入。在执行预算过程中，还要对预算目标和预算项目实行事前控制和支付前审核，促使预算执行部门和责任者有效地管理预算。

（3）预算差异分析，即针对预算项目的费用支出，从发生额与预算限制额进行对比分析，及时发现差异，并采取相应的措施。

（4）对预算控制的结果进行分析总结，评价和考核预算控制的绩效。

二、财务控制方法

有许多控制方法与预算没有直接关系，但也是非常有效的控制方法，下面是几种常用的方法。

（一）审计法

审计是一种常用的控制方法，财务审计与管理审计是审计控制的主要内容，近些年来推行以保护环境为目的的清洁生产审计。

1. 财务审计

所谓财务审计是以财务活动为中心内容，以检查并核实账目、凭证、财物、债务以及结算关系等客观事物为手段，以判断财务报表中所列出的综合的会计事项是否正确无误，报表本身是否可以信赖为目的的控制方法。通过这种审计还可以判明财务活动是否符合财经政策和法令。

财务审计有外部财务审计和内部财务审计。所谓外部财务审计是指由组织外部的专门审计机构和人员，对组织的财务程序和财务往来进行有目的的综合检查审核，以便确认组织现有财务往来账目、经营和有关的财务计划、报告是否合法，财务报表是否符合公认的会计原则。外部财务审计的分析结果具有很强的客观性和公正性，一方面有利于发现组织运行过程中存在的问题并及时解决；另一方面还能使有关投资者对这些财务报表提供的信息产生信任感，有利于改善组织外部发展环境。内部财务审计是由组织内部的财务人员负责开展的财务审计活动，其目的与外部财务审计相同，内部财务审计由于是由本组织人员负责进行的，因而对本组织的具体情况更加了解，审计工作能够做得更深入、更透彻；另外，内部财务审计不像外部财务审计那样一年只进行一次或在规定的特定时间内进行，它可以在一年内连续进行，这样，就能及早发现问题，予以纠正。但是，内部审计财务的局限性也是非常明显的，内部财务审计要深入、详细、持续地进行，其费用就是非常可观的，这往往使内部财务审计难以有效开展；更为重要的是，内部财务审计不仅要搜集事实，而且需要解释事实，并指出事实与计划的偏差所在，完成这些工作往往需要经过专业训练的审计人员才能胜任，而这样的专业审计人员在组织内部经常是比较缺乏的，这成为限制内部财务审计正常而持续开展的重要原因之一。

2. 管理审计

管理审计的对象和范围比财务审计要广泛得多，所谓管理审计是检查一个单位或部门管理工作的好坏，评价人力、物力和财力的组织及利用的有效性。其目的在于通过改进管理工作来提高经济效益。此外，管理审计也有外部审计和内部审计之分，外部审计是指由组织外部的人员对组织的活动进行审计；内部审计是组织自身专门设有审计部门，以便随时审计本组织的各项活动。

管理审计不仅仅是在一两个容易测量的活动领域进行比较和控制，而是着眼于整个组织的管理绩效评价，因此，管理审计既是一项有效的综合控制方法，又可以为组织改进管理系统的结构、工作程序和工作效果提供重要的指导。

3. 审计工作的原则

审计工作有一些公认的原则，以保证审计的有效性。这些原则具体包括：①政策原则，审计工作必须符合国家的方针政策；②客观原则，一定要实事求是地进行审计，客观地作出评价和结论；③公正原则，审计工作必须站在客观的角度上，公正地进行判断；④独立原则，审计监督部门应能独立行使职权，不受任何干涉；⑤群众原则，审计工作要走群众路线，解决任何问题，都要依靠群众；⑥经常性原则，审计工作应该经常化、制度化。

（二）统计报告法

统计报告法是使用统计方法对大量的数据资料进行汇总、整理、分析，以各种统计报表的形式及分析报告，自下而上向组织中有关管理者提供控制信息。使用这种方法，要求企业具备良好的基础工作，有健全的原始记录和统计资料。管理者通过阅读和分析统计报表及有关资料，找出问题、分析问题并解决问题。

（三）财务报表分析

财务报表是用于反映企业经营的期末财务状况和计划期内的经营成果的数字表。财务报表分析，也称经营分析，就是以财务报表为依据来判断企业经营的好坏，并分析企业经营的优势劣势。财务报表分析主要包括：利润率分析是指分析企业收益状况的好坏；流动性分析是指分析企业负债与支付能力是否相适应、资金的周转状况和收支状况是否良好等；生产率分析是指分析企业在计划期间内生产出多少新的价值，又是如何将其变为人工成本、应付利息和净利润的。

财务报表分析法主要有实际数字法和比率法两种。实际数字法是用财务报表分析中的实际数字来分析，但有时这种绝对的数字因为可比性问题，不能准确地反映企业的不同时期或不同企业之间的实际水平。比率法是求出实际数字的各种比率后再进行分析，因为是用相对数进行分析，所以，体现出了对比的科学准确性，比较常用。

除了介绍的上面的方法外，以前我们介绍过的盈亏平衡分析法、网络分析法和目标管理法等都是有效的非预算控制方法。

三、综合控制方法

随着竞争的加剧和经营复杂性的提高，现代企业需要进行控制的组织层面越来越高、范围也越来越广，这就需要采取更加综合和系统的方法进行控制。下面将介绍的是两种最具代表性的新型综合控制方法：六西格玛管理与平衡计分卡。

（一）六西格玛管理

六西格玛（6σ）管理是建立在测量、试验和统计学基础上的现代质量管理方法，由摩托罗拉公司于1987年首创。它作为全面满足客户需求的关键经营战略，经过十多年的发展，逐渐被众多一流公司采用。“σ”是希腊文的一个字母，在统计学上用来表示标准偏差值，用以描述总体中的个体离均值的偏离程度，测量出的σ表征着诸如单位缺陷、百万缺陷或错误的概率，σ值越大，缺陷或错误就越少。6σ是一个目标，这个质量水平意味的是所有的过程和结果中，99.99966%是无缺陷的，也就是说，做100万件事情，其中只有3.4件是有缺陷的，这几乎趋近人类能够达到的最完美的境界。

六西格玛管理既着眼于产品、服务质量，又关注过程的改进。其核心是追求零缺陷生产，防范产品责任风险，降低成本，提高生产率和市场占有率，提高顾客满意度和忠诚度。正如韦尔奇在通用电气公司2000年年报中所指出的：“6σ管理所创造的高品质，已经奇迹般地降低了通用电气公司在过去复杂管理流程中的浪费，简化了管理流程，降低了材料成本。6σ管理的实施已经成为介绍和承诺高品质创新产品的必要战略和标志之一。”

六西格玛管理具有以下特点：

(1) 比以往更广的业绩改进视角，强调从顾客的关键要求以及企业经营战略焦点出发，寻求业绩突破的机会，为顾客和企业创造更大的价值。

(2) 强调对业绩和过程的度量，通过度量，提出挑战性的目标和水平对比的平台。

(3) 提供了业绩改进方法。针对不同的目的与应用领域，这种专业化的改进过程包括：六西格玛产品/服务过程改进DMAIC流程，六西格玛设计DFSS流程等。

(4) 在实施上由“勇士Champion”、“大黑带MBB”、“黑带BB”、“绿带GB”等经过培训、职责明确的人员作为组织保障。

(5) 通过确定和实施六西格玛项目，完成过程改进项目。每一个项目的完成时间为3~6个月。

(6) 明确规定成功的标准及度量方法，以及对项目完成人员的奖励。

(7) 组织文化的变革是其重要的组成部分。

(二) 平衡计分卡

由于传统的控制方法过于偏重于财务指标的衡量，而忽视影响未来财务业绩的非财务驱动因素，如文化、人员和战略等，因此罗伯特·S. 卡普兰博士与大卫·P. 诺顿博士在总结了12家大型企业的业绩评价体系的成功经验的基础上，经过数年的潜心研究，在1992年提出了平衡计分卡这一战略管理和业绩评估工具。平衡计分卡提供了一种全面的评价体系，它分别从财务、客户、内部流程和革新增长这4个视角向组织内各层次的人员（从高级管理层到一般雇员）传递公司的战略以及每一步骤中他们各自的使命，最终帮助组织达成目标，从而有效地解决了传统方法的局限性。平衡计分卡的基本结构如图14-4所示。

平衡计分卡克服了单纯利用财务手段进行绩效管理的局限。财务报告传达的是已经呈现的结果、滞后于现实的指标，但是并没有向公司管理层传达未来业绩的推动要素是什么，以及如何通过对客户、供货商、员工、技术革新等方面的投资来创造新的价值。平衡计分卡从4个不同的视角，提供了一种考察价值创造的战略方法。

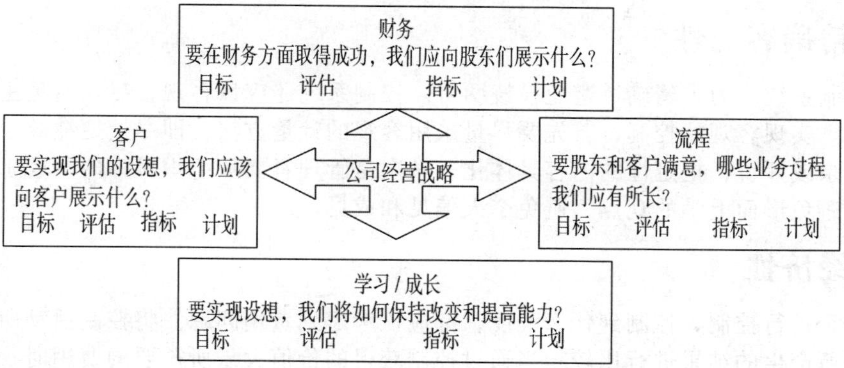

图 14-4 平衡计分卡的基本结构

资料来源 李文静，王晓莉．绩效管理［M］．大连：东北财经大学出版社，2012.

（1）财务视角：从股东角度来看，企业增长、利润率以及风险战略。

（2）顾客视角：从顾客角度来看，企业创造价值和差异化的战略。

（3）内部运作流程视角：使各种业务流程满足顾客和股东需求的优先战略。

（4）学习和成长：优先创造一种支持公司变化、革新和成长的气候。

利用平衡计分卡，公司的管理人员现在可以测量自己的公司如何为当前以及未来的顾客创造价值了。在保持对财务业绩关注的同时，平衡计分卡清楚地表明了卓越而长期的价值和竞争业绩的驱动因素，因此，平衡计分卡不仅是一种控制与业绩评价方法，也是一个战略管理方法。

第四节 有效控制的要求

有效的控制必须具备一定的条件并遵循科学的原则。一般来说，有效的控制系统通常要具备以下特征或必须达到以下要求。

一、目的性

良好的控制必须具有明确的目的性，不能为控制而控制。尽管针对不同的组织、不同的组织层次、不同的性质工作、不同的对象，控制的内容、目的不同，但有一个明确的目的性，这一点是相同的。管理者的任务就是要在众多的甚至相互矛盾的目标中选择出关键的反映工作本质和需要的目标，并加以控制。

二、可理解性

所有的控制机制对于产生或应用它们的管理者和员工而言，必须是易于理解的。有关控制标准的描述，有时候是用简单的语言来表达，这时的控制机制是很直观且易于理解的；有时，需要用到数学公式、复杂的图表和大量的报告，此时，这种控制标准也必须能够被组织内的人员理解，从而使其发挥作用。

三、精确客观性

控制系统应力求精确，避免模棱两可。控制系统还应该客观，尽量避免主观因素的影响。实现客观的控制，首先要尽量采用客观的计量方法，即尽量把绩效用定量的方法记录或评价，把定性的内容具体化；其次是管理者要从组织目标的角度来观察问题，应避免形而上学的观点，避免个人偏见和成见。

四、经济性

是否进行控制，控制到什么程度，都应该考虑到费用问题。将控制活动所需费用同控制所产生的结果进行比较，当通过控制获得的价值大于所需要的费用时，才实施控制。控制的费用是否经济是相对的，因为控制的效益是随业务活动的重要性、业务规模的大小的不同而不同的。经济性原则指导管理人员在控制活动中会选择重要的业务领域和关键因素加以控制。

五、及时性

信息是控制的基础，如果信息的搜集和传递不及时，信息处理时间又过长，往往会带来不可弥补的损失。这就要求依靠现代化的信息管理系统，及时传递信息，随时掌握工作进度，及时发现偏差，并能及时采取措施加以纠正。

六、灵活性

灵活性是指控制系统在适应变化上具有灵活性，持续地发挥作用。由于外部环境的复杂性和内部环境的多变性，所以当形势发生变化时，控制机制必须允许变化，否则，控制就会失败。灵活性要求，即使面临计划的变动出现了未预见到的情况或者计划全盘失误的情况，也能发挥控制系统的作用。

七、突出重点，强调例外

突出重点是指管理人员应把有限的精力，放在对重点问题的控制上，并尽可能选择计划的重点作为控制标准，以提高控制的有效性。强调例外是指在一个职责分明的组织机构中，各个部门自行其职，他们权限以外的问题由最高管理者处理。在管理过程中，注意将重点与例外相结合，控制才能更有效率。

除此以外，一个有效的控制系统还应该站在战略的高度，抓住影响整个企业行为或绩效的关键因素。有效的控制系统往往集中精力于例外发生的事情，而凡已出现的事情则皆可按规定的控制程序处理。

本章小结

作为管理职能之一的控制，就是监督各项活动以保证按计划进行并纠正各种重要偏差的过程。管理控制是指管理的控制职能，一般控制则是指控制论中所有的控制，两者既有区别又有联系。采取不同的分类方法，可以把控制划分为不同的类型：预防性控制和更正性控制；预先控制、过程控制和事后控制；正式组织控制、群体控制和自我控制；反馈控制和前馈控制；直接控制和间接控制。控制工作的过程大致包括3个基本步骤：第一步，为应完成的任务制定标准；第二步，通过对照这些标准来衡量绩效；第三步，如果绩效与标准不相符合，则应采取相应的措施。常用的控制方法有：预算控制方法、财务控制方法和综合控制方法。

复习思考题

1. 试比较一般控制与管理控制的区别。
2. 试述控制的一般过程。
3. 试述预算控制方法内容。
4. 简述平衡计分卡的构成内容。
5. 如何理解有效控制的要求？

案　　例

"中航油"噩梦

一、曾经辉煌的国企楷模

中航油成立于1993年，由中央直属大型国企中国航空油料控股公司控股，总部和注册地均位于新加坡。公司成立之初经营十分困难，一度濒临破产，后在总裁陈久霖的带领下，一举扭亏为盈，从单一的进口航油采购业务逐步扩展到国际石油贸易业务，并于2001年在新加坡交易所主板上市，成为中国首家利用海外自有资产在国外上市的中资企业。经过一系列扩张运作后，公司已成功从一个贸易型企业发展成工贸结合的实体企业，实力大为增强。短短几年间，其净资产增长了700多倍，股价也是一路上扬，市值增长了4倍，一时成为资本市场的明星。

公司经营的成功为其赢来了一连串声誉，新加坡国立大学将其作为MBA的教学案例，2002年公司被新交所评为"最具透明度的上市公司"，并且是唯一入选的中资公司。公司总裁陈久霖被《世界经济论坛》评选为"亚洲经济新领袖"，陈久霖还曾被收入"北大杰出校友"名录。

二、噩梦前因

对于中航油（新加坡）事件当事人来说，从2004年10月8日到11月29日这52天时间是一场漫长的噩梦。但结局其实多年前早已注定。中航油（新加坡）的违规，是从取得境外期货资格开始的。根据2001年中国证监会联合四部委颁布的《国有企业境外期货套期保值管理办法》，国有企业须经证监会批准，方可从事境外期货套期保值。

关于中航油（新加坡）涉足期货的具体时间外界目前尚知之不详。一位接近陈久霖的人士称其1997年已开始做期货，而从中航油（新加坡）的年报来看，2002年收入中已有一半来自于期货交易。但中航油（新加坡）正式获得从事境外期货交易资格要等到2003年6月。1994年，由于国有企业在境外炒期货连续失手，给国家造成巨大损失，从1994年起国家一直禁止国企在境外从事期货交易。2001年绿灯重启，但资格门槛奇高，按规定申请企业要同时申报证监会和商务部，最终在国务院得到批准。2001年获此资格者仅7家。

2003年5月，中国航油集团在第二批10家企业之列拿到了宝贵的许可证。据中国证监会有关监管人士回忆，证监会是在2002年调查杰威国际造假案时，才发现在新加坡市场有一个名噪一时的中国上市公司——中航油（新加坡）。根据当时的政策，中资公司境外上市需在上市15天内报备，而中航油（新加坡）通过民航总局拿到批文就直接上市，根本没报证监会。证监会进而发现，其招股说明书中指明很重要的业务是期货交易，因此要求它向中国证监会报资格。“他们领导层态度很蛮横，根本不理这一套。”这位人士回忆说。最后考虑到中航油（新加坡）上市生米已成熟饭，为避免境外投资者诉讼，证监会才为其补报放行。

三、梦断狮城

2003年下半年，中航油（新加坡）进入石油期权交易市场，年底公司的盘位是空头200万桶，而且赚了钱。这显示该公司当时已明显违背《国有企业境外期货套期保值业务管理办法》，涉身险地，从事投机性交易。

但陈久霖并不以为意。随着2004年石油价格一路上涨，到3月28日，公司已经出现580万美元账面亏损。陈久霖遂决定以展期掩盖账面亏损，致使交易盘位放大。至6月，公司因期权交易导致的账面亏损已扩大至3 500万美元。

甚至直到此时，陈久霖仍未设定交易头寸上限，赌博之心益重，当期将期权合约展期至2005年及2006年，同意在新价位继续卖空。到2004年10月，中航油持有的期权总交易量已达到5 200万桶之巨，超过公司每年实际进口量3倍以上，公司账面亏损已达1.8亿美元，公司现金全部耗尽。

10月10日以后，陈久霖始向母公司中国航油集团写出报告请求救助。中国航油集团本应立即对此违规操作进行制止，强令其择机斩仓。恰恰相反，集团领导竟不顾国内监管部门有关风险控制的规定，决定对此疯狂的赌徒行为施行救助。10月20日，中国航油集团以私募方式卖出手中所持15%的股份，获资1.08亿美元，立即交给中航油（新加坡）补仓。此举愈发使上市公司深陷泥潭。

2004年12月1日，中国航油（新加坡）股份有限公司发布消息：公司因石油衍生产品交易，总计亏损5.5亿美元。净资产不过1.45亿美元的中航油（新加坡）因严重资不抵债，已向新加坡最高法院申请破产保护。在新加坡，该事件被认为是自1996年英国巴林银行里森一案以来最令人震惊的丑闻；在中国，则创出了有史以来中国企业在境外炒期货的最大亏损额。

资料来源　佚名．“中航油”噩梦［EB/OL］．［2010－05－13］．www. cfrisk. org/magazine/html/rm_ 12. htm.

思考题

1. 中航油事件暴露了该企业内部哪些控制问题?
2. 中航油事件体现了其相关管理部门外部监管的哪些问题?
3. 该事件对企业实施管理控制活动有哪些启示?

第十五章

管理信息系统

本章要点与学习目标

本章主要介绍管理信息的作用与类型、管理信息的过程以及管理信息系统的概念、职能、发展过程、基本模式等内容。通过学习，要了解信息作为现代组织的一个资源要素在管理中的重要作用，掌握管理信息系统的功能、发展过程和组成等基本内容。

第一节 信息与管理信息

信息是进行管理的基础，也是实施有效控制的基础。有效的控制要求对与企业生产经营及其组织环境状况有关的信息进行全面的搜集、正确的处理和及时的利用。企业组织应当善于搜集信息、处理信息，利用好信息资料，建立起完善的管理信息系统为生产经营服务。

一、信息的含义与特征

（一）信息的含义

一般来说，凡存在事物之间的相互联系和相互作用就有信息。信息是经过加工后的数据，他对接收者的行为能产生影响，对接收者的决策具有价值。而数据是未加工过的、未经分析的事实，如一堆数值、姓名或产量值。数据对管理者来说是没有什么用处的，只有经过分析和处理过的数据才能变为信息。

关于信息的定义，常见的有以下几种：①信息是有一定含义的数据，是人们用来描述客观世界的知识；②信息是加工（处理）后的数据，是事物存在或运动状态的表达；③信息是对决策或行为有现实或潜在价值的数据。

由此可见，数据和信息是两个互相联系、互相依存又互相区别的概念，信息是加工处理后的数据，是数据所表达的内容，而数据则是信息的表达形式，如图 15－1 所示。

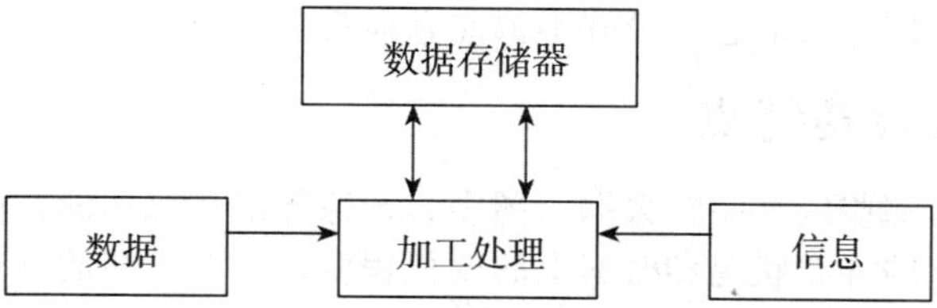

图 15-1 从数据转化为信息的过程

资料来源 周三多．管理学［M］．3 版．北京：高等教育出版社，2010.

在人类社会中，一切活动都离不开信息。现代社会中，人类赖以生存与发展的战略资源，除了物质资源——包括再生资源（如动、植物等，又称第一资源）和非再生资源（如矿产等，又称第二资源）外，还有信息，人们称之为信息资源或第三资源。信息资源的占有与利用水平，是一个国家或企业综合实力与竞争能力的重要标志。企业在参与市场竞争时，在很多情况下，靠的不是物质资源，而是信息资源，即靠对企业内、外环境的周密了解和深刻分析，靠正确的发展战略、经营方针和有效的管理，靠科学技术（一般化、抽象了的信息）。信息是创造财富、促进社会经济发展的重要资源。正如美国学者、《大趋势》的作者奈斯比特所断言：“人类社会已进入信息社会。”

在管理活动中，所有的管理职能——计划、组织、领导、控制都有赖于稳定的信息来揭示组织目前正在发生和即将发生的事情，只有获得了准确、及时的信息，管理者才能监测目标实施的进展并将计划转变为现实。如果管理者做不到这一点，则无法预测可能发生的问题，无法适时对偏差予以纠正，那么，他们的管理工作就会因成本高昂而效率低下。信息活动是管理活动的支柱，信息处理的能力和水平是衡量管理者和管理机构水平的重要标志之一。

（二）信息的特征

1. 信息的客观性

信息是对客观实际的现实反映，因而它必须真实地反映客观情况。不符合客观实际的虚假信息是没有价值的，甚至会给利用它的人的活动带来负面影响。

2. 信息的可存储性

信息可以储存，储存信息的目的是为了方便今后查找、使用。随着信息技术的发展，信息的储存方式和范围日益扩大。

3. 信息的可传递性

信息通过传播媒体可以进行交流和传递。如今，广播、电视、电话、互联网等信息工具的发展，加强了信息传递的范围，缩短了信息传递的时间，提高了信息传递的质量。

4. 信息的可加工性

所谓信息的可加工性，是指信息可以进行形式上的转换。例如，信息可以从一种语言转换为另一种语言，从一种载体转换到另一种载体上，还可以通过数学统计方法进行加工处理形成新的信息，供使用者利用。

5. 信息具有共享性

信息可以进行传递，传递者之间就可以对信息进行共享。所谓共享性即信息可以被不同的使用者利用，而信息本身并不因此有损耗。

二、管理信息及其特点

管理信息是指那些以文字、数据、图表、音像等形式描述的，能够反映组织各种业务活动在空间上的分布状况和时间上的变化程度，并对组织的管理决策和管理目标的实现具有参考价值的数据和情报资料。① 与其他类型的信息相比，管理信息具有以下特点：

（一）信息量大

现代企业生产技术和产品的复杂性不断提高，企业面临的内部外部环境也越来越复杂，管理活动面临的信息量不断增长。如某个5 000 ~6 000 人的企业，电子计算机存储的信息量至少有30 万条记录。

（二）信息来源面广

管理活动所要处理的信息来源广泛，来自企业外部的信息包括上级管理部门、有关企业和用户以及国际市场等。

（三）信息资源的非消耗性

管理信息一经采集，就可以多次使用，可使有关部门共享而不影响信息本身的内容。在企业中提高信息的利用率不仅无损于信息本身，而且可以减少重复劳动，加强

① 顾锋．管理学［M］．上海：上海人民出版社，2004：388.

各部门的横向联系，提高信息处理的效率和管理水平。

（四）信息处理方式与手段的多样性

由于管理信息量大、面广，形式也多样，有文字、图像、数字、声音等。搜集、加工、储存、传输等方式与手段也多种多样。搜集渠道有正式、非正式的，处理手段有人工、机械和自动化的，处理方式有搜集、加工、存储、检索、传输等。

三、管理信息的作用

（一）信息资源能够为组织提供竞争优势

面对日益复杂和不断发展、变化的外部环境，特别是企业间日趋激烈的竞争形势和用户对产品和服务在品种、质量、数量和交货期等方面越来越苛刻的要求，企业要求生存、求发展，就必须及时、准确地了解当前的问题与机会，掌握社会需求状况与市场竞争形势，了解相关科学技术最新成就与发展趋势，也就是说，必须具备足够的信息和强有力的信息搜集和处理手段，而单有物质资源，不能获得必要的信息或者信息处理能力弱，不能对重要的情况作出正确、迅速的响应，则任何企业都不可能在激烈的竞争中获胜。反之，有了信息，善于处理和利用信息，就可以获取更多的物质资源，为社会为企业创造更多的财富。

（二）管理信息是正确决策的基础

一个组织及其成员的行为，大体上可以分为两大部分：其一是决策；其二是作业。而决策是否合理，在很大程度上决定作业的效果，因而决策日益成为现代管理的核心问题，给各级管理决策提供及时、准确、适用的信息，是对决策活动最经常、最重要的支持。决策是一个过程，决策过程包括发现机会与问题、明确目标、探索方案、预测与评价、抉择等阶段。信息的搜集、加工、传输与利用贯穿着各阶段的工作过程。例如，在发现机会与问题、明确目标阶段，需要与决策有关的内外部环境信息；探索方案阶段就是对搜集来的信息进行选择、变换、分析、提炼的过程。为了形成可供选择的方案，在设计过程中通常还需要搜集和利用各种信息。只有充分占有和善于利用信息，才能正确地对各种方案进行分析、预测、评价和抉择。因此，整个决策过程离不开信息，决策的基础是信息，决策的形成过程也就是信息的搜集、加工、分析和利用以及新的信息的形成过程。在科学的决策体制中，首先必须建立起有效的信息系统与基本的统计系统。

（三）信息是反馈、实施控制及有效管理的重要依据

组织中的信息流动是一个双向的过程，信息输入到某个管理过程后，有关活动结果的信息（如各种统计数据）再返回到当初形成信息的环节，这一过程就是信息反馈。由于管理过程要受到环境的影响，并且随着时间而变化，管理者必须随时了解各种计划、指标、定额、标准的执行情况，发现差异和问题，及时采取措施，以保证管理目标的实现。因此，反馈信息是管理活动的重要依据，没有信息反馈，就没有真正的管理活动。

四、管理信息的类型

管理信息量大、面宽，为了分析、处理和使用方便，常按多种原则进行分类。

（一）原始信息、加工后的信息、高级信息

按加工程度来分，可以把管理信息划分为原始信息、加工后的信息、高级信息。原始信息是指反映管理各方面情况未经过任何加工的信息，它是反映管理各方面情况的“第一手资料”；加工后的信息是指对原始信息经过初次或再次加工、处理而生成的信息；高级信息通常指知识、经验、理论、技术等。

（二）战略信息、战术信息、业务信息

按信息所体现的组织层次和重要性来分，可以把信息划分为战略信息、战术信息、业务信息。战略信息是指反映组织战略计划的制订及实施情况等的信息，这类信息通常来自组织的最高层；战术信息是指反映组织实施战略计划的方案、行动等的信息；业务信息是指反映组织业务活动开展情况等的信息。

（三）固定信息、相对固定信息、流动信息

按信息稳定性来分，可以把管理信息划分为固定信息、相对固定信息、流动信息。固定信息是指有固定的信息来源及传播渠道、体现某种确定情况的信息；相对固定信息是指在稳定性方面稍弱于固定信息的信息；流动信息是指没有固定的信息来源及传播渠道、流动性特别强的信息。

（四）内部信息、外部信息

按信息的来源来分，可以把管理信息划分为内部信息、外部信息。内部信息是指来源于组织内部的信息；外部信息主要指来源于组织外部、反映组织外部情况的信息。

（五）生产信息、销售信息、财务信息、技术信息、人事信息

按信息的内容来分，可以把管理信息划分为生产信息、销售信息、财务信息、技术信息、人事信息等。凡是反映生产、销售、财务、技术、人事方面的信息即被分别称为生产信息、销售信息、财务信息、技术信息、人事信息。

在信息的处理中，必须充分注意各类信息的特点，采取适当的组织形式、处理方法和手段，以提高处理的效率和信息的利用率与效果。

第二节　信息管理的过程

信息管理是指在整个管理过程中，人们搜集、加工和输入、输出信息的总称。信息管理的过程包括信息搜集、信息传输、信息加工和信息储存。信息搜集就是对原始信息的获取。信息传输是信息在时间和空间上的转移，因为信息只有及时准确地送到需要者的手中才能发挥作用。信息加工包括信息形式的变换和信息内容的处理。信息的形式变换是指在信息传输过程中，通过变换载体，使信息准确地传输给接收者。信息的内容处理是指对原始信息进行加工整理，深入揭示信息的内容。经过信息内容的处理，输入的信息才能变成所需要的信息，才能被适时有效地利用。信息送到使用者手中，有的并非使用完后就无用了，有的还需留做事后的参考和保留，这就是信息储存。通过信息的储存可以从中揭示规律性的东西，也可以重复使用。

一、管理信息的搜集

（一）管理信息的识别

管理信息搜集所遇到的第一个问题就是确定信息需求的问题或者叫做信息的识别。由于信息的不完全性，想得到关于客观情况的全部信息实际上是不可能的，那种“给我全部情况，以便我进行决策”的话等于没说，所以信息的识别是十分重要的。确定信息的需求要从系统目标出发，要从客观情况调查出发，加上主观判断，规定数据的思路。带着主观偏见去搜集信息不对，但无主观思路规定数据的范围，以相等的权重看待所有的信息，则只能是眉毛胡子一把抓，可能丢了西瓜，捡了芝麻。信息识别的方法有以下 3 种：

1. 由决策者进行识别

决策者是信息的用户，他最清楚组织的目标，也最清楚信息需求。向决策者调查可以采用交谈和发调查表的方法。这两种方法都是基于一个前提，即决策者对于他们的决策过程比较了解，因而能比较准确地说明他们所需要的信息。如果管理人员对他们的决策过程不十分清楚，则识别的效果会受到影响。

2. 系统分析员（信息搜集者）亲自观察识别

系统分析员不直接询问信息需求，而是了解工作。这样管理人员谈论起来往往津津乐道，系统分析员可以以旁观者的角度分析信息需求，并把信息需求和其用途联系起来，使系统分析员深入地了解信息。对管理工作的描述越到下级越容易，越具体；越到上级其职能越广，越全面，越复杂。很多情况只靠外来人员是很难了解透的，因而选派一些管理人员参加系统分析会有很大帮助。

3. 两种方法结合

先由系统分析员观察基本的信息需求，再向决策人员进行调查，补充信息。这种方法虽然浪费时间，但了解的信息需求可能比较真实。这里应特别注意，决策者本人对信息的具体要求应当优先考虑，往往这些是重要的信息。

（二）管理信息的搜集

信息识别以后，下一步就是信息的采集。由于目标不同，信息的采集方法也不相同，大体上有以下 3 种方法：

1. 自下而上的广泛搜集

它服务于多种目标，一般用于统计及组织的日常管理。这种搜集有固定的时间周期，有固定的数据结构，一般不随便更动变动。

2. 有目的的专项搜集

例如，要了解企业的利润留成情况，就应有意识地去了解几项信息，发调查表或亲自去调查。有时可以全面调查，有时只能抽样调查。样本最好由计算机随机抽样得到，这样才能真实地反映情况。

3. 随机积累法

调查没有明确的目标，或者是很宽的目标，只要是“新鲜”的事就把它积累下来，以备后用，今后是否有用，现在还不十分清楚。

信息搜集之后，要用一定的形式表示出来。信息的表达方式有文字表述、数字表达、图像表达3种。

二、管理信息的传输

信息在不同主体之间进行传递，就是信息的传输。管理者在传播信息时，尤其要注意信息的畸变或失真，以保证和提高信息传播的质量和效率。具体来说，能够引起信息失真的原因主要有以下几个：

（一）传输主体的干扰

在组织中，信息传输主体可能由于主观原因而故意歪曲、删减信息；或者受自身理解与表达能力、心理状态的影响，无法正确把握信息的内涵，无意中造成信息的失真；还有可能由于组织效率的原因引起信息传播过程中信息的损失。

（二）传输渠道的干扰

组织的信息传输渠道有内部的，也有外部的。信息传输渠道的选择对信息的传输质量有很大影响，特别是在使用多种渠道进行传输时，每次传输渠道的交换都会影响传播的速度以及内容，甚至会造成信息中断和丢失。

（三）传输过程的客观障碍

传输过程中可能存在的客观障碍有自然语言的障碍、学科专业知识的障碍、传输技术本身的障碍等等。

三、管理信息的加工

信息的加工是指对搜集来的大量信息进行鉴别和筛选，使信息条理化、规范化、准确化的过程。加工过的信息便于储存、传播和利用，只有经过加工，信息的价值才能真正体现。信息加工的步骤一般分为以下几个阶段：

（一）鉴别

鉴别是指确认信息可靠性的活动。可靠性的鉴别标准如下：信息本身是否真实；信息内容是否正确；信息的表述是否准确；数据是否正确无误；有无信息的遗漏、失真、冗余等情况。鉴别方法主要有查证法、比较法、佐证法和逻辑法等。

（二）筛选

筛选是指在鉴别的基础上，对采集来的信息进行取舍的活动。筛选与鉴别是两种不同的活动，筛选旨在解决信息的适用性问题，主要依据的是管理者的主观判断。筛选的依据是信息的适用性、精约性与先进性。适用性是指信息的内容是否符合信息搜集的目的，符合的谓之适用，不符合的就被删除。精约性是指信息的表述是否精炼、简约。筛选时将繁琐、冗余的信息删除，以降低信息的冗余程度。先进性是指信息的内容是否先进，相对落后的信息也要被剔除。

（三）排序

排序是指对筛选后的信息进行归类整理，按照管理者所偏好的某一特性对信息进行等级、层次划分的活动。

（四）初步激活

初步激活是指对排序后的信息进行开发、分析和转换，实现信息的活化以便使用的活动。

(五) 编写

编写是信息加工过程的产出环节，是指对加工后的信息进行编写，便于使用者认识的活动。

四、管理信息的储存

信息的储存是指对加工后的信息进行记录、存放、保管以便使用的过程。信息储存具有以下3层含义：第一，用文字、声音、图像等形式将加工后的信息记录在相应的载体上；第二，对这些载体进行归类，形成方便使用者检索的数据库；第三，对数据库进行日常维护，使信息及时得到更新。信息的存储工作由归档、登录、编目、编码、排架等环节构成。

第三节　管理信息系统设计与应用

随着信息工作的迅速发展，计算机的应用范围也日益广泛，应用的功能由一般的数据处理走向支持决策。以现代计算机技术、信息技术、管理科学和系统科学为基础建立的各种管理信息系统，在现代社会经济生活中，特别是企业经营管理决策中，正在发挥日益重要的作用。管理信息系统是一门综合性、系统性和边缘性学科，其主要任务是最大限度地利用现代计算机及网络通信技术加强企业的信息管理，通过对企业拥有的人力、物力、财力、设备、技术等资源的调查了解，建立准确的数据库，加工处理并编制各种信息资料及时提供给管理人员，以便进行正确的决策，不断提高企业的管理水平和经济效益。目前，管理信息系统已成为企业进行技术改造及提高企业管理水平的重要手段。

一、管理信息系统的含义及功能

管理信息系统一词最早出现在1970年，由瓦尔特·肯尼万（Walter T. Kennevan）给它下了一个定义。时至今日，管理信息系统的环境、目标、功能、内涵等都有了很大的变化。管理信息系统是一个以人为主导，利用计算机硬件、软件、网络通信设备以及其他办公设备，进行信息的搜集、传输、加工、存储、更新和维护，以企业战略竞优、提高效益和效率为目的，支持企业高层决策、中层控制、基层运作的集成化人机系统。这个定义说明管理信息系统绝不仅仅是一个技术系统，而是把人包括在内的人机系统，因而它是一个管理系统，是个社会系统①。

管理信息系统的功能，概括地说有以下几种：

（1）数据处理功能，即数据的搜集、输入、传输、储存、加工处理和输出。

（2）预测功能，即运用数学、统计或模拟等方法，根据过去的数据预测未来的情况。

（3）计划功能，即合理安排各职能部门的计划，并按照不同的管理层提供相应的计划报告。

---

① 薛华成．管理信息系统［M］．6版．北京：清华大学出版社，2012.

（4）控制功能，即对计划的执行情况进行监测、检查，比较执行与计划的差异，并分析其原因，辅助管理人员及时用各种方法加以控制。

（5）辅助决策功能，即运用数学模型，及时推导有关问题的最优解，辅助各级管理人员进行决策。

二、管理信息系统的发展过程

从1946年电子计算机发明开始，60多年来，信息系统经历了由单机到网络，由低级到高级，由电子数据处理到管理信息系统、再到决策支持系统，由数据处理到智能处理的过程。这个发展过程大致经历了以下几个阶段：

（一）电子数据处理系统阶段

电子数据处理系统的特点是数据处理的计算机化，目的是提高数据处理的效率。从发展阶段来看，它可分为单项数据处理和综合数据处理两个阶段：

（1）单项数据处理阶段（20世纪50年代中期到60年代中期）。这一阶段是电子数据处理的初级阶段，主要特征是用计算机部分地代替手工劳动，进行一些简单的单项数据处理工作，如工资计算、统计产量等。

（2）综合数据处理阶段（20世纪60年代中期到70年代初期）。这一时期，计算机技术有了很大发展，出现了大容量直接存取的外存储器。此外一台计算机能够带动若干终端，可以对多个过程的有关业务数据进行综合处理。这时各类信息报告系统应运而生。信息报告系统是管理信息系统的雏形，其特点是按事先规定提供各类状态报告，如生产状态报告、服务状态报告和研究状态报告等。

（二）管理信息系统阶段

20世纪70年代初，随着数据库技术、网络技术和科学管理方法的发展，计算机在管理上的应用日益广泛，管理信息系统逐渐成熟起来。

管理信息系统的最大特点是高度集中，能将组织中的数据和信息集中起来，进行快速处理，统一使用。有一个中心数据库和计算机网络系统是管理信息系统的重要标志。管理信息系统的处理方式是在数据库和网络的基础上的分布式处理。随着计算机网络和通讯技术的发展，不仅能把组织内部的各级管理联结起来，而且能够克服地理界限，把分散在不同地区的计算机网络互联起来，形成跨地区的各种业务信息系统和管理信息系统。

管理信息系统的另一特点是利用定量化的科学管理方法，通过预测、计划优化、管理、调节和控制等手段来支持决策。

（三）决策支持系统阶段

20世纪70年代，世界上展开了管理信息系统为什么失败的讨论。人们认为，早期的管理信息系统的失败并非由于系统不能提供信息。实际上，管理信息系统能够提供大量报告，但经理很少去看，大部分被丢进废纸堆，原因是这些信息并非经理决策所需。当时，美国学者 Michael S. Scott Marton 在《管理决策系统》一书中首次提出了“决策支持系统”的概念。决策支持系统不同于传统的管理信息系统：早期的管理信息系统主要为管理者提供预定的报告，而决策支持系统则是在人和计算机交互的过程中帮助决策者探索可能的方案，为管理者提供决策所需的信息。决策支持系统是管理信息系统发展的新阶段，决策支持系统是把数据库处理与经济管理数学模型的优化计算结合起来，是具有管理、辅助决策和预测功能的管理信息系统。

（四）战略信息系统阶段

战略信息系统是一种支持企业赢得或保持竞争优势，制定企业中长期战略规划的信息系统。[①] 当今市场变化频繁，竞争日益激烈，企业在发展方向上的决策稍有失误就会蒙受巨大的损失，甚至被淘汰。因此，企业不能仅考虑眼前利益，而更应着眼于长远的发展。在此背景下产生的战略信息系统能为企业的经营战略的分析与决策提供有力的支持。战略信息系统利用反映环境和竞争对手等状况的企业外部信息及企业内部关键因素信息，借助市场分析预测与战略决策等模型，以人机对话的方式在计算机上制订供高层管理者决断的企业长期战略发展方案。战略信息系统是一个较新的概念，涉及许多非结构化问题，其结构、人机交互方法等尚不成熟，还需要一段时间完善，但其作为企业寻求生存与发展之道的新方法已受到各方的关注。

综上所述，电子数据处理系统、管理信息系统和决策支持系统各自代表了信息系统发展过程中的某一阶段，但至今仍各自不断地发展着，它们之间是相互交叉的关系。电子数据处理系统是面向业务的信息系统，管理信息系统是面向管理的信息系统，决策支持系统则是面向决策的信息系统。决策支持系统在组织中可能是一个独立的系统，也可能作为管理信息系统的一个高层子系统而存在。

三、管理信息系统的组成

管理信息系统通常包括报告生成系统、决策支持系统、执行支持系统/团队决策支持系统和运营信息系统。

（一）报告生成系统

传统上，管理者使用组织层级以及它们之间的工作流程来搜集所需信息，进行协调、控制和决策。基层信息沿着管理链条向上传递，决策沿着管理层次向下传递，最终得到执行。目前仍有很多组织还在使用这种管理体系搜集和传递信息，但随着信息技术的发展以及管理信息化程度的提高，这种做法已经开始改变。

（二）决策支持系统

决策支持系统是由计算机支持的交互式系统，它依靠专门的决策模式和数据库来支持决策者的工作。根据软件本身规定的一些前提或用户指定的假设条件，管理人员可以考察各种各样的备选方案，选择效果最佳的方案。决策支持系统并不意味着为管理者做决定，它的功能是向管理者提供有价值的信息，以帮助其提高决策质量。

（三）执行支持系统/团队决策支持系统

执行支持系统（executive support system）是决策支持系统的高级版本，被设计用来满足高级管理者的需求。执行支持系统的特征之一是使用方便，通常都采用友好的用户界面，如简单的下拉式菜单、图形文字引导和可点击的图标来引导管理者进行决策分析。执行支持系统还越来越多地被用于把高层管理者们连接起来，形成一个工作

---

① 仲秋雁. 管理信息系统［M］. 北京：清华大学出版社，2010：58.

团队，这种类型的执行支持系统被称做团队决策支持系统（group decision support system）。

（四）运营信息系统

运营信息系统（operational information system）是用来搜集、组织复杂的数据，并用对管理者有价值的形式来组织数据的系统。运营信息系统一般要获取报告生成系统的基本信息，把这些数据处理成有用的信息，并且把这些信息用管理者能够理解的形式组织起来。

四、管理信息系统的开发

管理信息系统的开发是一个复杂的过程，涉及面广，耗资巨大，历时相当长，因此，至今成功率并不高。调查资料表明，在管理信息系统开发中有1/2的系统失败。其原因是多方面的：有可能是开发人员对管理信息系统开发的任务、原则等理解得不够深刻或不够全面；有可能是用户对管理信息系统的认识存在偏差；有可能是在系统开发的不同阶段采用的方法不够有效；有可能是选择的开发环境不够理想。至今还没有一种完全有效的方法来很好地完成系统的开发，但是有一些公用阶段或活动可能会在各种方法中出现，下面就这些一般性的问题加以介绍。

（一）问题的识别

系统开发要搞清楚5个“W”（what、why、who、where、when），即要做什么，为什么要做，由谁来做，在什么地方做和什么时候做。过去进行管理信息系统的分析时一般强调调查信息的需求，当代信息系统的开发，均要首先了解企业目标、现行企业系统的问题、企业的信息战略，然后才是如何用信息技术解决这些问题。问题识别得越准确、越清楚，系统开发成功的概率将会越大。

（二）可行性研究

可行性研究是指在当前的具体条件下，系统开发工作必须具备的资源和条件，看其是否满足系统目标的要求。在系统开发过程中进行可行性研究，对于保证资源的合理利用，避免浪费和一些不必要的失败，都是十分重要的。系统开发可行性研究包括目标和方案的可行性研究、技术方面的可行性研究、经济方面的可行性研究和社会方面的可行性研究。

（三）系统开发的原则

（1）领导参加的原则。信息系统的开发是一项庞大的系统工程，它涉及组织日常管理工作的各个方面，所以领导出面组织力量，协调各方面的关系是开发成功的首要条件。

（2）优化与创新的原则。信息系统的开发不能模拟旧的管理模式和处理过程，它必须根据实际情况和科学管理的要求加以优化和创新。

（3）充分利用信息资源的原则。数据尽可能共享，减少系统的输入输出，对已有的数据、信息做进一步的分析处理，以便充分发挥深层次加工信息的作用。

（4）实用和时效的原则。这是指从制订系统开发方案到最终的信息系统都必须是实用的、及时的和有效的。

（5）规范化原则。这是指按照标准化、工程化的方法和技术来开发系统。

(6) 发展变化的原则。充分考虑到组织和管理模式可能发生的变化，使得系统具有一定适应环境变化的能力。

（四）系统开发前的准备工作

搞好系统开发前的准备工作是信息系统开发的前提条件，系统开发前的准备工作一般包括基础准备和人员组织准备两部分。基础准备工作一般包括：管理工作的科学化、具体方法的程序化和规范化；做好基础数据的管理工作，严格计量程序、计量手段、检测手段和数据统计分析渠道；数据、文件、报表的统一化。人员组织准备工作包括领导的参与、系统开发队伍的建立和各类人员工作职责的规定。

在进行了上述工作后，下一步要考虑的就是系统开发策略的选择以及制订系统的开发计划，选择适当的系统开发方法。常用的系统开发方法有结构化系统分析与设计方法、原型方法、目标导向（或称为面向对象）方法、计算机辅助软件工程方法等。

本章小结

管理信息是指那些以文字、数据、图表、音像等形式描述的，能够反映组织各种业务活动在空间上的分布状况和时间上的变化程度，并且对组织的管理决策和管理目标的实现具有参考价值的数据和情报资料。信息管理是指在整个管理过程中，人们搜集、加工和输入、输出的信息的总称。信息管理的过程包括信息搜集、信息传输、信息加工和信息储存。管理信息系统是一个以人为主导，利用计算机硬件、软件、网络通信设备以及其他办公设备，进行信息的搜集、传输、加工、存储、更新和维护，以企业战略竞优、提高效益和效率为目的，支持企业高层决策、中层控制、基层运作的集成化的人机系统。

复习思考题

1. 试从管理信息的特点的角度理解管理信息在管理中的重要作用。
2. 简述管理信息的过程步骤。
3. 处理管理信息应符合的要求是什么？
4. 试述管理信息系统的内涵及管理信息系统的功能。
5. 管理信息系统的组成要素是什么？

案　例

信息系统成就联合包裹服务公司

联合包裹服务公司（United Parcel Service，UPS）是世界上最大的空中和地面包裹递送公司。1907 年初建时，两个来自西雅图的少年 Jim Casey 和 Claude Ryan 只有两辆自行车和一部电话，他们对客户的承诺是“最好的服务，最低的价格”。联合包裹服务公司成功地运用这个信条达 100 年之久，直至今日。每年，联合包裹服务公司向美国各地和 185 个国家和地区递送的包裹和文件约 30 亿件，不仅胜过传统包裹递送方式，并且可以和联邦快递的“不过夜”递送生意抗衡。

公司成功的关键是投资先进的信息技术。联合包裹服务公司的商品快递系统建于 1991 年，能够为客户储存产品并一夜之间把它们发送到客户所要求的任何目的地。使用这种服务的客户能够在凌晨 1：00 以前把电子货运单传送给联合包裹服务公司，并且在当天上午 10：30 货物的运送就应完成。从 1992 年到 1996 年之间，联合包裹服务公司在信息技术方面投资约 1.8 亿美元，而在过去 10 年内共投资了 110 亿美元用于采购主机、PC、手持电脑、无线调制解调器，建立蜂窝无线网络，雇用 4 000 名电脑程序员和技术人员。这一浩大的投资活动不仅使得联合包裹服务公司实现了对包裹运送每一步的紧密跟踪，而且使其在电子商务大潮中占据了有利地位。

由于使用了一种叫发货信息获取装置（DIAD）的手持计算机，联合包裹服务公司的司机们可以自动地获得有关客户签名、运货汽车、包裹发送和时间表等信息，然后把 DIAD 接入卡车上的车用接口，即一个连接在移动电话网上的信息传送装置。接着包裹跟踪信息被传送到联合包裹服务公司的计算机网上，在联合包裹服务公司的位于新泽西州的主计算机上进行存储和处理。在那里信息可以通达世界各地，向客户提供包裹发送的证明。这个系统也可以为客户的查询提供打印信息。

依靠“全程监督”，即公司的自动化包裹跟踪系统，联合包裹服务公司能够监控整个发送过程中的包裹。从发送到接受路线的各个点上，有一个条形码装置扫描包裹标签上的货运信息，然后信息被输入中心计算机中。客户服务代理人能够在与中心机相连的台式计算机上检查任何包裹的情况，并且能够对客户的任何查询立刻作出反应。联合包裹服务公司的客户也可以使用公司提供的专门包裹跟踪软件来直接从他们自己的微型计算机上获得这种信息。

1988 年，联合包裹服务公司积极进军海外市场，建立它自己的全球通信网络——联合包裹服务网。该网作为全球业务的信息处理通道，通过提供有关收费及送达确认、跟踪国际包裹递送和迅速处理海关通关信息的访问，拓展了系统的全球能力。联合包裹服务公司使用自己的电信网络把每个托运的货物文件在托运的货物到达之前直接输送到海关官员那里，海关官员让托运的货物过关或者标上检查标记。

联合包裹服务公司正在增强其信息系统的能力，以便保证某件包裹或若干包裹能按规定的时间到达其目的地。如果客户提出要求，联合包裹服务公司将会在送达之前拦截包裹，并派人将其返回或更改送货路线。而且，联合包裹服务公司还可以使用它的系统直接在客户之间传送电子书信。

资料来源 佚名．信息系统成就联合包裹服务公司［EB/OL］．［2010-06-07］．http：//www.100guanli.com/.

思考题

1. 联合包裹服务公司应用了哪些信息管理技术？

2. 联合包裹服务公司的管理信息系统与经营战略是怎样联系的？在其战略实现中发挥了怎样的作用？

参考文献

[1] 伊万切维奇，赵曙明，程德俊．人力资源管理［M］．北京：机械工业出版社，2010.

[2] 金，莫博涅．蓝海战略［M］．吉宓，译．北京：商务印书馆，2005.

[3] 包国宪，吴建祖，雷亮．管理学［M］．兰州：兰州大学出版社，2009.

[4] 德鲁克．21 世纪的管理挑战［M］．朱雁斌，译．北京：机械工业出版社，2006.

[5] 德鲁克．德鲁克管理思想精要［M］．李维安，王世权，刘金岩，译．北京：机械工业出版社，2007.

[6] 德鲁克．动荡时代的管理［M］．姜文波，译．北京：机械工业出版社，2006.

[7] 德鲁克．组织的管理［M］．王伯言，沈国华，译．上海：上海财经大学出版社，2003.

[8] 圣吉．第五项修炼：学习型组织的艺术与实务［M］．郭进隆，译．上海：上海三联书店，1998.

[9] 曹元坤．管理方式变革论［M］．北京：经济管理出版社，1999.

[10] 陈爱祖，吴长莉．管理学［M］．北京：清华大学出版社，2013.

[11] 陈传明，周小虎．管理学原理［M］．北京：机械工业出版社，2009.

[12] 成刚．组织与管理［M］．上海：上海人民出版社，2002.

[13] 雷恩．管理思想的演变［M］．李柱流，等，译．北京：中国社会科学出版社，1997.

[14] 单凤儒，金彦龙．管理学［M］．北京：科学出版社，2009.

[15] 冯国珍，王云玺．管理学［M］．上海：复旦大学出版社，2006.

[16] 高闯，等．管理学［M］．北京：清华大学出版社，2009.

[17] 高良谋，等．管理学［M］．大连：东北财经大学出版社，2014.

[18] 顾锋．管理学［M］．上海：上海人民出版社，2004.

[19] 郭咸纲．西方管理学说史［M］．北京：中国经济出版社，2003.

[20] 孔茨，韦里克．管理学［M］．郝国华，金慰祖，等，译．9 版．北京：经济科学出版社，1993.

[21] 孔茨，韦里克．管理学［M］．英文 9 版．北京：经济科学出版社，1995.

[22] 韦里克，孔茨．管理学：全球化视角［M］．马春光，译．11 版．北京：经济科学出版社，2004.

[23] 韩岫岚．MBA 管理学：方法与艺术［M］．北京：中共中央党校出版

社，1999.

［24］何树宇．管理学［M］．成都：电子科技大学出版社，2014.

［25］法约尔．工业管理与一般管理［M］．周安华，林宗锦，等，译．北京：中国社会科学出版社，1998.

［26］贾良定，范秀云，管理学［M］．北京：高等教育出版社，2009.

［27］姜杰．管理学［M］．济南：山东人民出版社，2003.

［28］鲁，拜厄斯．管理学：技能与应用［M］．刘松柏，译．北京：北京大学出版社，2013.

［29］李坤望，刘重力．经济全球化：过程、趋势与对策［M］．北京：经济科学出版社，2000.

［30］李培煊．管理学［M］．北京：中国铁道出版社，2009.

［31］李仕模．第五代管理［M］．北京：中国物价出版社，2000.

［32］李文静，王晓莉．绩效管理［M］.2 版．大连：东北财经大学出版社，2012.

［33］李文静．绩效管理［M］．大连：东北财经大学出版社，2008.

［34］达夫特．管理学［M］．范海滨，王青，译．北京：清华大学出版社，2009.

［35］林根祥，潘连柏．管理学［M］．武汉：武汉理工大学出版社，2009.

［36］林忠，金延平．人力资源管理［M］．大连：东北财经大学出版社，2009.

［37］刘下生．管理学：理论与实务［M］．北京：北京大学出版社，2012.

［38］刘思峰，宁宣熙．管理预测与决策方法［M］．北京：科学出版社，2003.

［39］刘兴倍．管理学原理［M］．北京：清华大学出版社，2004.

［40］卢昌崇．管理学［M］．大连：东北财经大学出版社，2006.

［41］波特．竞争战略［M］．陈小悦，译．北京：华夏出版社，1997.

［42］那国毅．德鲁克的1358：之管理的定义［J］.IT 经理世界，2005（15）：104-105.

［43］倪杰．管理学原理［M］．北京：清华大学出版社，2006.

［44］芮明杰．管理学：现代的观点［M］．上海：上海人民出版社，1999.

［45］芮明杰．管理学：现代的观点［M］.3 版．上海：上海人民出版社，2013.

［46］罗宾斯，库尔特．管理学［M］．孙健敏，黄卫伟，王凤彬，等，译.7 版．北京：中国人民大学出版社，2004.

［47］罗宾斯，库尔特．管理学［M］．英文 8 版．北京：清华大学出版社，2005.

［48］罗宾斯，德森左，库尔特．管理学：原理与实践［M］．毛蕴诗，译．北京：机械工业出版社，2013.

［49］罗宾斯，库尔特．管理学［M］．李源，孙健敏，黄小勇，译.11 版．北京：中国人民大学出版社，2012.

［50］罗宾斯，德森佐．罗宾斯 MBA 管理学［M］．李自然，赵众一，罗迪，译.5 版．北京：中国人民大学出版社，2009.

[51] 罗宾斯．管理学［M］．黄卫伟，等，译．4版．北京：中国人民大学出版社，1997.

[52] 孙成志，史若玲，刘美玉．管理学［M］．2版．大连：东北财经大学出版社，2002.

[53] 孙成志，等．管理学［M］．大连：东北财经大学出版社，2001.

[54] 孙永正，等．管理学［M］．北京：清华大学出版社，2003.

[55] 谭力文，刘林青．管理学［M］．北京：科学出版社，2009.

[56] 谭云清．管理学［M］．上海：上海财经大学出版社，2013.

[57] 田虹，杨絮飞．管理学［M］．厦门：厦门大学出版社，2012.

[58] 汪克夷，刘荣，张小红．管理学［M］．大连：大连理工大学出版社，2009.

[59] 王福胜，李艳君，雷登攀．管理学基础［M］．上海：上海交通大学出版社，2010.

[60] 王筱萍，薛耀文．管理学基础教程［M］．北京：清华大学出版社，北京交通大学出版社，2009.

[61] 吴唐青．MBA典型案例评析［M］．合肥：安徽人民出版社，2002.

[62] 肖洋．哈佛经营管理学［M］．北京：北京燕山出版社，1997.

[63] 邢以群．管理学［M］．北京：高等教育出版社，2007.

[64] 徐国华，张德，赵平．管理学［M］．北京：清华大学出版社，1998.

[65] 薛华成．管理信息系统［M］．6版．北京：清华大学出版社，2012.

[66] 杨文士，张雁．管理学原理［M］．北京：中国人民大学出版社，1994.

[67] 张德．现代管理学［M］．北京：清华大学出版社，2007.

[68] 张桂喜，马立平．预测与决策概论［M］．北京：首都经济贸易大学出版社，2006.

[69] 张润兴．管理学［M］．北京：北京大学出版社，2013.

[70] 张雪平．科学管理理论缘何产生于美国而不是英国［N］．光明日报，2004-12-07.

[71] 张玉利，程斌宏．重新设计组织［M］．天津：天津人民出版社，1997.

[72] 张玉利．管理学［M］．2版．天津：南开大学出版社，2005.

[73] 张再生．职业生涯管理［M］．北京：经济管理出版社，2002.

[74] 章健．管理学［M］．北京：经济科学出版社，2002.

[75] 赵丽芬．管理学［M］．北京：中国人民大学出版社，2013.

[76] 赵伊川．管理学［M］．大连：东北财经大学出版社，2009.

[77] 郑晓明．现代企业人力资源管理导论［M］．3版．北京：机械工业出版社，2011.

[78] 中共中央编译局．列宁选集：第2卷［M］．北京：人民出版社，1972.

[79] 中共中央编译局．马克思恩格斯全集：第23卷［M］．北京：人民出版社，1972.

[80] 中共中央编译局．马克思恩格斯全集：第25卷［M］．北京：人民出版

社，1974.

[81] 仲秋雁．管理信息系统 [M]．北京：清华大学出版社，2010.

[82] 周临健．管理学教程 [M]．上海：上海财经大学出版社，2001.

[83] 周三多，陈传明，等．管理学原理 [M]．南京：南京大学出版社，2009.

[84] 周三多．管理学 [M]．3 版．北京：高等教育出版社，2010.

[85] 周三多，等．管理学：原理与方法 [M]．4 版．上海：复旦大学出版社，2005.